FRANZ BRANDL

COCKTAILS
ÜBER 1000 DRINKS MIT UND OHNE ALKOHOL

FRANZ BRANDL
COCKTAILS
ÜBER 1000 DRINKS MIT UND OHNE ALKOHOL

MEINER FRAU GABRIELE
MEINEN KINDERN SILVIA UND FRANZ
FÜR MICHAEL, PAULCHEN UND LUZI

Inhalt

006 Vorwort
007 Der Autor
008 Die Hausbar
009 Jede Stunde hat ihren Drink
010 Barausstattung
012 Zubereitung
014 Glassortiment
016 Drinkkategorien
018 Fachausdrücke
021 Mischplan

Mixgetränke mit Alkohol

022 Weinaperitifs
024 Vermouth
026 Bitteraperitifs
028 Anisées
032 Sherry
036 Port
038 Champagner
044 Deutscher Sekt
048 Internationaler Sekt
052 Gin
060 Wodka
068 Rum
076 Tequila
080 Cachaça
084 Cognac
088 Weinbrand
090 Brandy
094 Pisco
096 Calvados
100 Obstbrand

Inhalt

104	Spirituosenspezialitäten
106	Scotch Whisky
114	Irish Whiskey
118	American Whiskey
124	Canadian Whisky
126	Internationale Whiskys
128	Cointreau
130	Curaçao
134	Orangenliköre
136	Grand Marnier
138	Whiskyliköre
140	Likörklassiker
144	Likörspezialitäten
150	Fruchtliköre/Cassis
156	Trendliköre
160	Moderne Likörkreationen
162	Pfirsichliköre
164	Kirschliköre
166	Pfefferminzliköre
168	Kräuter- und Gewürzliköre
170	Chartreuse
172	Galliano
174	Amaretto
176	Kokosliköre
180	Nussspirituosen und -liköre
182	Mozart Chocolate
184	Cream-Liköre
188	Kaffeeliköre
192	Bitterspirituosen und -liköre
196	Heiße Drinks

Alkoholfreie Mixgetränke

206	Alkoholfreier Wein
212	Sirupe
222	Fruchtsaft
230	Mineralwasser & Limonaden
234	Eiscreme
240	Milch
246	Milchprodukte
250	Cocktailregister
254	Hersteller und Importeure
256	Bildnachweis; Rezeptnachweis; über den Autor; Dank; Impressum

Vorwort

Die Idee zu diesem Buch entstand bereits Mitte der 1980er-Jahre, zu einer Zeit, in der noch wenig Literatur über das Thema Warenkunde und Mixen angeboten wurde. Da mein 1982 erschienener »Mixguide« mehr auf den Bedarf der Fachleute ausgerichtet war, fehlte ein Buch, das hauptsächlich Mixmöglichkeiten aufzeigte. 1988 erschien dann mein »Großes Cocktailbuch« in dieser Verlagsgruppe. 1990 folgten die »Mixgetränke ohne Alkohol«. 2001, nach neun bzw. sechs Auflagen, habe ich beide Bücher zusammengefasst und modernisiert. Die äußerst verbraucherfreundliche Gestaltung wurde beibehalten, die Warenkunde fast völlig neu geschrieben und die Rezepte entsprechend überarbeitet. Im Jahr 2006 veranlassten mich die vielen Veränderungen im Getränkeangebot zu einer weiteren völligen Überarbeitung und zur Erweiterung um einige Produktgruppen. Um der rasanten Entwicklung des Spirituosenmarkts mit unzähligen neuen Spirituosenmarken und Likören gerecht zu werden, habe ich die hier vorliegende Ausgabe wiederum überarbeitet, modernisiert, erweitert und dabei auch viele neue Mixrezepte aufgenommen.

Davon ausgehend, dass ein Hobbymixer mit einem kleinen Flaschenbestand beginnt, ist dieses Buch nach alkoholischen und nicht alkoholischen Gruppen geordnet. Dadurch ließen sich die Möglichkeiten, die jedes Getränk zum Mixen bietet, kompakt und übersichtlich zusammenfassen. Fragen nach dem Ursprung oder den unterschiedlichen Qualitäten beantwortet eine zugeordnete ausführliche Warenkunde. Über Gläser, Bargeräte und Mixzutaten geben eigene Kapitel Auskunft.

Ich hoffe, Sie haben viel Freude und Erfolg mit diesem Buch, und ich wünsche Ihnen

ein herzliches »**shake it easy**«!

Ihr Barmeister *Franz Brandl*

Der Autor

Franz Brandl ist seit Jahrzehnten einer der bekanntesten Barmixer Deutschlands und der führende Autor zum Thema Mixen und Getränke. Seine Ausbildung führte über den klassischen Weg bis hin zur 1976 erfolgreich abgelegten Barmeisterprüfung.
Während seiner langjährigen Berufspraxis eröffnete und leitete er in seiner Heimatstadt München als Barchef der ersten Stunde die »Harry's New York Bar« und Eckart Witzigmanns Bar im weltberühmten Dreisternerestaurant »Aubergine«. Weitere wertvolle Erfahrungen brachte ihm die Tätigkeit als Bar/Beverage Manager im Eröffnungsteam des Sheraton-Hotels (heute Westin Grand).
Mit zahlreichen Büchern und Veröffentlichungen in der Fachpresse hatte Franz Brandl großen Anteil am Wiedererstehen der Cocktailkultur. Sein erstes Buch, der 1982 erschienene »Mixguide«, zählt heute zu den Klassikern der Barliteratur und war für viele ein Wegweiser in das damals beginnende neue Zeitalter der Mixgetränke. Einige seiner Bücher wurden in andere Sprachen übersetzt und mit Silber- und Goldmedaillen der »Gastronomischen Akademie Deutschlands« ausgezeichnet. Auch beim international renommiertesten Wettbewerb, dem »Gourmand World Cookbook Award«, erreichten mehrere seiner Bücher in den Kategorien Spirit book und Cocktail book jeweils den ersten Platz unter den deutschsprachigen Büchern.
Mit dem hier vorliegenden Buch schuf Franz Brandl ein leicht verständliches und informatives Barbuch, das in seiner Ausführlichkeit einen interessanten Einblick in die Welt der Mixgetränke bietet.

Die Grundausstattung

Die Hausbar

Cocktailliebhaber konnten in früherer Zeit oftmals lesen, dass sich schon mit wenigen Flaschen eine Hausbar einrichten lässt. Aber dieser Vorschlag hatte einen gravierenden Nachteil: Alle Drinks ähnelten sich sehr, und der einzige Unterschied bestand in der Kombination und der Bemessung der Zutaten.

Man drehte sich also immer im Kreis. Außerdem waren diese Cocktails meist zu alkoholstark und eigneten sich für zu wenige Gelegenheiten. Mit wenigen Sorten lässt sich eben nur ein recht eintöniges Cocktailangebot zusammenstellen. Um Ihnen zu einer sinnvollen Grundausstattung Ihrer Hausbar einige Anhaltspunkte zu geben, habe ich hier eine Getränkeauswahl zusammengestellt. Mit den nebenstehenden Spirituosen und Likören sowie einem Sherry plus Sekt und Champagner lässt sich eine große Anzahl der unterschiedlichsten Cocktails und Drinks mixen. Dazu benötigt man nur noch Sirupe, Säfte und Obst zum Garnieren.

Im Rezeptteil dieses Buches finden Sie dann, geordnet nach den wichtigsten Basisgetränken, vielfältige Mixmöglichkeiten. Die dabei angewandte Gliederung vereinfacht die Suche nach dem richtigen Drink in der bevorzugten Geschmacksrichtung, da den Basisgetränken die dazugehörigen Rezepte zugeordnet wurden.

Diese Spirituosen und Liköre sowie einen Sherry und Sekt oder Champagner sollten Sie in Ihrer Hausbar haben: Scotch Whisky, Bourbon Whiskey, Gin, Wodka, weißen und braunen Rum, Cachaça, Tequila, Cointreau, Blue Curaçao, Sekt oder Champagner, Sherry und Weinbrand oder Cognac.

Was passt wozu?

Eine gut bestückte Bar trifft viele Aussagen. Die zahlreichen Flaschen vermitteln eine Atmosphäre der Trinkkultur, und ihr Zauber erfasst jeden Barbesucher immer wieder aufs Neue.

Wichtige und oft benötigte Zutaten

Säfte und Limonaden

Orangensaft
Zitronensaft
Ananassaft
Tomatensaft
Cola
Sodawasser
Tonic Water
Bitter Lemon
Ginger Ale

Mixzutaten und Früchte

Zuckersirup
Kokossirup
Lime Juice Cordial
Grenadine
Angostura
Cocktailkirschen
Orangen
Zitronen
Limetten
Bananen
Erdbeeren
Ananas
Sahne
Milch
Kaffee
Pfeffer
Muskat
Tabasco
Worcestershiresauce

Schnell zubereitet mit den Flaschen der Hausbar sind

Scotch Whisky pur, mit Sodawasser, Cola, Ginger Ale
Bourbon Whiskey pur, mit Cola, Ginger Ale, Seven Up
Gin mit Tonic Water, Bitter Lemon, Orangensaft
Wodka pur, gut gekühlt, mit Tonic Water, Bitter Lemon, Orangensaft, Cola
Weißer Rum mit Cola, Orangensaft, Bitter Lemon, Tonic Water
Brauner Rum pur, mit Cola, Orangensaft, zum Tee, als Grog
Cachaça mit Bitter Lemon, Tonic Water, Cola, Orangensaft, zur Caipirinha
Tequila pur, mit Orangensaft, Bitter Lemon, Tonic Water, Cola
Cointreau pur, mit Orangensaft, Tonic Water, Bitter Lemon, zum Kaffee
Blue Curaçao mit Orangensaft, Tonic Water, Bitter Lemon, Sekt
Sekt ungemischt oder mit Orangensaft
Champagner ungemischt zu jeder Gelegenheit passend
Sherry von trocken bis süß, zu jeder Gelegenheit
Weinbrand/Cognac pur, mit Cola, zum Kaffee

Jede Stunde hat ihren Drink

Nie ist es zu spät und selten zu früh für einen schmackhaften Drink. Dabei entscheidet weniger der Alkoholgehalt des Cocktails oder Mixgetränks, sondern vielmehr die passende Zusammenstellung. Hier die Basics:

Sekt- und Champagnercocktails eignen sich auch für die Vormittagsstunden. Für diese sollte man aber leichte Mischungen wählen. Sie sind auch Drinks für den frühen Abend und ausgezeichnete Aperitifs.

Zum **Katerfrühstück** passt hervorragend die gute alte Bloody Mary oder bei schweren Fällen ein Bull Shot. Auch mit alkoholfreien Milchshakes und Joghurtdrinks oder einer Virgin Mary lässt sich der Tag angenehm beginnen.

Leichte **Flips** mit Portwein oder Sherry können der anregende Auftakt eines Tages sein.

Aperitifs stimmen dann zur Mittagszeit oder gegen Abend als Before-Dinner-Drinks auf das Essen ein. Die Bandbreite dieser Appetitanreger reicht vom Sekt oder Champagner über Sherry oder Port und Bitteraperitifs bis hin zu den alkoholstarken Cocktails.

Zur **Blue Hour,** jener Spätnachmittagsstunde, die den Arbeitstag angenehm beschließen soll, muss jeder nach seiner Fasson selig werden. Man trinkt jedoch vorzugsweise mittelstarke Drinks.

Diesen folgt der **Sundowner,** der schon etwas kräftigere Sonnenuntergangsdrink, der auf den Abend einstimmt. Dazu eignen sich die Sours, die sich außer mit Whisky mit vielen Spirituosen und Likören mixen lassen. Auch Sekt- und Champagnercocktails sind ideal für diese Zeit.

Digestifs, auch **After-Dinner-Drinks** genannt, werden bevorzugt nach dem Abendessen getrunken und weisen den Weg für die nächsten Stunden. Bevorzugt sind Brandy, Cognac, Calvados, Obstbrände, Whisky und Grappa, jedoch auch Liköre und Bitters.

Viele weitere Rezeptgruppen, wie etwa die **Bowlen** und **Hot Drinks,** bieten Rezepte für den Genuss zu jeder Stunde und jeder Jahreszeit. Alkoholstarke **Longdrinks** jeder Art, ob als Mixdrink oder Highball (beispielsweise Gin Tonic oder Rum mit Cola), sind die idealen Getränke für die Nacht.

Professionelle Arbeitsgeräte

Barausstattung

Vielfach schreckt der Hobbymixer vor der Einrichtung einer eigenen Hausbar zurück. Das schnelle Hantieren der Profis mit zum Teil unbekannten Gerätschaften erweckt den Eindruck der Alchemie und Nichtnachvollziehbarkeit. Doch weit gefehlt! Die Schnelligkeit ist bedingt durch die berufliche Übung und wird unterstützt durch die professionelle Einrichtung, die natürlich ein anderes Tempo zulässt.

Wenn Sie sich für einige Cocktails entschieden haben, die Zutaten, Eis- und Arbeitsgeräte vorbereitet sind, wird es auch Ihnen leichtfallen, eine größere Anzahl von Gästen zu bewirten. In folgender Aufstellung sind alle wichtigen Bargerätschaften angegeben. Mit Ausnahme des Shakers und des Strainers (Barsieb), die unbedingt vorhanden sein müssen, findet sich alles in irgendeiner Form im Haushalt oder lässt sich provisorisch ersetzen.

Barglas (auch Rühr- oder Mixglas) Dickwandiges, hohes Glas mit Ausgießschnabel. Im Barglas werden hauptsächlich Shortdrinks gemixt. Diese bestehen zumeist aus Spirituosen und Likör, Vermouth, Sirup oder Südwein, beinhalten jedoch keine Säfte oder trübende Zutaten. Mit dem Barglas werden die meisten Before- und After-Dinner-Drinks zubereitet.

Barlöffel Der ca. 25 Zentimeter lange Löffel dient zum Verrühren von Cocktailzutaten mit Eiswürfeln im Barglas. Er ist gleichzeitig eine kleine Maßeinheit für dickflüssige Liköre, Sirupe und Cremes. In den Rezepten steht die Maßeinheit »1 Barlöffel« für das Volumen von 0,5 Zentilitern.

Barmesser Das mittelgroße Sägemesser mit zwei Spitzen benutzt man zum Schneiden von Früchten und Aufspießen von Fruchtstücken. Im Handel werden diese Messer als Tomatenmesser angeboten.

Barsieb (Strainer) Das Spiralsieb hält beim Abseihen aus dem Shaker oder Barglas die Eisstücke zurück.

Blender Ein elektrischer Mixer, der über einen nach unten gerichteten Metallstab mit Quirl verfügt. Dieser vermischt in einem von unten eingehängten Metallbecher die Zutaten.

Champagnerflaschenverschluss Damit werden angebrochene Champagner- oder Sektflaschen fest verschlossen, der Kohlensäureverlust also verhindert. Er erlaubt, eine angebrochene Flasche bis zum nächsten Tag aufzubewahren.

Cocktailspieße Kleine Spießchen aus Holz oder Kunststoff zum Aufspießen von Cocktailkirschen, Oliven usw.

Elektromixer Der Elektromixer (auch Standmixer) dient zum Pürieren von Früchten und Gemüse, zur Zubereitung von Mixgetränken mit schwer mischbaren Zutaten und auch zum Sahneschlagen. Er ist anstelle des Shakers gut einsetzbar, wenn größere Mengen zubereitet werden sollen.

Eiseimer Ein Gefäß aus Glas, Kunststoff oder Metall zur Aufbewahrung von Eiswürfeln. Es sollte sich auch zum Aufstellen am Tisch eignen.

Eiszange und Eisschaufel Zum Aufnehmen von Eiswürfeln, die in Trinkgläser, Shaker oder Barglas gegeben werden.

Hebelkorkenzieher Er sollte eine breite Spirale haben und mit einem Schneidemesser sowie einem Kapselheber ausgerüstet sein.

Holzstößel Braucht man zum Ausdrücken von Limetten oder Minze im Glas.

Barutensilien

Messglas Zum Abmessen von Flüssigkeiten. Es eignen sich aber auch Schnapsgläser mit 2-cl- und 4-cl-Eichung.

Muskatreibe Zum Abreiben von Muskatnüssen. Am besten sind Reiben mit einem Hohlraum zur Aufbewahrung der Muskatnuss.

Schneidebrett Ein größeres Holz- oder Kunststoffbrett als Unterlage beim Schneiden von Früchten.

Shaker (Schüttelbecher) Drei Modelle von Shakern sind auf dem Markt: der zweiteilige aus Edelstahl oder Silber, der dreiteilige aus Edelstahl oder Silber mit im Mittelteil eingebautem Sieb und der Boston-Shaker, der aus einem kleineren Glasteil und einem größeren Edelstahlteil besteht. Geschüttelt werden alle Mixgetränke, die schwer vermischbare Zutaten enthalten. Als Faustregel gilt: Alle Mixgetränke, die Säfte oder Sahne enthalten, werden geschüttelt. Somit ist die Frage, ob gerührt oder geschüttelt wird, aufgrund der Zutaten sofort beantwortet. Fachgemäßes Schütteln bewirkt eine gute Vermischung, außerdem wird rasch die Kälte des Eises angenommen, und man erhält bei vielen Rezepten eine schöne Schaumkrone.

Spiralschäler Auch Zestenreißer oder Kanneliermesser. Damit lassen sich lange dünne Schalen von Orangen oder Zitronen schälen.

Stirrer Ein langer Kunststoffstab zum Rühren von Longdrinks und zum Aufspießen von Früchten.

Feines Teesieb Dieses hält beim Abgießen mit dem Barsieb (dem sogenannten double strain) kleinere Fruchtstücke oder mitgeschüttelte Minzeblätter etc. zurück.

Trinkhalme Sollten in verschiedenen Längen und Farben vorhanden sein.

Die vier Zubereitungsarten

Zubereitung

So geheimnisvoll das Hantieren eines Barprofis auch aussieht, es beschränkt sich auf vier, in sich aber grundverschiedenen Zubereitungsarten.

Mixgetränke werden entweder durch Schütteln im Shaker, im Elektromixer, durch Rühren im Mixglas oder durch direktes Anrichten im Trinkglas zubereitet.

Grundsätzlich werden alle Mixgetränke, die Fruchtsäfte enthalten, geschüttelt. Es gibt nur wenige Ausnahmen. Diese sind entweder durch den geringen Saftanteil oder durch die Herstellungsweise begründet. Gerührt werden alle Mischungen, die aus Vermouth, Spirituosen, Likören usw. bestehen und nach Zubereitung klar bleiben. Vor Beginn des Mixens müssen sämtliche benötigten Zutaten griffbereit sein.

Schütteln im Shaker Beim Schütteln gibt man zuerst das Eis in das Unterteil des Shakers, gießt eventuell angesammeltes Schmelzwasser ab und gibt die Zutaten, beginnend mit Sirup, Säften, Sahne usw., dazu, wie in Abbildung ① gezeigt.

Kohlensäurehaltige Getränke wie Tonic Water, Sekt, Sodawasser oder Cola niemals mitschütteln! Sie werden nur zum Auffüllen der bereits in Trinkgläser abgeseihten Cocktails verwendet.

Der geschlossene Shaker wird in waagerechter Haltung in Schulterhöhe kräftig vom Körper weg und wieder zum Körper hin geschüttelt ②. So ist der Kühlweg am längsten und die Wirkung am intensivsten. Geschüttelt wird je nach Art der Drinks verschieden lange. Die Dauer richtet sich zum Teil nach Größe und Festigkeit der Eiswürfel, aber auch nach Menge und Art des Inhalts.

Flips und Sahnegetränke sollten nicht verwässern. Bei Cocktails mit Sirup und Säften erzeugt richtiges Schütteln außer der Kühlung und guten Vermischung eine Schaumkrone, die jeden Drink appetitlicher aussehen lässt. Mischungen, die mit Sodawasser oder Limonaden aufgefüllt werden, schaden ein langes Schütteln und die Abgabe von Schmelzwasser keinesfalls.

Nach dem Schütteln wird der Shaker abgesetzt. Dies geschieht beim klassischen zweiteiligen Metallshaker mit dem größeren Unterteil, beim Boston-Shaker mit dem Metalloberteil, da dieses größer als der Glasteil ist. Dadurch ist auch im Gegensatz zum Metallshaker, dessen Kopfteil zum Schließen nach innen eingesetzt wird, ein Füllen des Glasteils bis zum Rand möglich. Nach dem Schütteln gießt man mithilfe des Barsiebs die Drinks in die vorbereiteten Gläser ③ und garniert, wenn erforderlich, mit Früchten ④. Das Barsieb hat die Aufgabe, das verbliebene Eis im Shaker zurückzuhalten.

Um noch feiner abzugießen, kann man zusätzlich ein feines Teesieb verwenden. Dieses hält dann kleine Fruchtstücke oder mitgeschüttelte Minzeblätter etc. zurück.

Mixen mit dem Elektromixer (siehe Seite 13, ①–④) Bei der Zubereitung im Elektromixer gelten die gleichen Regeln wie beim Schütteln. Hier ersetzt die Maschine die körperliche Tätigkeit, zerstört aber auch die Atmosphäre, die durch die Zubereitung von geschüttelten Cocktails entsteht. Der Anwendungsbereich des Elektromixers sollte sich auf das Pürieren von Früchten und auf die Zubereitung von Cocktails, die feste Creams enthalten, beschränken.

Rühren im Mixglas Beim Rühren von Cocktails im Mixglas wird im Grunde wie beim Shaken vorgegangen. Also trockene Eiswürfel verwenden oder eventuelles Schmelzwasser abgießen, mit Mixbitter, Sirup, Vermouth usw. beginnen und am Schluss die teureren Zutaten wie Spirituosen und Liköre dazugeben. Dann wird mit dem Barlöffel schnell und kräftig gerührt, am besten spiralförmig von oben nach unten. Durch das Barsieb wird abgeseiht. Für Shortdrinks empfiehlt es sich, tiefgekühlte Gläser zu verwenden.

Anrichten im Trinkglas Für Cocktails, die im Trinkglas angerichtet werden (z. B. Champagner Cocktail, Old Fashioned, Irish Coffee oder Caipirinha), gibt es kein festes Grundrezept. Die Zubereitung ist jeweils verschieden und bei den Rezepten angegeben.

Als wichtigste Regel für alle Zubereitungsarten gilt: Alle Mixdrinks müssen eiskalt sein, denn nichts ist schlimmer als ein lauwarmer Drink.

Zubereitung mit dem Shaker

Praktische Tipps fürs Mixen

Um die Zubereitungsart schnell erkennbar zu machen, sind den Mixrezepten die auf dieser Seite unten abgebildeten Symbole zugeordnet.

Das Abmessen Wichtig beim Mixen eines Cocktails ist das Abmessen der Zutaten. Der Handel bietet Messbecher aus Metall mit 2-cl- und 4-cl-Eichung an. Man kann aber auch Schnapsgläser mit der gleichen Eichung verwenden.
Grundsätzlich beginnt man mit Sirup oder Sahne, also mit den kleineren Anteilen. Diese kann man noch nach Augenmaß eingießen. Die größeren Anteile sowie die Liköre und Spirituosen sollte man aber abmessen. Kohlensäurehaltige Limonaden oder Sekt zum Auffüllen müssen direkt in den Drink gegeben werden, da der Umweg über das Messglas einen Kohlensäureverlust mit sich bringt.

Eiswürfel Viel zum Gelingen eines Cocktails trägt das verwendete Eis bei. Es darf, so abwegig es klingen mag, nicht zu kalt sein. Ideal sind deshalb Eiswürfel aus dem Eiswürfelbereiter, die eine Temperatur von 0 °C aufweisen. Eiswürfel aus der Tiefkühltruhe sind mit −15 °C zu kalt. Zu kalte Eiswürfel lösen sich beim Mixen zu langsam auf, und durch das fehlende Schmelzwasser wird nicht der optimale Kühleffekt erzeugt. Steht kein Eiswürfelbereiter zur Verfügung, sollten Eiswürfel aus der Tiefkühltruhe deshalb einige Zeit vor der Verwendung bereitgestellt werden.

Herstellung von Crushed Ice Zur Herstellung von Crushed Ice gibt man Eiswürfel auf ein Küchentuch aus Leinen und faltet es zu einem Beutel zusammen. Diesen legt man auf einen festen Untergrund und schlägt mit einem Fleischklopfer oder einem Holzhammer darauf. Die kleinen Eisstücke gibt man mit einem Löffel in das Glas oder nimmt sie direkt mit dem Glas vom Tuch auf. Crushed Ice lässt sich auch für eine größere Runde Gäste gut vorbereiten. Dazu gibt man das nicht unmittelbar benötigte zerstoßene Eis in Gläser und stellt diese bis zum Gebrauch ins Gefrierfach.

Zuckerrand Eine hübsche Dekoration ist ein Zuckerrand am Glas. Dazu wird das Fruchtfleisch eines Zitronenviertels leicht eingeschnitten und darin der Glasrand mit der Öffnung nach unten gedreht. Anschließend tupft man den Glasrand in eine Schale mit Zucker. Durch ein leichtes Klopfen am Glas entfernt man die nicht anhaftenden Anteile. Auch farbige Zuckerränder lassen sich leicht herstellen. Dazu taucht man den Glasrand in eine Schale mit farbigem Sirup und anschließend in den bunten Zucker.

Vorbereitung zur Party Auch ein großer Ansturm kann von einem Hobbymixer bewältigt werden. Mit wenigen Handgriffen – und ohne Qualitätseinbußen – ist man darauf vorbereitet. Will man beispielsweise drei verschiedene Mixdrinks anbieten, so braucht man dazu nur drei Karaffen zu je zwei Litern. In die Karaffen gibt man die zehnfache Menge der einzelnen Rezepturen und rührt gut um. Wenn der jeweilige Drink gemixt werden soll, verfährt man wie sonst auch, muss aber nicht aus jeder Flasche eingießen, sondern mit einem Griff nur aus der Karaffe.

Eigenkreationen Das Erfinden eines neuen Rezepts ist gar nicht so schwer. Wichtig ist, dass die Zutaten zueinander passen. Beginnend mit

Zubereitung mit dem Elektromixer

dem Sirup gießt man mit einem Messglas die Zutaten in den Shaker, rührt nach jeder Zugabe um und probiert. Erst wenn alle Bestandteile zugegeben sind und der Drink schmeckt, gibt man das Eis hinzu und schüttelt. Durch die Kühlung und das Schmelzwasser verbessert sich in der Regel jeder Drink enorm.

Garnituren Grundsätzlich verwendet man zum Garnieren eines Cocktails frische, essbare Früchte. Sie sollten mit der Geschmacksrichtung der jeweiligen Drinks harmonieren und im Verhältnis zum Volumen des Drinks stehen, d. h. den Drink nicht mit Früchten überladen. Für die Garnierung schneidet man die Früchte oder Fruchtstücke ein, steckt sie an den Glasrand, gibt sie direkt in den Drink (z. B. Kirschen oder halbe Zitronenscheiben) oder legt sie aufgespießt über den Glasrand.

Die Symbole für die drei Zubereitungsarten von links nach rechts: Rühren im Mixglas, Schütteln im Shaker, Mixen mit dem Elektromixer.

Für jeden Drink das richtige Glas

Glassortiment

Die hier vorgestellten Gläser wurden uns freundlicherweise von der Firma Schott Zwiesel zur Verfügung gestellt und werden in der Reihe »Basic Bar Selection« by Charles Schumann angeboten. Die gesamte Serie wurde von den Glasspezialisten von Schott Zwiesel nach Vorgaben des Münchner Barbesitzers Charles Schumann entwickelt. Sie ist in Tritan® Kristallglas gefertigt und setzt in puncto Brillanz, Bruchfestigkeit und Spülmaschinenfestigkeit Maßstäbe.

Angeboten werden Tumbler und Longdrinkgläser in verschiedenen Größen, Martini- und Cocktailgläser sowie ein Wein- und ein Champagnerglas. Zusätzlich gibt es Wasserkaraffen und zwei Shakerversionen. Diese sind auf den Seiten 10/11 abgebildet.

Für jeden Drink das richtige Glas

Die Symbole für die wichtigsten Gläser von links nach rechts: Longdrinkglas, Stielglas, Fancyglas, Cocktailglas oder -schale, Tumbler, Glas für Heißgetränke.

Welcher Drink zu welchem Anlass?

Drinkkategorien

Grundrezepte und ihre Herstellung
Im weiteren Sinne bezeichnet man alle Mixgetränke als Cocktails. Man unterscheidet jedoch mehr als 30 Untergruppen. Die wichtigsten werden hier vorgestellt.

Cocktails Der klassische Cocktail gehört in die Kategorie der Shortdrinks. Dies sind kurze, alkoholstarke Getränke. Sie werden in Before- und After-Dinner-Drinks unterteilt.

Before-Dinner-Drinks Diese Kategorie umfasst alle trockenen Mischungen, d.h. solche, die keine oder nur wenige süße Zutaten enthalten. Man trinkt sie vor dem Essen zur Anregung des Appetits. Die bekanntesten dieser Art sind der Martini-Cocktail und der Manhattan. Sie entsprechen jedoch mehr dem amerikanischen Geschmack. Viele der den jeweiligen Getränkearten zugeordneten Drinks eignen sich zum Genuss vor dem Essen.

After-Dinner-Drinks Hierzu zählen die Shortdrinks, die Sirupe, süße Liköre oder Sahne in größeren Anteilen enthalten. Sie werden nach Abschluss des Essens getrunken und sollen die Verdauung fördern. Außer den Klassikern wie Brandy Alexander, B and B oder Rusty Nail zählen heute im weitesten Sinn auch Sours, Flips oder Hotdrinks wie z. B. Irish Coffee dazu.
Die Grenze bei der Einteilung in Before- oder After-Dinner-Drinks ist schwer zu ziehen. Man sollte grundsätzlich Herbes vor und Süßes nach dem Essen zu sich nehmen. Je nach persönlichem Geschmack eignen sich manche Cocktails für beide Anlässe. Während des Essens trinkt man keine Mixgetränke.

Champagnercocktails Die Möglichkeiten, die Champagner beim Mixen bietet, sind groß.
Champagner eignet sich – ob leicht aromatisiert, mit Säften und Fruchtpürees oder in Verbindung mit Spirituosen und Likören – je nach Zusammensetzung für viele Gelegenheiten vom frühen Morgen bis in die späten Abendstunden. Je nach Geschmacksintensität, Spritzigkeit und Alkoholstärke trinkt man Champagnercocktails zum zweiten Frühstück, als Aperitif zum Lunch, zur Cocktailstunde am späten Nachmittag genauso wie als Before- oder After-Dinner-Drink am Abend.
Die Verwendung von gut gekühltem Champagner der Geschmacksrichtung »Brut« oder »Extra Dry« ist eine wichtige Voraussetzung für das Gelingen.
Deutsche Hersteller bieten hervorragende trockene Sektsorten an, mit denen sich der Champagner im Cocktail ohne Weiteres ersetzen lässt. Im fachlichen Bereich werden diese Cocktails als Sektcocktails bezeichnet.

Aperitifs Als Aperitif (von lateinisch aperire = öffnen) bezeichnet man Getränke, die vor dem Essen genossen werden. Man unterscheidet hierbei weinhaltige Aperitifs, anishaltige Spirituosen sowie Bitteraperitifs und -mixgetränke (Before-Dinner-Drinks).
Zu den weinhaltigen Aperitifs zählen auf Weinbasis hergestellte Marken wie beispielsweise Dubonnet und St. Raphaël, die Vermouths, aber auch die trockenen Sorten von Südweinen wie Sherry und Port.

Die große Familie der Mixgetränke

Bars bieten ein spezielles Getränkeangebot, sie sind aber auch Orte des sich Kennenlernens und der zwanglosen Kommunikation.

Von den anishaltigen Spirituosen sind Pastis, Pernod, Ouzo und Raki die bekanntesten Vertreter.
Auch die große Gruppe der Bitteraperitifs umfasst viele Geschmacksrichtungen und bietet eine große Auswahl.

Longdrinks Anstelle der früheren klassischen Unterteilung in unzählige Untergruppen werden heute als Longdrinks alle diejenigen Getränke bezeichnet, die eine größere Flüssigkeitsmenge aufweisen.
Zu den bekanntesten zählen die einfachen und schnell herzustellenden Mischungen wie Gin/Wodka mit Tonic Water oder Bitter Lemon, Rum mit Cola, Whisky mit Soda oder Ginger Ale und viele weitere Spirituosen und Liköre in Verbindung mit Limonaden oder Säften.
Hierzu gibt man in ein hohes Glas einige Eiswürfel, 4 Zentiliter der gewünschten Spirituose bzw. des Likörs und füllt mit Soda, Cola, Limonade oder Saft auf.
Die Palette der gemixten Longdrinks umfasst unzählige Mischungen und Geschmacksrichtungen durch Verwendung von Sirupe, Creams, Säften, Likören und Spirituosen. Sehr beliebt sind exotische Mischungen auf Rumbasis.
Longdrinks sind die idealen Getränke für Partys, geselliges Beisammensein und lange Nächte.
Um eine bessere Abgrenzung im Rezeptteil zu erzielen, sind alle Longdrinks der jeweiligen Spirituose zugeordnet.

Fizzes Der Fizz hat seit langer Zeit einen festen Platz auf jeder Getränkekarte. Wenn auch die große Gin-Fizz-Ära vorbei ist, so soll dieser Getränkegruppe jedoch Referenz erwiesen werden. Fizzes bestehen wie die Sours in der Regel aus einer Spirituose, Zitronensaft und Zuckersirup. Sie werden im Shaker lange und kräftig geschüttelt und in mittelgroßen Gläsern ohne Stiel unter Zugabe von Sodawasser serviert. Bei der Zubereitung ist ein ausgewogenes Verhältnis zwischen Zitronensaft und Zuckersirup für das Gelingen ausschlaggebend. Die Fizzes, die ohne Garnitur und den oft verwendeten Zuckerrand gemixt werden, sind beliebte Drinks.

Collins Der Collins weist eine nahe Verwandtschaft zum Fizz auf. Er wird jedoch im Longdrinkglas auf Eiswürfeln unter Zugabe einer Zitronenscheibe und einer Cocktailkirsche angerichtet.
Collins zählen zu den Longdrinks und erfreuen sich als erfrischende Durstlöscher großer Beliebtheit.

Flips Flips sind bekömmliche, magenfreundliche Getränke, die sich zum Genuss zwischen den Mahlzeiten, vorzugsweise zum zweiten Frühstück und zum Fünf-Uhr-Tee, eignen.
Sie werden in der Regel unter Verwendung von Eigelb, Sahne und Zuckersirup hergestellt. Flips sollten mit großen, trockenen Eiswürfeln – um ein Verwässern zu verhindern – kurz und kräftig geschüttelt werden. Man serviert Flips in mittelgroßen Stielgläsern oder Sektkelchen unter Zugabe von einer Prise Muskatnuss.

Fancy Drinks Als Fantasiegetränke bezeichnet man alle Mixgetränke, die aufgrund ihrer jeweils verschiedenen Zubereitungsart in keine Cocktailgruppe einzuordnen sind.

Sours Sours sind relativ konzentrierte Getränke, denen der geschmacksprägende Zitronensaftanteil ihren Namen gab. Der klassische Sour auf der Basis von Whisky muss sich heute seine Beliebtheit mit einer großen Anzahl von Spirituosen teilen. Verwendet werden viele destillierte Spirituosen wie Gin, Wodka, Rum, Tequila, Cognac, Weinbrand, Calvados usw., aber auch eine große Zahl von Likören.
Sours bestehen in der Regel aus der Basisspirituose, Zitronensaft und Zuckersirup, vereinzelt wird Orangensaft zugegeben. Sie werden im Shaker geschüttelt und in kleinen Stiel- oder Fizzgläsern serviert. Als Garnitur gibt man eine halbe Orangenscheibe und eine Cocktailkirsche dazu. Der Sour ist das ideale Getränk für Unentschlossene, eignet sich als Drink zwischendurch und zur Einstimmung für einen langen Abend.

Alkoholfreie Mixgetränke Ausführliches und Wissenswertes über diese Getränkegruppe findet sich im Rezeptteil.

Bowlen Alles Wissenswerte über die beliebten Bowlen und ihre Zubereitung finden Sie im Rezeptteil.

Hotdrinks Hot Drink steht als Oberbegriff für heiße Getränke, deren bekanntester Vertreter »Irish Coffee« ist.
Vielerlei Spirituosen und Liköre eignen sich zum Genuss in Verbindung mit Kaffee, zum Teil auch mit Tee, Schokolade oder heißem Wasser. Im weitesten Sinne zählt auch erhitzter Wein, wie etwa Glühwein, zu dieser Getränkekategorie.

Tropical Drinks Als weitere Möglichkeit der Unterteilung wird seit einigen Jahren die Rubrik »Tropical Drinks« genutzt. Damit lässt sich das große Longdrinkangebot unterteilen und Drinks mit Rum, Tequila, Cachaça usw. gut unterbringen. Auf großen Barkarten dient dies auch der Übersichtlichkeit.

Von After-Dinner-Drink …

Fachausdrücke

Auf diesen Seiten werden oft benutzte Fachausdrücke und Etikettenaufschriften erklärt. Die in Klammern angefügten Abkürzungen (e) für englisch, (f) für französisch, (i) für italienisch und (sp) für spanisch weisen auf den sprachlichen Ursprung hin.

After-Dinner-Drink (e) In den USA gebräuchliche Bezeichnung für Getränke nach dem Essen.

Âge inconnu (f) Vorwiegend auf Calvadosetiketten für »Alter unbekannt«. Weist auf ein Alter von mindestens sechs Jahren für das jüngste Destillat hin.

Amaro (i) Bezeichnung für Bitter, Bitterspirituosen.

Amontillado (sp) Meist halbtrockener, bernsteinfarbener Sherry.

Aperitif (f) Von lat. aperire = öffnen. Bezeichnung für Getränke, die vor den Mahlzeiten zur Anregung des Appetits getrunken werden.

Balthasar Riesenflasche Champagner mit 12 Litern Inhalt (entspricht 16 Normalflaschen).

Bas-Armagnac (f) Auf Armagnacetiketten Hinweis auf die Anbauregion.

Before-Dinner-Drink (e) Herbe, appetitanregende Getränke, die vor den Mahlzeiten getrunken werden.

Bl. Abkürzung für Barlöffel in Rezepten, er fasst ca. 0,5 cl.

Blended (e) Vermischt, vermengt, z. B. Blended Whisky.

Boston-Shaker (e) Zweiteiliger Schüttelbecher mit einem Metall- und einem Glasteil.

Brut (f) Herb, naturherb im Sinne von nicht süß, extrem trocken. Bezeichnung für Champagner und Sekt, wenn die Dosage (siehe dort) zwischen 0 und 15 g/l liegt.

Champagner- und Sektflaschengrößen

1/4 Flasche	0,2 l	1/2 Flasche	0,375 l
1/1 Flasche	0,75 l	Magnum	1,5 l
Jeroboam (Doppel-Magnum)	3,0 l	Rehoboam	4,5 l
Methusalem	6,0 l	Salmanasar	9,0 l
Balthasar	12,0 l	Nebukadnezar	15,0 l

Die gebräuchlichsten Handelsgrößen sind die 1/4- bis Doppel-Magnumflaschen. Einige Champagnerhäuser bieten in Deutschland alle Größen bis Salmanasar an, deutsche Sektproduzenten in der Regel nur bis zur Magnumflasche.

Champagner- und Sektgeschmacksrichtungen Mit der Dosage (siehe dort) wird die Geschmacksrichtung der Champagner bestimmt.
Dosage zero, Brut nature = naturherb/ Dosage unter 3 g/l
Extra Brut = extra herb/Dosage 0–6 g/l
Brut = herb, naturherb/Dosage 0–15 g/l
Extra Dry, Extra Sec = sehr trocken/Dosage 12–20 g/l
Sec = trocken/Dosage 17–35 g/l
Demi Sec = halbtrocken/Dosage 33–50 g/l
Doux = mild/ Dosage mehr als 50 g/l

Choice (e) Steht auf Südwein- und Spirituosenetiketten für ausgewählt, auserlesen.

C. M. (f) Diese Abkürzung findet man mit einer langen Kennnummer auf Champagneretiketten. C. M. = Coopérative de Manipulants, d. h., Hersteller ist eine Winzergenossenschaft.

Copita (sp) Das typische Sherryglas, ähnelt einer Biertulpe en miniature.

Cordials (e) Amerikanisch-englischer Sammelbegriff für Liköre.

cl Maßangabe bei den Rezepten. 1 cl ist der hundertste Teil eines Liters. Ein kleines Schnapsglas fasst 2 cl.

Cream (e) Beim Sherry Bezeichnung für einen tiefroten, süßen, fast cremigen Wein.

Crème de (f) Der Zusatz Crème bei Likören bedeutet besondere Süße, der Zuckergehalt liegt bei über 250 g/l.

Cuvée (f) Fassmischung, bei Champagner und Sekt die Mischung von Weinen verschiedener Lagen und Jahrgänge.

Dash (e) Steht bei Rezeptangaben für einen Spritzer Flüssigkeit (Abk.: d).

Degorgieren (f) Das Enthefen beim Champagner und bei den nach der Méthode Champenoise hergestellten Schaumweinen.

Dekantieren (f) Das Umgießen von Weinen in Karaffen unter Abtrennung des Depots. Es wird hauptsächlich bei alten Rot- und Portweinen angewandt.

Demi Sec (f) Halbtrocken, Bezeichnung für halbtrockene Champagner mit einer Dosage von 33 bis 50 g/l.

Depot (f) Satz, Sediment, vor allem bei alten Rot- und Portweinen.

Digestif (f) Getränke, die nach den Mahlzeiten getrunken werden.

Cognac, Armagnac, Calvados, Liköre und Cocktails, wie beispielsweise Brandy Alexander, B and B und Irish Coffee, eignen sich vorzüglich.

Dosage (f) Dosage ist der Zusatz von in Wein gelöstem Zucker, der bei der Champagnerherstellung den beim Degorgieren entstandenen Flüssigkeitsverlust ausgleicht und die Geschmacksrichtung bestimmt.

Dry (e) Französisch sec, deutsch trocken. Beim Champagner der Hinweis auf eine Dosage von 17 bis 35 g/l. Im englischen Sprachgebrauch auch für trockene bzw. herbe Getränke.

Égrappé (f) Wird für den aus Kelterrückständen destillierten Marc verwendet, wenn vor dem Keltern die Trauben entstielt wurden.

Extra Dry (e) Bezeichnung beim Champagner für sehr trocken, mit einer Dosage von 12 bis 20 g/l.

Fermier (f) Häufig auf Calvadosetiketten als Hinweis darauf, dass dieser – im Gegensatz zu industriell hergestellten Produkten – aus einer kleinen bäuerlichen Produktion stammt.

Fine Champagne (f) Beim Cognac Bezeichnung für eine Mischung von Destillaten der beiden besten Anbaugebiete Grande Champagne und Petite Champagne mit mindestens 50 % Grande-Champagne-Anteil.

Fino (sp) Die trockenste Sherrysorte.

Frappé (f) Geschlagen. Meist im Zusammenhang mit Likören, wenn diese auf klein geschlagenem Eis serviert werden.

Gallone (e) Flüssigkeitsmaß. Englische Gallone = 4,54 l, US-Gallone = 3,78 l.

Glen (e) Bergschlucht, Tal. Bestandteil vieler schottischer Malt-Whisky-Markennamen.

Grande Champagne (f) Kernzone des Cognacgebiets (Charente), aus der die besten zur Cognacdestillation verwendeten Weine stammen.

Hors d'Âge (f) Findet sich auf den Flaschenetiketten von Armagnac, Cognac und Calvados. Es ist ein Hinweis auf das Alter des Produkts. Der jüngste Bestandteil muss mindestens sechs Jahre im Eichenholzfass gelagert worden sein.

Infusion Verfahren, bei dem aromatische Substanzen wie Kräuter und Gewürze in Alkohol eingelegt und destilliert werden.

Jeroboam Bezeichnung für eine Doppel-Magnum-Champagnerflasche mit drei Litern Inhalt.

M. A. (f) Diese Abkürzung findet man mit einer langen Kennnummer auf Champagneretiketten. Sie weist auf eine Nebenmarke oder Spezialabfüllung des Herstellers hin.

Magnum Doppelflasche Champagner oder Sekt mit 1,5 Litern Inhalt.

Manzanilla (sp) Besonders leichter und trockener Sherry, der nur in den Bodegas von Sanlucar de Barrameda reift.

Mazeration Auslaugung. Ein Verfahren, bei dem die aromatischen Substanzen für die Spirituosenherstellung mit Alkohol aus den Grundstoffen ausgelaugt werden.

Methusalem Übergroße Champagnerflasche mit sechs Litern Inhalt (entspricht acht Normalflaschen).

Millésime (f) Mit Jahresangabe.

Mist (e) Nebel. In England, Irland und den USA Bestandteil von Spirituosen- und Cocktailnamen.

Napoléon (f) Auf Cognac-, Armagnac- und Calvadosetiketten ein Altershinweis. Der jüngste Bestandteil muss mindestens sechs Jahre Lagerzeit im Eichenholzfass aufweisen.

Nebukadnezar Übergroße Champagnerflasche mit 15 Litern Inhalt (entspricht 20 Normalflaschen).

N. M. (f) Abkürzung für Négociant Manipulant. Findet sich auf Champagneretiketten mit einer langen Kennnummer und besagt, dass ein Champagnerhaus der Hersteller ist.

Oloroso (sp) Wohlriechend. Trockene bis leicht süße Sherrygeschmacksrichtung.

on the rocks (e) Spirituosen oder Liköre, die nur auf Eiswürfeln serviert werden.

Ebenerdiges Chai (Reifekeller) in der Region Cognac

... bis zu X. O.

Pays d'Auge (f) Herkunftsbezeichnung beim Calvados. Produkte aus dem Auge-Tal gelten als die besten.

Proof (e) Früher in Großbritannien, Kanada und den USA zur Angabe des Alkoholgehalts verwendete Bezeichnung. Ein Proof entsprach in Großbritannien 0,5715 %vol, in Kanada und den USA 0,5 %vol.
Z. B. 80 US-Proof = 0,5 %vol x 80 = 40 %vol;
75 engl. Proof = 0,5715 %vol x 75 = 43 %vol.

Rehoboam Übergroße Champagnerflasche mit 4,5 Litern Inhalt (entspricht sechs Normalflaschen).

R. M. (f) Abkürzung für Récoltant Manipulant. Findet sich auf Champagneretiketten mit einer langen Kennnummer als Hinweis, dass diese Marke von einem Champagnerwinzer hergestellt wird.

Salmanasar Übergroße Champagnerflasche mit neun Litern Inhalt (entspricht 12 Normalflaschen).

Sauvage (f) Wild wachsend, unkultiviert. Findet sich hauptsächlich bei französischen Obstdestillaten, z. B. Framboise sauvage = Himbeergeist aus wild wachsenden Himbeeren.

Sec (f) Trocken. Geschmacksbezeichnung für Champagner und Sekt mit einer Dosage von 17 bis 35 g/l, nach deutschen Begriffen eher zu den milden als zu den trockenen Sorten zählend.

Single Malt (e) Bei schottischem Malt Whisky steht diese Bezeichnung auf den Etiketten für »Whisky eines Destilliervorgangs«, also auch dafür, dass dieser Whisky ungemischt ist und nur aus dieser Brennerei stammt. Single Malt sind die Whiskys, bei denen sich am besten die Eigenheiten einer Destillerie erkennen lassen. Viele whiskyherstellende Länder produzieren inzwischen Single Malt Whiskys, seit jeher die japanischen Destillerien, aber auch die vielen neuen Brennereien in allen Ecken Europas und der restlichen Welt. Das Whiskyland Irland, das seine Whiskeys bis Ende des letzten Jahrtausends im klassischen irischen Stil herstellte, bietet seit etwa zehn Jahren auch vermehrt Single Malt Whiskeys an.

Straight (e) Auf Etiketten von Bourbon-Whiskey. Es bedeutet reiner, unverschnittener Bourbon.

Triple Sec (f) Dreifach trocken, Mindestalkoholgehalt 35 %vol bei Curaçaolikören.

Tumbler (e) Meist dickwandiges Becherglas, Whiskyglas.

Twist of ... (e) Hauptsächlich mit »Lemon Peel«. Mit Peel wird ein größeres Stück Zitronen- oder Orangenschale bezeichnet, das zum Aromatisieren über dem Getränk ausgepresst wird.

Uisge Beatha (e) Gälisch für Wasser des Lebens. Davon leitet sich der Name Whisky ab.

Unblended (e) Unvermischt (hauptsächlich auf Etiketten von schottischem Malt Whisky).

Vecchia (i) Bei Spirituosen für alt bzw. lange Lagerung.

Vénérable (f) Ehrwürdig. Auf Etiketten Hinweis auf lange Lagerung.

Vieux, Vieil, Vieille (f) Alt. Bezeichnung bei Armagnac, Calvados und Cognac für eine Lagerzeit von mindestens sechs Jahren für den jüngsten Bestandteil der Spirituose.

Vintage (e) Eigentlich Weinlese. Auf Etiketten von Champagner, Portwein und Madeira für Jahrgangsgewächse verwendet.

V. S. O. P. (e) V. = Very, S. = Superior, O. = Old, P. = Product.
Bei Cognac, Armagnac und Calvados Hinweis auf eine Lagerzeit von mindestens fünf Jahren für den jüngsten Bestandteil. Bei deutschem Weinbrand ist ein Jahr Lagerzeit vorgeschrieben.

X. O. (e) Abkürzung für extra old. Bei Cognac und Armagnac steht X. O. wie Napoléon, Vieux, Hors d'Âge usw. für eine Lagerzeit von sechs Jahren für den jüngsten Bestandteil.

Hier wird Wein zu »Geist«: Destillationsanlagen und Reifekeller von Rémy Martin in Cognac.

Was passt zusammen?

Mischplan

In dieser Tabelle sind die am häufigsten verwendeten Spirituosen, Liköre und Zutaten nach ihrer Verwendbarkeit geordnet.
Es wurden in erster Linie die Mixrezepte dieses Buches berücksichtigt. Ausnahmen bestätigen jedoch die Regel. Grundsätzlich ist es empfehlenswert, nicht zu viele verschiedene Alkoholika in einem Drink zu verwenden und beim Genuss unterschiedlicher Mixturen bei einer Basisspirituose zu bleiben. Auf keinen Fall sollte man verwandte Produkte wie Weinbrand/Cognac, Scotch/Bourbon, Portwein/Sherry oder Gin und Wodka miteinander mischen, da dies geschmacklich keinen Vorteil bringt. Hocharomatische Produkte sollten als Basis eines Drinks dienen und mit weniger intensiven klaren Spirituosen wie z. B. Gin, Wodka, Rum oder Tequila alkoholisch verstärkt werden.

Legende:
👍 = *passen hervorragend zusammmen*
☺ = *passen mit Einschränkungen zusammen (in kleinen Mengen) – nicht als Basis oder Geschmacksgeber*
✋ = *passen grundsätzlich nicht zusammen – nur seltene Ausnahmen*

Weinaperitifs

Weinaperitifs

Die »Apéritifs à Base de Vin« werden aus Wein und Fruchtauszügen oder Wein und Mistelle (Weine, bei denen die Gärung des Mosts durch Alkoholzusatz verhindert wurde), Alkohol und Frucht- und/oder Gewürzauszügen hergestellt. Eine wichtige Zugabe war dabei das Chinin. Ende des 19. bis Anfang des 20. Jahrhunderts war »das goldene Zeitalter« der französischen Weinaperitifs, bekannt als Quinquinas oder Kinas.

Kinas wurden ursprünglich hergestellt, um den Soldaten in den von Malaria geplagten Kolonien das Chinin schmackhafter zu machen. Die Hersteller von Kinas fanden Kräuterkombinationen, die die Menschen begeisterten, und in jedem Kina fanden sich die geschmacklichen Präferenzen der Region wieder, in der sie produziert wurden. Maßgeblich beteiligt an der Entwicklung waren der Likörhersteller Dubonnet, der die gleichnamige Marke schuf, und der Arzt Juppet mit seinem St. Raphaël.

Kinas trinkt man pur auf Eis, mit Tonic Water oder Champagner. Weitere bekannte Weinaperitifs sind Pineau des Charentes (Cognac und Traubensaft), Ratafia (Marc und Traubenmost) und die Vin Doux Naturels, die in allen Mittelmeerländern hergestellt werden. Nach dem Öffnen sollten alle Weinaperitifs kühl aufbewahrt werden.

Bekannte Marken

A & A – Asbach & Auslese Rieslinglikör Ganz anders als die Aperitifklassiker ist der A & A Rieslinglikör. Ihm vergleichbar sind Pineau des Charentes und die Vin Doux Naturels. Zwei hochgeschätzte deutsche Spezialitäten, der Weinbrand Asbach und Rieslingausleseweine, sind die Komponenten dieser 2003 eingeführten Likörkomposition. A & A trinkt man gekühlt, »on the rocks«, mit Sodawasser oder Ginger Ale. Alkoholgehalt 19 %vol.

Cocchi Americano Das seit 1891 in Cocconato d´Asti ansässige Unternehmen ist bekannt für seine Spumante und Aperitifs. Cocchis Americano ist ein exzellenter und perfekter Weinaperitif. Der Name hat jedoch nichts mit dem bekannten Cocktail gleichen Namens gemein, sondern stammt vom italienischen Wort »amaricante« ab, das »Bitterstoffe« benennt. Für ihn werden Weißweine mit Enzian, Zitrusfrüchten und weiteren Kräutern und Gewürzen versetzt. Man trinkt ihn gekühlt mit einer Orangenschale und einem Schuss Sodawasser.

Dubonnet Den »Grand Apéritif de France« Dubonnet gibt es seit 1846. Er wird als »Rouge« (14,8 %vol) und »Blanc« (17 %vol) angeboten.

Kina l´Avion d´Or Für Kina l'Avion d'Or wird Wein mit einer Kräuterinfusion aus Chinarinde, Orangenschalen, Wermut und anderen exotischen Gewürzen versetzt. Dies ergibt einen Kina mit schönem Goldton, mit Aromen von Quitte und feinster Marmelade. L´Avion d'Or ist eine Hommage an den Franzosen Louis Blériot, der 1909 in einer Eindeckereigenkonstruktion als Erster über den Kanal nach England flog.

Lillet Das Unternehmen wurde 1872 in Podensac nahe Bordeaux von den Brüdern Lillet gegründet. Ab 1887 arbeiteten diese an einer neuen Aperitifrezeptur, und 1895 kam ihr Weinaperitif »Kina Lillet« zur Einführung. Die Basis des Lillet stellen Weine der Region, die mit Extrakten von Zitrusfrüchten sowie Quinquinarinde versetzt werden. Lillet Blanc präsentiert sich goldgelb, der 1962 eingeführte Lillet Rouge ist rubinrot. Vor Kurzem wurde mit dem Rose eine dritte Sorte eingeführt. Er entspricht in seiner Zusammensetzung dem Blanc und Rouge und schmeckt frisch und spritzig. Alle drei Sorten haben 17 %vol und sollten gut gekühlt getrunken werden.

Noix de la Saint Jean Dieser fruchtige französische Aperitif wird aus Rotwein und einem Mazerat von grünen, vor dem 24. Juni (St. Jean) geernteten Walnüssen sowie Zimt, Pfeffer, Nelken und Muskat komponiert. Er duftet und schmeckt fein nussig und sollte gut gekühlt serviert werden. Alkoholgehalt 15 %vol.

Orange Colombo Ein orangefarbener französischer Aperitif (15 %vol) aus Roséweinen und Mazeraten aus Bitterorangenschalen und Chinarinde. Er ist herb-süß, mild-fruchtig und weist eine leichte Bitternote auf. Man serviert ihn gut gekühlt oder »on the rocks«.

Rinquinquin à la Pêche Ein köstlicher französischer Aperitif (15 %vol) aus Weißweinen, Neutralalkohol, Gewürzextrakten (darunter Chinin) und sieben verschiedenen Pfirsichsorten. Er sollte gut gekühlt getrunken werden.

St. Raphaël Berühmter französischer Weinaperitif. Der »Rouge« ist würzig-herb, der »Ambré« ist etwas milder und subtiler. Beide 14,9 %vol.

Weinaperitifs

A & A Ginger Ale

4 cl A & A
Kaltes Ginger Ale

In ein Longdrinkglas einige Eiswürfel geben und den A & A dazugießen. Mit kaltem Ginger Ale auffüllen und nach Belieben mit weißen Weintrauben garnieren.

Lillet Berry

5 cl Lillet Blanc
10 cl Schweppes Wild Berry

In ein Longdrinkglas einige Eiswürfel geben und den Lillet dazugießen. Mit kaltem Schweppes Wild Berry auffüllen und eine Erdbeere an den Glasrand stecken.

St. Raphaël Cooler

4 cl St. Raphaël Rouge oder Gold
2 cl Cointreau
4 cl Orangensaft
kaltes Tonic Water

Die Zutaten – ohne Tonic Water – mit Eiswürfeln im Shaker kräftig schütteln und durch das Barsieb in ein Longdrinkglas auf einige Eiswürfel abgießen. Mit kaltem Tonic Water auffüllen und leicht umrühren. Mit Orangenscheibe und Physalis garnieren.

Wedding Bells

2 cl Dubonnet
2 cl Gin
2 cl Cherry Brandy
2 cl Orangensaft

Die Zutaten mit Eiswürfeln schütteln und in ein Stielglas abseihen.

Incognito

4 cl Lillet Blanc
2 cl Cognac
1 cl Apricot Brandy
1 Spritzer Peychaud´s Bitter

Die Zutaten in ein mit Eiswürfeln gefülltes Rührglas geben, gut vermischen und in ein gekühltes Cocktailglas abseihen. Mit einer Zitronenschale abspritzen.

The Abbey

2 cl Lillet Blanc
4 cl Gin
2 cl Orangensaft

Mit Eiswürfeln im Shaker kräftig schütteln und durch ein Barsieb in ein Cocktailglas abgießen.

A & A Ginger Ale >

Vermouth

Unter den Weinaperitifs ist der Vermouth die bekannteste und die mengenmäßig größte Gruppe. Weltberühmtheit erlangten italienische und französische Produkte. Aus Wermutkraut (botanisch: Artemisia absinthium) hergestellte Arzneien wurden bereits im Altertum gegen vielerlei Krankheiten verordnet. Die heutige Bezeichnung »Vermouth« ist in dieser Schreibweise nur für italienische und französische Marken zulässig und stammt vom Althochdeutschen »wermout win« ab. Die älteste Produktionsstätte für Vermouth ist die Region um Cuneo, südlich von Turin. Hier lässt sich die Herstellung aromatisierter Weine bis ins 16. Jahrhundert zurückverfolgen.

Der Ursprung

Die Landschaft um das norditalienische Städtchen bietet die besten Bedingungen für die Reben des Moscato d'Asti, eine Weinsorte, die sich besonders gut zum Würzen mit Kräuterauszügen eignete. Um 1786 produzierte die Turiner Firma Carpano erstmalig in größerem Ausmaß Vermouth, und seit jener Zeit hat sich Turin als Zentrum der Vermouthherstellung einen Namen gemacht. Der »Vino Vermouth di Torino« ist heute führend und charakteristisch für einen ganz bestimmten Vermouthtyp. Der »Torino« – seine Hauptsorten sind der rubinrot leuchtende »Colorato« oder »Rosso«, der grünlich weiße, süßherb schmeckende »Bianco« und der trockene, herbe, kaum Restzucker enthaltende »Secco« oder »Dry« – hat so charakteristische Merkmale, dass seine Ursprungsbezeichnung international geschützt wurde. Bei der Herstellung von Vermouth sind vier hauptsächliche Arbeitsgänge erforderlich: die Zusammenstellung der Ausgangsweine, die Produktion des Kräuterauszugs, die Schönung und Filtration bzw. Stabilisierung des Vermouths sowie die abschließende Lagerung des Fertigprodukts bis zur Abfüllreife.

Empfehlungen

Vermouth trinkt man gekühlt oder »on the rocks« mit Zugabe einer halben Zitronen- oder Orangenscheibe. Sie sind auch Bestandteil weltbekannter Cocktailklassiker.

Bekannte Marken

Canasta Rosso Das berühmte Sherry- und Brandyhaus Williams & Humbert in Jerez de la Frontera ist Hersteller dieses feinen Vermouths.
Carpano »Antica Formula« Dem klassischen Carpano wurde um 1870 der »Punt e Mes« zur Seite gestellt. Vor einigen Jahren brachte man mit dem »Antica Formula« den bis 1870 hergestellten, ursprünglichen Carpano wieder auf den Markt.
Carpano »Punt e Mes« Carpano in Turin war 1786 der erste Hersteller von Vermouth. Der Aperitivo »Punt e Mes« wurde dann ab 1870 hergestellt. Er ist eine Spur bitterer als roter Vermouth und hat 16 %vol.
Cocchi Anlässlich des 120-jährigen Firmenjubiläums von Giulio Cocchi 2011 wurde dieser Vermouth di Torino nach der Originalrezeptur von 1891 neu aufgelegt. Die Basis dieses leicht herben, bernsteinfarbenen Vermouths sind Muskatellerweine. Er gilt als einer der Besten und präsentiert den Vermouth, wie er einmal war und wie er sein sollte.
Dolin Das Haus Dolin produziert seit 1821 Weine in der an die Schweiz und Italien angrenzenden französischen Region Savoyen. Der charaktervolle Dolin Vermouth wird als Blanc und Rouge mit 16 %vol und als Dry mit 17,5 %vol angeboten.
Martini Martini & Rossi in Turin ist der größte und berühmteste Vermouthproduzent und auch in anderen Bereichen der Wein- und Spirituosenindustrie tätig. Martini Vermouth wird als Rosso, Bianco, Rosé und Dry (alle 15 %vol) angeboten. Außerdem gibt es die aromatische Variante »Martini d'Oro« mit 9 %vol.
Matter Die Brennerei Matter in Kallnach im Schweizer Kanton Bern stellt auch Vermouth in höchster Qualität her. Alles an diesen Vermouths ist handwerklich geprägt, und nur ausgewählte Zutaten werden verwendet. Er wird als Bianco, Rosso und Dry angeboten. Es sind frische, komplexe Vermouths mit einem Alkoholgehalt von 18 %vol.
Noilly Prat Der »König des trockenen Vermouths« war der Erste auf dem Markt. Er wird in Marseillan, nahe Sète, am Rande des Mittelmeeres in Südfrankreich hergestellt. Der außergewöhnliche und aufwendig hergestellte Noilly Prat (18 %vol) ist weltweit die führende »Dry«-Vermouthmarke. Seit einigen Jahren wird auch der bernsteinfarbene »Ambre« (16 %vol) angeboten.

Vermouth

Vermouth Cassis >

Vermouth Cassis

4 cl Vermouth Dry
2 cl Crème de Cassis
kaltes Sodawasser

Vermouth und Cassis mit Eiswürfeln in einen Tumbler gießen, mit Sodawasser auffüllen und leicht verrühren. Mit einer Zitronenschale abspritzen und diese mit ins Glas geben.

Berry Rosso

3 cl Vermouth Rosso
2 cl Wodka
1 cl Erdbeersirup
2 cl Zitronensaft
8 cl Orangensaft

Mit Eiswürfeln im Shaker kräftig schütteln und durch das Barsieb in ein Longdrinkglas auf Crushed Ice abgießen. Mit einer Erdbeere garnieren.

Perfect Cocktail

2 cl Vermouth Dry
2 cl Vermouth Rosso
2 cl Gin

Die Zutaten in ein mit Eiswürfeln gefülltes Rührglas geben, gut vermischen und in ein gekühltes Cocktailglas abseihen. Mit einer Zitronenschale abspritzen.

Apricot Secco

2 cl Vermouth Dry
2 cl Gin
2 cl Apricot Brandy

Die Zutaten in ein mit Eiswürfeln gefülltes Rührglas geben, gut vermischen und in ein gekühltes Cocktailglas abgießen.

Bronx

3 cl Gin
1 ½ cl Vermouth Dry
1 ½ cl Vermouth Rosso
3 cl Orangensaft

Mit Eiswürfeln im Shaker kräftig schütteln und durch ein Barsieb in ein Cocktailglas abgießen. Eine halbe Orangenscheibe dazugeben.

Duchess

2 cl Vermouth Dry
2 cl Vermouth Rosso
2 cl Absinthe

Die Zutaten in ein mit Eiswürfeln gefülltes Rührglas geben, gut vermischen und in ein gekühltes Cocktailglas abgießen.

Bitteraperitifs

Innerhalb der großen Gruppe der Bittergetränke nehmen die italienischen Bitteraperitifs einen ganz besonderen Platz ein. Das hauptsächliche Unterscheidungsmerkmal zu den wirklich Bitteren ist die rote Farbe, der geringere Alkoholgehalt und ihre ideale Verwendbarkeit als Longdrink. Neben Campari produzieren viele größere und kleinere Unternehmen in Italien und auch in der Schweiz Bitteraperitifs. Diese treffen zum Teil ziemlich genau die Camparirezeptur, oder sie setzen auf Zusammenstellungen, die sich mit einer eigenen Note präsentieren.

Alle Bitter werden nach den gleichen Verfahren hergestellt, nur die Bitteraperitifs sind eben anders. In der Regel werden sie – im Gegensatz zu den Digestifbittern – nicht pur, sondern verlängert getrunken. Dabei ist die Zugabe von Sodawasser die klassische und auch heute noch vielfach praktizierte Art der Zubereitung. Dass sich die Bitteraperitifs zum Mixen eignen, haben international bekannte Rezepturen bewiesen. Bitteraperitifs trinkt man jedoch nicht nur als Aperitif vor dem Essen. Sie sind, verlängert mit Fruchtsäften, Sekt oder Tonic Water, ideale Getränke für viele Gelegenheiten.

Bekannte Marken

Aperol Den italienischen Bitteraperitif Aperol gibt es seit 1919. Seine klassische Rezeptur wies nur 11 %vol auf, beträgt jetzt aber 15 %vol.

Campari Der Bitteraperitif Campari wurde im Jahr 1860 von Gaspare Campari in Mailand in Italien erstmals vorgestellt. Er ist Marktführer und wird mit 25 %vol angeboten.

Gran Classico Bitteraperitif Die Brennerei Matter in Kallnach im Schweizer Kanton Bern produziert diesen erfolgreichen und gefragten Bitteraperitif, der auf einer originalen Turiner Bitterrezeptur aus dem Jahr 1864 basiert. Dieser Klassiker ist eine Mischung aus zahlreichen Kräutern und Wurzeln, wie Bitterorange, Wermut, Enzian, Rhabarber und weiteren aromatischen Pflanzen. Gran Classico Bitter ist ein reines Naturprodukt und im Gegensatz zu manch großen Aperitifbittermarken ohne jegliche Zugabe von Farb- und Aromastoffen. Nach seiner äußerst erfolgreichen Einführung auf dem US-Markt erobert der Gran Classico nun ebenfalls die deutschen Bars. Mit seinem komplexen, erfrischend-bittersüßen Geschmack kann der Gran Classico Bitter äußerst vielseitig serviert werden: traditionell mit Sodawasser oder Orangensaft oder ganz klassisch als Teil der berühmten Cocktails Americano und Negroni (28 %vol).

Luxardo Bitter Luxardo war der »Erfinder« des Maraschino Liqueurs. Das Familienunternehmen wurde 1821 in Zara/Dalmatien gegründet und produziert heute in der Nähe von Padua/Italien. Neben einer Vielzahl an Likören bietet Luxardo auch einen aromatischen und ausgewogenen Bitteraperitif (25 %vol) an.

Martinazzi Wie der Gran Classico ist der Martinazzi Bitteraperitif ein Produkt der Brennerei Matter im Schweizer Kanton Bern. Martinazzi wurde erstmals 1864 in Turin hergestellt. 1928 kaufte der Firmengründer das Rezept für die Herstellung in der Schweiz, und heute ist Matter der einzige Produzent. Alkoholgehalt 22 %vol.

Martini Bitter Das weltbekannte Unternehmen Martini & Rossi wurde durch seinen exzellenten Vermouth berühmt. Sein Bitteraperitif (25 %vol) ist in Italien und auf vielen Exportmärkten äußerst erfolgreich.

Rossi d´Angera Die Brennerei Rossi wurde 1847 im Städtchen Angera am Lago Maggiore gegründet. Rossi produziert Liköre und besitzt eine lange Erfahrung in der Herstellung von Grappas, die in zahlreichen Qualitäten angeboten werden. Der Bitteraperitif des Hauses ist dunkelrot, gehaltvoll und besitzt ein reichhaltiges Kräuter- und Gewürzbouquet. Alkoholgehalt 25 %vol.

Suze Seit 1889 wird dieser Enzianaperitif, der im Süden Frankreichs im Massif Central seine Heimat hat, angeboten. Auch durch die goldgelbe Farbe unterscheidet sich Suze von allen anderen Bitteraperitifs, und sein geringer Alkoholgehalt (16 %vol) passt heute vortrefflich zum Trend der leichten Spirituosen. Suze wird als klassischer Aperitif auf Eis oder als Longdrink mit Orangensaft, Sodawasser oder Tonic Water getrunken.

Vincent Die Schwarzwälder Obstbrennerei Schladerer, 1844 gegründet, brachte mit dem Vincent 2000 einen grünlichen, in Geschmack und Farbe völlig neuartigen Aperitif auf den Markt. Seine Basis sind Schladerer Himbeergeist und Limetten. Mit Sodawasser, Tonic Water, Orangensaft oder Sekt mixt man erfrischende Longdrinks. Alkoholgehalt 25 %vol.

Picon Zur Zeit der Entstehung der französischen Weinaperitifs Dubonnet und St. Raphaël schuf Gaetan Picon sein Aperitifgetränk. Er verwendete Orangenschalenextrakte und Enzian sowie Chininrinde, jedoch Neutralalkohol und keinen Wein. Picon gibt es heute in drei Sorten: den Picon Amer (21 %vol) mit markanten bitteren Noten, den leicht süßlichen Picon à l´Orange (18 %vol) und den Picon Bière (18 %vol), der in Frankreich zum Mischen mit Bier beliebt ist.

Bitteraperitifs

Russian Rose

2 cl ital. Bitteraperitif
4 cl Wodka
4 cl Orangensaft
kaltes Bitter Lemon

Im Shaker – ohne Bitter Lemon – mit Eiswürfeln schütteln und in ein Longdrinkglas auf Eiswürfel abgießen. Mit Bitter Lemon auffüllen. Eine halbe Orangenscheibe dazugeben.

Americano

4 cl ital. Bitteraperitif
4 cl Vermouth Rosso
kaltes Sodawasser

Bitteraperitif und Vermouth Rosso mit Eiswürfeln in einen Tumbler geben, mit Sodawasser auffüllen und leicht umrühren. Mit einer Orangenschale abspritzen und diese mit ins Getränk geben.
Anmerkung Einen **Noble Americano** kann man diesen Drink nennen, wenn man Gran Classico und Carpano Antica Formula verwendet. Diese edelste Version des Americano schlägt alles. Hier verbinden sich zwei Weltklasseprodukte und zeigen auf, welche Unterschiede es beim Bitteraperitif und beim Vermouth gibt.

Negroni

3 cl ital. Bitteraperitif
3 cl Vermouth Rosso
2 cl Gin

Die Zutaten mit Eiswürfeln im Rührglas gut vermischen und in einen Tumbler auf einige Eiswürfel abgießen. Mit einem Stück Orangenschale abspritzen und diese mit dazugeben. Für die Longdrinkvariante füllt man wie beim Americano mit kaltem Sodawasser auf.
Anmerkung Für einen **Noble Negroni** verwendet man Gran Classico und Carpano Antica Formula. Diese edle Version des Negroni schlägt wie auch beim Americano alles. Zusätzlich beeinflusst die Würzkomponente des Gins diesen aromatischen Drink.

Americano >

Bitter-Orange

4 cl ital. Bitteraperitif
frisch gepresster Orangensaft

Den Bitteraperitif in ein Longdrinkglas mit Eiswürfeln gießen und mit Orangensaft auffüllen. Mit einem Barlöffel umrühren und eine halbe Orangenscheibe dazugeben.

Italian Blossom

4 cl ital. Bitteraperitif
4 cl frisch gepresster Orangensaft
kalter trockener Sekt

Den Bitteraperitif und den Orangensaft in ein Longdrinkglas auf einige Eiswürfel geben und mit kaltem Sekt auffüllen. Mit einem Barlöffel leicht umrühren und eine halbe Orangenscheibe dazugeben.

Bitter Cup

3 cl ital. Bitteraperitif
2 cl Wodka
Orangen-, Grapefruitsaft
  oder Maracujanektar

Bitteraperitif und Wodka auf Eiswürfel in ein Longdrinkglas geben und mit Fruchtsaft auffüllen. Eine halbe Orangenscheibe dazugeben.

Anisées

Die meisten bekannten Anisgetränke stammen aus Südeuropa, insbesondere dem Mittelmeerraum und der Türkei. Trotz unterschiedlicher Zubereitung verbindet sie das typisch frische Aroma des Anis, das aber häufig mit Lakritze (Süßholz) verwechselt wird. Anis wird nicht nur im Mittelmeerraum, sondern auch in Indien, Japan und Südamerika angebaut. Wichtig ist die Differenzierung zwischen herkömmlichem Anis und Sternanis, wobei Letzterer wesentlich mehr Anethol hat und damit auch gehaltvoller ist. Sternanis gedeiht in Vietnam, China, Japan und auf den Philippinen.

Der Ursprung

Absinthe war das erste populäre Anisgetränk. Es ist belegt, dass die Schwestern Henriod 1769 in einer Zeitungsannonce in Neufchâtel für ein »Extrait d'Absinthe« warben, das später vom französischen Revolutionsflüchtling Pierre Ordinaire vermarktet wurde. Wie das Rezept in die Hände von Henri-Louis Pernods Vater kam, bleibt rätselhaft. Jedenfalls gründete Henri-Louis Pernod mit seinem Schwiegervater und seinem Schwager 1797 eine kleine Brennerei in Couvet, das damals zum Fürstentum Neufchâtel und damit zu Preußen gehörte. Wenige Jahre später verlagerte Pernod die Produktion ins nahegelegene französische Pontarlier. Den kommerziellen Durchbruch erlebte Pernod, der 1851 starb, aber nicht mehr. Pernod war zwar der Größte, aber nur einer von etwa 85 Absintheherstellern, die es in Pontarlier, dem Val de Travers und in Fougerolles gab. Jedenfalls gelang es Pernod, die französischen Truppen im Algerienkrieg im 19. Jahrhundert mit Absinthe »auszurüsten«. Der Absinthe wurde dort benötigt, um schmutziges Wasser zu desinfizieren. Da der Geschmack ausgesprochen gefällig ist, verwundert es nicht, dass Soldaten nach ihrer Heimkehr in den Bistros nach Absinthe verlangten. Aber auch in Nordafrika hinterließ der Absinthe seine Spuren. Ein Siegeszug, wie ihn die Welt noch nicht gesehen hatte, nahm ihren Lauf – mit fatalen Folgen. Absinthe wurde bis 1910 populärer als Wein und Bier, was einerseits am Geschmack, anderseits am günstigen Preis lag. Die variantenreiche Zubereitungsmethode förderte den unermesslichen Kultstatus der grünen Fee: Dafür gab man etwa 4 cl des etwa 60 bis 70 %vol starken Absinthe in ein Absintheglas und legte einen speziellen, perforierten Löffel, den Absinthelöffel, darüber. Darauf platzierte man bis zu 4 Stück Würfelzucker (man hatte damals allgemein eine Vorliebe für massiv süße Speisen und Getränke). Dann goss man eiskaltes, stilles Wasser über den Zucker ins Glas. Dabei bewirkt das Wasser, dass die leuchtend grüne Farbe des Absinthe die typisch opaken Farbtöne hervorbringt. Dass man Zucker mit Absinthe tränkt und dann anzündet, ist eine Unsitte, die erst vor wenigen Jahren erfunden wurde – und mit der man Absinthe gründlich ruiniert.

Es gibt schriftliche Belege, dass es im Paris der Jahrhundertwende ganze Straßenzüge gab, die zur l'heure verte, der grünen Stunde, nach Absinthe dufteten. Er war durch alle Gesellschaftsschichten populär und galt insbesondere als Inspirationsquelle für Künstler. Man darf aber nicht außer Acht lassen, dass Absinthe in so großen Mengen konsumiert wurde, dass man davon sprach, dass die eine Hälfte der Franzosen die andere Hälfte in Zwangsjacken stecken müsse, da die Trinkgewohnheiten völlig außer Kontrolle gerieten. Die auftretenden sozialen Probleme waren aber nicht die treibende Kraft, die letztlich zum Verbot führte. Die Weinindustrie, die seit Mitte des 19. Jahrhunderts unter Mehltau und vor allem der Reblausplage litt, hatte ein vitales Interesse daran, einen missliebigen Mitbewerber aus dem Weg zu räumen. So wurde 1908 in der Schweiz ein tragischer Amoklauf und 1915 in Frankreich der Erste Weltkrieg als Hauptbegründung für das Absintheverbot herangezogen. Man befürchtete damals, dass Thujon – ein Alkaloid, das im Wermut vorkommt – für die fatalen Auswirkungen der als Absinthismus genannten Krankheit verantwortlich war. Heute ist wissenschaftlich belegt, dass es so eine Krankheit nicht gibt und man Absinthe dafür instrumentalisierte, Alkoholismus mit einem spezifischen Produkt zu verknüpfen, um diesem Produkt den Garaus machen zu können. In Deutschland war Absinthe nie von großer Bedeutung; dennoch schloss man sich 1923 den Nachbarländern an und verbot die grüne Fee. Das war jedoch nicht das komplette Aus für den Absinthe. In der Schweiz, speziell in Val de Travers, der Ursprungsregion des Absinthe, wurde kräftig schwarz gebrannt. Dass es auch legal weiterging, bewies sich in Spanien. 1912 wurden Brennanlagen von Pernod S. A. Couvet nach Tarragona gebracht. Kurz darauf produzierte man mit Schweizer Kräutern nach der ursprünglichen Rezeptur von Edouard Pernod. 1938 gab es einige grundlegende Umstrukturierungen bei Pernod, wobei mit einer ganz neuen Rezeptur auch der heutige Pernod eingeführt wurde. Nach der Aufhebung des Verbots konnte Paul Ricard mit der Produktion seines Pastis beginnen. Dem Absintheverbot verdankt der Pastis auch seinen Namen. Er leitet sich von »Pastiche« (franz.: Nachahmung) ab.

Anisées

Interessanterweise war Anis in Frankreich aber so populär, dass man schon sieben Jahre nach dem Absintheverbot Anisliköre mit bis zu 30 %vol wieder zuließ. 1938 wurde der maximale Alkoholgehalt auf die heute üblichen 45 %vol angehoben. Der Hauptunterschied des seit dieser Zeit vermarkteten Pastis zum Absinthe ist der fehlende Wermut. Die größten Marken sind Pernod, Ricard, Pastis 51, Duval und Berger. Im Rahmen der Harmonisierung der europäischen Aromenverordnung wurde 1989 die Produktion von Absinthe wieder zugelassen. Entgegen der verbreiteten Ansicht, dieser Absinthe sei »schwächer« als sein Vorfahre aus dem 19. Jahrhundert, ergaben wissenschaftliche Untersuchungen an historischen Flaschen, dass diese im Durchschnitt durchaus in den heutigen gesetzlichen Rahmen gepasst hätten. Qualitätsunterschiede bei Pastis und Absinthe lassen sich an der Produktionsmethode festmachen. Während hochwertige Produkte auf Kräutern basieren, die in Alkohol mazeriert und anschließend destilliert werden, sind die meisten günstigen Produkte reine Ölmixturen – synthetische oder ätherische Öle, Farbstoffe und Zucker werden kalt gemischt und dann verkaufsfertig abgefüllt. Weitere bekannte Anisspirituosen sind der griechische Ouzo, bei dem Anis mit einem Alkoholdestillat aus Trauben doppelt destilliert wird, und der türkische Raki, dessen alkoholische Basis meist ein Destillat aus Weintrauben oder Rosinen ist, dem Anis zugesetzt wird.

Älter als die Anisspirituosen ist der Anisettelikör. Mit einem Anisetterezept legte 1755 die in der Krankenpflege tätige Marie Brizard in Bordeaux den Grundstein für eines der größten Likörunternehmen Frankreichs. Ihr Anisette wird aus Anis und weiteren zwölf Pflanzen und Gewürzen sowie den Schalen von Zitrusfrüchten hergestellt. Diesen natürlichen Grundstoffen werden die aromatischen Essenzen jeweils getrennt, entweder durch Destillieren oder Auslaugen, entzogen. Die dann folgende Komposition ergibt das Herzstück des Anisette. Nach Zugabe von Zucker, Alkohol und Wasser ist der Anisette im Prinzip fertig. Der Anisette von Marie Brizard hat viele Nachahmer gefunden, und

ihm ähnlich sind die spanischen Anisados. Sie sind ebenfalls wasserhell und werden als dulce (süß) mit geringerem und als seco (trocken) mit höherem Alkoholgehalt angeboten. Ein weiterer, äußerst erfolgreicher Likör mit Anisgeschmack ist der Sambuca. Er zählt zu den bekanntesten italienischen Likören und entwickelt sich auch bei uns immer mehr zum Trendlikör. Destillate aus Sternanis und grünem Anis bilden seine Grundlage, abgerundet wird der Geschmack durch weitere Gewürze. Dazu kommen Neutralalkohol, Zucker und Wasser. Irrtümlich wurde früher verbreitet, der Name Sambuca leite sich von lateinisch sambucus

Anisées

für Holunder ab, die alkoholische Basis sei aus Holunder. Der Ursprung des Wortes Sambuca geht jedoch auf die Sarazenen zurück, die im Mittelalter nach Italien kamen und dort neue Gewürze aus dem Orient einführten. Die von den Sarazenen verwendete Bootsart hieß Sambuco – davon stammt der Name ab. Der Mindestalkoholgehalt für Sambuca ist mit 38 %vol für einen Likör relativ hoch. Dieser unterstützt seinen Digestifcharakter. Man trinkt Sambuca vorzugsweise zum oder im Kaffee. Seine Wirkung als Digestif verstärkt man gern mit der Zugabe von zwei oder drei Kaffeebohnen (con la mosca = mit der Fliege). Diese werden in den Sambuca gegeben, zerkaut und mitgetrunken. Sambuca wird auch bereits mit Kaffee vermischt als »Sambuca Negra« angeboten.

Empfehlungen

Fast alle Anisées sollten ungekühlt aufbewahrt werden, denn Kühlschranktemperatur verursacht eine Trübung. Sollte es doch geschehen sein, verschwindet diese ohne Qualitätsverluste bei Zimmertemperatur nach einiger Zeit. Während man Anisados, Anisette und Sambuca meist pur trinkt, werden Pernod, Pastis und Absinthe immer mit Wasser verdünnt. Das Wasser muss klar, kühl und frisch sein. Mineralwasser mit Kohlensäure wird keinesfalls verwendet. Beim Pastis sollte man auf Eiswürfel verzichten, denn sonst reagiert die Anisessenz mit einem Ölfilm auf der Oberfläche. Ouzo und Raki kann man kühlen, denn sie werden sowohl pur als auch mit Eis oder Wasser getrunken. Beliebt sind Pernod und Pastis auch als Longdrinks mit Orangensaft, Cola oder Bitter Lemon. Absinthe trinkt man ebenfalls mit kaltem Wasser oder versucht das klassische Absintheritual.

Bekannte Marken

Absinthe Duplais Die Brennerei Matter in Kallnach im Schweizer Kanton Bern ist berühmt für ihre in höchster Qualität hergestellten Produkte. 2005, gleich nach der Legalisierung des Absinthe in der Schweiz, begann Oliver Matter als Erster, Absinthe nach französischer Rezeptur des 19. Jahrhunderts herzustellen. Für Matters Absinthe Duplais Verte Retro und den Duplais Blanche Retro werden nur hochwertigste Kräuter und Weinalkohol verwendet. Der Verte wird nur mit Kräutern gefärbt, beide enthalten weder Zucker noch künstliche Zusätze. Alkoholgehalt 68 %vol.

Liqueur d´Absinthe Pierre Guy Dieser würzige Absinthe Liqueur der Brennerei Guy in Pontarlier ist nicht mit Anisette zu verwechseln. Seine Basis ist gesüßter Absinthe. Mit 25 %vol und seiner angenehmen Süße verbindet diese Liqueurspezialität gekonnt Vermouth mit Anis.

Anisette Vieux Pontarlier Ein außergewöhnlicher Anisette ohne Zucker und mit hohem Alkoholgehalt (45 %vol). Er besitzt eine ausgeprägte Anisnote, seine Süße stammt ausschließlich vom grünen Anis. Vieux Pontarlier ist einer der ursprünglichen Anisées, die nach dem Verbot des Absinthe entwickelt wurden.

Anisette Marie Brizard Wasserheller Anislikör, wurde erstmals von Marie Brizard 1755 in Bordeaux hergestellt. Er hat viele Nachahmer gefunden, und zahlreiche französische Produzenten bieten Anisette an. Alkoholgehalt 25 %vol.

Ouzo Plomari Auf der griechischen Insel Lesbos im Städtchen Plomari schuf Issidoros Arvanitis 1894 die größte Ouzomarke. Der bis heute nach ursprünglicher Rezeptur hergestellte Ouzo Plamari hat 40 %vol.

Ouzo Tsantali Tsantali ist der bedeutendste Erzeuger und Exporteur von Ouzo und Wein aus Nordgriechenland und der zweitgrößte Ouzoproduzent des Landes. Tsantali Ouzo, der für seine hervorragende Qualität mehrfach mit internationalen Preisen ausgezeichnet wurde, wird in Flaschen in Form einer griechischen Säule mit 38 %vol angeboten.

Pastis Duval Der Ursprung des Pastis Duval (45 %vol) reicht zurück bis in die Anfangszeit der Absintheherstellung. Der heutige Pastis Duval ist ein echter »Pastis de Marseille« und in Frankreich sehr bekannt. Seit dem Jahr 2010 wird er auch nach Deutschland exportiert.

Pastis 51 Diese große Marke von Pernod kam durch den Zusammenschluss von Pernod und Ricard als zweiter großer Pastis neben Ricard zur Groupe Pernod Ricard. Alkoholgehalt 45 %vol.

Pernod Ursprünglich als Absinthe die erste große Anisspirituose in Frankreich. Die Marke Pernod unterscheidet sich durch das Herstellungsverfahren vom Pastis. Alkoholgehalt 40 %vol. Seit 1998 wird auch wieder ein Pernod »Absinthe« mit 68 %vol angeboten.

Ricard Mit etwa 66 Millionen verkauften Flaschen (2011) jährlich ist Ricard die größte Pastis- und auch die größte französische Spirituosenmarke. Alkoholgehalt 45 %vol.

Raki Efe Bis 2002 lag das Alkoholmonopol in der Türkei in staatlicher Hand. Nach dessen Wegfall errichtete die Elda-Gruppe in Tekeli bei Izmir die modernste Brennerei der Türkei. Dort wird der hochwertige Efe-Raki unter modernsten Bedingungen hergestellt. Alkoholgehalt 45 %vol.

Sambuca Molinari Die größte Sambucamarke Italiens wird vom gleichnamigen Familienunternehmen in Civitavecchia bei Rom nach der Rezeptur der Familie seit 1945 hergestellt. Alkoholgehalt 40 %vol.

Sambuca Vaccari Vom Schöpfer des Liquore Galliano, Arturo Vaccari, stammt auch das Rezept für diesen Sambuca. Neben dem klassischen, wasserhellen Sambuca wird auch der hier vorgestellte tiefdunkle, blauviolett schimmernde Nero angeboten – er erhält seine Farbe von Karamell und Farbstoffen. Alkoholgehalt 38 %vol.

Tomate

4 cl Pernod oder Pastis
1 cl Grenadine

Die Zutaten in ein mit Eiswürfeln gefülltes Longdrinkglas geben und mit eiskaltem, klarem Wasser auffüllen, leicht umrühren.

Perroquet

4 cl Pernod oder Pastis
1 cl Pfefferminzsirup

Die Zutaten in ein mit Eiswürfeln gefülltes Longdrinkglas geben und mit eiskaltem, klarem Wasser auffüllen, leicht umrühren.

Roman Candle

4 cl Sambuca
2 cl Amaretto
2 cl Grenadine
4 cl Orangensaft

Mit Eiswürfeln im Shaker gut schütteln und in einen Tumbler auf Eiswürfel abgießen.

Roman Creme

3 cl Sambuca
3 cl Kaffeelikör
4–6 cl Sahne

Die Zutaten mit Eiswürfeln im Shaker gut schütteln und in eine Cocktailschale abgießen.

Anisées

Pernod Blanc

5 cl Pernod
5 cl Sahne
2 cl Mandelsirup
4 cl Orangensaft

Die Zutaten im Shaker mit Eiswürfeln gut schütteln, in ein Longdrinkglas auf Eiswürfel abgießen, Schokoladenraspel darüberstreuen.

Bitter Pernod

3 cl Pernod
3 Wodka
3 cl Zitronensaft
Bitter Lemon

Pernod, Wodka und Zitronensaft in ein Longdrinkglas mit Eiswürfeln geben, gut rühren und mit Bitter Lemon auffüllen, mit Zitronenscheibe garnieren.

Mauresque

4 cl Pernod oder Pastis
1 cl Mandelsirup

Die Zutaten in ein mit Eiswürfeln gefülltes Longdrinkglas geben und mit eiskaltem, klarem Wasser auffüllen, leicht umrühren.

Pernod Riviera

4 cl Pernod
16 cl Orangensaft

Mit Eiswürfeln in ein Longdrinkglas geben und eine halbe Orangenscheibe dazugeben.

Gelber Vogel

2 cl Pernod oder Pastis
2 cl Kokossirup
5 cl Ananassaft
1 cl Zitronensaft

Mit Eiswürfeln im Shaker kräftig schütteln und durch das Barsieb in einen Tumbler auf einige Eiswürfel abgießen.

Yellow Star

2 cl Pernod oder Pastis
2 cl Crème de Bananes
2 cl Gin
1 cl Maracujasirup
8 cl Orangensaft

Die Zutaten mit Eiswürfeln im Shaker gut schütteln und in einen Tumbler auf Eiswürfel abgießen. Einen Fruchtspieß mit Erdbeeren und Pfirsichstücken über den Glasrand legen.

Alligator

2 cl Pernod oder Pastis
2 cl Blue Curaçao
1 Spritzer Angostura
12 cl Maracujanektar

Mit Eiswürfeln im Shaker kräftig schütteln und durch das Barsieb in ein Longdrinkglas auf Eiswürfel abgießen. Eine Zitronenscheibe mit einer Cocktailkirsche anstecken.

Blue Wind

2 cl Anisette
2 cl Gin
1 cl Blue Curaçao
1 cl Zitronensaft
kaltes Tonic Water

Die Zutaten – ohne Tonic Water – mit Eiswürfeln im Shaker gut schütteln und in ein Longdrinkglas auf Eiswürfel abgießen. Mit Tonic Water auffüllen und eine Zitronenscheibe dazugeben.

French Sour

2 cl Pernod oder Pastis
2 cl Apricot Brandy
2 cl Zitronensaft
3 cl Orangensaft
1 cl Grenadine

Mit Eiswürfeln im Shaker kräftig schütteln und durch das Barsieb in einen Tumbler auf Eiswürfel abgießen. Eine halbe Orangenscheibe und eine Cocktailkirsche dazugeben.

Canarian

4 cl Raki
2 cl Maraschino
1 cl Grenadine
8 cl frischer Orangensaft
2 cl frischer Zitronensaft

Mit Eiswürfeln im Shaker kräftig schütteln und durch das Barsieb in ein Longdrinkglas auf Eiswürfel abgießen. Eine halbe Orangenscheibe und eine Cocktailkirsche dazugeben.

Yellow Star und Alligator >

Sherry

Der Sherry, einer der berühmtesten Weine der Welt, wurde schon vor Jahrhunderten an den Tafeln der damals Mächtigen und Reichen geschätzt. Die Heimat des Sherry ist Andalusien im Süden Spaniens. Nur in einem eng begrenzten Anbaugebiet um das Städtedreieck Jerez de la Frontera, Sanlúcar de Barrameda und Puerto de Santa María in der Provinz Cadiz wird Sherry hergestellt. Vor gut 400 Jahren brachten britische Seefahrer die erste Schiffsladung Sherry vom spanischen Cadiz ins englische Plymouth. Die Begeisterung der Engländer wuchs schnell und so anhaltend, dass im 19. Jahrhundert der Sherry schließlich zum Modegetränk des britischen Weltreichs wurde.

Und damit erklärt sich auch schon der Name Sherry. Die Engländer nämlich, die dem Sherry zu seinem weltweiten Siegeszug verhalfen, konnten das harte spanische Wort »Jerez« (sprich »Cheres«) schlecht aussprechen und wandelten es in das weicher klingende »Scherri« um.

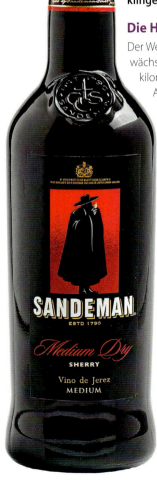

Die Herstellung

Der Wein, aus dem Sherry hergestellt wird, wächst in einem nur etwa 100 Quadratkilometer großen, an der spanischen Atlantikküste liegenden Anbaugebiet. Hauptanbauregion ist die Gegend um Jerez de la Frontera. Hier bieten sich den Rebstöcken der Sherrytrauben ideale Wachstumsbedingungen. Der berühmte weiße Kalkboden, der die Sonne wie ein Spiegel reflektiert, 295 Sonnentage im Jahr, der Winterregen und der Wind, der vom Atlantik herüberweht, geben dem Sherry seinen unverwechselbaren Charakter. Zwei Sorten von Sherryreben werden in der Hauptsache angebaut: Palomino, die am häufigsten verwendete, und Pedro Ximénez. Alle Trauben sind hell, manche haben einen goldgrünen oder leicht rötlichen Schimmer.

In den Kelterhäusern werden die Trauben heute längst nicht mehr mit den Füßen gestampft, sondern von modernen Keltermaschinen gepresst. Der gekelterte Most wird in riesige Eichenfässer gefüllt, die in Bodegas gelagert werden. Bodegas nennt man die hohen, einem Kirchenschiff ähnlichen oberirdischen Wein-»Keller«, in denen der Most zum Wein wird und der Wein zum Sherry reift. Eines der Geheimnisse bei der Sherryherstellung: Sherry braucht viel Luft. Deshalb lagert der Sherry in den Bodegas, durch deren Fensteröffnungen immer genügend frische Meeresluft von der nahen Küste ziehen kann. In diesen Hallen reifen die Weine in langen, drei- bis vierfach übereinanderliegenden Fassreihen. Die Sherryfässer sind nie ganz gefüllt und nie ganz dicht verschlossen. Denn ohne diesen Luftraum in und über den Fässern könnte sich die »Blume« auf der Oberfläche des Weines nicht entwickeln.

In den ersten drei Monaten des Jahres wird der neue Wein klassifiziert. An Farbe und Aroma ist die Entwicklung des Weines erkennbar. Nach der Klassifizierung wird der Sherry mit reinem Weinalkohol auf den gewünschten Alkoholgehalt von 15 bis 20 %vol eingestellt.

Es gibt bei Sherry zwei Methoden der Veredelung des Reifens: das Anada-System und das Solera-System. Einige Sherrys altern und reifen nach dem heute seltenen Anada-System. Dabei wird der Wein nicht verschnitten, sondern während der gesamten Reifezeit sich selbst überlassen. Es eignen sich aber nur wenige Weine für diesen Prozess, und sie sind schwer zu finden.

Fast alle Sherrysorten werden heute im Solera-Verfahren ausgebaut. Dies ist ein äußerst komplizierter, mehrjähriger Reifevorgang, bei dem jüngere Weine durch Beimengung älterer veredelt werden. Die Lagerfässer mit über 520 Litern Inhalt liegen in Dreier- oder Viererreihen übereinander. Die oberen Fässer enthalten den jüngeren Wein, der, wenn er in diese Fassreihe gelangt, bereits eine dreijährige Entwicklung hinter sich gebracht hat. Von Jahr zu Jahr wird nun der Wein aus der vierten Reihe in die dritte, aus der dritten in die zweite und aus der zweiten Reihe in die unterste umgefüllt. Beim Umfüllen darf keinem Fass mehr als ein Drittel oder höchstens die Hälfte entnommen werden. Die fehlende Menge muss sofort durch Nachfüllen aus dem darüberliegenden Fass ergänzt werden. Das kontinuierliche Umfüllen und Vermischen gewährleistet eine stets gleichbleibende Qualität der jeweiligen Geschmacksrichtung.

Die Sorten

Man unterscheidet beim Sherry fünf Grundtypen: **Fino, Amontillado, Manzanilla, Oloroso** und **Cream**. Des Weiteren den süßen **Pedro Ximénez** und den seltenen **Palo Cortado.**

Der **Fino** ist ein trockener, herber Sherry. Man erkennt ihn leicht an seiner hellgoldenen, blassblanken Färbung. Finos, die häufig auch unter den Bezeichnungen »Dry«, »Very Dry« oder auch »Very Pale Dry« angeboten werden, haben ein ganz besonders delikates, feines Mandelaroma; sie sind säurearm und sollten als trockene Sherrysorte immer gut gekühlt serviert werden. Alle Finos eignen sich hervorragend als Aperitif, für Cocktails und zu Gerichten mit Meerestieren.

Der **Amontillado** ist dem Fino eng verwandt, aber nicht ganz so trocken. Die milden, halbtrockenen Amontillados sind daher oft auch mit den Bezeichnungen »Medium Dry« etikettiert. Amontillados haben stets eine etwas dunklere Farbe als die Finos, ähnlich dem Bernstein, und sind vollmundiger, körperreicher im Geschmack. Der Amontillado ist besonders als Aperitif beliebt, den man während des ganzen Tages und zu jeder Gelegenheit trinken kann.

Der **Manzanilla** ist eigentlich ein Fino, der im besonderen Klima von Sanlúcar de Barrameda an der Atlantikküste ausgebaut wird. Er ist sehr hell, sehr trocken, sehr leicht im Geschmack und etwas säurereicher als andere Sherrys.

Oloroso, der »Wohlriechende«, ist der klassische Sherrytyp, der den spanischen Wein in der Welt berühmt gemacht hat. Oloroso ist ein trockener bis leicht süßer, würziger Sherry von dunkelgoldener Farbe. Mit seinem zarten Nussaroma, seinem vollmundigen, kräftigen Bukett ist der Oloroso ein wundervoller Sherry zu jeder Tageszeit.

Der **Cream** ist die süße Variante des Oloroso und ausgesprochen mild. Vor der Reifung wird der Oloroso mit dem Wein der süßen Pedro-Ximénez-Traube gemischt. So entsteht ein gehaltvoller, dunkelrubinroter, dickflüssiger Dessertwein.

Palo Cortado sind seltene, elegante und einzigartige Sherrys. Sie vereinen in unvergleichlicher Weise die frischen und eleganten Noten eines Amontillados mit der Komplexität und dem vollmundigen Körper eines Olorosos.

Pedro Ximénez sind fast braun-schwarz, süß, intensiv und vollmundig. Sie werden aus Weinen der gleichnamigen Traube hergestellt. Die PX-Trauben reifen nach der Lese bis zu zwei Wochen auf Strohmatten in der Sonne nach. Dabei verlieren sie Flüssigkeit, und der Saft erreicht hohe Zuckerwerte. Pedro Ximénez wird als Zusatz zum Cream Sherry verwendet, und reiner Pedro Ximénez Sherry ist ein optimaler Digestif. Er ist ein idealer Wein für den Nachmittag und passt zu Desserts genauso wie zu Blauschimmelkäse.

Empfehlungen

Sherry gibt es für jeden Geschmack. Die trockenen Sorten eignen sich besonders als Aperitif, die Halbtrockenen trinkt man tagsüber zwischen den Mahlzeiten, zu Nüssen und Knabbergebäck; Cream Sherry und Pedro Ximénez passen am besten zum Dessert und zum Kaffee. Als weitere Faustregel gilt: Je trockener, desto kühler sollte Sherry getrunken werden.

Bei Medium Sherry empfiehlt sich eine nur leichte Kühlung. Halbsüße und süße Sherrys genießt man bei Zimmertemperatur. Der Alkoholgehalt beträgt je nach Sorte 15 bis 20 %vol.

Bekannte Marken

Rey Fernando de Castilla Die Geschichte der in der Altstadt von Jerez erbauten Bodega reicht bis in das 18. Jahrhundert zurück. 1972 wurde die Marke Rey Fernando de Castilla mit dem Ziel ins Leben gerufen, den erlesensten Brandy Spaniens zu erzeugen. Auch die Sherrys tragen seither diesen Namen. Jan Pettersen, in Norwegen geboren, jedoch in Andalusien aufgewachsen und Jahrzehnte im Sherrygeschäft in Jerez tätig, übernahm 1999 die Bodega. Rey Fernando de Castilla zählt zu den kleineren Unternehmen, sie ist jedoch ein Schmuckstück, und die Sherrys und Brandys genießen höchste Reputation. Angeboten werden die klassischen Sherrysorten Fino, Manzanilla, Amontillado, Cream und Pedro Ximénez sowie in der Antique-Reihe in 0,5-Liter-Flaschen die Sorten Fino, Oloroso, Amontillado, Palo Cortado und Pedro Ximénez (siehe auch Brandy Seite 90).

Harveys Bei diesem renommierten Sherryhaus ist nicht – wie sonst meist der Fall – der Fino, sondern der Cream Sherry das Flaggschiff des Unternehmens. Harveys Bristol Cream wird in tiefblauen Flaschen aus dem seit dem 18. Jahrhundert in Bristol hergestellten »Bristol Blue Glass« angeboten.

Sherry

Lustau Für seine Sortenvielfalt gerühmtes Haus. Als Solera-Reserva-Sherrys werden außergewöhnliche klassische Abfüllungen und auch rare Spezialitäten angeboten. Das Almacenista-(Lagerhalter-)Angebot bietet eine Vielfalt an einmaligen und nicht reproduzierbaren Sherryspezialitäten (siehe auch Brandy Seite 90.)

Sandeman Das 1790 gegründete Haus zählt zu den größten Sherryfirmen. Das Markenzeichen von Sandeman, die um 1920 eingeführte Figur mit dem langen schwarzen Umhang, der »Capa Negra«, ist auf allen Etiketten zu sehen. In Deutschland werden die Sorten Medium Dry, Dry Seco und Rich Golden angeboten.

Bodegas Tradición wurde 1998 mit dem Ziel gegründet, die alten und traditionellen Arbeitsabläufe der Sherryherstellung wiederzubeleben. Nachdem die Gebäude aus dem 19. Jahrhundert im historischen Stadtteil von Jerez gekauft und restauriert waren, wurde nach den besten und ältesten Weinen und Brandys der Region gesucht. Anschließend wurden über 1000 Fässer mit nur vier Arten von Sherry und mit Brandy befüllt. Bodegas Tradición ist der einzige Weinkeller in Jerez, der sich ausschließlich der Herstellung der ältesten Sherryweine verschrieben hat. Die vier Sherrysorten des Hauses werden als 20- und 30-jährige Abfüllungen angeboten, sind aber zum Teil erheblich älter. Das tatsächliche Alter ist auf den Rückenetiketten vermerkt. Angeboten werden (2012):

Palo Cortado – 30 Años, ein trockener und einzigartiger Sherry mit ca. 32 Jahren Reifezeit. **Oloroso** – 30 Años, der körperreichste und älteste Sherry des Hauses. Dieser samtige und unglaublich komplexe Oloroso weist ein Alter von ca. 42 Jahren auf. **Amontillado** – 30 Años, dieser sehr trockene Sherryklassiker hat ein Durchschnittsalter von 43 Jahren. **Pedro Ximénez** – 20 Años, dieser intensive, üppige und vollmundige Sherry hat ein Durchschnittsalter von 22 Jahren. Außer diesen vier Sherrys verfügt man über eine wertvolle Sammlung seltener und alter Jahrgangssherrys. Des Weiteren werden exzellente Brandys (siehe Brandy Seite 90) angeboten.

Eine weitere Besonderheit ist das in der Bodega untergebrachte Museum. Es ist der ständige Sitz der Gemäldesammlung Joaquin Rivero mit spanischen Meistern des 15. bis 19. Jahrhunderts. Diese Gemäldesammlung ist eine der wichtigsten in Andalusien und kann in der Bodega besichtigt werden.

Williams & Humbert Dry Sack Die berühmteste Sherrymarke des Hauses Williams & Humbert ist der Medium Dry Sherry »Dry Sack«. Er wurde bis in die 1990er-Jahre, auch für den Export, in Jutesäckchen verpackt und ist der bekannteste Medium Sherry. Auch alle weiteren Sherrysorten werden angeboten sowie der berühmte Brandy »Gran Duque d´Alba« und der Cream Liqueur »Crema de Alba« (siehe Brandy Seite 90 und Cream-Liköre Seite 184).

Williams & Humbert Collection Williams & Humbert im spanischen Jerez, das Sherryhaus mit dem berühmten »Dry Sack«, brachte im Jahr 2000 mit der »Collection« ein weiteres absolutes Sherryhighlight auf den Spirituosenmarkt. Dahinter verbirgt sich die große, seit 1857 bestehende Sherrymarke »Don Zoilo«. Schon immer hatten die Soleras für »Don Zoilo« ein Alterungssystem von über zwölf Jahren. Angeboten werden daraus die sechs bekanntesten Sherrytypen: »Fino Very Dry« und »Manzanilla Very Dry« sind mit etwa sechs Jahren natürlich jünger, um die typische, herbe Frische zu erhalten. Als 12 Years Old gibt es »Oloroso Dry«, »Amontillado Medium Dry«, »Cream Sweet« und »Pedro Ximénez Very Sweet«.

Bamboo

4 cl Fino Sherry
2 cl Vermouth Dry
2 Spritzer Orange Bitter

Die Zutaten in ein mit Eiswürfeln gefülltes Rührglas geben, gut vermischen und in ein gekühltes Cocktailglas abgießen.

Brandy Fino

2 cl Fino Sherry
2 cl Cognac
2 cl Drambuie

Die Zutaten in ein mit Eiswürfeln gefülltes Rührglas geben, gut vermischen und in ein gekühltes Cocktailglas abgießen. Mit einer Zitronenschale abspritzen und die Schale in den Drink geben.

Andalusia Cooler

5 cl Cream Sherry
2 cl Cherry Brandy
5 cl Orangensaft
1 cl Zitronensaft
kaltes Bitter Lemon

Die Zutaten – ohne Bitter Lemon – in einem mit Eiswürfeln gefüllten Shaker gut schütteln und in ein Longdrinkglas auf einige Eiswürfel abgießen. Mit Bitter Lemon auffüllen und mit Orangenscheibe garnieren.

Creamy Orange

4 cl Cream Sherry
1 cl Cognac
4 cl Orangensaft
2 cl Sahne

Mit Eiswürfeln im Shaker gut schütteln und in eine Cocktailschale abgießen.

Adonis

4 cl Fino Sherry
2 cl Vermouth Rosso
2 Spritzer Orange Bitter

Die Zutaten in ein mit Eiswürfeln gefülltes Rührglas geben, gut vermischen und in ein gekühltes Cocktailglas abgießen. Mit einer Zitronenschale abspritzen und die Schale in den Drink geben.

Doña Dolores

4 cl Cream Sherry
2 cl Brauner Rum
1 cl Dubonnet
3 cl Orangensaft

Mit Eiswürfeln im Shaker gut schütteln und in eine Cocktailschale abgießen.

< *Dizzy Izzy*

Duke of Marlbourough

3 cl Fino Sherry
3 cl Vermouth Rosso
3 cl Zitronensaft
1 cl Grenadine

Mit Eiswürfeln im Shaker gut schütteln und in eine Cocktailschale abgießen.

Sherry Flip

4 cl Sherry Medium
1 cl Cognac
1 cl Zuckersirup
2 cl Sahne
1 Eigelb

Die Zutaten im Shaker mit Eiswürfeln kurz und kräftig schütteln, in ein Flipglas oder einen Sektkelch abgießen. Mit etwas geriebener Muskatnuss bestreuen.

Granada

3 cl Fino Sherry
2 cl Brandy de Jerez
2 cl Cointreau

In ein Rührglas auf Eiswürfel geben, gut verrühren und durch das Barsieb in ein Cocktailglas abgießen. Mit einer Orangenschale abspritzen und diese mit einer Cocktailkirsche dazugeben.

Dizzy Izzy

3 cl Cream Sherry
3 cl Bourbon Whiskey
2 cl Ananassaft
2 cl Zitronensaft

Mit Eiswürfeln im Shaker gut schütteln und in ein Stielglas abgießen.

In the Sack

4 cl Cream Sherry
6 cl Aprikosennektar
6 cl Orangensaft
2 cl Zitronensaft

Mit Eiswürfeln im Shaker kräftig schütteln und durch das Barsieb in ein Fancyglas auf einige Eiswürfel abgießen. Mit Ananas und Cocktailkirsche garnieren.

Fino Martini

5 cl Gin oder Wodka
1 cl Fino Sherry

Im Rührglas mit Eiswürfeln gut verrühren und in ein gekühltes Cocktailglas abgießen. Mit einer Zitronenschale abspritzen und diese dazugeben.

Spanish Milkmaid

6 cl Cream Sherry
6 cl Orangensaft
2 cl Cognac
6 cl Sahne

Mit Eiswürfeln im Shaker kräftig schütteln und durch das Barsieb in ein Fancyglas abgießen. Mit Ananasstück und Erdbeere garnieren und mit gehackten Pistazien bestreuen.

Granada Top

4 cl Brandy
2 cl Fino Sherry
1 cl Curaçao Triple Sec
Tonic Water

In ein Longdrinkglas einige Eiswürfel und die Zutaten – ohne Tonic Water – geben. Mit einem Barlöffel gut verrühren und mit Tonic Water auffüllen. Eine halbe Orangenscheibe dazugeben.

Sevilla

4 cl Gin
2 cl Fino Sherry
2 cl Zitronensaft
2 cl Orangensaft
1 cl Zuckersirup

Mit Eiswürfeln im Shaker schütteln und in einen Tumbler auf einige Eiswürfel abgießen. Eine halbe Orangenscheibe und eine Cocktailkirsche dazugeben.

< In the Sack
Spanish Milkmaid >

Port

Port, einst der Wein der Könige und vornehmen englischen Clubs, findet auch bei uns immer mehr Liebhaber. Portwein ist von köstlicher Vielfalt, er besitzt eine unvergleichliche Farb- und Aromapalette. Er kann rot oder weiß sein, ein schwerer, süßer Dessertwein, ein halbtrockener, feuriger Appetitmacher, ein kräftiger, bekömmlicher Männerwein oder ein delikater, leichter Wein aus weißen Trauben. Seine Farbe gibt Auskunft über das Alter. Vom dunkelsten Rot über Rotbraun bis zur Topasfarbe reicht sein Farbenspiel. Dunkles Rot ist im Allgemeinen bezeichnend für einen jungen Wein. Durch jahrelange Lagerung und Sauerstoffzutritt im Eichenholzfass wird roter Portwein jedoch eine Nuance heller.

Der Ursprung

Port gibt es seit 1680, als erstmals englische Weinkaufleute dem portugiesischen Rotwein aus dem Douro-Tal aus Gründen der besseren Haltbarkeit bis zu 20 % Weindestillat beimischten und ihn dann nach England verschifften, eine Methode, die sich stets verfeinerte, an der sich aber bis heute nichts Grundlegendes geändert hat. Das Douro-Tal erstreckt sich von der spanischen Grenze im Osten über eine Länge von ca. 100 Kilometern nach Westen. Dieser Landstrich ist durch Gebirgszüge vor den atlantischen Winden geschützt und besteht hauptsächlich aus Schiefer. Bereits 1756 wurde die Anbaufläche des Portweins festgelegt. Port unterscheidet sich generell von den übrigen in Portugal angebauten Weinen. Terrassen und Stützmauern sind typisch für das Weinbaugebiet am Douro. Der wasserdurchlässige Schieferboden vulkanischen Ursprungs bietet ideale Bedingungen für die Reben. Der Schiefer speichert die Hitze des Tages und wirkt wie ein Wärmekissen in den teils bitterkalten Nächten dieses Hochlands.

Die Herstellung

Etwa 90 Rebsorten sind im Douro-Tal zugelassen, jedoch nur etwa 30 werden angepflanzt und für Port verwendet. Die Gärung des Mosts findet in großen Bottichen statt und wird nach einer bestimmten Zeit durch Zugabe von Weindestillat unterbrochen. Dabei wird auch der Alkoholgehalt auf ca. 20 Grad erhöht. Je früher der Alkohol beigefügt wird, desto süßer wird der Wein, je später, desto trockener. Bis zum Frühjahr bleibt der Wein im Anbaugebiet. Dann wird er in große Fässer umgefüllt und in die ca. 100 Kilometer entfernte Hafenstadt Vila Nova de Gaia gebracht. Hier, gegenüber der namensgebenden Stadt Porto, beginnt nun in riesigen Lagerhallen die »hohe Schule des Portweins«, die lange Zeit der Lagerung und Reife. Portwein verdankt genau wie Champagner seine Qualität und seinen gleichbleibenden Geschmack der gelungenen Cuvée, d. h., Weine verschiedener Jahrgänge und Weinlagen werden nach Bouquet und Körper ausgesucht und in riesigen Verschnittfässern miteinander »vermählt«. So entsteht der für das jeweilige Portweinhaus typische Geschmack. Die endgültige Reifung erhält der Portwein in kleinen Eichenholzfässern. Nur in ca. drei von zehn Erntejahren werden Jahrgangsportweine, sogenannte Vintage-Ports, ausgebaut. Sie werden aus den Trauben eines Jahrgangs hergestellt, lagern nur etwa zwei Jahre im Fass und dann nicht selten 30 Jahre und länger auf der Flasche.

Die Sorten

Die großen Portweinfirmen bringen ihre bekanntesten Sorten mit den Bezeichnungen **Red, Ruby, Tawny, Light Tawny** und **White** auf den Markt. Es ist die Kunst des Kellermeisters, für ständig gleichbleibende Qualität, d. h. Eigenart, Farbe und Süße zu sorgen. Diese »Wood Ports« verbringen ihre gesamte Reifezeit im Fass.
Vintage Ports sind Jahrgangsportweine aus einem einzigen außergewöhnlichen guten Weinjahr, mit sehr feinem Bouquet und von tief dunkelroter Farbe. Sie werden nach zwei bis drei Jahren Fassruhe auf Flaschen gezogen. Da der Vintage in Flaschen altert und Depot absetzt, muss er vor dem Genießen sorgfältig dekantiert und kurzfristig getrunken werden.
Der **Late Bottled Vintage** ist ein Port aus einem guten Jahrgang, der die Eigenschaften eines Vintage aufweist. Er lagert etwa fünf bis sechs Jahre im Fass, ehe er dann auf Flaschen abgezogen wird.
Colheitas sind Portweine aus einem Jahrgang, die im Unterschied zum Vintage im Fass reifen und frühestens nach sieben Jahren auf Flaschen gefüllt werden. Erntejahr und Abfülldatum stehen auf der Flasche. Die Portweine mit angegebenem Alter reifen ebenfalls im Fass und gehören zu den Besonderheiten unter den Portweinen.

Empfehlungen

Rote Portweine serviert man bei Zimmertemperatur, weiße dagegen gut gekühlt. Angebrochene Flaschen lassen sich wegen des höheren Alkoholgehalts längere Zeit aufbewahren. Portwein ist kontaktfreudig und eignet sich ausgezeichnet zum Mixen von Cocktails, Longdrinks und Flips.

Bekannte Marken

Delaforce Das große, 1868 gegründete und international bekannte Portweinhaus ist in Deutschland mit einer großen Sortimentsauswahl vertreten. Angeboten werden Ruby, White und Tawny´s mit 10 und 20 Jahren. Des Weiteren LBV und eine große Zahl an Vintages.

Niepoort Seit fünf Generationen wird bei Niepoort Portwein erzeugt. 1842 gegründet, ist Niepoort zwar eines der kleineren Portweinhäuser, dafür aber eines der feinsten. Niepoort bietet die gesamte Vielfalt der Portweinsorten an und ist berühmt für seine LBV und Vintage Ports. Seit 1990 produziert man bei Niepoort im ständig wachsenden Umfang auch Tischweine. Unter dem Oberbegriff »Fabelhaft« werden eine große Zahl an Tischweinen und auch zwei Portweine angeboten. Diese benannte man nach den Wilhelm-Busch-Figuren Max und Moritz. Max ist ein Ruby und Moritz ein Tawny Port.

Ramos-Pinto Das renommierte Haus ist seit 1989 im Besitz von J.-C. Rouzard, dem Inhaber des weltberühmten Champagnerhauses Louis Roederer. Ramos-Pinto bietet in Deutschland ein umfangreiches Sortiment, darunter mehrere Vintage und Colheita Ports, an.

Royal Oporto Die 1756 gegründete Real Companhia Velha ist das älteste Unternehmen Portugals und aus königlicher Gründung. Unter dem Markennamen Royal Oporto wird auf den internationalen Märkten ein reichhaltiges Programm verschiedener Portweinqualitäten angeboten. Nach Deutschland werden alle klassischen Sorten sowie 10 bis 40 Jahre alte Qualitäten und Vintage Ports importiert.

Sandeman Sandeman ist eines der größten Sherryhäuser und auch Portweinproduzent. In Deutschland werden die Sorten Tawny und White angeboten.

Souza Das Portweinhaus Barros, Almeida & Ca. ist eines der großen Unternehmen. Mehrere namhafte Portweinmarken arbeiten unter diesem Dach, und auch die alte Marke Souza ist Teil der Firma. Erhältlich sind 10 Years Old Tawny, Fine Ruby und Extra Dry White.

Princetown

2 cl roter Portwein
4 cl Gin
1 Spritzer Orange Bitter

Die Zutaten in ein mit Eiswürfeln gefülltes Rührglas geben, gut vermischen und in ein gekühltes Cocktailglas abgießen. Mit Zitronenschale abspritzen.

Porto Flip

4 cl roter Portwein
1 cl Cognac
1 cl Zuckersirup
2 cl Sahne
1 Eigelb

Die Zutaten mit Eiswürfeln im Shaker kurz und kräftig schütteln. In ein Flipglas oder einen Sektkelch abgießen und mit etwas geriebener Muskatnuss bestreuen.

Ginger Rogers

3 cl roter Portwein
3 cl Cognac

In einem mit Eiswürfeln gefüllten Rührglas gut verrühren und in ein gekühltes Cocktailglas abgießen.

Negroni Bunga Bunga

2 cl Ruby Port
2 cl Tanqueray Gin
2 cl ital. Bitteraperitif
1 cl Galliano

Mit Eiswürfeln im Rührglas gut vermischen und in ein gekühltes Cocktailglas abgießen.

Champagner

Die Heimat des Champagners ist eine weite, zum Teil recht hügelige Landschaft, etwa 150 Kilometer nordöstlich von Paris gelegen. Aus dieser eng begrenzten Region stammen die edelsten Schaumweine der Welt. Schon vor 2000 Jahren wurde in der Champagne Wein angebaut. Der Champagner, wie wir ihn heute kennen, entwickelte sich jedoch erst ab dem frühen 18. Jahrhundert.

Der Ursprung

Die Champagne ist die kleinste Weinbauregion Frankreichs und liegt schon sehr nahe an der nördlichen Grenze für den Weinbau. Das Anbaugebiet umfasst etwa 34 000 Hektar, die fast vollständig ertragsfähig sind. Das wichtigste Kriterium für die Begrenzung des Weinbaugebiets war die Beschaffenheit der Böden. Die Kreideböden und die Mikroelemente sind einmalig. Es gibt zwar auch anderswo in Europa vergleichbare Böden, doch nirgendwo sind die Voraussetzungen für den Weinbau, der dann einen so herrlichen Schaumwein ergibt, so günstig wie in der Champagne. Das Champagneranbaugebiet bildet keine einheitliche Fläche und ist unterteilt in mehrere Bereiche. In den Hauptorten Reims und Epernay sind die meisten Champagnerhäuser ansässig.

Die Herstellung

Rund 15 000 Winzer, von denen etwa 5000 unter eigenem Etikett verkaufen, etwa 40 Genossenschaften mit rund 200 Marken und ca. 250 Champagnerhäuser produzieren jährlich etwa 300 Millionen Flaschen. Die Champagnerhäuser bieten auch die größte Vielfalt. Sie haben oft zehn und mehr verschiedene Qualitäten im Angebot. Die wichtigste ist der »Brut«. Weitere sind »Sec«, »Demi Sec«, »Extra Dry«, »Vintage« bzw. »Millésime«, »Rose«, »Blanc de Blancs« und »Cuvée Prestige«. Diese werden in etwa 15 000 Marken angeboten. Hierbei versteht man unter Marken jede Abfüllung, und manche Unternehmen haben von Demi Sec bis zur Cuveé Prestige bis zu zehn verschiedene Marken/Sorten im Programm. Champagner ist vor allem ein Weißwein, obwohl er vorwiegend aus blauen Trauben gewonnen wird. Ausschließlich drei Rebsorten machen fast den ganzen Rebstockbestand aus – die beiden blauen Pinot Noir (ca. 40 %) und Pinot Meunier (ca. 30 %) und die weiße Chardonnay mit ca. 30 %. Diese Rebsorten wurden unter Berücksichtigung des Klimas gewählt, um leichte und feine Weine zu erzielen. Geerntet wird in der Champagne meist Ende September. Sobald das Lesegut in der Kellerei eintrifft, wird jede Rebsorte getrennt gekeltert. Dabei gewinnt man aus 100 Kilogramm Trauben etwa 65 Liter Most, und der zuerst gepresste, die Cuvée, ist der hochwertigste. Nach dem Keltern kommt als nächster Schritt der frische Most zur ersten Gärung in Holzfässer oder Tanks. Diese ist nach rund drei Wochen beendet, und der junge, stille Wein wird gefiltert und von der Hefe getrennt. Zu diesem Zeitpunkt beginnt nun die Arbeit nach der »Méthode Champenoise«. Sie ist die typische und allein zugelassene Methode der Champagnerherstellung und umfasst fünf Schritte.

1. Die Cuvée. Grundsätzlich besteht ein Champagner aus mehreren Weinen verschiedener Lagen und Jahrgänge. Der Grund dafür ist das nördliche Klima des Weinbaugebiets, das zur Folge hat, dass nicht nur jährliche Schwankungen, sondern auch unterschiedliche Entwicklungen der verschiedenen Lagen innerhalb eines Weinjahrgangs auszugleichen sind. Die Zusammenstellung dieser Weine ist die Cuvée, ihr Ziel: die gleichbleibende Qualität und den typischen Geschmack einer Marke oder eines Herstellers zu garantieren.

Champagner

2. Die zweite Gärung. Die Weine der Cuvée werden miteinander vermischt und dann auf Flaschen gefüllt. Dabei wird ihnen eine kleine Menge »Fülldosage« beigegeben. Sie besteht aus Hefe und in altem Wein aufgelöstem Rohrzucker und löst die zweite Gärung aus. Diese dauert rund drei bis vier Monate und findet in den für die Champagne typischen kühlen Kellern statt, die zum Teil bereits in der Römerzeit vor rund 2000 Jahren in den Kreideboden gegraben wurden.

3. Das Reifen. Sobald die zweite Gärung abgeschlossen ist, bilden die abgestorbenen Hefen in jeder Flasche ein sogenanntes Depot. Auf diesem Satz reift der Champagner mehrere Jahre. 15 Monate sind gesetzlich vorgeschrieben, für Jahrgangschampagner mindestens drei Jahre. Diese reifen jedoch meist länger.

4. Das Rütteln. Um den Gärungssatz aus der Flasche entfernen zu können, muss sich dieser im Flaschenhals ansammeln. Dazu werden die Flaschen am Ende ihrer Reifezeit mit dem Kopf nach unten in schräge Rüttelpulte gelegt. Dort werden sie nun in regelmäßigen Abständen leicht gerüttelt und dabei allmählich senkrecht gestellt. Man erreicht damit, dass das Hefedepot sich nach und nach im Flaschenhals sammelt.

5. Das Degorgieren. Die auf dem Kopf stehenden Flaschen sind nun fertig zum »Degorgieren«. Dazu taucht man den Flaschenhals in eine Gefrierlösung; dabei gefriert der Satz innerhalb einiger Minuten zu einem Eisklötzchen. Beim Öffnen der Flaschen treibt der Kohlensäuredruck den Eispfropfen hinaus. Dabei geht ein wenig Wein verloren. Dieser wird im gleichen Arbeitsgang durch die Versanddosage (die sogenannte Tirage) ersetzt. Sie besteht aus Wein derselben Cuvée und etwas altem Champagner, in dem Rohrzucker gelöst ist. Das Mischungsverhältnis und die Menge der Dosage richten sich nach der Geschmacksrichtung, die der fertige Champagner bekommen soll. Nach Zugabe der Dosage werden die Flaschen mit Naturkorken verschlossen und etikettiert. Der Champagner ist dann fertig und kann nach einigen Wochen Ruhezeit zum Versand kommen.

Wissenswertes

Je nach Zuckergehalt der Versanddosage ist der Champagner herb bis mild. Die Dosagen betragen für Extra Brut (extra herb) zwischen 0 und 6 Gramm Restzucker pro Liter, bei Brut (herb) weniger als 15 Gramm, für Extra Dry (extra trocken) zwischen 12 und 20 Gramm, für Sec (trocken) zwischen 17 und 35 Gramm, für Demi Sec (halbtrocken) zwischen 33 und 50 Gramm und für Doux (mild) mehr als 50 Gramm Restzucker pro Liter. Champagner mit unter 3 g/l Dosage werden mit den Bezeichnungen Ultra Brut, Brut Nature, Pas Dosé oder Dosage Zero angeboten. Diese Champagner sind ausnahmslos sehr herb.

Außer den »normalen« sowie den Jahrgangschampagnern (Vintage/Millésimé) und den Spitzencuvées aus den besten Weinen und der ersten Pressung gibt es noch einige Besonderheiten. Eine davon ist der Rosé-Champagner. Er wird in der Regel durch Zusatz eines Rotweins aus der Champagne zur Cuvée und seltener durch Roséweinbereitung roter Rebsorten hergestellt. Wird Champagner nur aus Chardonnaytrauben hergestellt, kann er – muss aber nicht – die Bezeichnung Blanc de Blancs tragen. In der Champagne werden auch Stillweine erzeugt, die Coteaux Champenois. Sie werden weiß, rot und in geringen Mengen auch als Rosé angeboten. Beim Champagner handelt es sich um den meistkontrollierten Wein der Welt. Eine der vielen Regelungen ist, dass Champagner das Weinbaugebiet nur in Flaschen verlassen darf. Des Weiteren sind zur Feststellung der Identität die Etiketten mit einer Erzeugernummer versehen (siehe Fachausdrücke Seite 18ff.). Champagner wird in zehn Flaschengrößen von 0,2 Liter bis 15 Liter angeboten (siehe Fachausdrücke). Darüber hinaus gibt es vier übergroße Flaschen mit bis zu 30 Litern Inhalt. Die für den Konsum gebräuchlichste Flasche ist die Normalflasche mit 0,75 Litern Inhalt und über 90 % Anteil am Gesamtmarkt.

Von der Gesamtproduktion wird fast die Hälfte exportiert, davon etwa zwölf Millionen Flaschen nach Deutschland. Die Spezialcuvées, Jahr-

Champagner

gangs- und Rosé-Champagner haben daran einen Anteil von 7 %. Fast die gesamte Menge, nämlich 95 %, kommt in der Geschmacksrichtung »Brut« zu uns.

Empfehlungen

Man serviert Champagner nicht in irgendeinem Glas, sondern immer in schmalen, zarten Gläsern. Ideal sind Kelche, Flöten oder Tulpen. Die berühmt-berüchtigten Schalen sind am wenigsten geeignet, denn an der großen Oberfläche verflüchtigt sich der Duft mit der feinen Kohlensäure sehr schell. Nur Mixgetränke, die mit Champagner aufgegossen werden, erlauben die Schale. Niemals sollte mit einem Quirl die Kohlensäure herausgerührt werden, denn dann fehlen das feine Prickeln und Perlen und somit die Frische. Sicher kommt der Champagner trinkfertig aus der Kellerei und braucht keine Reifelagerung mehr, trotzdem sollte er einige Tage ruhen. Auch sollte er liegend lagern, da er ja wie Wein mit Naturkorken verschlossen ist. Kellerkühl ist die ideale Trinktemperatur, doch auch der Kühlschrank erfüllt den gleichen Zweck. Aber niemals ins Tiefkühlfach legen und niemals eiskalt servieren. Die beste Temperatur liegt bei sechs bis neun Grad. Bei Zimmertemperatur erwärmt sich der Champagner schnell, darum ist ein eisgefüllter Kühler der beste Aufbewahrungsort für die angebrochene Flasche. Für diese gibt es auch Spezialverschlüsse, die die Frische bis zum nächsten Tag bewahren. Champagner passt immer: zum Empfang am Vormittag, zum Aperitif, zur Cocktailstunde und zu jedem Anlass am Abend. Auch viele bekannte Cocktails sind mit Champagner entstanden. Zum Mixen verwendet man bevorzugt Brut und Extra Dry Champagner.

Bekannte Marken

Armand de Brignac Armand de Brignac ist die Prestige-Cuvée des in Chigny-les-Roses ansässigen Champagnerhauses Cattier. Angeboten werden seit dem Jahr 2006 mit Brut Gold, Rosé und Blanc de Blancs drei außergewöhnliche Champagner. Diese präsentieren sich in aufwendig gefertigten goldenen, silbernen und pink-goldenen markanten Flaschen, die zwei Pik-As-Banderolen und vier Zinnetiketten schmücken. Ende des Jahres 2010 wurde Armand de Brignac bei einer Blindverkostung von über 1000 Marken als bester Champagner gekürt, und Weinkritiker bewerten diese Champagner mit höchsten Punktzahlen. Alles am Armand de Brignac Champagner ist aufsehenerregend und ungewöhnlich. So auch der Preis, der weit über dem der teuersten Prestige Cuvées anderer Häuser liegt.

Bollinger Das bedeutende und hoch angesehene Haus Bollinger in Ay wurde 1829 von dem aus Württemberg stammenden Joseph Bollinger gegründet und ist bis heute in Familienbesitz. Eine Besonderheit ist der Bollinger R. D. (Récemment Dégorgé) Extra Brut mit Jahrgang. Er reift acht Jahre auf der Flasche und wird erst vor dem Verkauf degorgiert.

Charles Heidsieck Heidsieck wurde 1785 von dem Westfalen Florens-Louis Heidsieck gegründet. Heute gibt es außer Charles Heidsieck noch die Häuser Piper-Heidsieck und Heidsieck & Co. Monopole. Charles und Piper sind im Besitz von Rémy Martin (Cognac) und zählen zu den großen Häusern. Charles Heidsieck produziert alle klassischen Sorten, konzentriert sich in Deutschland jedoch auf die Hauptmarke »Brut Réserve« und ist mit dieser eine der umsatzstärksten Marken.

Piper-Heidsieck Mit jährlich rund fünf Millionen hergestellten Flaschen zählt Piper zu den größten Unternehmen. Piper ist im Besitz von Rémy Martin und das größte Haus, das sich aus der Heidsieck-Dynastie entwickelte. Die Hauptmarke ist auch bei Piper der »Brut«, des Weiteren werden in Deutschland die Cuvées »Rosé Sauvage« und »Cuvée Sublime« und die Prestige Cuvée »Rare« angeboten.

Lanson Lanson in Reims ist eines der ältesten Champagnerhäuser und zählt zu den Grandes Marques (wörtlich übersetzt große oder berühmte Marke). Das 1760 gegründete Haus ist heute im Besitz der Gruppe BCC (Boizel Chaoine Champagne), einem der Giganten in der Champagne.

Champagner

Lanson wird in Deutschland in acht Qualitäten angeboten, wobei die berühmten Marken »Black Label« Brut und der vielfach ausgezeichnete »Rosé« Brut die bekanntesten sind. Weitere sind der »Gold Label« Brut – Millésimé und der »Ivory Label« Demi-Sec. Zur »Crème de la Crème« der Champagner-Topmarken zählt die »Noble Cuvée«. Diese Cuvée gibt es als »Brut«, als »Blanc de Blancs« und als »Brut Rosé«. Noble Cuvée »Brut« und »Blanc de Blancs« werden mit Jahrgang angeboten. Dazu kam, aus Anlass des 250-jährigen Firmenjubiläums im Jahr 2010, eine weitere große Cuvée, der Lanson »Extra Age« Brut.

Krug Der ganz große Name in der Champagne lautet Krug – es bietet als einziges Champagnerhaus nur Prestige Cuvées an. Diese erreichen konstant Bestnoten in den höchsten Kategorien. 1843 vom Mainzer Johann Joseph Krug gegründet, wird das Unternehmen heute von den direkten Nachkommen Henri und Rémi Krug geführt. Rund 80 % der Produktion entfallen auf die »Grande Cuvée«, den »großen Krug« im klassischen Stil des Hauses. Dafür wird eine Cuvée aus sechs bis zehn Jahrgängen komponiert, die aus 40 bis 50 Weinen aus 20 bis 25 verschiedenen Lagen besteht. Im Angebot sind außerdem Vintage Brut, Rosé und Krug Clos du Mesnil. Dieser gilt als einer der exquisitesten Champagner und wird nur aus der Rebsorte Chardonnay nur eines Jahrgangs der Spitzenlage »Clos du Mesnil« bereitet.

Moët & Chandon 1743 in Epernay gegründet, ist Moët & Chandon das mit Abstand größte Champagnerhaus. 1971 schuf man durch den Zusammenschluss mit dem Cognachaus Hennessy die Grundlage der LVMH-Gruppe, zu der auch weitere Champagnerhäuser gehören. Bei Moët & Chandon lagern weit über 100 Millionen Flaschen, etwa 25 Millionen werden jährlich verkauft. Die weltweit meistverkaufte Einzelmarke ist der Brut Impérial des Hauses. Berühmt ist das Unternehmen auch für die Spitzencuvée Dom Pérignon.

Joseph Perrier Die Anfänge des Hauses reichen bis zum Beginn des 18. Jahrhunderts zurück. Ursprünglich als Weinhandlung gegründet, wandte sich Joseph Perrier 1825 der Herstellung von Champagner zu. Das in Chalon-sur-Marne ansässige Haus ist bis heute in Familienbesitz. Angeboten werden Brut, Demi Sec, Vintage, Blanc de Blancs, Rosé Brut, Rosé Brut Vintage und das Prestige Cuvée Josephine Brut Vintage in einer Jugendstilflasche.

Perrier Jouet Das 1811 von Pierre-Nicolas Perrier-Jouet in Epernay gegründete Haus produziert jährlich rund drei Millionen Flaschen. Außer durch seine hervorragenden Qualitäten ist das Unternehmen bekannt durch die Cuvée Belle Epoque Brut Vintage. Diese Prestige-Cuvée wird in einer Replik der von dem berühmten Glaskünstler Emile Galle im Jahr 1902 entworfenen, blumengeschmückten Jugendstilflasche angeboten.

Roederer Zu den noblen Häusern zählt zweifelsohne das 1776 gegründete Privatunternehmen Louis Roederer in Reims – Spezialist für kräftige, bouquetreiche Champagner. Rund 1,5 Millionen Flaschen werden jährlich verkauft. Die Hauptmarke ist der Brut Premier, äußerst limitiert ist die Spitzencuvée »Cristal« zu haben. Roederer Cristal, 1876 erstmals hergestellt, ist eine der berühmtesten Marken und ein Symbol für höchste Qualität. Er wird in kleinsten Mengen auch als Rosé angeboten.

Taittinger Der Ursprung des Hauses Taittinger geht auf das Jahr 1734 zurück. Pierre Taittinger erwarb 1931 das Unternehmen und verlegte den Firmensitz nach Reims. Taittinger ist eines der wenigen bedeutenden Häuser in Familienbesitz und verfügt über 250 Hektar eigene Weinberge in 30 verschiedenen Lagen. Diese decken die Hälfte des Bedarfs für die rund vier Millionen jährlich verkauften Flaschen. Neben den klassischen Qualitäten genießt die Spitzen-Cuvée »Comtes de Champagne« Millésimé (Brut und Rosé Brut) höchstes Ansehen. Eine der großen Ideen des Hauses war die Collection Taittinger. Für diese werden seit 1983 Jahrgangschampagner in besondere, von berühmten zeitgenössischen Künstlern gestaltete Flaschen gefüllt. Diese »Collection-Flaschen« sind bereits begehrte Sammlerobjekte.

Veuve Clicquot Das 1772 gegründete Champagnehaus ist einer der großen Namen in der Champagne. Madame Clicquot – eine geborene Ponsardin – wurde mit nur 27 Jahren Witwe und übernahm 1805 die Geschäfte. In den Jahren unter ihrer Leitung wurden so bedeutsame Neuerungen wie das »Rütteln« der Flaschen in Rüttelpulten eingeführt. Bereits 1777 stellte das Haus Clicquot auch als Erstes einen Rosé-Champagner vor. Seit 1989 ist Veuve Clicquot ein Teil des Luxuskonzerns Vuitton-Moët-Hennessy (LVMH). Angeboten werden der berühmte Brut, Demi Sec, Rosé, Vintage und die Nobel Cuvées La Grande Dame Brut und Rosé.

Max Joseph

2 Spritzer Orange Bitter
2 cl Calvados
1 cl weißer Port
1 cl Apricot Brandy
kalter Champagner

Die Zutaten – ohne Champagner – in einem Rührglas mit Eiswürfeln gut vermischen und in einen großen Kelch abgießen. Mit Champagner auffüllen. Mit einem Stück Orangenschale abspritzen. Die Schale und eine Cocktailkirsche dazugeben.
Anmerkung Der Max Joseph war der Hauscocktail in Witzigmann´s Drei-Sterne-Restaurant Aubergine.

Black Velvet

kalter Champagner
Guinness Stout

Einen Champagnerkelch zur Hälfte mit Champagner füllen und mit Guinness Stout aufgießen.

Sternstunde

2 cl Calvados
2 cl Cointreau
4 cl Maracujanektar
kalter Champagner

Die Zutaten – ohne Champagner – mit Eiswürfeln im Shaker gut schütteln und in einen großen Kelch abgießen. Mit Champagner auffüllen. Einen Karambolastern mit einer Cocktailkirsche an den Glasrand stecken.

Dream's Cocktail

2 cl Dubonnet Rouge
2 cl Cointreau
2 cl Grapefruitsaft
kalter Champagner

Die Zutaten – ohne Champagner – mit Eiswürfeln im Shaker kräftig schütteln und durch das Barsieb in eine Cocktailschale abgießen. Mit Champagner auffüllen.

Champagner

Gabriela

2 cl Triple Lime Liqueur
1 cl Calvados
1 cl roter Portwein
kalter Champagner

Die Zutaten – ohne Champagner – in einem Rührglas mit Eiswürfeln gut vermischen und in einen großen Kelch abgießen. Mit Champagner auffüllen. Mit einem Stück Orangenschale abspritzen. Die Schale und eine Cocktailkirsche dazugeben.

Prince of Wales

2 cl Cognac
1 cl Curaçao Orange
1 Spritzer Angostura
kalter Champagner

In ein großes Stielglas (klassisch ein Silberbecher) einen Eiswürfel, Cognac, Orange Curaçao und Angostura geben. Mit Champagner auffüllen. Eine Cocktailkirsche und eine halbe Orangenscheibe dazugeben.

Gaby Spezial

1 cl Cognac
1 cl Crème de Cassis
1 cl Lillet Blanc
1 Spritzer Maraschino
7 cl Champagner

Die Zutaten – ohne Champagner – im Rührglas mit einigen Eiswürfeln gut vermischen und in einen Champagnerkelch abgießen. Mit kaltem Champagner auffüllen und eine Cocktailkirsche dazugeben.

Ohio

2 Spritzer Angostura
2 cl Canadian Whisky
2 cl Vermouth Rosso
2 cl Cointreau
kalter Champagner

Die Zutaten – ohne Champagner – in einem Rührglas mit Eiswürfeln gut vermischen und in einen großen Kelch abgießen. Mit Champagner auffüllen. Mit Orangenschale abspritzen. Die Schale und eine Cocktailkirsche dazugeben.

Alfonso

1 Stück Würfelzucker
2 Spritzer Angostura
4 cl Dubonnet Rouge
kalter Champagner

Den Zuckerwürfel mit Angostura im Champagnerkelch tränken. Dubonnet und einen Eiswürfel dazugeben. Mit Champagner auffüllen, mit Zitronenschale abspritzen und diese dazugeben.

Caribbean Champagne

1 cl weißer Rum
1 cl Crème de Bananes
1 Spritzer Angostura
kalter Champagner

In einem Champagnerkelch einen Eiswürfel, Rum, Crème de Bananes und Angostura geben. Mit Champagner auffüllen. Einige Bananenstückchen und Cocktailkirschen am Spieß dazugeben.

< *Sternstunde und Pomme d'Amour*

Pomme d'Amour

2 cl Calvados
1 cl Cointreau
1 cl Erdbeerlikör
10 cl kalter Champagner

Die Zutaten – ohne Champagner – mit Eiswürfeln in einem Becherglas auf Eiswürfeln gut verrühren. Mit Champagner auffüllen. Einen Babyapfel an den Glasrand stecken.

I.B.U.

2 cl Cognac
2 cl Apricot Brandy
2 cl Orangensaft
kalter Champagner

Die Zutaten – ohne Champagner – mit einigen Eiswürfeln im Shaker kräftig schütteln und durch das Barsieb in eine Cocktailschale abgießen. Mit Champagner auffüllen.

French 75

4 cl Gin
2 cl Zitronensaft
1 cl Zuckersirup
10 cl kalter Champagner

Die Zutaten – ohne Champagner – mit einigen Eiswürfeln im Shaker gut schütteln. Durch ein Barsieb in ein großes Stielglas abgießen und mit Champagner auffüllen.

Vermouth Cassis Royal

2 cl Vermouth Dry
3 cl Crème de Cassis
10 cl kalter Champagner

Die Zutaten – ohne Champagner – in ein mittelgroßes Longdrinkglas mit Eiswürfeln geben. Mit kaltem

Champagner

Champagner auffüllen und leicht umrühren. Eine halbe Zitronenscheibe dazugeben.

Pick me up

1 Spritzer Angostura
1 cl Grenadine
2 cl Zitronensaft
4 cl Cognac
10 cl kalter Champagner

Die Zutaten – ohne Champagner – mit Eiswürfeln im Shaker gut schütteln. Durch ein Barsieb in eine Cocktailschale abgießen und mit Champagner auffüllen. Eine halbe Zitronenscheibe dazugeben.

Champagner Cocktail

1 Stück Würfelzucker
2 Spritzer Angostura
kalter Champagner

Den Zuckerwürfel in eine Champagnertulpe geben, mit Angostura tränken, einen Eiswürfel dazugeben und mit Champagner auffüllen. Mit einer Zitronenschale absprizten und diese ins Glas geben.

Champagner Cocktail II

2 cl Cointreau
2 cl Cognac
kalter Champagner

Cointreau und Cognac mit Eiswürfeln im Rührglas gut mischen. In einen großen Kelch abgießen und mit Champagner auffüllen. Eine Cocktailkirsche und eine halbe Orangenscheibe dazugeben.

Champagner Flip

1 cl Cognac
4 cl Weißwein
1 cl Zuckersirup
2 cl Sahne
1 Eigelb
kalter Champagner

Die Zutaten – ohne Champagner – mit einigen Eiswürfeln im Shaker kurz und kräftig schütteln, in ein Stielglas abgießen, mit Champagner auffüllen und mit etwas geriebener Muskatnuss bestreuen.

Moulin Rouge

2 cl Apricot Brandy
2 cl Gin
2 cl Zitronensaft
1 cl Grenadine
10 cl kalter Champagner

Die Zutaten – ohne Champagner – mit Eiswürfeln im Shaker gut schütteln. Durch ein Barsieb in ein großes Stielglas abgießen und mit Champagner auffüllen. Mit einer halben Orangenscheibe und einer Cocktailkirsche garnieren.

Red Kiss

2 cl brauner Rum
2 cl Kirschlikör
4 cl Ananassaft
10 cl kalter Champagner

Die Zutaten – ohne Champagner – mit Eiswürfeln im Shaker schütteln. Durch das Barsieb in eine Cocktailschale abgießen und mit kaltem Champagner auffüllen. Mit Cocktailkirschen und Ananasstück garnieren.

Sparkling Strawberry

2 cl Strawberry Liqueur
2 cl Cognac
4 cl Ananassaft
kalter Champagner

Die Zutaten – ohne Champagner – mit Eiswürfeln im Shaker kurz und kräftig schütteln, in ein Stielglas abgießen. Mit Champagner auffüllen. Eine Erdbeere an den Glasrand stecken.

< *Sparkling Strawberry und Prince of Wales*

Deutscher Sekt

Sekt ist die in Deutschland und Österreich übliche Bezeichnung für Schaumwein, und nirgendwo auf der Welt wird so viel davon getrunken wie in Deutschland. Deutschland ist Schaumweinweltmeister – eine Position, die weder Wirtschaftskrisen noch die Sektsteuer (die heute 1,02 € beträgt) je ernsthaft erschüttern konnten. Rund 450 Millionen Flaschen, davon vier von fünf Flaschen aus einheimischer Produktion, werden in Deutschland pro Jahr getrunken, und dies entspricht fast einem Viertel der weltweit rund zwei Milliarden hergestellten Flaschen.

Der Ursprung

Wo und wann der erste Schaumwein im Glas perlte, ist nicht sicher auszumachen, aber alle Zeugnisse deuten auf Südfrankreich als Entstehungsort, wo 1544 der »Blanquette de Limoux« erwähnt wird. Er gilt als erster französischer Schaumwein. Gut 100 Jahre später wurde dann der Champagner »entdeckt«, dessen Herstellung sich im 19. Jahrhundert zu einem blühenden Wirtschaftszweig entwickelte.

Frankreich, dem ersten Herstellerland von schäumendem Wein, folgten 1826 Deutschland und 1842 Österreich. In Italien begann um 1870 die Astiproduktion, und 1872 trat Spanien dann in den Kreis der Schaumweinerzeuger ein. Heute produzieren fast alle Weinländer auch Schaumwein. Die Ukraine mit der Krim zählt zu den Großen unter den Schaumweinerzeugern. Der weltberühmte Krimsekt wird zum Teil nach dem traditionellen Flaschengärungsverfahren hergestellt. Der exportierte Krimsekt wird nicht nur rot und süß, sondern auch weiß und trocken angeboten. Frankreich bietet außer dem Champagner auch die regional begrenzten »Crémants« und überregionale Sorten an. Seit den 1980er-Jahren nimmt mit der Nachfrage auch die Zahl der schaumweinherstellenden Länder stetig zu. Höchsten Qualitätsansprüchen genügen die »Sparklings« Kaliforniens, aber auch die Kapsekte Südafrikas und die australischen »Sparkling Wines«.

Um die Entstehung des Wortes »Sekt« ranken sich zahlreiche Legenden. Gesichert ist jedoch, dass die Bezeichnung ihren Ursprung im spanischen »vino seco« (= trockener Wein) hat. Ende des 19. Jahrhunderts hatte sich der Begriff Sekt für schäumenden Wein in Deutschland durchgesetzt. Ganz genau müssen nur die Juristen sein, denn Sekt ist zwar rechtlich gesehen immer Schaumwein, aber nicht jeder Schaumwein ist zugleich Sekt. Unter Schaumwein versteht man, wie der Name schon sagt, ein schäumendes Weinerzeugnis. Seine Qualität hängt ab von der Güte des Rohstoffs, also dem Wein oder den Trauben. Aus minderwertigen Grundweinen lässt sich trotz technischer Finessen kein guter Sekt herstellen. Nicht jede Rebsorte eignet sich zur Sektproduktion. Für einen guten Sekt braucht man Trauben mit viel Säure. Deutscher Riesling liefert die besten Grundweine, er verfügt über alle Eigenschaften (Säure, Rasse, Eleganz), die einen Spitzensekt garantieren. Aber deutscher Riesling ist rar und teuer, weshalb sich die Sektproduzenten nach ausländischen Quellen umsahen. Frankreich und vor allem Italien wurden die preisgünstigen Zulieferer.

Die Herstellung

Schaumwein kann in unterschiedlichen Verfahren hergestellt werden: Das klassische Schaumweinverfahren ist die Produktion durch zweite Gärung. Dem vergorenen Grundwein wird dabei Fülldosage aus Hefe und Traubenmost zugesetzt. In der geschlossenen Flasche oder im Drucktank lösen die Hefepilze dann die zweite Gärung aus, wobei der zugefügte Zucker in Kohlendioxid und Alkohol aufgespalten wird. Sind die Gärung beendet und die Lagerung abgeschlossen, entfernt man durch Filtern oder Degorgieren Hefe und Trübstoffe. Nach Zugabe der

Deutscher Sekt

Versanddosage, die die Geschmacksrichtung bestimmt, ist der Sekt fertig. Dabei sind drei verschiedene Methoden zur Durchführung der zweiten Gärung gebräuchlich: Es gibt die klassische Flaschengärung (Rüttelmethode), die Flaschengärung mit Filterenthefung, die auch Transvasiertechnik genannt wird, und die Großraum- oder Tankgärung. Nur noch wenige Sektkellereien halten bis heute an der traditionellen Methode des Rüttelverfahrens fest. Die Filterenthefung ist eine Übergangsform zur Großraumgärung, bei der zweite Gärung und Reifelagerung noch in Flaschen stattfinden, aber in Großbehältern gefiltert wird. Das Großraumgärverfahren, bei dem der komplette Produktionsprozess in druckfesten Großtanks abläuft, stellt die wirtschaftlich wichtigste Methode dar. Allen drei Verfahren gemeinsam ist der erste Produktionsschritt, die Zusammenstellung der Cuvée zum harmonischen Rohstoff. Verschiedene Weine werden verschnitten, um Sektmarken gleichbleibender Qualität – unabhängig vom Erntejahrgang – herstellen zu können. Die Güte der Cuvée bestimmt wesentlich die Qualität des fertigen Produkts. Der Streit zwischen Traditionalisten und Neuerern um die klassische Flaschen- und die moderne Tankgärung ist bis heute im Gang, doch erscheint er fast müßig: Die Tankgärung ist in den letzten Jahren entscheidend verbessert worden. Ausschlaggebend sind allein die Qualität der Grundweine und die Zeit der Hefelagerung; stimmen beide Faktoren, erhält man ein gutes Endprodukt – unabhängig davon, ob die Gärung in der Flasche oder im Tank stattgefunden hat. Für den Gesetzgeber ist »Schaumwein« der Oberbegriff für alle Erzeugnisse, die durch erste oder zweite Gärung aus Trauben, Traubenmost, Tafelwein oder Qualitätswein hergestellt werden und die in geschlossenen Behältnissen bei 20 °C auch durch ausschließlich aus der Gärung stammende Kohlensäure einen Überdruck von mindestens drei Atmosphären aufweisen. Der Unterschied zwischen »Schaumwein« und »Qualitätsschaumwein« wird durch Alkoholgehalt, Mindestlagerzeit und zulässige Schwefelmenge bestimmt. Die Cuvée für Qualitätsschaumwein muss mindestens 10 % Alkohol enthalten, die schwefelige Säure darf 185 Milligramm je Liter nicht übersteigen, und die Herstellungsdauer einschließlich Alterung muss von Beginn der Gärung an mindestens sechs Monate bei Tankgärsekt, neun Monate bei Flaschengärsekt betragen. Deklarierungspflichtig ist der Restzuckergehalt, der die Süße des Schaumweins bestimmt (siehe Seite 18 bei Fachausdrücken unter Champagner- und Sektgeschmacksrichtungen).

Empfehlungen

Die richtige Trinktemperatur liegt für weißen Sekt bei 5 bis 7 °C, für Rosé-Sekt bei 6 bis 8 °C und für roten Sekt bei 9 bis 11 °C. Als Gläser eignen sich am besten Sektkelche und Flöten. Bauchigere Formen verwendet man für Sekte mit ausgeprägter Blume. Schalen sind gänzlich ungeeignet. Sekt sollte vor dem Öffnen mindestens einen Tag ruhig und kühl gelagert haben und auch beim Öffnen vorsichtig behandelt werden. Er verlässt die Kellerei auf dem Höhepunkt seiner Entwicklung, und durch lange Lagerzeit wird er keinesfalls besser.

Bekannte Marken

Georg Breuer Das Weingut Georg Breuer, 1880 vom Urgroßvater der heutigen Besitzerin Theresa Breuer gegründet, gehört zu den renommiertesten Betrieben im Rheingau. Neben den exzellenten Weinen wird mit Georg Breuer Brut auch ein außergewöhnlicher Sekt angeboten. Georg Breuer Brut lagert drei Jahre auf der Hefe und wird im traditionellen Flaschengärverfahren hergestellt. Dieser außergewöhnliche Sekt präsentiert sich auch in einer ungewöhnlichen Ausstattung. Die antikgrüne, schwere, elegant geschwungene Flasche trägt ein Etikett aus handgefertigtem Porzellan, auf dem eine »Schattentraube« abgebildet ist.

Geldermann Der Ursprung der ehemaligen Privatsektkellerei Geldermann in Breisach liegt in der des Champagnerhauses Deutz durch die beiden Deutschen William Deutz und Peter Geldermann im Jahre 1838. Die deutsche Kellerei begann 1925 in Breisach, am heutigen Firmensitz,

Deutscher Sekt

mit der Sektherstellung. 1988 wurden die beiden Häuser Deutz in Ay/Champagne und Deutz & Geldermann in Breisach namentlich getrennt, und 2003 wurde Geldermann/Breisach von Rotkäppchen-Mumm übernommen. Bis heute werden alle Geldermann-Sekte unverändert im traditionellen Flaschengärverfahren hergestellt und zählen zu den besten Sektmarken Deutschlands.

Henkell Wurde 1832 von Adam Henkell in Mainz gegründet und ist heute in Wiesbaden-Biebrich beheimatet. Henkell Trocken wird seit 1894 hergestellt, ist einer der ältesten großen Markenartikel Deutschlands und weltweit der bekannteste deutsche Sekt. Henkell ist der weltweit größte Sektproduzent, und auch die großen deutschen Sektfirmen Söhnlein, Deinhard, Fürst von Metternich, Kupferberg, Lutter & Wegner, Carstens und Rüttgers gehören zum Unternehmen.

Reichsgraf von Kesselstadt Das Weingut Reichsgraf von Kesselstadt wurde bereits 1349 urkundlich erstmals erwähnt. 1978 übernahm die Familie Reh das Weingut, das heute von der Familie Gartner geführt wird. Das Kapital des Weinguts sind rund 35 Hektar Weinberge in den berühmtesten Steillagen von Mosel, Saar und Ruwer. Der Sekt des Hauses - Reichsgraf von Kesselstadt Riesling Brut mit Jahrgang – wird im traditionellen Flaschengärverfahren hergestellt

Kessler Georg Christian Kessler gründete 1826 in Esslingen am Neckar die erste deutsche Sektkellerei. Die bekanntesten Marken sind das 1909 eingeführte »Hochgewächs« und der 1912 eingeführte »Jägergrün«. Seit 1850 gibt es den »Cabinet« – der die älteste deutsche Sektmarke ist –, und auch der »Rosé« wird bereits seit 1880 hergestellt. Die großen alten Kessler-Marken werden bis heute im Flaschengärverfahren hergestellt und zählen zum Besten, was der deutsche Sektmarkt bietet.

Fürst von Metternich Fürst von Metternich ist die große deutsche Nobelsektmarke. Der Staatskanzler Fürst von Metternich war einst Besitzer der Domäne Johannisberg und förderte den Rieslinganbau im Rheingau. Dieser ist bis heute die Grundlage der Fürst von Metternich Cuvées. Angeboten werden die vier Cuvées Trocken, Extra Trocken, Rosé und Brut mit Jahrgang. Letzterer wird aus Weinen des Bereichs Johannisberg im klassischen Flaschengärverfahren hergestellt.

Mumm Die Frankfurter Weinhändlerfamilie Mumm gründete 1827 in Reims das Champagnerhaus Mumm. Nach dem Ersten Weltkrieg eröffnete der letzte deutsche Inhaber 1922 in Frankfurt am Main die Firma Mumm & Co. Später kamen beide Häuser in den Besitz des Multis Seagram, der im Jahr 2000 beide Häuser verkaufte. Die deutsche Firma wurde von Rotkäppchen übernommen. Mumm ist eine der bekanntesten deutschen Sektmarken und wird in den Abfüllungen Mumm Dry und Extra Dry sowie Jules Mumm Dry, Medium Dry und Rosé Dry angeboten.

Rotkäppchen Im Süden von Sachsen-Anhalt, im Städtchen Freyburg, hat die Sektkellerei Rotkäppchen ihren Sitz. Sie wurde 1856 gegründet und erlebt seit der Wiedervereinigung einen nicht für möglich gehaltenen Aufstieg zur meistverkauften Sektmarke Deutschlands. Zum Unternehmen gehören inzwischen auch die Sektfirmen MM, Mumm und Geldermann.

Summer Delight

1 cl Cointreau
1 cl Bananenlikör
4 cl Pfirsichnektar
kalter Sekt

Liköre und Pfirsichnektar mit einem Eiswürfel in eine große Cocktailschale geben. Leicht umrühren und mit Sekt auffüllen. Einen Spieß mit Bananenscheiben und Cocktailkirsche dazugeben.

Flying

2 cl Cointreau
2 cl Gin
2 cl Zitronensaft
kalter Sekt

Die Zutaten – ohne Sekt – mit Eiswürfeln im Shaker gut schütteln und in einen großen Kelch abgießen. Mit Sekt auffüllen.

Vulcano

3 cl ungekühlter Himbeergeist
2 cl Blue Curaçao
kalter Sekt

Himbeergeist und Blue Curaçao in eine Schale geben und unter leichtem Rühren anzünden. Das ätherische Öl von 1 Orangenschale in die Flamme spritzen, die Schale ins Glas geben und mit kaltem Sekt auffüllen. Eine Cocktailkirsche dazugeben.

Wild Strawberry

2 cl Strawberry Liqueur
6 cl Guavennektar
10 cl kalter Sekt

Die Zutaten – ohne Sekt – in ein Longdrinkglas mit Eiswürfeln geben. Mit kaltem Sekt auffüllen und umrühren.

Nektaris

1/3 Sauerkirschnektar
2/3 kalter Sekt

Sekt in einen Sektkelch geben und mit Sauerkirschnektar auffüllen. Eine Cocktailkirsche dazugeben.

< *Green Ghost*

Deutscher Sekt

Adria Look

2cl Blue Curaçao
2cl Gin
2cl Hitchcock Zitronensaft
kalter Sekt

Die Zutaten – ohne Sekt – mit Eiswürfeln im Shaker kräftig schütteln und durch das Barsieb in ein großes Sektglas abgießen. Mit Sekt auffüllen. Eine Aprikosenstück an den Glasrand stecken und zwei Cocktailkirschen in das Glas geben.

Night and Day

1 cl Cognac
1 cl Apricot Brandy
4 cl Orangensaft
10 cl kalter Sekt

Die Zutaten – ohne Sekt – mit Eiswürfeln im Shaker schütteln und durch ein Barsieb in ein großes Stielglas abgießen. Mit kaltem Sekt auffüllen.

Fiesta Trinidad

2 cl Triple Sec Curaçao
1 cl Crème de Banane
kalter Sekt

In einen Sektkelch einen Eiswürfel und die Liköre geben. Mit Sekt auffüllen. Eine halbe Orangenscheibe dazugeben.

Caribbean

2 cl weißer Rum
2 cl Crème de Banane
4 cl Bananennektar
kalter Sekt

Im Shaker mit Eiswürfeln schütteln, in Longdrinkglas auf Eiswürfel abgießen. Mit Sekt auffüllen. Kiwischeibe an den Glasrand stecken.

Blow up

2 cl Erdbeersirup
2 cl Triple Sec Curaçao
6 cl Orangensaft
10 cl kalter Sekt

Die Zutaten – ohne Sekt – mit Eiswürfeln im Shaker schütteln und durch ein Barsieb in ein Longdrinkglas auf einige Eiswürfel abgießen. Mit Sekt auffüllen. Mit einer Erdbeere garnieren.

Green Ghost

4 cl Bols Grüne Banane
6 cl Orangensaft
10 cl kalter Sekt

Grüne Banane und Orangensaft in ein Longdrinkglas mit Eiswürfeln geben. Mit Sekt auffüllen und umrühren. Einen Spieß mit Bananenscheiben und einer Cocktailkirsche über den Glasrand legen.

Azzurro Bacio

3 cl Blue Curaçao
2 cl Limettensirup
1 cl Zitronensaft
10 cl kalter Sekt

Die Zutaten – ohne Sekt – mit Eiswürfeln im Shaker schütteln und durch ein Barsieb in ein großes Stielglas abgießen. Mit kaltem Sekt auffüllen.

Mimosa

1/3 Orangensaft
2/3 kalter Sekt

Den Orangensaft in einen Sektkelch geben und vorsichtig mit Sekt auffüllen.

Hemingway

4 cl weißer Rum
2 cl Zitronensaft
1 cl Zuckersirup
kalter Sekt

Die Zutaten – ohne Sekt – mit Eiswürfeln im Shaker gut schütteln und in einen großen Kelch abgießen. Mit Sekt auffüllen.

Ritz

2 cl Cointreau
2 cl Cognac
2 cl Orangensaft
kalter Sekt

Die Zutaten – ohne Sekt – mit Eiswürfeln im Shaker gut schütteln und in einen großen Kelch abgießen. Mit Sekt auffüllen.

Azzurro Bacio >
Blow up v

Internationaler Sekt

Frankreich, dem ersten Herstellerland von schäumendem Wein, folgten 1826 Deutschland und 1842 Österreich. In Italien begann um 1870 die Asti-Produktion, und 1872 trat Spanien in den Kreis der Schaumweinerzeuger ein. Heute produzieren fast alle Weinländer auch Schaumwein. Beste Qualitäten bieten die »Cavas« Spaniens und die Sekte und »Crémants« Frankreichs. Altbekannt ist der nicht nur rot und mild angebotene Krimsekt. Berühmt ist Italien für seinen Asti, seine Spumanti und den seit den 1980er-Jahren so erfolgreichen Prosecco. Auch die »Neue Welt« ist vertreten, und neben den hervorragenden kalifornischen »Sparklings« sind auch Schaumweine aus Südafrika und Australien bei uns zu finden.

Französischer Sekt Neben dem Champagner sind eine große Anzahl französischer Sekte auf dem Markt. Frankreich verfügt über zahllose Grundweine zur Sektherstellung, und diese werden oftmals außerhalb der Ernteregionen verarbeitet und ohne Herkunftsangabe als Mousseux verkauft. Es gibt aber viele in ihren Regionen hergestellte Schaumweine. Diese erhielten zu ihrer Aufwertung und zum Hinweis auf ihre Region ab den 1970er-Jahren die Bezeichnung »Crémant« und eine eigene Appellation Controlée als Ursprungsbezeichnung. Die Bezeichnung »Crémant« steht dabei nicht – wie bis 1994 in der Champagne – für einen Champagner mit wenig Kohlensäure, sondern für die Herstellung durch Flaschengärung. Zwar sind die Rebsorten von Region zu Region unterschiedlich, wesentliche Regeln der Schaumweinerzeugung sind jedoch einheitlich vorgeschrieben. Zu diesen Regeln zählen beispielsweise die Ertragsmenge bei der Pressung und die Verweildauer von neun Monaten auf der Hefe in der Flasche. 1975 wurden der Crémant de Bourgogne, 1976 der Crémant d'Alsace und der Crémant de Loire eingeführt. Diesen folgten Crémant de Limoux, Cremant de Jura, Cremant de Bordeaux und Cremant de Die. Ende der 1980er-Jahre wurde dann die Bezeichnung »Crémant« EU-weit übernommen und zugleich der Begriff »Méthode champenoise« für Flaschengärung allein dem Champagner zugesprochen.

Spanischer Sekt (Cava) Im Herzen Kataloniens, 50 Kilometer südwestlich von Barcelona, liegt die hügelige Landschaft Penedès, das Zentrum der spanischen Sektherstellung. Dort wurde 1872 von Josep Raventós im Weingut Codorniu erstmals spanischer Schaumwein produziert. Er wird im traditionellen Flaschengärverfahren hergestellt und nennt sich »Cava«. Etwa 250 Millionen Flaschen werden jährlich erzeugt, das entspricht etwa 96 % der gesamten Schaumweinproduktion des Landes. Spanien ist nach Frankreich das größte Erzeugerland von Schaumweinen nach der traditionellen Flaschengärung. Die gesetzlichen Bestimmungen für Cava besagen, dass der Wein mindestens neun Monate in der Flasche auf der Hefe verbracht haben muss. Wird ein Cava als Reserva angeboten, dann beträgt die Flaschengärung mindestens 18 Monate, beim Gran Reserva 30 Monate. Dem Cava verleiht die Macabeotraube Fruchtigkeit und Frische, die Xarel·lo Festigkeit und Säure und die Parelada Milde, Duftigkeit und Finesse. Seit einigen Jahren ist die Chardonnaytraube erlaubt, aber auch Riesling und Pinot Noir werden angebaut. Die Cava werden in den Geschmacksrichtungen »Extra Brut« (Brut de Brut), »Brut Zero«, »Brut Nature«, »Brut« und in beachtlichem Umfang auch als »Semi Seco« (Demi-Sec/mild-lieblich) angeboten.

Italienischer Sekt, Asti und Prosecco Auch in Italien erfreut sich Sekt, der dort »Spumante« genannt wird, großer Beliebtheit. Annähernd 200 Millionen Flaschen werden jährlich getrunken. Über die Hälfte davon entfällt auf den süßen Asti Spumante aus der im Piemont heimischen Moscatotraube. Im Unterschied zum Sekt stammt die Süße des Asti vom Most. Dieser wird in Drucktanks gefüllt und gärt nur einmal. Aus dem Most wird nicht erst Wein, sondern schon Asti. Die Gärzeit ist relativ kurz, und ein großer Teil der natürlichen Mostsüße bleibt erhalten. Daneben gibt es aber auch eine große Zahl trockener Weine, aus denen

Internationaler Sekt

Sekt hergestellt wird. Sie stammen zumeist aus Trauben der Pinotfamilie, die in den Anbaugebieten des Nordens, in den Regionen Piemont, Lombardei, Trentino und Veneto, gelesen werden. Auch Chardonnay wird zunehmend verwendet. Rund 90 % dieser Spumantes entstehen durch Tankgärung, die besten jedoch im Flaschengärverfahren (Metodo Classico). Relativ unbekannt war bis in die späten 1980er-Jahre der Prosecco. Die weiße Proseccotraube wird vor allem nördlich von Venedig angebaut. Nur den Weinen, die aus dem rund 3000 Hektar großen Weinbaugebiet um Conegliano und Valdobbiadene stammen, steht die Ursprungsbezeichnung D. O. C. zu. Neben dem Prosecco Spumante gibt es den Perlwein Prosecco Frizzante. Dieser wird meist mit zugesetzter Kohlensäure bereitet, und sein Kohlensäure- und Alkoholgehalt ist geringer als für Sekt vorgeschrieben. Diesem Umstand verdankt der leichte, frische Frizzante auch die Befreiung von der Sektsteuer. Im Gegensatz zum Prosecco Spumante werden die Frizzanteflaschen wie Wein verkorkt und bei manchen Marken die Korken mit Schnüren, dem »Spagno«-Verschluss, gesichert.

Bekannte Marken

Blanc Foussy (Fr) Die Sektkellerei Blanc Foussy liegt in Rochecorbon, östlich von Tours, am Ufer der Loire, westlich davon die Region Touraine, aus der die für den Blanc Foussy verwendeten Weine stammen. Diese sind zu 90 % Chenin Blanc – die Hauptsorte der Touraine – und zu 10 % Chardonnay. Es werden ausgesuchte Moste von Vertragswinzern angekauft, die Vinivikation erfolgt in den eigenen Kellereien. Für die anschließende Flaschengärung bieten Kalksandsteinkeller aus dem 16./17. Jahrhundert die idealen Reifebedingungen. Alle Foussy-Sekte werden nach der »Méthode Traditionnelle« hergestellt, und Blanc Foussy ist Marktführer im Segment »Appellation Touraine Contrôlée«. Nach Deutschland werden fünf Sorten exportiert: die beiden »Appellation Touraine Contrôlée« Blanc Foussy »Tête de Cuvée« Brut und »Rosé« Brut, ferner die Appellation Crémant de Loire Contrôlée »Crémant de Loire« Brut und »Rosé« Brut sowie der »Brut Biologique«.

Carpenè Malvotti (It) Antonio Carpenè, berühmter Önologe und Chemiker, gründete 1868 in Conegliano das Unternehmen und gilt als Erfinder des Prosecco. Immer wieder zeigte sich das Haus Carpenè Malvotti als treibende Kraft bei der Verbesserung des Prosecco; heute steht der Name für Prosecco höchster Qualität. Carpenè Malvotti bietet seit 2011 folgende Sorten auch in Deutschland an: Prosecco Frizzante, Superiore Cuvée Brut, Superiore Cuvée Extra Dry, Spumante Rosé Brut, Viognier Spumante Brut und Spumante Millesimato Brut – Metodo Classico.

Contadi Castaldi (It) Die Weinbauregion Franciacorta hat eine junge, aber fulminante Geschichte vorzuweisen. Der Name steht für ein kleines, dynamisches Weinbaugebiet und prickelnden Wein. Das nur 2500 Hektar umfassende Anbaugebiet liegt in der Lombardei südlich des Lago d´Iseo. Seit dem 1. August 2003 ist es erlaubt, allein den Begriff Franciacorta auf das Etikett zu schreiben, ohne die Qualitätsbezeichnung DOCG nennen zu müssen. Lediglich zehn Ursprungsbezeichnungen in ganz Europa wurde dieses Privileg zuteil, drei davon sind Schaumweine: Champagne, Cava und Franciacorta. Die klassische Flaschengärung ist obligatorisch, die zugelassenen Rebsorten sind ausschließlich Chardonnay, Pinot Nero und Pinot Bianco, und diese müssen zu 100 % aus der Franciacorta kommen. Die Mindestlagerzeit auf der Hefe beträgt 18 Monate. Eine der berühmtesten Marken ist Contadi Castaldi. Angeboten werden Brut, »Saten« und »Saten Soul« Brut – beide 100 % Chardonnay, Rosé Brut und Vintage Rosé Brut.

Cocchi Spumante (It) Das Unternehmen entstand aus dem Ehrgeiz und der Leidenschaft eines jungen Florentiner Konditors, der 1891 seine erste eigene Firma in Asti gründete. Voller Enthusiasmus erweiterte er seine Aktivitäten vom »Liquorista« (Spirituosendestillateur) zum »Spumantista« (Schaumweinerzeuger). Dabei stand für ihn vor allem das Aromatisieren im Vordergrund. Die Rezepturen dafür entwickelte er

Internationaler Sekt

selbst – Startschuss für die aromatisierten Weine von Giulio Cocchi, und um 1900 waren vor allem der Aperitivo Americano (Seite 22), Vermouth (Seite 24) und der Barolo Chinato (Seite 192) bereits sehr bekannte und beliebte Produkte. Bis heute hat sich das Unternehmen seinen familiären Charakter erhalten, nach wie vor werden alle Produkte in Handarbeit nach traditionellen Methoden hergestellt. Cocchi produziert außerdem Brandy und Grappa, von den Spumantesorten wird nun auch die Hauptmarke, der Cocchi Vino Spumante Brut, in Deutschland angeboten.

Colvendrá (It) Das Weingut Colvendrá geht zurück auf den Beginn des 20. Jahrhunderts und hat seine Wurzeln in der jahrhundertealten Tradition der Weinherstellung des Veneto. 1924 beschloss Leonardo Della Colletta, die alten Familientraditionen zu nutzen, und begann, im Herzen des Veneto in Refrontolo Wein herzustellen. Nach wie vor pflegt das Unternehmen die alten Familientraditionen, vereint diese aber mit den modernsten Technologien der Weinherstellung. Colvendrà ist bekannt für seine Proseccos, die als Brut, Dry, Extra Dry, Millesimato und Rosé nach höchsten Qualitätskriterien hergestellt werden.

Endrizzi (It) Der renommierte Weinbaubetrieb Endrizzi in San Michele all´Adige/Trentino wurde ab 1885 von Francesco Endrici (Trentiner Dialekt: Endrizzi) aufgebaut und wird heute in der vierten Generation von Dr. Paolo und Christine Endrici geführt. Endrizzi ist berühmt für seine qualitativ hochwertigen Weine, die zu den besten der Region zählen. Mit dem »Endrizzi Brut« Riserva Metodo Classico Trento DOC wird auch ein ausgezeichneter Spumante angeboten. Dieser trockene, aus Chardonnay und Pinot Noir hergestellte Sekt reift vier bis fünf Jahre auf der Flasche und vereint in sich alle Vorzüge einer Spitzencuvée.

Freixenet (Sp) Freixenet (sprich: Freschenet) in Sant Sadurni/Penedès ist der größte spanische Sekthersteller. 1889 wurde der Grundstein gelegt, und die Nachfahren des Gründers bauten das Haus zum größten Cavaproduzenten und zu einer der weltweit größten Sektkellereien aus.

Hillinger (At) Im Burgenland, am Neusiedler See, liegt der Winzerort Jois. Dort hat das bekannte Weingut Hillinger seinen Sitz. Mit dem Hillinger Secco bietet man nun auch einen aus 100 % Pinot Noir bereiteten Roséschaumwein an.

Kriter (Fr) Der Ursprung von Kriter geht auf eine kleine, traditionsreiche Sektkellerei in Beaune/Burgund zurück. 1959 wurde die Firma neu gegründet; heute ist Kriter einer der größten Sekthersteller und Sektexporteure Frankreichs. In Deutschland werden angeboten: Kriter »Brut«, »Demi Sec« und »Rosé« aus Pinot Noir und Cabernet Franc.

Krimskoye (Ukr) Krimsekt zählt seit jeher zu den Spitzenprodukten der Sektindustrie der ehemaligen UdSSR. Der berühmteste und größte Produzent in der Ukraine ist Krimskoye. Gegenüber anderen Sektsorten der Ukraine unterliegt der Krimsekt und somit auch Krimskoye einem dreijährigen Produktionsprozess und wird ausschließlich nach dem traditionellen Flaschengärverfahren hergestellt. Krimsekt gibt es weiß als Halbtrocken und Trocken, größere Bekanntheit genießt aber der berühmte rot-milde Krimsekt.

Castillo Perelada (Sp) Das Unternehmen »Cavas de Castillo de Perelada« hat seinen Sitz in Villafranca del Penedès. Das attraktive Städtchen Perelada mit seiner einzigartigen Kombination historischer Viertel, kultureller Veranstaltungen und einem vom Wein gezeichneten Charakter wird überragt vom Castillo. Dieses 600 Jahre alte Schloss mit seinem sehenswerten Weinmuseum, seiner Bibliothek, der Spielbank, dem Fünf-Sterne-Hotel, dem Golfclub und dem Park mit 600 Baumarten ist das Wahrzeichen der Stadt und auch der Marke. In den historischen, schon im 15. Jahrhundert von den Karmelitermönchen zur Weinerzeugung genutzten Kellergewölben von Castillo Perelada reift heute die Spitzenmarke »Gran Claustro« Cava Brut Nature. Die anderen werden in einer 1970 gebauten Kellerei außerhalb des Schlosses verarbeitet. Die Sorten: »Reserva« Brut, »Rosado« Brut, »Cuvée Especial« Brut Nature mit Jahrgang, »Gran Claustro« Brut Nature mit Jahrgang und »Torre Galatea« Rosado Brut.

Internationaler Sekt

Roederer Quartet (US) Anfang der 1980er-Jahre kaufte der Inhaber des Champagnerhauses Roederer im kalifornischen Anderson Valley 150 Hektar Rebfläche, um dort mit den Rebsorten der Champagne, Pinot Noir und Chardonnay, edle Schaumweine herzustellen. Seinen Namen verdankt der Roederer Quartet den vier Weinbergen des Guts. Angeboten werden Roederer Quartet »Brut« und Roederer Quartet »Brut« Rosé. Beide werden im traditionellen Flaschengärverfahren hergestellt und zählen zu den besten »Sparklings« der USA.

Schlumberger (At) Nach Frankreich und Deutschland war Österreich das dritte sektproduzierende Land, und Robert Schlumberger gründete 1842 in Wien die erste österreichische Sektkellerei. Bis heute ist das seit 1973 zu Underberg gehörende Unternehmen mit jährlich drei Millionen verkauften Flaschen der führende Hersteller in Österreich. Alle Schlumberger-Sekte sind Jahrgangssekte mit der Dosage Brut, alle werden im traditionellen Flaschengärverfahren hergestellt. Schlumberger wird in den Abfüllungen »Sparkling Brut« (aus Welschriesling), »Chardonnay« und »Rosé« (aus Pinot Noir) angeboten. Neu Kreationen sind der »White Secco« und der Rosé Secco«. Der »White Secco« wird aus einer Cuvée aus Welschriesling, Chardonnay und Weißburgunder bereitet und präsentiert sich frisch und fruchtig, dem »Rosé« Secco verleihen Pinot-Noir-Trauben eine fruchtige Frische.

Mrs. Cherry

2 cl Koko Kanu Coconut Rum
1 cl Kirschnektar
1 cl frisch gepresster Pink-Grapefruit-Saft
8 cl Schlumberger »Rosé« Secco

Die Zutaten – ohne Sekt – im Shaker mit Eiswürfeln gut schütteln und in einen Sektkelch abgießen. Mit »Rosé« Secco aufgießen und mit Grapefruitschale abspritzen.

Schlumberger Fizz

2 cl Védrenne Melon Liqueur
1 cl Broker´s Gin
1,5 cl frisch gepresster Zitronensaft
8 cl Schlumberger »White« Secco

Die Zutaten – ohne Sekt – im Shaker mit Eiswürfeln gut schütteln und in einen Sektkelch abgießen. Mit »White« Secco aufgießen.

Scarlet Bellini

2 cl Pfirsichlikör
4 cl Blutorangensaft
10 cl kalter Prosecco Spumante

In einen großen Sektkelch 1 Eiswürfel, den Pfirsichlikör und den Blutorangensaft geben. Mit kaltem Prosecco Spumante auffüllen. Eine halbe Blutorangenscheibe dazugeben.

Vellini

1 1/2 cl Vanilla Vodka
1 1/2 cl Strawberry Liqueur
10 cl kalter Prosecco Spumante

In einen großen Sektkelch einen Eiswürfel, den Vanilla Vodka und den Strawberry Liqueur geben. Mit kaltem Prosecco Spumante auffüllen. Eine Erdbeere an den Glasrand stecken.

Bellini

weiße Pfirsiche
kalter Prosecco Spumante

Pfirsiche schälen und pürieren. Etwas Pfirsichmus in ein Kelchglas geben und langsam mit kaltem Schaumwein auffüllen.

Black Magic

6 cl kalter roter Traubensaft
2 cl Triple Sec Curaçao
10 cl kalter trockener Sekt

In einen großen Sektkelch einen Eiswürfel, den Traubensaft und den Curaçao geben. Mit kaltem trockenem Sekt auffüllen. Einige rote Weintrauben halbieren und dazugeben.

Vermouth Cassis Royal II

3 cl Vermouth Dry
3 cl Crème de Cassis
6 cl schwarzer Johannisbeernektar
8 cl kalter Sekt

Die Zutaten – ohne Sekt – mit Eiswürfeln im Shaker schütteln und in eine große Cocktailschale abgießen. Mit Sekt auffüllen und mit einer Johannisbeerrispe garnieren.

Passion Bellini

2 cl Passoa Maracuja Liqueur
4 cl Maracujanektar
10 cl kalter Prosecco Spumante

In einen großen Sektkelch einen Eiswürfel, den Passoa Liqueur und den Maracujanektar geben. Eine halbe Maracuja auslöffeln und das Fruchtfleisch dazugeben. Mit kaltem Prosecco Spumante auffüllen.

Mrs. Cherry und Vermouth Cassis Royal II >

Gin

Die Geschichte des Gins beginnt im 16. Jahrhundert in Holland. Dort stellten Schnapsbrenner Genever, einen mit Wacholder aromatisierten Branntwein, her. Wahrscheinlich waren es englische Truppen, die das Rezept mit in ihre Heimat brachten. Seither änderte sich alles am Gin, und aus dem holländischen Genever (vom franz. Genièvre für Wacholder) wurde der englische Gin. Der große Durchbruch auf dem Weg zum englischen Nationalgetränk kam erst im 18. Jahrhundert. Ein großer Teil des damals hergestellten Gins war jedoch von sehr zweifelhafter Qualität, und anfangs nahm der Konsum dieses »schlechten« Gins das Ausmaß einer nationalen Krise an. Das besserte sich jedoch, als sich die Ginhersteller um eine höhere Qualität ihrer Produkte bemühten. Ihnen war zu verdanken, dass der Gin im 19. Jahrhundert ein respektables Getränk wurde.

Der Gin war immer eine, wenn nicht die tragende Säule der Cocktailkultur. Die Branntweinsteuer bewog in Deutschland ab den 1980er-Jahren viele Hersteller zur Absenkung des Alkoholgehalts von damals meist 43 %vol auf die zulässigen 37,5 %vol. Hier setzte zur Freude der Gin-Tonic-Trinker seit einigen Jahren ein Umdenken ein, und heute werden wieder Ginmarken mit einem Alkoholgehalt von bis zu 47 %vol angeboten. Der relativ ruhige Ginmarkt beschränkte sich bis zum Ende des letzten Jahrhunderts auf die wenigen großen englischen Marken. Im Jahr 1999 stellte das berühmte schottische Whiskyunternehmen William Grant's & Sons (Grant's/Glenfiddich) mit dem Hendrick's einen neuartigen Gin vor, und dessen Erfolg führte zur heutigen Ginwelle. Hendrick's weist Rosen- und Gurkenaromen auf, und mit ihm verließ man erstmals die eingefahrene Geschmacksrichtung. Seither erblickten unzählige neue Marken mit zum Teil völlig neuen Gewürzkompositionen das Licht der Welt.

Die Herstellung

Früher wurde der englische Gin aus Korndestillaten hergestellt. In der heutigen Zeit verwendet man sehr hoch ausgebrannten (96 %vol) neutralen Alkohol landwirtschaftlichen Ursprungs. Dieses Destillat wird unter Zusatz von Wasser auf 60 %vol Alkohol reduziert und klassisch zusammen mit Wacholderbeeren und Gewürzen – Anis, Angelika, Fenchel, Kalmus, Kardamom, Koriander, Lavendel, Mandel, Zimt, Kümmel u. a. – noch einmal destilliert. Auf Trinkstärke herabgesetzt, ist Gin ohne Lagerzeit trinkfertig. Man unterscheidet zwei Arten: den trockenen Dry Gin oder London Dry Gin und den mit Zucker gesüßten Old Tom oder Plymouth Gin. Der zweite Gintyp ist in Deutschland weniger bekannt. Plymouth Gin war früher schwerer und aromatischer als London Gin, hat sich aber im Laufe der Jahre dem leichteren, international berühmteren London Gin angeglichen.

Die Verwendung

Anfang des 20. Jahrhunderts kamen in London die ersten »American Bars« auf, und hier spielte der Gin bald eine bedeutende Rolle. Auch außerhalb Englands verbreitete sich der Gin rasch. In den britischen Kolonien wurde Gin mit Tonic Water das beliebteste Getränk. In den Jahren zwischen den Weltkriegen wurde Gin schließlich als internationale Spirituose bekannt, hauptsächlich durch den Cocktail, der sich verblüffend rasch in Nordamerika und später in der ganzen westlichen Welt durchsetzte. Gin wird heute in nahezu allen Ländern Westeuropas, in den USA und in Kanada hergestellt. Gin, für den nach EU-Recht ein Mindestalkoholgehalt von 37,5 %vol vorgeschrieben ist, wird trotz seiner Klarheit und seines aromatischen Bouquets selten pur getrunken. Er ist jedoch als Basis für Cocktails, Mixgetränke und Longdrinks unentbehrlich im Bestand jeder Bar.

Bekannte Marken

Beefeater Der trockene und aromatische Beefeater ist die Nummer drei unter den großen Ginmarken. Beefeater wird in London von der James Burrough Ltd. hergestellt und ist im Besitz von Pernod Ricard. Seine Ursprünge gehen bis in die 1820er-Jahre zurück, und er ist der einzige Gin, der immer noch in London destilliert und abgefüllt wird. Dem Trend der Zeit folgend, die nach stärkerem Gin verlangt, wurde der Alkoholgehalt auf 47 %vol angehoben. Mit dem »Beefeater 24« London Dry Gin (45 %vol) wurde im Oktober 2008 eine neue Marke eingeführt. Beefeater 24 besticht durch zarte Zitrusnoten und fein dosierte Teearomen. Die typisch quadratische Beefeater-24-Flasche ist reichhaltig mit viktorianischen Elementen verziert.

Black Gin In Bad Ditzenbach auf der Schwäbischen Alb hat die Destillerie Gansloser ihren Sitz. Trotz der über 100-jährigen Tradition gilt Gansloser als junge Firma, da man erst in den letzten Jahren mit einer breiteren Vermarktung begann. Das neueste Produkt ist der Black Gin.

Gin

Neben Wacholder und den weiteren klassischen Würzzutaten wurde dem Black Gin eine umfangreiche Würzkombination zugesetzt. Insgesamt 74 verschiedene Zutaten sind es laut Holger Frey, dem Brennmeister und Inhaber der Destillerie. Zusätzlich gibt es den Destillers Cut mit einer noch aufwendigeren Würzkombination und 60 %vol. Black Gin, der in edlen, schwarz mattierten Flaschen abgefüllt ist, kam im Dezember 2011 auf den Markt und hat 45 %vol.

Blackwood´s Vintage Gin Mit dem Blackwood´s sind nun auch die Shetland Islands auf der Ginweltkarte vertreten. Von den einzeln nummerierten Flaschen werden jedes Jahr nur so viele produziert, wie die Shetlandinseln Einwohner haben. Blackwood´s Gin verfügt über eine leicht grünliche Farbe, die durch die Beigabe von Veilchen und Kurkuma hervorgerufen wird. Viele auf den Shetlandinseln heimische Pflanzen werden für ihn mit den klassischen Aromagebern Wacholder und Koriander kombiniert. Blackwood´s wird mit 40 und 60 %vol angeboten.

Bombay Sapphire 1987 wurde dem klassischen Bombay Gin der Bombay Sapphire zur Seite gestellt. Der in saphirblauen Flaschen abgefüllte Sapphire kam mit 47 %vol auf den Markt, wurde aber zwischen 2004 und 2007 in Deutschland nur in einer reduzierten Trinkstärke von 40 %vol angeboten. Seit 1998 ist die Marke im Besitz des Spirituosenmultis Bacardi, und seit 2007 importiert man auch wieder Abfüllungen mit 47 %vol nach Deutschland. Bombay Sapphire ist auf allen internationalen Märkten zu finden und belegt mit rund 25 Millionen jährlich verkauften Flaschen (2010) den vierten Platz im Gin-Ranking.

Both´s Old Tom Gin Old Tom Gins sind leicht gesüßt und weisen eine ausgeprägte florale Note auf. Dieser Gintyp war im 18. Jahrhundert sehr beliebt und verlor erst Ende des 19. Jahrhunderts an Popularität. Er unterscheidet sich durch seine Süße vom trockeneren London Dry Gin und hat einen zarten, fruchtigen Unterton. Old Tom Gin wurde für viele klassische Cocktailrezepte verwendet und war über Jahrzehnte kaum erhältlich. Both´s Old Tom Gin wird mit 47 %vol angeboten.

Boudier Saffron Gin Der Saffron Gin (40 %vol) des in Dijon ansässigen Likörherstellers Boudier ist eines der innovativsten Produkte unter den neu entwickelten Ginmarken. Bei ihm kommt zusätzlich zu den traditionellen Aromagebern Safran zur Anwendung. Saffron Gin weist eine frische Zitrusnote und angenehmer Süße auf und wird im Geruch und Geschmack weitgehend vom Safran dominiert. Sicherlich kein Gin für eingeschworene Ginenthusiasten, aber dennoch eine gelungene Weiterentwicklung mit Potenzial für Mixdrinks.

Broker´s London Dry Gin Broker´s ist eine noch junge englische Marke. Die Brüder Martin und Andy Dawson sahen eine Chance für eine neue Ginmarke und brachten 1998 den Broker´s auf den Markt. Hergestellt wird Broker´s in einer Brennerei in der Nähe von Birmingham. Das Rezept des Broker´s Gin ist über 200 Jahre alt und wurde nach umfangreichen Geschmackstests unter vielen alten und neuen Rezepturen ausgewählt. Die Brennerei arbeitet nur mit traditionellen Pot Stills und stellt den Gin in jeweils kleinen Chargen her. Broker´s Gin erhielt für seine Qualität bereits mehrere Auszeichnungen, zuletzt den Masters Award in der Kategorie Super-Premium Gin beim Londoner Gin Masters 2011. Broker´s wird mit 40 und 47 %vol angeboten.

Bulldog London Dry Gin Ein 2007 eingeführter Gin in einer beeindruckenden Flasche mit stilisiertem Hundehalsband am Flaschenhals. Bei Bulldog wurde anscheinend alles richtig gemacht, denn schon kurz nach seiner Markteinführung wurde er zu einem Highflyer in den internationalen Bars. Bulldog ist ein Gin mit bisher ungekannten exotischen Noten, die sich durch die Zugabe der chinesischen Dragon Eye Frucht (einer nahen Verwandten der Lychee), Mohn, Lotosblättern, Koriander, Süßholz und Lavendel entwickeln. Viermal in traditionellen kupfernen

Gin

Pot Stills destilliert, ist Bulldog (40 %vol) ohne Zweifel ein Gin, der den Markt bereichert.

Caorunn Small Batch Gin Caorunn (sprich: ka-roon) ist ein in Schottland von der Balmenach Malt Whisky Distillery handgefertigter Gin, der mit sechs klassischen und fünf weiteren Kräutern und Gewürzen aromatisiert wird. Dieser in kleinen Mengen produzierte Gin hat leicht blumige Nuancen und eine zarte Gewürznote. Alkoholgehalt 41,8 %vol.

Finsbury London Dry Gin Finsbury (37,5 %vol) stammt aus der gleichnamigen, 1740 im Londoner Vorort Finsbury gegründeten Destillerie. Die vielfach prämierte Marke zählt seit ihrer Etablierung auf dem europäischen Markt zu den führenden Marken und belegt in Deutschland mit knappem Abstand den zweiten Platz. Seit 1994 gehört Finsbury der deutschen Firma Borco Markenimport, die bereits seit den 1970er-Jahren der Vertriebspartner war. Mit dem vor einigen Jahren eingeführten Finsbury Platinium (47 %vol), einem exzellenten, sechsfach destillierten Super-Premium-Gin ist Finsbury auch in der Oberliga der Top-Ginmarken vertreten.

Geranium London Dry Gin Dieser interessante Gin wurde von dem Dänen Hendrik Hammer entwickelt. Eher zufällig war er auf den dezenten Duft von Geranien aufmerksam geworden. Als er mit seinem Vater, einem Chemiker, die Pflanze genauer analysierte, entdeckte er zahlreiche Aromen, die gut zu einem Gin passen würden. Die Idee zu einem Geraniengin war geboren. Die Herausforderung lag nun darin, die Aromen herauszulösen und mit weiteren Aromen harmonisch zu kombinieren. Viel Entwicklungsarbeit war nötig, und in den Langley Distillery in Birmingham fand man ein erfahrenes Unternehmen für die Herstellung. Bei Langley wurde die Rezeptur perfektioniert, und seit 2009 wird dort produziert. Das Aroma des Geranium Gin basiert neben dem obligatorischen Wacholder vor allem auf Geranium. Geranium Gin ist eine wirkliche Ginnovität, und er ist durch seine Aromakomposition eine Bereicherung für den Ginmarkt. Geranium Gin wurde bereits kurz nach seiner Einführung bei internationalen Wettbewerben ausgezeichnet und hat sich in kürzester Zeit auch in den internationalen Bars erfolgreich etabliert.

Gordon's Gordon's London Dry Gin ist mit etwa 50 Millionen jährlich verkauften Flaschen die mit weitem Abstand meistverkaufte Ginmarke und steht mit seiner ausgesprochen dominanten Wacholdernote für den klassischen Gin. Gordon's ist ein ehrlicher, schnörkelloser Ginklassiker, der sich häufig bei Verkostungen gegen andere und meist teurere Marken durchsetzt und nicht zuletzt mit seinen überzeugenden Qualitäten in Geschmack und Aroma zum meistverkauften Gin der Welt aufstieg. Die Rezeptur für Gordon's London Dry Gin geht bis in das Jahr 1769 zurück, in eine Zeit, in der England gerade eine massiv ginggeschwängerte Zeit zu durchleben begann. Gordon's London Dry Gin wird meist mit 37,5 %vol angeboten, es gibt ihn aber auch mit 40 %vol und eine hochprozentige Version mit 47,3 %vol, die ein Höchstmaß an Komplexität garantiert.

Hendrick's William Grant & Sons ist das größte unabhängige Unternehmen im schottischen Whiskygeschäft. Weltberühmt sind sein Malt Whisky Glenfiddich und der Grant's Blended Scotch. Im Jahr 1962 erbaute man in Girvan südlich von Glasgow eine Grain Distillery. In dieser wird Hendrick's Gin hergestellt. Alles an Hendrick's ist anders und außergewöhnlich. Es wurde vorher auch noch nie eine Flasche in dieser Form und Farbe eingesetzt. Sie ist einer im viktorianischen Zeitalter gebräuchlichen Apothekenflasche nachempfunden und war unüblich für Gin. Beim Wichtigsten, dem Inhalt, ging man ebenfalls völlig neue Wege und löste damit bei seiner Weltpremiere ein kleines Erdbeben aus. Denn dieser Gin war etwas völlig Neues. Höchste Qualität gab es auch schon vorher, doch mit dem Hendrick's verließ man eingefahrene Gleise. Am meisten bewundert wurde die Novität der Würzkomposition. Hier wurde neben den traditionellen Zutaten, mit dem blumigen Duft nach Rosen und dem erfrischendem Aroma von Gurken, etwas völlig Neues

vorgestellt. Dazu kamen der Alkoholgehalt mit 44 %vol und die Empfehlung, neben dem klassischen Zitronen- oder Limettenstück doch ein Stück Salatgurke zu nehmen. Es war ein großes Experiment, doch heute ist Hendrick's der Star im Premium-Ginsegment und bestens etabliert.

Larios Aus Spanien, dem europäischem Land mit dem höchsten Pro-Kopf-Verbrauch an Gin, kommt Larios Dry Gin. Die Geschichte der Marke reicht bis in das Jahr 1866 zurück. Larios ist nach dem DYC Whisky die größte Spirituosenmarke des Landes, und beide sind im Besitz von Beam Global. Larios Dry Gin hat ein frisches Zitrusbukett und ausgeprägte Wacholdertöne. Vor einigen Jahren wurde mit dem Larios 12 eine zweite Marke eingeführt. Larios 12 Gin ist ein moderner Premiumgin mit einer eindeutig mediterranen Komponente. Entscheidend für seinen Geschmack sind zwölf Botanicals. Larios 12 wird viermal destilliert, und in einem fünften Destilliergang werden Orangenblüten zugesetzt. Beide haben 40 %vol Alkoholgehalt.

Lebensstern Für die Berliner Topbar »Lebensstern« entwickelte die für ihre Obstbrände bekannte Vorarlberger Destillerie Freihof diesen Gin. Er weist einen vollen Körper mit deutlichen Wacholdertönen auf, und sein Charakter wird von Zitrusfrüchten und Holunderblüten gestützt. Alkoholgehalt 43 %vol. Unter dem Label Lebensstern werden auch Pink Gin (Seite 104) und ein Elderflower Liqueur angeboten.

Martin Miller's Dieser aufwendig in 100 Jahre alten Potstills produzierte Gin bietet einen leicht orientalischen Ersteindruck in der Nase. Nachdem er in England unter Verwendung von ausgesuchten Kräutern und Gewürzen destilliert wurde, wird er nach Island verschifft und dort mit reinstem arktischem Wasser auf die gewünschte Stärke reduziert. Martin Miller's Dry Gin besitzt eine ausgesprochene Komplexität und wird nicht vom Wacholdergeschmack dominiert. Dieser Umstand unterscheidet ihn deutlich von anderen Gins, wobei die Verwendung einer nur dem Meisterdestillateur bekannten Zutat eine entscheidende Rolle zu spielen scheint. Alkoholgehalt 40 %vol. Des Weiteren wird mit dem

Wacholder ist der große Geschmacksgeber und das Herzstück jedes Gins. Seine Note prägt diese Spirituose; alle weiteren Aromen sind nur Abrundung.

Martin Miller's Dry Gin Westbourne Strength ein Gin mit feinen Gurken- und Limettenaromen und leichter Süße angeboten. Alkoholgehalt 45,2 %vol.

Monkey 47 Ein außergewöhnlicher Gin deutscher Produktion. Seine Rezeptur fand sich in der Hinterlassenschaft eines nach dem Zweiten Weltkrieg in Deutschland stationierten Commanders der Royal Air Force. Seit 2008 wird von Black Forest Distillers im Schwarzwald der Monkey 47 hergestellt. Auch der Name Monkey geht auf den Commander zurück, und die Zahl 47 steht für die Zahl der verwendeten Botanicals, die zu einem Drittel aus dem Schwarzwald stammen. Die Black Forest Distillery ist am westlichen Bodensee im Burgenland Hegau beheima-

Gin

tet. Die ursprünglichen Gebäude der Brennerei wurden im Jahr 2010 umfangreich renoviert und modernisiert. Für den Monkey 47 kommen ausschließlich handverlesene Zutaten zur Verwendung. Diese werden, unter Zugabe des extrem weichen Wassers aus der eigenen Quelle, in handwerklicher Perfektion schonend destilliert und anschließend drei Monate in traditionellen Steingutgefäßen zur Reifung gelagert. Auch dem Äußeren von Monkey 47 wurde viel Aufmerksamkeit gewidmet. Die eigens angefertigte Flasche ist einer alten Apothekerflasche nachempfunden. Darauf befindet sich ein handgezeichnetes Briefmarkenetikett. Monkey 47 präsentiert sich sehr charaktervoll und ausgewogen. Er duftet deutlich nach Wacholder und weist ausgewogene Zitrus- und Fruchtnoten auf. Alkoholgehalt 47 %vol.

No. 3 Gin Berry Brothers & Rudd ist der berühmteste Name für Weine und Spirituosen in Großbritannien. Das in der Londoner St. James Street 3 ansässige Unternehmen wurde bereits 1698 gegründet, und sein Ruf ist legendär. Auch die berühmte Scotch-Whisky-Marke Cutty Sark wurde 1923 von Berry Bros & Rudd geschaffen. Ein neues, aufsehenerregendes Produkt ist der No. 3 Gin, dessen Name auf die Hausnummer hinweist. Ausgesuchte Zutaten, eine präzise Herstellung und eine exquisite Präsentation waren die Voraussetzung für den No. 3 Gin. Für diesen begnügt man sich mit sechs botanischen Zutaten, wobei Wacholder die präsente Hauptnote stellt. No. 3 London Dry Gin wird in den Niederlanden hergestellt und in einer Flasche mit eingearbeitetem Schlüssel angeboten, sein Alkoholgehalt beträgt 46 %vol.

Tanqueray Der in außergewöhnlichen (angeblich einem englischen Hydranten nachgebildeten) Flaschen angebotene Tanqueray ist Kult unter den Ginfans. Tanqueray wurde 1740 von Charles Tanqueray gegründet, und Tanqueray Gin gibt es seit 1830. Ein London Dry Gin mit delikaten Wacholdertönen, Noten frischer Zitrusfrüchte und leichten Kräuternuancen. Einfach wunderbar! Im Jahr 2000 wurde der Tanqueray No. TEN London Dry Gin eingeführt. Seinen Geschmack prägen frische Kräuter, Gewürze und Früchte, und er wird in einer kleinen, »Tiny Ten« genannten Brennblase hergestellt – ein ausdrucksstarker Gin mit deutlichen Wacholderaromen, die von Grapefruit, Orange und Zitrone umrahmt werden. Das Original gibt es je nach Land mit 40, 43,1 und 47,3 %vol. Der No. TEN hat 47,3 %vol. Die neueste Schöpfung ist der Tanqueray Dry Gin Rangpur, ein mit Rangpur-Limetten aromatisierter Vertreter der Ginfamilie, der an die Lemon-Gins vergangener Zeiten anknüpft. Intensive Zitrusaromen dominieren hier vor dem traditionellen Ginbukett, und somit empfiehlt sich Tanqueray Dry Gin Rangpur (41,3 %vol) auch als Basis zitruslastiger Drinks.

The Secret Treasures Diese Neuauflage eines Old Tom Gins, des vorherrschenden Gintyps des 19. Jahrhunderts, entstand erstmals im Jahr 2007 in Deutschland in einer limitierten Auflage von lediglich 600 Flaschen. Er besitzt feine florale und fruchtige Noten, und am Gaumen dominieren Wacholder- und frische Zitrusaromen. The Secret Treasures Old Tom Style war weltweit der erste »Old Tom Style Gin« seit vielen Jahrzehnten und wurde von Ginfans begeistert angenommen. Alkoholgehalt 40 %vol.

Martini Cocktail

6 cl Gin
1 cl Vermouth Dry
1 grüne Olive mit Stein oder
1 Stück Zitronenschale

In ein Rührglas trockene Eiswürfel geben. Gin und Vermouth dazugießen und mit einem Barlöffel gut verrühren. Dann in ein vorgekühltes Martiniglas abgießen. Eine grüne Olive dazugeben oder mit einer Zitronenschale abspritzen. Gibt man anstelle der Olive kleine Cocktailzwiebeln dazu, nennt sich der Drink Gibson.

Anmerkung Der herbe und alkoholstarke Martini Cocktail gilt als König der Cocktails. Jeder Martinitrinker schwört dabei auf sein persönliches Mischungsverhältnis von Gin und Vermouth.

Gimlet

4 cl Gin
2 cl Rose's Lime Juice

Gin und Lime Juice mit Eiswürfeln im Rührglas gut vermischen, in ein Cocktailglas abgießen und mit einer Limettenscheibe garnieren. Das Verhältnis zwischen Gin und Lime Juice kann man nach Geschmack verändern. Statt mit Gin lässt sich der Gimlet auch mit Wodka mixen.

< ***Tom Collins und White Lady***

Gin

Claridge

2 cl Gin
2 cl Vermouth Dry
1 cl Cointreau
1 cl Apricot Brandy
Die Zutaten mit Eiswürfeln im Rührglas gut vermischen und in ein gekühltes Cocktailglas abgießen.

White Lady

4 cl Gin
2 cl Cointreau
2 cl Zitronensaft
Im Shaker mit Eiswürfeln gut schütteln und in eine Cocktailschale abgießen.

Blue Lady

4 cl Gin
2 cl Blue Curaçao
2 cl Zitronensaft
Im Shaker mit Eiswürfeln gut schütteln und in eine Cocktailschale abgießen.

Flamingo

4 cl Gin
2 cl Apricot Brandy
2 cl Zitronensaft
1 Barlöffel Grenadine
Im Shaker mit Eiswürfeln gut schütteln und in eine Cocktailschale abgießen.

Paradise

4 cl Gin
2 cl Apricot Brandy
4 cl Orangensaft
Im Shaker mit Eiswürfeln gut schütteln und in eine Cocktailschale abgießen.

Pink Lady

4 cl Gin
1–2 cl Zitronensaft
1–2 cl Grenadine
1/2 Eiweiß
Die Zutaten im Shaker mit Eiswürfeln gut schütteln und in ein Cocktailglas abgießen.

Silvia

3 cl Gin
2 cl Crème de Bananes
1 cl Cointreau
4 cl Orangensaft
Im Shaker mit Eiswürfeln gut schütteln und in eine Cocktailschale abgießen.

Vanity

2 cl Gin
2 cl Blue Curaçao
1 cl Grenadine
2 cl Zitronensaft
3 cl Ananassaft
Die Zutaten mit Eiswürfeln im Shaker kräftig schütteln und in ein Stielglas abgießen. Eine Physalis an den Glasrand stecken.

Gin Alexander

4 cl Gin
2 cl Crème de Cacao Weiß
4 cl Sahne
Im Shaker mit Eiswürfeln gut schütteln und in eine Cocktailschale abgießen. Mit etwas Muskatnuss bestreuen.

Gin Sour

5 cl Gin
3 cl Zitronensaft
1–2 cl Zuckersirup
Die Zutaten im Shaker mit Eiswürfeln kräftig schütteln und in ein Stielglas abgießen. Mit einer halben Orangenscheibe und einer Cocktailkirsche garnieren.

Tom Collins

5 cl Gin
3 cl Zitronensaft
2 cl Zuckersirup
kaltes Sodawasser
Die Zutaten – ohne Sodawasser – mit Eiswürfeln im Shaker gut schütteln und in ein Longdrinkglas auf einige Eiswürfel abgießen. Mit etwas Sodawasser auffüllen. Mit einer Zitronenscheibe und einer Cocktailkirsche garnieren.

Vanity >

Gin

Orangen Fizz

5 cl Gin
5 cl Orangensaft
2 cl Zitronensaft
1 cl Zuckersirup
kaltes Sodawasser

Die Zutaten – ohne Sodawasser – mit Eiswürfeln im Shaker lange und kräftig schütteln. In ein Longdrinkglas abgießen und mit etwas Sodawasser auffüllen.

Gin Fizz

5 cl Gin
3 cl Zitronensaft
2 cl Zuckersirup
kaltes Sodawasser

Die Zutaten – ohne Sodawasser – mit Eiswürfeln im Shaker lange und kräftig schütteln. In ein Longdrinkglas abgießen und mit etwas Sodawasser auffüllen.
Silver Fizz ist ein Gin Fizz mit einem Eiweiß.
Golden Fizz ist ein Gin Fizz mit einem Eigelb.

Gin Tonic

4–6 cl Gin
kaltes Tonic Water

Den Gin in ein Longdrinkglas mit Eiswürfeln geben und mit Tonic Water auffüllen. Eine halbe Scheibe Zitrone dazugeben.

Florida Sling

4 cl Gin
2 cl Cherry Brandy
3 cl Zitronensaft
1 cl Grenadine
6 cl Ananassaft

Die Zutaten im Shaker mit Eiswürfeln gut schütteln und in ein mit Eiswürfeln zur Hälfte gefülltes Longdrinkglas abgießen. Mit Kirschen und Ananasstücken garnieren.

Pink Sling

4 cl Gin
2 cl Crème de Cassis
1 cl Grenadine
2 cl Zitronensaft
10 cl Ananassaft

Alle Zutaten im Shaker mit Eiswürfeln gut schütteln und in ein Longdrinkglas auf Eiswürfel abgießen. Mit einer Zitronenscheibe und einer Cocktailkirsche garnieren.

Big Ben

5 cl Gin
2 cl Zitronensaft
4 cl Orangensaft
1 cl Grenadine
kaltes Bitter Lemon

Die Zutaten – ohne Bitter Lemon – mit Eiswürfeln im Shaker gut schütteln und in ein Longdrinkglas auf Eiswürfel abgießen. Mit Bitter Lemon auffüllen. An den Glasrand eine Limettenscheibe mit einer Cocktailkirsche stecken.

Gin Orange

4 cl Gin
10 cl Orangensaft

Gin und Orangensaft in ein mit Eiswürfeln gefülltes Longdrinkglas geben, kurz rühren. Orangenscheibe an den Glasrand stecken.

Cranberry Cooler

6 cl Gin
2 cl Cranberrysirup
12 cl Orangensaft

Ein Longdrinkglas mit grob zerschlagenen Eiswürfeln füllen. Dazu den Gin und den Orangensaft geben und gut verrühren. Den Sirup langsam darüber gießen. Eine Orangenscheibe an den Glasrand stecken und Trinkhalme dazugeben.

Bombay Crushed

4 Kumquats
2 Barlöffel brauner Zucker
4–6 cl Bombay Gin
2 cl Rose's Lime Juice

Die Kumquats halbieren und in einem Tumbler ausdrücken. Braunen Zucker, Gin und Lime Juice dazugeben. Gut vermischen, das Glas mit Crushed Ice füllen und nochmals umrühren.

Gimlet und Cranberry Cooler >

Gin

Méditerranée

2 cl Gin
2 cl Blue Curaçao
kaltes Bitter Lemon

In ein Longdrinkglas auf Eiswürfel geben und mit Bitter Lemon auffüllen. Eine Orangenscheibe dazugeben.

Orange Oasis

4 cl Gin
2 cl Cherry Brandy
12 cl Orangensaft
kaltes Ginger Ale

Im Shaker mit Eiswürfeln schütteln, in Longdrinkglas auf Eiswürfel abgießen. Mit etwas Ginger Ale auffüllen. Eine halbe Orangenscheibe dazugeben.

Banana Boat

3 cl Gin
3 cl Crème de Bananes
12 cl Orangensaft
einige Tropfen Grenadine

Im Shaker mit Eiswürfeln schütteln, in ein großes Fancyglas auf Eiswürfel abgießen. Einige Tropfen Grenadine darauf träufeln. Mit Orangenscheibe und Cocktailkirsche garnieren.

Silver Moon

3 cl Gin
3 cl Apricot Brandy
6 cl Orangensaft

Im Shaker mit Eiswürfeln kräftig schütteln und durch das Barsieb in eine Cocktailschale abgießen. Eine halbe Orangenscheibe und eine Cocktailkirsche dazugeben.

Sepp Spezial

4 cl Bombay Sapphire Gin
2 cl Peachtree Pfirsichlikör
0,5 cl Limettensaft
3 cl Grapefruitsaft
einige Tropfen Erdbeersirup
kaltes Tonic Water

Die Zutaten – ohne Tonic Water – mit Eiswürfeln im Shaker kräftig schütteln und in ein Longdrinkglas auf einige Eiswürfel abgießen. Mit kaltem Tonic Water auffüllen und mit Limettenachtel und Cocktailkirsche garnieren.

Lemonez

2 Spritzer Lemon Bitters
3 cl Tanqueray No. Ten
2 cl Sloe Gin
1 Barlöffel Maraschino
3 cl Carpano Antica Formula

Im Rührglas mit Eiswürfeln gut vermischen und in ein gekühltes Cocktailglas abgießen. Ein Stück Zitronenschale dazugeben.

Hot Toddy

5 cl Gin
3 cl Zitronensaft
2 cl Zuckersirup
Nelken
Zimtstange

Gin, Zitronensaft und Zuckersirup erhitzen, in ein feuerfestes Glas geben und mit heißem Wasser auffüllen. Nelken und Zimtstange dazugeben.

Banana Boat ⌄

Red Snapper

5 cl Gin
1 cl Zitronensaft
12 cl Tomatensaft
3–5 Spritzer Worcestershiresauce
2 Spritzer Tabasco
frisch gemahlener Pfeffer
Selleriesalz

Die Gewürze, den Gin und den Zitronensaft in ein Longdrinkglas mit einigen Eiswürfeln geben, mit Tomatensaft auffüllen und gut verrühren.

Wodka

Das russische Nationalgetränk Wodka (zu deutsch: Wässerchen) hat seinen Ursprung in Polen. Dort bezeichnete man als Wodka verschiedene, als Heilmittel geltende Wässer.
Der Zeitpunkt der ersten alkoholischen Destillation ist unbekannt. Sicher ist aber, dass sich in Polen bereits im 17. Jahrhundert viele Menschen der Wodkabrennerei widmeten.
Wodka war bis Anfang des 20. Jahrhunderts lediglich in Polen und Russland verbreitet. Erst nach dem Ersten Weltkrieg begannen russische Emigranten außerhalb ihrer alten Heimat mit der Wodkaproduktion. Für die westliche Welt begann in den 60er-Jahren des letzten Jahrhunderts das Wodkazeitalter.

Die Herstellung
Als Rohstoffe werden bei der Wodkaherstellung hauptsächlich Gerste, Roggen, Weizen oder auch Kartoffeln verwendet. Die Auswahl der Rohstoffe hat jedoch kaum Bedeutung, da sich bei der mehrfach aufeinanderfolgenden Destillation fast alle Geschmacksstoffe verlieren. Bei Wodka will man, im Gegensatz zu anderen Spirituosen, ein reines, weiches und neutral schmeckendes Produkt. Dies wird durch eine mehrfache, meist über Holzkohle vorgenommene Filtrierung erreicht. Außer den klaren, neutralen Wodkas werden auch aromatisierende Sorten hergestellt. Altbekannt sind Zubrov(w)ka und Pertsovka. Jeder dieser Wodkas erhält dadurch einen ausgeprägten Geschmack. Besonders intensiv ist dieser beim russischen Pertsovka (nach Pfeffer) und beim russischen und polnischen Zubrovka/Zubrowka. Diese leicht gelblichen Wodkas erhalten einen an Waldmeister erinnernden Geschmack durch Zugabe von cumarinhaltigem Büffelgras. Mitte der 1980er-Jahre begannen auch westliche Produzenten mit der Herstellung aromatisierter Wodkas. Dabei waren die mit Pfeffer und Zitrone aromatisierten Wodkas die ersten Sorten. Diesen folgten weitere Zitrusfrüchte, Beerenfrüchte, Obstsorten wie Birne und Pfirsich, und auch der Vanillewodka fand seine Liebhaber. Mit aromatisierten Wodkas gemixte Drinks erhalten eine zusätzliche aparte Geschmacksnote. Da die benötigten Rohstoffe für die Wodkaherstellung nicht von geografischen Verhältnissen abhängig sind, ist auch die Produktion über die ganze Welt verbreitet. Wodka wird außer in den traditionellen Ländern Polen und Russland in Finnland, Schweden, Deutschland, England, Kanada, Frankreich und in großem Umfang in den USA hergestellt.
Doch auch in bisher nicht auf der Wodka-Landkarte vertretenen Ländern wird seit neuerer Zeit Wodka produziert. Größere Hersteller gibt es inzwischen in den Niederlanden, in Australien, Neuseeland, Italien, Österreich, in der Schweiz und sogar in der Mongolei.

Empfehlungen
Wodka trinkt man eisgekühlt, mit Fruchtsäften oder Bitterlimonaden. Weltbekannt sind Longdrinks wie Screwdriver, Wodka Tonic und Bloody Mary. Aufgrund seiner vielfachen Verwendungsmöglichkeiten ist Wodka heute aus dem Bestand einer Bar nicht mehr wegzudenken.

Bekannte Marken
Absolut Die schwedische Marke Absolut ist seit 1879 bekannt. Genau 100 Jahre später begann mit einer äußerst erfolgreichen Werbekampagne ein kometenhafter Aufstieg. Heute ist Absolut mit rund 130 Millionen verkauften Flaschen (2010) die viertgrößte Spirituosenmarke der Welt. Ein weiteres Highlight sind die aromatisierten Wodkas. 1986 wurde Absolut »Peppar« eingeführt und war damals der erste Flavoured Wodka, der im internationalen Markt verkauft wurde. Dem Peppar folgte 1988 der »Citron«, und dieser verhalf den aromatisierten Wodkas zum Durchbruch. Es folgten »Kurant« (Johannisbeere), »Mandrin«, »Raspberri« (Himbeere), »Vanilia« und »Apeach« (Pfirsich). Dazu kamen der mit

Wodka

Grapefruit aromatisierte »Ruby Red« und »Pears«. Die zuletzt eingeführte Sorte war Berri Açai, dessen Fruchtaroma aus Heidelbeeren, Granatapfel und der südamerikanischen Açai-Beere komponiert wird. Außer dem Original und den aromatisierten Sorten (alle 40 %vol) gibt es den Absolut 100 mit 50 %vol. Seit einigen Jahren wird auch der Super-Premium-Vodka »Level« in einer etwas schlankeren Flasche mit ebenfalls 40 %vol angeboten.

Adler Mit preußischer Kabinettsorder wurde 1874 die Errichtung der »Versuchs- und Lehranstalt für Spiritusfabrikation« beschlossen. Das angegliederte Schulungsgebäude diente der Ausbildung des Brenner- und Destillateurnachwuchses und auch als Versuchslikörfabrik. Unter dem Namen »Adler Spirituosen« erlebt die Likör- und Trinkbranntweinherstellung um 1900 ihren Höhepunkt, fand aber bedingt durch die beiden Weltkriege ein jähes Ende. Erst in den 1950er-Jahren konnte der Betrieb wieder aufgenommen werden. 2005 legte man die Traditionsmarke »Adler« neu auf und produziert seither wieder Spirituosen und Liköre. Adler Berlin Wodka ist ein milder und fruchtiger Weizenwodka mit 42 %vol.

Alpha Noble Seit Ende 2005 wird im Osten Frankreichs, in Fougerolles am südlichen Rand der Vogesen, der Alpha Noble Ultra Premium (40 %vol) hergestellt. Französischer Weizen und das Wasser aus den Bergen der Vogesen sind die Basis für diesen Premiumwodka. Alpha Noble entsteht in kleinen Chargen in einem sechsfachen Destillationsprozess, wobei der sechste Destillationsvorgang sein »Finish« in einer Pot Still (Kupferbrennblase) durchläuft. Nach der mit den modernsten Methoden vorgenommenen Filterung wird Alpha Noble in speziell für ihn gestylte Flaschen abgefüllt.

Bavarka Die im oberbayerischen Schliersee beheimatete Obstbrennerei Lantenhammer schrieb mit ihrem Slyrs Whisky schon einmal Geschichte. Das neueste Produkt ist der seit 2011 angebotene Bavarka Vodka (43 %vol). Dieser wird in einer für Wodka untypischen blauen Metallicflasche angeboten, auf der vieles auf Bayern als Ursprungsland hinweist. Aus Kartoffeln und Gebirgsquellwasser wird der Bavarka siebenfach in einer Kolonnenbrennerei in München destilliert. Vor der Abfüllung lagert das Destillat dann ein halbes Jahr in Steingutgefäßen.

Ciroc Ciroc unterscheidet sich von anderen Wodkas dadurch, dass man zum ersten Mal einen Wodka aus Trauben herstellte. Weine aus der Mauzac Blanc und Ugni Blanc Trauben stellen die Grundlage. Der Name Ciroc ist eine Zusammensetzung aus den zwei französischen Begriffen »Cime« und »Roche«, die Gipfel und Fels bedeuten. Er bezieht sich auf die Region Gaillac, die eines der größten Weinanbaugebiete Frankreichs ist. Ciroc hat eine klare Weinnote und wird mit 40 %vol angeboten.

Crystal Head Hinter der Marke steht der amerikanische Schauspieler Dan Aykroyd, der auch das Konzept dazu mitentwickelte. Crystal Head wird in St. John's in Neufundland aus einer nur der Firma bekannten Getreidemischung vierfach destilliert und mit Wasser eines tiefen Gletschersees produziert. Crystal Head ist nicht nur ein optischer Blickfang, sondern auch ein qualitativ bemerkenswerter Wodka. Er wird mit 40 %vol angeboten.

Grand Khaan Aus der Mongolei stammen Chinggis Gold Vodka (39 %vol) und Grand Khaan Super Premium Vodka (40 %vol). Chinggis Gold Vodka ist ein aus Weizen mehrfach destillierter und mehrfach gefilterter Wodka. Durch eine sechsfache Filterung ist er angenehm weich und bekömmlich. Mehrfach ausgezeichnet zählt dieser Wodka zur Oberliga.

Grasovka Dem polnischen Grasovka »Bison Brand Vodka« (40 %vol) wird ein Halm eines in Ostpolen wachsenden Steppengrases (Mari-

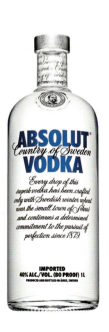

Wodka

engras/Büffelgras) zugegeben und der Wodka damit aromatisiert. Die in Polen frei lebenden Büffel (Bisons/Wisente = polnisch: Zubr) lieben dieses Gras; daher die Bezeichnung »Zubrovka«. Das kumarinhaltige Gras verleiht dem Zubrovka/Grasovka einen milden Waldmeistergeschmack und den leichten Farbton.

Green Mark Dieser russische Wodka ist die erfolgreichste und am schnellsten wachsende Wodkamarke der neueren Zeit. Der 2001 eingeführte Green Mark ist benannt nach dem Qualitätssiegel, das die bis in die 1950er-Jahre zuständige Aufsichtsbehörde Glavspirttrest für Wodkas höchster Qualität vergab. Green Mark ist ein reiner Weizenwodka, der in der Topaz Distillery in Pushkino bei Moskau hergestellt wird. Außer der Standardmarke gibt es die Sorten Green Mark Natural Cedar Nut Flavor und Green Mark Natural Rye Flavor. Alle haben 40 %vol.

Grey Goose Im Südwesten Frankreichs in der Region Charente werden die Getreidesorten für den Grey-Goose-Vodka angebaut. Aus Weizen, Gerste und Roggen wird daraus in einem fünfstufigen Destillationsprozess ein Wodka von beeindruckender Feinheit gewonnen. Seit seiner Einführung Mitte der 1990er-Jahre hat sich Grey Goose im Premiumbereich der Wodkas zu einer der führenden Marken entwickelt und zahlreiche Auszeichnungen erhalten. Den international agierenden Spirituosenmultis blieb der Erfolg nicht verborgen, und 2005 wurde Grey Goose von Bacardi übernommen. Alkoholgehalt 40 %vol.

Kauffman Mit Kauffman kauft man mehr als eine Flasche Wodka. Der Inhalt ist Perfektion, und die Flasche ist Kunst. Innerhalb kürzester Zeit konnte sich Kauffman Vodka internationales Renommee sichern. Kauffman Vodka wird von der russischen Whitehall Company produziert. Gegründet von Mark Kauffman, entwickelte sich die Marke schnell zum Aushängeschild der Luxuswodkas. Die vom französischen Glasproduzenten Saint-Gobain gefertigten Flaschen gelten als unvergleichliche Designobjekte und präsentieren sich luxuriös in edlen Geschenkkartons. Es gibt sie in unterschiedlichen Kompositionen in den Abfüllungen Special, Hard und Soft. In der auf jährlich 5000 Flaschen begrenzten Reihe Bread & Honey gibt es Blues, 008, Edition Planets und Love.

Ketel One Ketel One Vodka (40 %vol) stammt aus den Niederlanden und wird in der seit 1638 von der Nolet-Familie betriebenen Destillerie in Schiedam hergestellt. Er ist auf den internationalen Märkten sehr erfolgreich und wird auch als »Citron« und »Orange« angeboten.

Moskovskaya Trotz der großen Vielfalt an Marken und Sorten gilt für viele Konsumenten nur der russische als »der echte Wodka«. Der durch und durch russische Moskovskaya genießt in Deutschland den höchsten Bekanntheitsgrad und zählt durch seine Präsenz seit 1965 zu den Urgesteinen der Wodkakultur. Für ihn stellen Roggen und Roggenmalz den Grundstoff, einer dreimaligen Filtrierung durch Holzkohle und Quarz verdankt er seine Reinheit. Eine weitere Moskovskaya-Marke ist der Moskovskaya »Cristall«, der von der Moskauer Cristall-Brennerei hergestellt wird. Beide haben 40 %vol.

Parliament In Russland ist die Kultmarke Parliament eine der bedeutendsten Premiumwodkamarken. 2004 in Deutschland eingeführt, zählt Parliament auch hier zu den führenden Premiumtopmarken. Der Ursprung der Marke geht zurück in die Zarenzeit, und heute wird Parliament in der Urozhay Destillerie in Moskau nach der Urrezeptur, gepaart mit modernster Technologie, hergestellt. Parliament wird nach der Destillation einem einzigartigen biologischen Veredelungsprozess unterworfen und erreicht durch mehrfache Filtration eine außergewöhnliche Reinheit und Milde. Alkoholgehalt 40 %vol.

Puriste Ein sechsfach destillierter Weizenwodka aus Österreichs Burgenland, hinter dem mit Hillinger und Kracher bekannte Weinproduzenten stehen. Puriste wurde seit seiner Markteinführung vielfach prä-

Wodka

Weizen ist einer der wichtigsten Grundstoffe der Spirituosenherstellung. Besonders bei klaren Spirituosen stellt Weizen die Basis oder einen Anteil.

miert und erhielt 2008 bei der San Francisco World Spirits Competition mit einer Doppelgoldmedaille die höchste Auszeichnung. Alkoholgehalt 40,2 %vol.

Smirnoff Smirnoff hatte seinen Ursprung 1818 in St. Petersburg und war schon bis zur russischen Revolution unglaublich erfolgreich. 1939 kamen Rezeptur und Namensrechte nach vielen Umwegen in die USA. Ab den 1960er-Jahren begann der Aufstieg des Smirnoff zur heute größten Spirituosenmarke der Welt. Etwa 300 Millionen Flaschen werden jährlich abgesetzt. Außer der Hauptmarke, dem Smirnoff No. 21 (37,5 %vol), gibt es Smirnoff Black (40 %vol), Smirnoff No. 57 (50 %vol) und die »Flavoured« Vodkas. Dies sind Smirnoff-Wodkas, die in über zehn Geschmacksrichtungen auf den internationalen Märkten angeboten werden. Alle 37,5 %vol.

Stolichnaya Der »Wodka aus der Hauptstadt« existiert seit den 1950er-Jahren, etwa zehn Jahre später begann man mit dem Export. Heute ist er einer der meistkonsumierten Wodkas der Welt. Der größte Teil der Produktion wird in Russland abgesetzt, doch mit etwa 40 Millionen jährlich verkauften Flaschen ist man auch im Export sehr erfolgreich. Aufgrund dezenter Zuckerung schmeckt er sehr mild. Vor einigen Jahren wurde der Stolichnaya »Elit« eingeführt. Dieser Ultrapremiumwodka wird nach speziellen Verfahren in der Destillationstechnik und der Filtrierung nach modernsten Erkenntnissen hergestellt. Beide 40 %vol.

Three Sixty Three Sixty Vodka wurde 2004 eingeführt, und Markeninhaber ist das in vielen Bereichen der Spirituosenherstellung tätige Familienunternehmen Schwarze & Schlichte. Three Sixty ist ein vierfach destillierter Weizenwodka, der aufwendig durch Diamantkristallstaub gefiltert wird. Seinen Anspruch unterstreicht auch die Flasche, die sich mit Facettenschliff und einem schwarzen Samtlabel präsentiert. Alkoholgehalt 37,5 %vol.

Vox Der in eine imposante Glasflasche gehüllte und ursprünglich für den amerikanischen Markt bestimmte VOX Vodka (40 %vol) wird aus Weizen destilliert und anschließend fünffach gefiltert. Hergestellt wird Vox Vodka in den Niederlanden. Auf den internationalen Märkten gibt es ihn auch als Raspberry und Green Apple.

Wyborowa Ist mit Abstand die bekannteste Wodkamarke Polens und eine der größten Marken überhaupt. Für den Export-Wyborowa werden ausschließlich Roggendestillate aus zwei der berühmtesten Brennereien Polens verwendet. Wyborowa (der »Auserwählte« – von Wybor = der Wähler) gibt es seit den 1920er-Jahren, und in den 1970er-Jahren wurde er auch in Westeuropa bekannt. Neu ist der seit 2005 auch in Deutschland angebotene Wyborowa »Exquisite« Single Estate. Basierend auf einer einzigartigen Rezeptur, wird der »Exquisite« nur aus einer Roggensorte und nur in einer Destillerie hergestellt. Angeboten wird »Exquisite« in einer modern gestylten Flasche und wie das Original mit 40 %vol.

Wodka

Wodka Martini

6 cl Wodka
1 cl Vermouth Dry
1 grüne Olive mit Stein oder
1 Stück Zitronenschale

In ein Rührglas trockene Eiswürfel geben. Wodka und Vermouth Dry dazugießen und mit einem Barlöffel gut verrühren. Dann in ein vorgekühltes Martiniglas abgießen. Eine grüne Olive dazugeben oder mit einer Zitronenschale abspritzen.
Anmerkung Der herbe und alkoholstarke Martini Cocktail gilt als König der Cocktails. Jeder Martinitrinker schwört dabei auf sein persönliches Mischungsverhältnis von Gin oder Wodka und Vermouth.

Cosmopolitan

3 cl Cointreau
6 cl Wodka
3 cl Cranberry Nektar
1 ½ cl Limettensaft

Im Shaker mit Eiswürfeln kräftig schütteln und in ein gekühltes Cocktailglas abgießen. Eine dünne, spiralförmig geschnittene Limettenschale dazugeben.

Wodka Gimlet

4 cl Wodka
2 cl Rose's Lime Juice

Wodka und Lime Juice mit Eiswürfeln im Rührglas gut vermischen, in ein Cocktailglas abgießen und mit einer Limettenscheibe garnieren. Das Verhältnis zwischen Wodka und Lime Juice kann man verändern. Eine dünne Zitronenschalenspirale dazugeben.

Wodka Collins

5 cl Wodka
3 cl Zitronensaft
2 cl Zuckersirup
kaltes Sodawasser

Die Zutaten – ohne Sodawasser – mit Eiswürfeln im Shaker gut schütteln und in ein Longdrinkglas auf einige Eiswürfel abgießen. Mit etwas Sodawasser auffüllen. Mit Zitronenscheibe und Cocktailkirsche garnieren.

Wodka Fizz

5 cl Wodka
3 cl Zitronensaft
2 cl Zuckersirup
kaltes Sodawasser

Die Zutaten – ohne Sodawasser – mit Eiswürfeln im Shaker lange und kräftig schütteln. In ein Longdrinkglas abgießen und mit etwas Sodawasser auffüllen.

Wodka Sour

5 cl Wodka
3 cl Zitronensaft
1–2 cl Zuckersirup

Die Zutaten im Shaker mit Eiswürfeln kräftig schütteln und in ein Stielglas abgießen. Mit einer halben Orangenscheibe und einer Cocktailkirsche garnieren.

Wodka Tonic

4-6 cl Wodka
kaltes Tonic Water

Den Wodka in ein mit Eiswürfeln gefülltes Longdrinkglas geben, mit Tonic Water auffüllen. Eine halbe Scheibe Zitrone dazugeben.

Screwdriver

5 cl Wodka
12 cl Orangensaft

Wodka und Saft in ein mit Eiswürfeln gefülltes Longdrinkglas geben, kurz rühren. Orangenscheibe an den Glasrand stecken.

Wodka Sling

4 cl Wodka
2 cl Kirschlikör
3 cl Zitronensaft
1 cl Grenadine
10 cl Ananassaft

Im Shaker mit Eiswürfeln schütteln, in Longdrinkglas auf Eiswürfel abgießen.

Peach Lady

4 cl Wodka
2 cl Pfirsichlikör
6 cl Orangensaft
6 cl Pfirsichnektar
1 cl Grenadine

Im Shaker mit Eiswürfeln schütteln, in Longdrinkglas auf Eiswürfel abgießen. Ein Pfirsichstück an den Glasrand stecken.

< *Moscow Mule und Cosmopolitan*

Wodka

Long Island Ice Tea

2 cl Tequila Silver
2 cl Wodka
2 cl Gin
2 cl weißer Rum
2 cl Triple Sec Curaçao
2 cl Zitronensaft
2 cl Orangensaft
kaltes Cola

Im Longdrinkglas auf Eiswürfel geben. Mit beliebig viel Cola aufgießen. Eine halbe Zitronenscheibe dazugeben.

Moscow Mule

6 cl Wodka
1 Limette
kaltes Ginger Beer
Gurkenschale

In ein Longdrinkglas Eiswürfel geben, die Limette vierteln, den Saft in das Glas pressen und einige der Limettenviertel dazugeben. Den Wodka darüber gießen, mit Ginger Ale auffüllen und mit Gurkenschale garnieren.

Moscow Mule Modern Style

6 cl Wodka
2 cl Limettensaft
1 cl Zuckersirup
Ginger Beer

Die Zutaten – ohne Ginger Beer – mit Eiswürfeln im Shaker kräftig schütteln und in ein Longdrinkglas auf einige Eiswürfel abgießen. Mit kaltem Ginger Beer auffüllen und mit einer Gurkenscheibe garnieren.

Barbara

4 cl Wodka
2 cl Crème de Cacao Braun
4 cl Sahne

Wodka, Crème de Cacao Braun und Sahne im Shaker mit Eiswürfeln gut schütteln. Den Drink durch das Barsieb in eine Cocktailschale abgießen.

Mango Cooler

4 cl Wodka
2 cl Cointreau
4 cl Orangensaft
2 cl Zitronensaft
8 cl Mangonektar

Mit Eiswürfeln im Shaker gut schütteln und in ein Longdrinkglas auf einige Eiswürfel abgießen. Mit Früchten garnieren.

White Cloud

4 cl Wodka
2 cl Crème de Cacao Weiß
2 cl Sahne
2 cl Cream of Coconut

Im Elektromixer gut durchmixen. Die Mischung im Shaker mit Eiswürfeln gut schütteln und in eine Cocktailschale abgießen.

Chi-Chi

6 cl Wodka
8 cl Ananassaft
4 cl Cream of Coconut
2 cl Sahne

Alle Zutaten im Elektromixer gut durchmixen und in ein mit gestoßenem Eis zur Hälfte gefülltes Longdrinkglas abgießen. Mit Früchten garnieren.

Strawberry Chi-Chi

4 cl Wodka
4 cl Erdbeerpüree
2 cl Kokossirup
10 cl Ananassaft

Mit Eiswürfeln im Shaker kräftig schütteln und durch das Barsieb in ein Fancyglas auf einige Eiswürfel abgießen. Eine Erdbeere an den Glasrand stecken.

Blue Lagoon

4 cl Wodka
2 cl Blue Curaçao
1 cl Zitronensaft
kaltes Sprite

Wodka, Blue Curaçao und den Zitronensaft in ein Longdrinkglas auf einige Eiswürfel geben und mit der Zitronenlimonade auffüllen.

^ *Blue Lagoon und Strawberry Chi-Chi*

Springtime Cooler

4 cl Grasovka
2 cl Blue Curaçao
6 cl Orangensaft
3 cl Zitronensaft
1 cl Zuckersirup

Mit Eiswürfeln im Shaker gut schütteln und in ein Longdrinkglas auf einige Eiswürfel abgießen. Mit Früchten garnieren.

Wodka

< Swimming Pool

Swimming Pool

4 cl Wodka
2 cl Blue Curaçao
2 cl Sahne
12 cl Ananassaft
2 cl Cream of Coconut

Im Elektromixer gut durchmixen und in ein mit gestoßenem Eis zur Hälfte gefülltes großes Glas abgießen. Mit Früchten garnieren.

Caipirovka

6 cl Wodka
1–2 Limetten
1–2 cl Zuckersirup

Die Limetten vierteln, den Saft in einen großen Tumbler ausdrücken und die Limettenstücke mit ins Glas geben. Mit einem Holzstößel die Limettenstücke im Glas nochmals ausdrücken. Wodka und den Zuckersirup dazugießen und mit einem Barlöffel vermischen. Das Glas mit Eiswürfeln oder grob zerschlagenen Eiswürfeln füllen und nochmals umrühren. Zwei kurze dicke Trinkhalme dazugeben.

Beach Beauty

4 cl Wodka
2 cl Bananenlikör
1 cl Grenadine
4 cl Orangensaft
kaltes Tonic Water

Die Zutaten – ohne Tonic Water – mit Eiswürfeln im Shaker kräftig schütteln. Dann durch ein Barsieb in ein Fancyglas auf einige Eiswürfel abgießen. Mit kaltem Tonic Water auffüllen und mit einem Barlöffel leicht umrühren. Eine halbe Orangenscheibe ins Glas geben.

Blue Dream

6 cl Wodka
12 cl Orangensaft
2 cl Blue Curaçao

Eiswürfel in ein Longdrinkglas geben, den Wodka dazugießen und mit dem Orangensaft auffüllen. Eine halbe Grapefruitscheibe und Trinkhalme dazugeben. Dann den Curaçao darübergeben.

Wodka Feigling

4 cl Wodka
1 grüne Feige (Dose)

Grüne Feige in ein kleines Stielglas geben. Etwas Saft aus der Dose und eisgekühlten Wodka dazugießen.

Midnight in Moscow

4 cl Wodka
2 cl Blue Curaçao
4 cl Grapefruitsaft
kaltes Tonic Water

Im Shaker – ohne Tonic Water – mit Eiswürfeln schütteln und in ein Longdrinkglas auf Eiswürfel gießen. Mit Tonic Water auffüllen.

Sparkling Blue Bison

3 cl Grasovka
2 cl Blue Curaçao
1 cl Zitronensaft
kalter Sekt

In ein Longdrinkglas auf Eiswürfel geben und mit Sekt auffüllen. Eine halbe Orangenscheibe ins Glas geben.

Salty Dog

5 cl Wodka
Grapefruitsaft

Den Rand eines Longdrinkglases in einem Zitronenviertel drehen, in eine mit Salz gefüllte Schale tupfen, nicht haftendes Salz durch leichtes Klopfen am Glas entfernen. Einige Eiswürfel in das Glas geben, den Wodka darüber gießen und mit Grapefruitsaft auffüllen.

Wodka

Bloody Mary

5 cl Wodka
1 cl Zitronensaft
frisch gemahlener Pfeffer
Selleriesalz
2 Spritzer Tabasco
4 Spritzer Worcestershiresauce
12 cl Tomatensaft

In ein Longdrinkglas auf einige Eiswürfel die Gewürze, Zitronensaft und den Wodka geben. Mit Tomatensaft auffüllen und gut rühren.

Bloody Bull

5 cl Wodka
einige Tropfen Zitronensaft
Pfeffer, Selleriesalz
1 Spritzer Tabasco
2 Spritzer Worcestershiresauce
6 cl Tomatensaft
6 cl Consommé

In ein großes Becherglas Eiswürfel, Gewürze und Wodka geben. Mit Tomatensaft und Consommé aufgießen und umrühren. Zitronenscheibe an den Glasrand stecken.

Bull Shot

5 cl Wodka
1 cl Zitronensaft
frisch gemahlener Pfeffer
Selleriesalz
2 Spritzer Tabasco
3–5 Spritzer Worcestershiresauce
12 cl Consommé

In ein Longdrinkglas auf einige Eiswürfel die Gewürze, Zitronensaft und den Wodka geben. Mit Consommé auffüllen und gut rühren.

Versteckte Liebe

2 cl Wodka
2 cl Malibu Coconut Liqueur
1 cl Preiselbeersirup
1 cl Sahne
4 cl Maracujanektar

Mit Eiswürfeln im Shaker kräftig schütteln und in einen Tumbler auf einige Eiswürfel abgießen. Mit Preiselbeeren garnieren.

Heart of Peking

4 cl Absolut Mandrin Wodka
2 cl Passoã
2 cl Zitronensaft
1 cl Erdbeersirup
10 cl Orangensaft

Mit Eiswürfeln im Shaker kräftig schütteln und in ein Longdrinkglas auf einige Eiswürfel abgießen. Eine Erdbeere an den Glasrand stecken.

Lemondori

2 cl Absolut Citron
3 cl Christiansens Melonenlikör
2 cl frisch gepressten Limettensaft
2 cl Rose´s Lime Juice
5 cl Pfirsichnektar

Mit Eiswürfeln im Shaker kräftig schütteln und in einen Tumbler auf einige Eiswürfel abgießen. Mit zwei Melonenbällchen und einer Cocktailkirsche garnieren.

Red Summer

3 cl Orange Wodka
2 cl Pfirsichlikör
2 cl Erdbeerlikör
4 cl Kirschnektar
8 cl Preiselbeernektar
2 cl frischer Limettensaft

Mit Eiswürfeln im Shaker kräftig schütteln und in ein Longdrinkglas auf einige Eiswürfel abgießen. Eine Erdbeere an den Glasrand stecken.

Crystal Waters

2,5 cl Orange Wodka
2,5 cl Vanilla Wodka
1 cl Pfirsichlikör
1 cl Rose´s Lime Juice
2 cl frisch gepresster Limettensaft
12 cl klare Zitronenlimonade

Die Zutaten – ohne Limonade - mit Eiswürfeln im Shaker kräftig schütteln und in ein Longdrinkglas auf einige Eiswürfel abgießen. Mit kalter Limonade auffüllen. Eine Limettenscheibe an den Glasrand stecken.

Lemondori >

Rum

Zuckerrohr ist eine der ältesten Kulturpflanzen der Erde. Es kam aus Asien zunächst nach Europa, von wo aus Kolumbus das Gewächs in die Neue Welt brachte. Bereits zwei Jahre nach der Entdeckung Amerikas erreichten die ersten Zuckerrohrpflanzen die Antilleninsel Hispaniola. Von hier aus verbreitete sich die Zuckerrohrkultur schnell über die karibische Inselwelt und das amerikanische Festland. Aus Zuckerrohr gewinnt man Zucker und mit dem Rum eine der facettenreichsten Spirituosen. Der meiste Rum und die bekanntesten Marken werden heute auf den karibischen Inseln, auf dem südamerikanischen Festland und in Mittelamerika hergestellt. Aber auch in Australien, auf Tahiti, den Philippinen, in Südafrika, auf Madagaskar, Mauritius und Reunion wird Zuckerrohr zu Rum verarbeitet.

Der Ursprung

Wer ihn erfunden hat, ist nicht bekannt, doch über die Rumherstellung wird schon aus der Zeit vor 1650 berichtet. Als sich die Holländer auf den Westindischen Inseln und im nördlichen Südamerika niederließen, brachten sie die Rumfabrikation wohl als Erste in Schwung. Der Name Rum soll von »Rumbullion« (Krawall, Aufruhr) abgeleitet sein – vielleicht ein Hinweis darauf, dass manchen Trinkgelagen ein entsprechender Tumult folgte. Auch die Ableitung vom lateinischen »Saccharum« könnte als Ursprung für das Wort Rum gelten, das sich ab etwa 1660 einbürgerte. In den französischen Gebieten hieß der Rum der damaligen Zeit »Tafia«. Nach Deutschland wird hauptsächlich Rum aus der Karibik importiert, wobei der größte Teil von der berühmten Rum- und Zuckerinsel Jamaika kommt. So unterschiedlich die Endprodukte auch sind, eines haben die Rumsorten aller Länder gemeinsam: den Grundstoff Zucker.

Die Herstellung

Bei der Gewinnung von Rohrzucker entsteht als Nebenprodukt braune, zähflüssige Melasse. Sie bildet (neben Zuckerrohrsaft oder -sirup) die Grundlage für Rum. Die Melasse ist so süß, dass sie mit Wasser verdünnt werden muss, um überhaupt zu vergären. Dieser Mischung setzt man »Skimming« und »Dunder« zu. Skimming ist ein bei der Zuckerherstellung entstehender Schaum, der für das spätere Rumaroma wichtig ist, Dunder ein alkoholfreier Rückstand aus einem früheren Brennvorgang. Die Mischung aus Melasse, Wasser, Skimming und Dunder ergibt die Maische, die zum Gären in riesige, bis zu 80 000 Liter fassende Bottiche aus Holz, Metall oder Beton geleitet wird. Die Gärung beginnt, nachdem der Maische entsprechende Fermente, also Hefe- und Bakterienkulturen, zugesetzt worden sind. Sie spalten den Zucker in Alkohol und Kohlendioxid, Letzteres verfliegt, und nach rund zehn Tagen, je nach Außentemperatur, ist die stürmisch verlaufende Gärung beendet. Einige Tage später kann die Destillation beginnen. Dazu werden zwei verschiedene Destilliergeräte benutzt. Für die Erzeugung schwerer Rumsorten, »Heavy Bodied Rums« oder auch »German Flavoured Rums« genannt, verwendet man Blasendestilliergeräte (Pot Still).

Die leichteren und mittelschweren Rumsorten destilliert man in den genauer arbeitenden Destillierkolonnen (»kontinuierliche Destillation«). Nach der Destillation muss der Rum einige Zeit lagern. Er reift in Eichenholzfässern oder Tanks aus rostfreiem Stahl. Die normale Lagerzeit für leichten Rum beträgt drei bis sechs Monate. Manche schweren Sorten bleiben aber auch mehrere Jahre in zum Teil ausgebrannten Fässern. Während dieser Zeit zieht der Rum Geschmacksstoffe aus dem Holz

und nimmt eine gelblich-bräunliche Färbung an. Soll er weiß bleiben, muss er anschließend über Aktivkohle gereinigt werden. Weil dabei Aromastoffe verloren gehen, produziert man inzwischen von vornherein weißen Rum: Er wird in Stahlbehältern gelagert, die so konstruiert sind, dass jederzeit gute Sauerstoffzufuhr gewährleistet ist. Die Farbe des braunen Rums stammt nur zu einem geringen Teil aus dem Holz. Denn auch dieser wird, damit er einen stets gleichen Farbton erhält, nach der Fasslagerung gemischt und mit Zuckercouleur eingefärbt.

Die deutschen Bestimmungen unterscheiden drei Rumqualitäten:

1. Original Rum: Als Original Rum darf nur ein Erzeugnis bezeichnet werden, das aus dem Ausland eingeführt ist und im Inland keinerlei Veränderungen erfahren hat.

2. Echter Rum: Er ist ein Original Rum, der im Importland auf Trinkstärke herabgesetzt wurde. Sein Mindestalkoholgehalt beträgt 37,5 %vol.

3. Rumverschnitt: Das ist eine Mischung von Rum mit Neutralalkohol und Wasser, dabei müssen aber wenigstens 5 % des trinkfertigen Rumverschnitts aus hochestrigem Original Rum (»German Flavoured Rum«) stammen. Der Mindestalkoholgehalt von Rumverschnitt beträgt ebenfalls 37,5 %vol.

Eine Spezialität sind die »Spiced« und »Flavoured Rums«. »Spiced« sind mit Gewürzextrakten wie z. B. Vanille, Zimt oder Muskat »gewürzte« Rums. »Flavoured Rum« ist Rum mit aromatischen Zusätzen. Die beliebteste Variante ist der »Coconut Rum«. Für diesen wird Rum mit »Natural Coconut Flavour«, also mit natürlichem Kokosnussaroma, aromatisiert. Eine Spirituose mit Rumgeschmack sollte noch erwähnt werden: der Kunst-Rum. Er hat nie ein Zuckerrohr gesehen und besteht aus Alkohol, Wasser und synthetisch erzeugtem Aroma. Die Herstellung von Kunstrum ist in Deutschland seit jeher untersagt.

Rum ist vielseitig verwendbar: Alten braunen Rum trinkt man als Digestif, braunen Rum zum Tee oder als Grog, hochprozentigen braunen Rum braucht man für Mixdrinks, und weißen und braunen Rum trinkt man mit Cola. Alle Sorten sind zum Mixen von Cocktails und Longdrinks unentbehrlich. Weltbekannte Mixgetränke wie Cuba Libre, Planter's Punch, Piña Colada, Daiquiri, Mojito oder Mai Tai erfordern zwingend weißen und braunen Rum in der Bar.

Bekannte Marken

Abuelo 1908 gründet der spanische Immigrant José Varela Blanco die San Isidro Zuckermühle in der kleinen Stadt Pesé im Zentrum Panamas. 1936 begann er mit der Destillation und legte damit das Fundament für Varela Hermanos S. A. Heute ist das Familienunternehmen in dritter Generation der größte Produzent von Markenspirituosen in Panama und einer der wichtigsten Rumproduzenten Mittelamerikas. Das Besondere an Rum aus Panama ist, dass dieser gesetzlich geregelt mindestens 48 Monate lagern muss. Abuelo Rum reift in vormaligen Bourbon-Whiskey-Fässern im Solera-Verfahren, bei dem die Destillate nacheinander die einzelnen Fassreihen durchlaufen. Die wichtigsten Sorten: Abuelo Añejo mit einem Durchschnittsalter von fünf Jahren, Abuelo 7 Años und Abuelo 12 Años. Alle drei sind Rums mit hoher Qualität und typischen Merkmalen. Aufgrund seiner langen Lagerzeit ist speziell der Abuelo 12 Años ein wahrer Digestifrum.

Appleton Jamaika Rum Die erste bekannte Dokumentation der Rumproduktion bei Appleton Estate datiert 1749. 1825 wurde Appleton offiziell gegründet und die Produktion kommerzialisiert. Weitere Auf-

Rum

zeichnungen reichen bis 1655 zurück, und es ist anzunehmen, dass auch schon damals Rum gebrannt wurde. Seit 1907 ist Appleton Estate im Besitz der J. Wray & Nephew Ltd., einer damals ebenfalls im Rumgeschäft tätigen Firma. Das Gut mit einem Landbesitz von etwa 4500 Hektar liegt im Nassau Valley im Zentrum der Insel. Dort befinden sich auch alle Anlagen, und rund 140 000 Fässer mit ca. 50 Millionen Litern Rum reifen auf dem Gelände. Appleton Rum ist die Nr. 1 auf Jamaika, sein Rum wird in über 60 Länder der Erde exportiert. Während sich bei manchen Unternehmen die Sortenzahl auf einige wenige beschränkt, bietet Appleton eine umfangreiche Auswahl an. Die Vielfalt beginnt beim White »Classic«, Gold und Dark und führt über Estate V/X, das für »Very eXceptional« steht, 8 Years und 12 Years bis hin zum 21 Years Old. Eine in Deutschland selten angebotene Spezialität ist der wasserklare Wray & Nephew´s »Overproof« (63 %vol). Dieser erhält seine Klarheit durch ein spezielles Filterverfahren, hat aber das Geschmacksprofil eines dunklen Rums.

Bacardi In Santiago auf Kuba entstand 1862 die Firma Bacardi. Ihr Gründer, der Weinhändler Facundo Bacardi, war 1830 aus Spanien in den karibischen Raum gekommen. Seine Nachfahren besitzen und leiten das Unternehmen bis heute. Als Fidel Castro 1960 die kubanischen Bacardi-Brennereien verstaatlichte, wurde die Produktion in andere Länder der Karibik ausgelagert. Facundo Bacardi war der Erste, der Rum von hohem Reinheitsgrad destillierte, und sein Rum wurde schnell über Mittelamerika hinaus bekannt. Heute ist Bacardi mit etwa 220 Millionen Flaschen pro Jahr (2010) der mit weitem Abstand größte Rumproduzent und Bacardi die zweitgrößte Spirituosenmarke. Die Hauptmarke, der wasserklare »Superior«, ist der bekannteste Rum der Welt und das Herz der Bacardi-Rum-Familie. Weitere große Marken sind »Black« und »Gold« (alle 37,5 %vol). Außerdem werden mit »8 Años« (40 %vol) und dem »151°« (75,5 %vol) zwei Rums der Extraklasse angeboten. Des Weiteren gibt es die Bacardi Flavours »Razz« (Raspberry), »Limón« und »Dragonberry« (Limone unf Drachenfrucht) mit 32 %vol, den »Oakheart Spiced« mit 35 %vol sowie die Premix »Frozen Daiquiri« mit 20 %vol, »Piña Colada« und »Mojito« mit 15 %vol.

Barceló Ron Barceló wurde 1930 von dem spanischen Emigranten Julian Barceló gegründet und ist heute die größte Rummarke der Dominikanischen Republik. Die im Osten der Insel beheimatete Destillerie arbeitet mit Spitzentechnologie und modernster Ausstattung. Barceló ist stark auf den Exportmärkten vertreten und in über 50 Ländern, darunter Spanien als größter Abnehmer, erhältlich. Von den Barceló Rums werden drei Qualitäten nach Deutschland exportiert. Ron Barceló Dorado ist die Standardmarke mit 37,5 %vol.

Ron Barceló Gran Anejo ist eine Komposition aus den edelsten Sorten des Hauses. Er unterliegt einer Reifezeit von mindestens vier Jahren und hat 37,5 %vol. Ron Barceló Imperial zählt zum Highlight des Barceló Sortiments. Für ihn werden mindestens sieben Jahre gereifte Rumsorten verwendet. Er wird als einer der besten Rums der Insel geschätzt und erhielt bei internationalen Wettbewerben höchste Auszeichnungen.

Belmont Belmont Estate Coconut Rum wird auf der Karibikinsel St. Kitts hergestellt. Die Rezeptur wurde von Dr. Ian Sangster in seiner Destillerie auf Jamaika entwickelt. Nach dessen Tod wurde die Produktion nach St. Kitts verlagert. Für diesen Coconut Rum wird ca. vier Jahre gereifter Rum mit den natürlichen Aromen frischer Kokosnuss aromatisiert. Er schmeckt deutlich nach Kokosnuss, leicht nach Vanille und besitzt eine

Rum

angenehme Süße. Alkoholgehalt 40 %vol.

Brugal ist ein Rum der Dominikanischen Republik. Das 1888 gegründete Unternehmen sitzt in Puerto Plata und ist seit 2008 im Besitz der schottischen Edrington Group. Brugal ist als »Blanco«, »Añejo« und »Extra Viejo« (alle 38 %vol) und als »Siglo de Oro« (40 %vol) erhältlich.

Captain Morgan Dieser berühmte Jamaikarum ist mit rund 110 Millionen jährlich verkauften Flaschen (2010) die Nummer zwei unter den Rummarken. Seinen Namen erhielt er von Henry Morgan, einem berüchtigten Seeräuber der Karibik und späteren Gouverneur der Insel. Seit neuerer Zeit wird in Deutschland nur der »Black« (40 %vol) und der »Spiced Gold« angeboten.

Cockspur Auf Barbados, der östlichsten Insel der Kleinen Antillen und der gesamten Karibik, begann die Geschichte des Rums. Um das Jahr 1650 destillierte man erstmals Rum, und die großen Marken der Insel sind weltweit zu finden. 1893 gründeten die deutschen Brüder Stades die West Indies Rum Refinery, die heute sämtlichen Barbados-Rum – mit Ausnahme von Mount Gay – nach den Vorstellungen der jeweiligen Auftraggeber herstellt. Der Rum wird dann an die Auftraggeber geliefert oder für diese im Fasslager gereift. Einer der großen Rumnamen auf Barbados ist Cockspur. Er geht zurück auf den Dänen Valdemar Hanschell, der 1884 die Marke schuf. Cockspur gibt es in zahlreichen unterschiedlichen Abfüllungen, und nur die Hauptmarke wird nach Deutschland exportiert. Cockspur Fine Rum (37,5 %vol) zählt zu den führenden »Golden Rums«, der international am stärksten wachsenden Rumkategorie.

Dos Maderas 1877 gründeten Alexander Williams und Arthur Humbert das weltbekannte Sherry- und Brandyhaus Williams & Humbert. Ursprünglich im Sherryhandel tätig, etablierte sich das Unternehmen bald darauf in Jerez de la Frontera. Das Herz der Firma ist heute die mit 160 000 Quadratmetern größte Bodega Europas. In ihr reifen unter einem Dach Sherrys und Brandys in über 50 000 Fässern. Darunter auch der berühmte Gran-Solera-Reserva Brandy Gran Duque d´Alba. Seit 2010 ist man mit dem Rum Dos Maderas, spanisch für »zwei Hölzer«, auch im Rumgeschäft. Der Dos Maderas 5 + 3 ist ein feiner Blend aus Barbados- und Guyana-Rum, wobei eine fünfjährige Reifung in Bourbon-Whiskey- Fässern in der Karibik stattfindet und der Rum anschließend nach Jerez in Spanien verschifft wird. Dort schließt sich eine weitere Lagerung für drei Jahre in Sherryfässern an. Der 5 + 5 ist ebenfalls ein Blend aus Barbados- und Guyana-Rum. Er reift fünf Jahre in der Karibik und weitere fünf in Sherryfässern, die vormals 20 Jahre alten Pedro-Ximénez-Sherry enthielten. Der Rum für die Topmarke »Luxus« reift zehn Jahre im Ursprungsland und weitere Jahre in Pedro-Ximénez-Fässern, in denen vorher der Pedro-Ximénez-Sherry »Don Guide« gelagert war. Der »Luxus« wird in schwere Dekanter abgefüllt. Alle »Dos Maderas« sind außergewöhnlich und sonst in dieser Art nicht zu finden.

El Dorado Die Demerara Distillers Ltd. (DDL) im südamerikanischen Guyana ist heute der einzige Rumproduzent des Landes. Alle früheren Brennereien wurden unter diesem Dach vereinigt, und jeder Demerara-Rum stammt von der DDL. Das Angebot ist sehr vielfältig, da man unterschiedliche Rums auf unterschiedlichen Anlagen produzieren kann. Die größte und bekannteste Marke ist El Dorado. Er ist von höchster Qualität und wird in vielen Sorten und Altersstufen angeboten.

Gosling Auf den Bermudas gibt es kein Zuckerrohr und auch keine Destillerie. Der Bermuda-Rum Gosling geht zurück auf den Engländer James Gosling, der 1806 nach Bermuda kam. Seine Nachfahren handelten mit karibischem Rum, und 1863 soll die erste eigene Kreation entstanden sein. Bekannt wurde Gosling vor allem mit der Marke »Black Seal« Bermuda Black Rum (40 %vol). Dieser drei Jahre gereifte Blend mit seiner satten, dunklen Farbe ist ausgesprochen aromatisch und charaktervoll, und einer der berühmtesten Rumdrinks, der Dark´n´Stormy, wurde mit Gosling Black Seal kreiert. Weitere bekannte Abfüllungen sind »Gold« und der lange gereifte »Family Reserve«.

Havana Club Diesen weltweit geschätzten Rum gibt es seit 1878 und seit 1970 wird er in Santa Cruz/La Habana hergestellt. Aufgrund der Sanktionen gegen Kuba gab es über 20 Jahre lang keinen kubanischen Rum in der westlichen Welt. Erst 1982 wurde die berühmteste Marke, der drei Jahre in Eichenholzfässern gereifte Havana Club 3 Años, erstmals auch in Deutschland angeboten. Dieser helle, klare Kubarum mit seinem leicht strohfarbenen Schimmer und dem trockenen, aromatischen Geschmack ist weltweit einzigartig. Das Angebot wurde 1988 um den »7 Años« erweitert. Seit einigen Jahren vervollständigen die Sorten »Añejo Blanco«, »Añejo Especial«, »Gran Reserva 15 Años«, und der »Selección de Maestro« das Angebot. Außergewöhnlich ist der »Maximo« Extra Añejo – er wird in einer Kristallkaraffe und zu einem Preis von weit über 1000 Euro angeboten. Der »Blanco« hat 37,5, »Selección de Maestro« 45, alle anderen 40 %vol.

Lemon Hart Die Marke entstand 1804 und geht auf Mr. Lemon Hart zurück. Er belieferte die Royal Navy und handelte in London mit Rum. Lemon Hart Rum gab es im Laufe seiner Geschichte in vielen Variationen. Mal als Blend aus den besten Rums der Karibik, mal als reinen Jamaika- oder wie heute als reinen Guyana-Demerara-Rum. Besonders berühmt ist dieser Rum durch seine hochprozentige Version mit 75,5 %vol. Nach wie vor gibt es aber auch eine Variante mit 40 %vol.

Mathusalem Die Mathusalem Distillery wurde 1872 von Spaniern in Santiago de Cuba im Südosten der Insel Kuba gegründet. Sie brachten aus ihrer Heimat Kenntnisse in der Destillation und der Solera-Reifung mit, und Mitte des 20. Jahrhunderts war die erfolgreiche Firma einer der größten Rumproduzenten der Insel. Nachdem Fidel Castro 1959 die Regierung in Kuba übernahm, flüchteten die Inhaber in die USA. Dem dortigen Neuanfang war jedoch kein Erfolg beschieden, und Mathusalem geriet in Vergessenheit. Erst Mitte der 1990er-Jahre startete ein direkter Nachfahre der Firmengründer erneut. Produziert wird nach der alten Rezeptur im traditionellen Stil seither in der Dominikanischen Republik, da dort die Bedingungen den kubanischen am nächsten sind. Erhältlich sind fünf Abfüllungen. Der wasserklare Platino und die im Solera-Verfahren gereiften 7 Solera Classico, 10 Solera Classico sowie die Gran Reserva Soleras 15 und 23 Años. Die Gran Soleras zählen zu den Rums der Spitzenklasse, und ihr Preis-Leistung-Verhältnis ist für diese hohen Qualitäten sehr akzeptabel.

Millonario Der peruanische Ron Millonario wird oft als einer der besten Rums der Welt bezeichnet. Die Hauptmarke, der Reserva Espe-

Rum

cial, reift 15 Jahre im Solera System und wird in auffällig umflochtenen Flaschen angeboten. Ihm zur Seite steht der Millonario XO, der in einer schweren Karaffe angeboten wird. Dieser enthält einen Blend aus bis zu 20 Jahre gereiften Rums. Beide sind unglaublich komplex, mittelschwer und perfekt ausbalanciert. Die Qualität belegen auch die zahlreichen Preise, die bei den großen Spirituosenwettbewerben verliehen wurden.

Mount Gay Die Insel Barbados genießt den Ruhm, die Geburtsstätte des Rums zu sein. Sie wurde um 1500 von den Spaniern entdeckt und kam 1625 in britischen Besitz. Bereits einige Jahre später begann dort die Rumproduktion und verbreitete sich von dort über die ganze Karibik. Das erste Zuckerrohr gelangte von Brasilien auf die Insel, doch bereits um 1640 verfügte man über erste eigene Plantagen. Die Historie der heutigen Mount-Gay-Destillerie beginnt 1663, in dem William Gay das Anwesen St. Lucy mit einer dazugehörenden Brennblase erwarb. Die auf den Flaschen angegebene Jahreszahl 1703 verweist auf das Jahr der Registrierung, und ab 1724 nannte man sich Mount Gay. 1908 übernahm A. Y. Ward das Unternehmen. Er hatte viele Jahre als Brennmeister die Destillerie geleitet, bis heute steht sein Name auf den Etiketten. Von seinen Erben erwarb 1989 die französische Rémy Cointreau Group die Mehrheit und verhalf dadurch der Marke zu weltweiter Präsenz. Mount Gay ist der einzige unabhängige Rumproduzent auf Barbados, alle Arbeitsschritte unterliegen eigener Aufsicht. Von den verschiedenen Sorten ist der »Eclipse« das bekannteste Produkt. Ihn gibt es seit 1910, sein rätselhafter Name bezieht sich auf die Verfinsterung von Himmelskörpern am Südpol, um dessen erstes Erreichen damals Expeditionen konkurrierten. Eclipse ist der Rum, der mit seiner rauchigen Holznote, seinem süßen Vanilleton und seinem dezenten Bittermandelgeschmack den Mount Gay berühmt machte. Eine weitere Sorte ist der »Eclipse Silver«, ein zwei Jahre gereifter weißer Rum, der durch Filterung entfärbt wurde (beide 40 %vol). Dazu kommt der Extra Old, ein lange gereifter Rum der Oberklasse mit 43 %vol.

Myers's Kein Spirituosenname wird so oft falsch geschrieben wie dieser. Der Myers's Jamaika Rum »Planter's Punch Brand« (40 %vol) wird von der 1879 gegründeten Firma Fred L. Myers & Sons in Kingston/Jamaika hergestellt.

Old Pascas Die große Rummarke Old Pascas bietet seit 2004 völlig neue Sorten und Qualitäten an. Je zwei der Old-Pascas-Rums stammen aus Barbados und Jamaika, und zusammen decken sie die wichtigsten Geschmackrichtungen ab. Barbados ist bekannt für ihren besonders leichten und milden Rum, Jamaika hingegen ist der Inbegriff für den typisch schweren und aromatischen Rum der Karibik. Die Sorten: Old Pascas »Ron Blanco« und »Ron Negro«, beide 37,5 %vol aus Barbados, und Old Pascas Jamaika Rum mit 40 und 73 %vol.

Opthimus Ein junges Unternehmen ist die Vintage Rums Inc., die sich einen Ruf als Vermarkter von Premiumrums in kleinen, limitierten Editionen erworben hat. Opthimus Rum stammt von Oliver & Oliver aus der Dominikanischen Republik. Sie werden in den Jahrgangsstufen 15, 18, 21 und 25 angeboten und sind durchweg von unglaublicher Qualität. Alle tragen als Bezeichnung die akademischen Auszeichnungen von res laude für den 15-jährigen bis summa cum laude beim 25-jährigen sowie eine handgeschriebene Flaschennummer und das Jahr der Abfüllung. Alle haben 38 %vol, nur eine zweite 25-jährige Abfüllung hat 43 %vol. Diese auf 1000 Flaschen begrenzte Sonderabfüllung reifte in Tomatin-Malt-Whisky-Fässern.

Pampero Die Rumdestillerie Pampero wurde 1938 gegründet und produziert einen der bekanntesten Rums Venezuelas. Seit der Übernahme durch den Spirituosenmulti Diageo ist Pampero auf vielen neuen Exportmärkten vertreten. Mit den Sorten Blanco, Especial, Seleccion und Aniversario bietet Pampero vier Rumqualitäten an.

Pusser's British Navy Rum Er wird aus Rum von sechs karibischen Rumregionen, darunter British Virgin Islands, Trinidad und Guyana, hergestellt. 315 Jahre lang tranken die britischen Seeleute ihre regelmäßige Ration Rum. 1655 wurde dieser Brauch bei der Marine eingeführt und erst 1970 wieder abgeschafft. Der Name Pusser's entstand aus Purser

Rum

(Zahlmeister); alles, was von ihm kam, wurde Pusser´s genannt. Die Pusser´s Blended Rums gibt es in zahlreichen Abfüllungen von 42 bis 75 %vol. Darunter den 15 Years Old »Nelson´s Blood« mit 40 %vol.

Pyrat Die Anguilla Rums Ltd. wurde 1995 gegründet und ist Hersteller der Marke Pyrat. Da es auf Anguilla keine aktive Brennerei gibt, wird Rum anderer Regionen der Karibik gekauft. Für den Pyrat werden neun verschiedene Rums geblendet und in mundgeblasene Flaschen abgefüllt. Der Urahn der Rumherstellung auf Anquilla hing angeblich asiatischen Weisheiten nach und stieß auf der Suche nach einem Talisman für seinen Rum auf Hoti, der im Zen-Buddhismus als Beschützer kleiner Kinder, Wahrsager und Bartender gelten soll. Eine metallene Medaille mit seinem Abbild hängt an jeder Flasche Pyrat-Rum. Pyrat XO Reserve hat 40 %vol und eine ausgeprägte Orangennote.

Rhum J. M. Diesen Martinique-Rum gibt es seit 1845. Gegründet wurde die Brennerei von Jean-Marie Martin. Er ließ seine Fässer mit seinen Initialen, den Buchstaben J. M., kennzeichnen – daraus entstand der Markenname. Da nur etwa 200 000 Liter jährlich hergestellt werden, beliefert J. M. nur wenige internationale Märkte. Dazu zählt seit Kurzem auch Deutschland, und es sind verschiedene Abfüllungen erhältlich.

Robinson 1938 wurde das Bremer Rum Contor gegründet und mit dem Handel des damals einzigen Rumtyps, dem Jamaikarumverschitt, begonnen. Im Oktober 2005 erfolgte ein völliger Wechsel der Qualitäten und der Flaschenausstattung. Seither werden ausschließlich Jamaikarums angeboten. Diese gibt es nun als »Echter Jamaika Rum« dunkelgold mit 41 und hellgold mit 55 %vol sowie wasserklar als Original Jamaikarum »Cask Strength« mit 73 %vol.

St. James St. James Rum hat seinen Ursprung in einer Zuckerfabrik, und 1765 begann die Rumproduktion. St. James wird wie alle Martinique Rums nicht aus Melasse, sondern aus Zuckerrohrsaft bzw. Sirup destilliert. Von den vielen St. James-Marken sind der klare Impérial Blanc (40 %vol), der Royal Ambre (45 %vol) und der Hors d´Age (43 %vol) auf den Exportmärkten die bekanntesten. Von St. James ist auch ein Sucre de Canne (siehe Seite 213) erhältlich.

Varadero Ron Varadero hat in dem einstmals mondänen Varadero seinen Sitz. Sie ist eine der ältesten Destillerien Kubas (seit 1862), und Ron Varadero wird bis heute dort hergestellt. Seine Qualität wird von Kennern auf der ganzen Welt geschätzt und hält höchsten Genussansprüchen stand. Ron Varadero wird in fünf Qualitäten angeboten. Die Sorten Blanco 3 Años, Oro 5 Años, Añejo 7 Años und Añejo Reserva, ein Blend aus verschiedenen Altersstufen, werden mit 40 %vol angeboten. Das Highlight ist Gran Reserva Añejo 15 Años, ein 15 Jahre im Eichenfass gereifter, dunkelbernsteinfarbener Rum mit 38 %vol.

Wray & Nephew White Overproof Dieser erhält seine Klarheit durch ein spezielles Filterverfahren, hat aber das Geschmacksprofil eines dunklen Rums. Er ist der meistverkaufte »Overproof« in Jamaika und hat 63 %vol.

Zacapa In Guatemala ist die 1930 gegründete Destillerie Licorera Zacapaneca der bekannteste Rumproduzent. Die Destillerie ist in Santa Cruz in der Region Zacapa ansässig, der Rum reift jedoch hoch oben in den Bergen. Seit der Übernahme durch den Spirituosenkonzern Diageo wurde Zacapa auch in Europa bekannt. Verwendet wird Zuckerrohrsaft, und alle Sorten reifen im Solera-System. Die neben dem Centenario Solera 15 Años bekannteste Sorte ist der Zacapa Solera 23, der 6 bis 23 Jahre in der Solera verbringt. Die Spitzenmarke Zacapa Centenario X. O. Solera Grand Reserve reift 6 bis 25 Jahre.

Daiquiri

5 cl weißer Rum
3 cl Zitronensaft
2 cl Zuckersirup

Mit Eiswürfeln im Shaker gut schütteln und in eine Cocktailschale abgießen.

Frozen Daiquiri

5 cl weißer Rum
3 cl Zitronensaft
2 cl Zuckersirup

Mit gestoßenem Eis im Elektromixer gut durchmixen und ohne abzuseihen in eine Cocktailschale gießen.

Banana Daiquiri

1/2 Banane
5 cl weißer Rum
3 cl Zitronensaft
2 cl Bananensirup

Die Mischung im Elektromixer mit Eiswürfeln gut mixen und in eine Cocktailschale abgießen. Einen Spieß mit Bananenstückchen und Cocktailkirschen über den Glasrand legen.

Frozen Strawberry Daiquiri

3–5 Erdbeeren
5 cl weißer Rum
3 cl Zitronensaft
2 cl Strawberry Liqueur

Im Elektromixer mit Crushed Ice sämig mixen und in eine Cocktailschale geben. Eine Erdbeere an den Glasrand stecken.

Rum Sour

5 cl brauner Rum
3 cl Zitronensaft
1–2 cl Zuckersirup

Im Shaker mit Eiswürfeln kräftig schütteln und in ein Stielglas abgießen. Mit einer halben Orangenscheibe und einer Cocktailkirsche garnieren.

▽ *Frozen Strawberry Daiquiri*

Rum

^ Tallyman's Drink

Tallyman's Drink

4 cl brauner Rum
2 cl Crème de Bananes
2 cl Zitronensaft
4 cl Orangensaft

Mit Eiswürfeln im Shaker gut schütteln und in ein Old-Fashioned-Glas auf einige Eiswürfel abgießen. Mit Bananenstücken und Cocktailkirschen garnieren.

El Presidente

4 cl weißer Rum
2 cl Vermouth Dry
1 cl Cointreau
1 Barlöffel Grenadine

Die Zutaten im Rührglas mit Eiswürfeln gut verrühren und in eine Cocktailschale abgießen.

Banana Royal

1/2 Banane
5 cl brauner Rum
8 cl Ananassaft
2 cl Sahne
2 cl Cream of Coconut

Im Elektromixer mit Eiswürfeln gut durchmixen und in ein Fancyglas auf einige Eiswürfel abgießen. Mit Früchten garnieren.

Planter´s Punch

3 cl weißer Rum
3 cl brauner Rum
1 cl Grenadine
3 cl Ananassaft
3 cl Orangensaft
3 cl Grapefruitsaft

Mit Eiswürfeln im Shaker schütteln, in ein Longdrinkglas auf einige Eiswürfel abgießen. Mit Ananasstück und Cocktailkirsche garnieren.

Anmerkung Diesen Drink kann man auf viele Arten mit passenden Säften und Sirup verändern. Das Verhältnis zwischen braunem und weißem Rum bestimmt den alkoholischen Geschmack.

Mai Tai

1 Limone (Limette)
1,5 cl Curaçao Orange
0,75 cl Kandissirup
0,75 cl Orgeat
3 cl Golden Jamaica Rum J. Wray Nephew 17 Years Old
3 cl dunkler Martinique-Rum

Die Limone halbieren und den Saft über zerstoßenes Eis in einen Tumbler pressen. Die weiteren Zutaten mit Eiswürfeln im Shaker schütteln und abgießen. Das Glas mit zerstoßenem Eis füllen, eines der halben Limettenstücke und einen Minzezweig dazugeben.

Anmerkung Dies ist das Originalrezept von 1944.

Zombie

4 cl weißer Rum
4 cl brauner Rum
2 cl hochprozentiger Rum
2 cl Cointreau
2 cl Grenadine
2 cl Maracujasirup
4 cl Zitronensaft
4 cl Orangensaft
4 cl Ananassaft

Die Zutaten mit Eiswürfeln im Shaker gut schütteln und in ein zur Hälfte mit gestoßenem Eis gefülltes Longdrinkglas abgießen. Mit einem Ananasstück, einer Cocktailkirsche und Minze garnieren.

Strawberry Colada

6 cl weißer Rum
6 cl Ananassaft
2 cl Zitronensaft
4 cl Cream of Coconut
2 cl Strawberry Liqueur
einige Erdbeeren

Die Zutaten im Elektromixer gut durchmixen und in ein mit gestoßenem Eis halb gefülltes Fancyglas gießen. Mit einer Erdbeere am Glasrand dekorieren.

Blue Hawaii

2 cl weißer Rum
2 cl Cointreau
2 cl Blue Curaçao
4–6 cl Sahne

Mit Eiswürfeln im Shaker gut schütteln und in eine Cocktailschale abgießen.

Bahama Mama

2 cl brauner Rum
1 cl Jamaikarum 73 %vol
2 cl Malibu Coconut
1 cl Kahlúa Coffee Liqueur
12 cl Ananassaft
2 cl Zitronensaft

Im Shaker mit Eiswürfeln schütteln und in ein Longdrinkglas auf einige Eiswürfel abgießen. Mit Karambolescheibe und Cocktailkirsche garnieren.

Scorpion

6 cl weißer Rum
2 cl Cognac
8 cl Orangensaft
2 cl Zitronensaft
2 cl Mandelsirup

Mit Eiswürfeln im Shaker gut schütteln und in ein Longdrinkglas auf einige Eiswürfel abgießen. Mit einer Gardenie dekorieren.

Mai Tai >

Rum

Rum Alexander

4 cl brauner Rum
2 cl Crème de Cacao Braun
4–6 cl Sahne

Mit Eiswürfeln im Shaker gut schütteln und in eine Cocktailschale abgießen. Mit etwas Muskatnuss bestreuen.

Mojito

1 Limette
6 cl Havana Club 3 Años
1 TL weißer Rohrzucker
Sodawasser
Minzezweige

In ein Longdrinkglas Zucker, etwas Sodawasser und Minze geben. Die Limette vierteln, ins Glas geben und mit einem Stößel zerdrücken. Crushed Ice und Rum dazugeben, mit Sodawasser auffüllen und kurz rühren. Mit Minze garnieren.

Piña Colada

6 cl weißer Rum
10 cl Ananassaft
4 cl Cream of Coconut
2 cl Sahne

Die Zutaten im Elektromixer gut durchmixen und in ein Longdrinkglas auf gestoßenes Eis gießen. Mit Ananasstück und Cocktailkirsche garnieren.

Cuba Libre

4–6 cl Havana Club 3 Años
kaltes Cola
Limettenspalte

Den Rum in ein mit Eiswürfeln gefülltes Longdrinkglas gießen, die Limettenspalte darüber ausdrücken und mit Cola auffüllen.

Dark 'n' Stormy

5 cl Gosling Black Seal Rum
kaltes Ginger Beer

In ein Longdrinkglas auf einige Eiswürfel den Rum gießen und mit Ginger Beer auffüllen. Eine halbe Limettenscheibe dazugeben.

Caldera

3 cl Lemon Hart Rum 40 %vol
3 cl Malibu Coconut
2 cl Mangosirup
2 cl Sahne
1 cl Grenadine
2 cl Zitronensaft
8 cl Maracujanektar

Im Shaker mit Eiswürfeln schütteln und in ein Longdrinkglas auf einige Eiswürfel abgießen. Eine Karambolescheibe an den Glasrand stecken.

Ginger Daiquiri

4 cl Appleton Estate V/X Rum
2 cl Dolfi Fraise des Bois
4 cl frisch gepresster Limettensaft
2 cl Zuckersirup
½ cl frisch gepresster Ingwer

Im Shaker mit Eiswürfeln schütteln und in ein gekühltes Cocktailglas abgießen. Mit Limettenschale garnieren.

Citrus Rum Cooler

4 cl Appleton Estate V/X Rum
2 cl Védrenne Melonenlikör
6 cl frisch gepresster Orangensaft
kalte klare Zitronenlimonade/Sprite

Die Zutaten – ohne Zitronenlimonade – im Shaker mit Eiswürfeln schütteln und in ein Longdrinkglas auf einige Eiswürfel abgießen. Mit der Zitronenlimonade auffüllen. Eine halbe Orangenscheibe dazugeben.

v *Piña Colada, Mojito und Planter's Punch*

Tequila

Tequila

Als die Spanier Anfang des 16. Jahrhunderts nach Mexiko kamen, entdeckten sie bei den Eingeborenen ein berauschendes Getränk: vergorenen Agavensaft mit dem Namen »Octli Poliquhqui«. Die Spanier nannten es »Pulque« und versuchten, die Pulque zu destillieren – aber ohne Erfolg. Pulque ist bis heute ein eigenständiges Getränk, das zwar wie Mezcal und Tequila aus Agaven gewonnen wird, aber nicht deren Basis bildet.

Die Agavenpflanzen nannten die Urbewohner »Metl«, die Spanier jedoch »Maguey«, da sie einem Gewächs ähnelten, das sie in der Karibik kennengelernt hatten. Da es viele Arten der Maguey-Pflanze gab, experimentierte man so lange, bis einige entdeckt waren, deren Saft man fermentieren und dann destillieren konnte. Dieses Getränk nannte man »Mezcal«, seine Herstellung verbreitete sich später in ganz Mexiko.

Der Ursprung

Während des späten 18. und des frühen 19. Jahrhunderts begann der in dem Dorf Tequila hergestellte Mezcal bekanntzuwerden. Man stellte fest, dass die Hochebenen von Zentralmexiko, die das Dorf umgeben, ideal für das Wachstum der Maguey-Pflanze waren, und entdeckte außerdem, dass der in Tequila hergestellte Mezcal von einer einzigen Art der Maguey-Pflanze stammt. Schließlich wurde eine wissenschaftliche Klassifizierung aller Maguey-Pflanzen vorgenommen, die über 400 Arten aufführte. Auch heute wird in Mexiko noch Mezcal hergestellt, aber er unterliegt nicht den Gütevorschriften, die für Tequila gelten. In diesen Mezcals tauchte manchmal auch der mysteriöse Agavenwurm auf. Er stammte von den Agavenpflanzen, aus denen der Mezcal hergestellt wurde, und man gab ihn in die Flaschen, um eine Art von Echtheitsbeweis zu liefern. Heute ist es allenfalls noch ein Touristengag.

Die Agave »Tequilana Weber«, Basispflanze des Mezcal von Tequila, wächst ausschließlich im Umkreis der Stadt und in den benachbarten Gebieten mit gleichen ökologischen Bedingungen. Die kräftige Pflanze braucht Jahre zum Reifen und sieht dann wie eine gigantische grünliche Ananas aus, besetzt mit schwertförmigen Blättern. Heute sind die Gebiete, in denen Agaven für Tequila angebaut werden können, gesetzlich festgelegt. Es handelt sich um die Staaten Jalisco, wo die Stadt Tequila liegt, sowie Guanajuato, Michoacan, Nayarit und Tamaulipas. Wenn man durch die Umgebung der Stadt Tequila reist, sieht man, so weit das Auge reicht, Reihen um Reihen von Agaven in den unterschiedlichsten Wachstumsstadien. Wenn diese nach etwa acht Jahren reif sind, werden sie von Feldarbeitern abgeerntet.

Die Herstellung

Die Pinas, wie sie dann genannt werden, bringt man in die Destillerien. Die bis zu 70 Kilogramm schweren Pinas werden dort grob zerkleinert und in riesige Druckkocher gegeben. Danach werden die Stücke nochmals zerkleinert, um das Ausziehen des gesamten zuckerhaltigen Safts, des »Mosto«, zu erleichtern. Die erste Destillation ergibt den Ordinario mit 29 %vol. Erst die zweite Destillation bringt den Tequila hervor. Grundsätzlich unterscheidet man zwischen Tequilas, die aus 100 % Agave (Premium) bestehen, und solchen, bei denen das nicht der Fall ist und die man als »mixto« bezeichnet. Bei Mixto-Tequilas muss der Zuckergehalt des zu vergärenden Agavensafts mindestens zu 51 % von den Agaven stammen, er kann bis zu 99 % von den Agaven oder auch bis zu 49 % aus Zucker herrühren, der während des Gärungsprozesses zugesetzt wird. Alle Tequilas ohne die Bezeichnung »100 % Agave« oder »Premium« könnten Mixto-Tequilas sein.

Blanco oder weißer Tequila, auch Silver oder (spanisch) Plata genannte Tequilas sind klar. Sie haben eine Reifezeit von unter 60 Tagen. Gold Tequila ist fast ausschließlich ungereifter Mixto-Tequila. Er wird nur für

den Export produziert und erhält durch den Zusatz von Karamell seine Farbe und durch Aromastoffe seine weichere Note. »Reposado« (= abgelagert) muss mindestens 60 Tage reifen, je nach Produzent zwischen zwei und neun Monaten. »Añejo« (= gealtert) muss mindestens ein Jahr gereift sein, in der Praxis zwischen zwei und drei Jahren. Sie reifen in der Regel in alten Bourbon-Whiskey-Fässern.

Um 1970 begann der Siegeszug des Tequila – zuerst in Kalifornien, dann in den gesamten USA und auch in Europa. In Deutschland wurde Tequila nach der Fußball-WM 1970 in Mexiko bekannt, aber erst nach der zweiten Fußball-WM in Mexiko 1986 setzte sich Tequila bei uns endgültig durch.

Empfehlungen

Mexikaner trinken Tequila am liebsten pur. Auf traditionelle Art wird dabei eine Prise Salz auf die Fläche zwischen Daumen und Zeigefinger gestreut und mit der Zunge aufgenommen. Dann kommt ein kräftiger Schluck gekühlter Tequila und der Biss in ein Stück Zitrone. Weltberühmtheit erlangte Tequila durch die Mixklassiker Margarita und Tequila Sunrise. Ob man zum Mixen klaren oder goldenen Tequila verwendet, ist Geschmackssache, eine hervorragende Mixspirituose ist Tequila in jedem Fall.

Bekannte Marken

Cuervo Cuervo Tequila kommt aus der ältesten Tequiladestillerie. 1795, als Mexiko noch eine spanische Kolonie war, erhielt José Guadalupe Cuervo die offizielle Erlaubnis, Mezcal oder »Vino Tequila«, wie er manchmal genannt wurde, herzustellen. José Cuervo legte mit seiner Destillerie den Grundstein für einen Welterfolg und gründete damit gleichzeitig das erste Industrieunternehmen Mexikos. Cuervo ist heute das größte Unternehmen seiner Art, und mit jährlich rund 85 Millionen verkauften Flaschen ist Cuervo die siebtgrößte Spirituosenmarke der Welt. Cuervo gibt es bei uns in sieben verschiedenen Qualitäten. Die Klassiker sind der wasserklare Silver Clasico und der Gold Especial. Alle Weiteren sind 100 % Agave-Tequilas. Es gibt den Platino, den Reserva de la Familia »Extra Añejo« und in der Reihe »1800« Blanco, Reposado und Añejo. Der Platino hat 40 %vol, alle anderen haben 38 %vol.

Don Julio Die Don-Julio-Tequilas zählen zu den Besten. Gegründet wurde das Unternehmen 1942 von Don Julio Gonzales, der unermüdlich auf der Suche nach neuen, revolutionären Wegen zur Herstellung und Verfeinerung seiner Tequilas war. Die bekanntesten Don-Julio-Marken sind die 100 % Agave-Tequilas Reposado und Añejo. Seit einiger Zeit vervollständigt der Blanco das deutsche Angebot. Alle haben 38 %vol.

Milagro Milagro (spanisch: Wunder) gibt es in Deutschland erst seit 2007. Milagro ist eine der wenigen Marken, die alle Sorten in 100 % Agavenqualität anbieten. Gegründet wurde das Unternehmen 1997 von zwei Mexikanern, die auf die traditionelle Herstellungsmethode setzen und so ein Premium-Tequila-Sortiment von herausragender Qualität produzieren. Verwendet werden nur Agaven im höchsten Reifestadium, und es wird dreifach destilliert. Milagro wird in den drei Qualitätsstufen Silver, Reposado und Añejo angeboten.

Tequila

Olmeca Olmeca ist eine der international bekanntesten Tequilamarken und eine der erfolgreichsten auf dem US-Markt. Die Hauptmarken sind Blanco »Classico« und der hellgelbe Reposado »Supremo«. Neu sind die beiden 100 % Agaventequilas Tezón, die ebenfalls als Blanco und Reposado angeboten werden. Alle haben 38 %vol.

Porfidio Das Unternehmen wurde von Martin Grassl 1967 gegründet, und bis zur Eröffnung der eigenen Brennerei 1998 wurde Porfidio in von Grassl beauftragten Brennereien hergestellt. Porfidio Tequilas sind 100 % Agavenbrände, und auf den Exportmärkten sind meist nur die in Kaktusflaschen angebotenen Abfüllungen Plata und Añejo zu finden.

Sauza Seit mehr als 100 Jahren steht der Name Sauza für allerbesten Tequila. 1873 kaufte Don Cenobio Sauza in der Stadt Tequila die »Antigua Cruz«-Destillerie. Kurz darauf exportierte er Tequila in die USA und war damit der erste exportierende Produzent. Von seinem Sohn wurde die Destillerie in »La Perseverancia« umbenannt, und diese steht noch heute in der Stadt Tequila. Sauza wird in der Region Jalisco produziert und ist einer der beliebtesten Tequilas in Mexiko und weltweit die zweitgrößte Tequilamarke. Es gibt ihn in acht verschiedenen Qualitäten: die Klassiker Silver und Gold, die 100 % Agaventequilas »Hornitos« als Plata, Reposado und Añejo sowie die ebenfalls 100 % Tequilas der Nobelreihe »Tres Generaciones« als Plata, Reposado und Añejo. Alle haben 38 %vol.

Sierra Der berühmte Werbeslogan »Innen gut – außen mit Hut« begleitete Sierra beim Aufstieg zur führenden Tequilamarke in Deutschland und Europa. Seit Neuerem unterstützt die einprägsame Werbeaussage »Si Sierra« die erfolgreiche Marke. Sierra gibt es als »Silver« und »Reposado« (Gold), beide mit 38 %vol, des Weiteren den »Antiguo Añejo« mit 40 %vol. Dieser lange gereifte Tequila wird in Flaschen mit aufwendiger Glasprägung angeboten. Darauf ist auf der Vorder- und Rückseite der kreisförmige Mittelpunkt eines Aztekenkalenders dargestellt, der das Gesicht des Sonnengotts Tonotiuh zeigt. Erweitert wurde das Angebot mit den 100 % Agaventequilas Milenario Blanco, Reposado und Extra Añejo. Alle haben 41,5 %vol.

Silla Silla war der erste Tequila, der nach Deutschland importiert wurde. Dies war 1957, und Tequila war damals ein absoluter Exot im deutschen Spirituosenangebot. Als Tequila durch die Fußball-Weltmeisterschaft 1970 in Mexiko auch bei uns bekannter wurde, war Silla die präsenteste Marke. Tequila Silla, dessen Markenzeichen ein Sattel (Silla) ist, wird als frischer, charaktervoller Silver (Blanco) und als Gold, hellgolden und mild-aromatisch angeboten. Beide haben 38 %vol Alkoholgehalt.

Margarita

4 cl Tequila
2 cl Cointreau
2 cl Zitronensaft

Den Rand einer Cocktailschale in einem Zitronenviertel drehen und in eine mit Salz gefüllte Schale tupfen. Das nicht haftende Salz durch leichtes Klopfen am Glas entfernen. Tequila, Cointreau und Zitronensaft mit Eiswürfeln im Shaker kräftig schütteln und in das präparierte Glas abgießen.

Tequila Sour

5 cl Tequila
3 cl Zitronensaft
1–2 cl Zuckersirup

Die Zutaten mit Eiswürfeln im Shaker kräftig schütteln und in ein Stielglas abgießen. Mit einer halben Orangenscheibe und einer Cocktailkirsche garnieren.

Holiday

5 cl Tequila
3 cl Zitronensaft
2 cl Grenadine

Mit Eiswürfeln im Shaker gut schütteln und in eine Cocktailschale abgießen.

Strawberry Margarita

4 cl Tequila
2 cl Cointreau
2 cl Zitronensaft
2 cl Strawberry Liqueur
3–5 Erdbeeren

Den Rand einer Cocktailschale in einem Zitronenviertel drehen und in eine mit Zucker gefüllte Schale tupfen. Die Zutaten im Elektromixer gut durchmixen, eine Erdbeere zum Garnieren zurückbehalten. In einen mit Eiswürfeln gefüllten Shaker gießen, gut schütteln und in das vorbereitete Glas abgießen. Eine Erdbeere an den Glasrand stecken.

Gentle Bull

4 cl Tequila
2 cl Kaffeelikör
4–6 cl Sahne

Mit Eiswürfeln im Shaker gut schütteln und in eine Cocktailschale abgießen. Mit etwas Muskatnuss bestreuen.

El Diabolo

1/4 Limette
5 cl Tequila
2 cl Crème de Cassis
kaltes Ginger Ale

Ein Longdrinkglas zur Hälfte mit Eis füllen. Limettenviertel über dem Eis auspressen und ins Glas geben. Tequila und Cassis darübergießen. Mit Ginger Ale auffüllen.

Zorro

4 cl Tequila
2 cl Cointreau
1 cl Blue Curaçao
4 cl Grapefruitsaft
kaltes Tonic Water

Die Zutaten – ohne Tonic Water – mit Eiswürfeln im Shaker schütteln und in ein Longdrinkglas auf Eiswürfel abgießen. Mit Tonic Water auffüllen. Mit Orangenscheibe und Cocktailkirschen garnieren.

< *Zorro*

Tequila

Eldorado

5 cl Tequila
1 cl Triple Sec Curaçao
1 cl Crème de Bananes
4 cl Orangensaft
4 cl Ananassaft
4 cl Bananennektar

Mit Eiswürfeln im Shaker kräftig schütteln und durch das Barsieb in ein Longdrinkglas auf einige Eiswürfel abgießen. Mit Orangen- und Limettenscheibe und einer Cocktailkirsche garnieren. Trinkhalme dazugeben.

Tequila Sunrise

6 cl Tequila
10 cl Orangensaft
1 cl Grenadine

Tequila und Orangensaft mit Eiswürfeln im Shaker gut schütteln und in ein mit gestoßenem Eis gefülltes Longdrinkglas abgießen. Die Grenadine langsam darüber laufen lassen. Mit Orangenscheibe garnieren. Vor dem Trinken gut umrühren.

City Life

1 cl Tequila Blanco
2 cl Cointreau
2 cl Passoa
5 cl Grapefruitsaft

Die Zutaten mit Eiswürfeln im Shaker gut schütteln und in einen Tumbler auf Crushed Ice abgießen. Eine Limettenscheibe dazugeben

Mexican Sunset

3 cl Tequila
2 cl Cointreau
3 cl Orangensaft
1 cl Zitronensaft
1 cl Mandelsirup

Mit Eiswürfeln im Shaker kräftig schütteln und durch das Barsieb in einen Tumbler auf einige Eiswürfel abgießen. Mit Limettenscheibe und Cocktailkirsche garnieren.

Pepper Eater

4 cl Tequila
2 cl Triple Sec Curaçao
6 cl Orangensaft
6 cl roter Traubensaft

Alle Zutaten mit Eiswürfeln im Shaker kräftig schütteln und durch das Barsieb in ein Longdrinkglas auf einige Eiswürfel abgießen. Eine halbe Orangenscheibe und Trinkhalme dazugeben.

Pepe's Afternoon

4 cl Tequila
2 cl Crème de Bananes
1 cl Kokossirup
1 cl Grenadine
2 cl Limettensaft
12 cl Maracujanektar

Mit Eiswürfeln im Shaker kräftig schütteln und in ein Longdrinkglas auf einige Eiswürfel abgießen. Einen Spieß mit Bananenscheiben und Cocktailkirschen über den Glasrand legen. Trinkhalme dazugeben.

Poolside Tropical

4 cl Tequila Gold
1 cl Blue Curaçao
1 cl Malibu Kokoslikör
8 cl Orangensaft

Mit Eiswürfeln im Shaker kräftig schütteln und durch das Barsieb in einen Tumbler auf einige Eiswürfel abgießen. Einen Spieß mit Cocktailkirschen, Kiwi- und Bananenscheiben über den Glasrand legen.

Tequila Vanilla

4 cl Tequila Blanco
2 cl Galliano Vanilla
12 cl Maracujanektar
2 cl Sahne
1 cl Blue Curaçao

Die Zutaten – ohne Blue Curaçao – mit Eiswürfeln im Shaker gut schütteln und in ein Longdrinkglas auf einige Eiswürfel abgießen. Den Blue Curaçao langsam daraufgießen. Nach Belieben garnieren.

My Way

3 cl Tequila
2 cl Grand Marnier
1 cl Zitronensaft
1 Spritzer Blue Curaçao
kaltes Bitter Lemon

Die Zutaten – ohne Bitter Lemon – mit Eiswürfeln im Shaker gut schütteln und in ein Longdrinkglas auf einige Eiswürfel abgießen. Mit Bitter Lemon auffüllen. Eine Zitronenschale dazugeben.

Margarita und Tequila Sunrise >

Cachaça

Cachaça (sprich: Kaschassa) ist ein Zuckerrohrdestillat, das in seiner Heimat Brasilien in unzähligen Marken angeboten wird. Man schätzt, dass diese und die etwa 30 000 Kleinbrenner jährlich weit über eine Milliarde Liter herstellen und dass Cachaça nach Wodka die meistkonsumierte Spirituose der westlichen Welt ist. Der seit Ende des 17. Jahrhunderts bekannte Cachaça beherrscht den gesamten Spirituosenmarkt des Landes. Obwohl bei uns mit der Marke Pitú schon zu Beginn der 1970er-Jahre Cachaça angeboten wurde, begann der unglaubliche Erfolg dieser Spirituose erst rund 20 Jahre später mit der ständigen Verfügbarkeit von Limetten, die man zum Mixen des Cachaça-Spitzendrinks, des Caipirinha, zwingend benötigt.

Die Herstellung

Während Rum in vielen Ländern beheimatet ist, wird Cachaça ausschließlich in Brasilien hergestellt. Hauptsächlich im Zuckerrohrbundesstaat Pernambuco, im Osten Brasiliens und im südlicher gelegenen Minas Gerais haben die großen Destillerien ihre Produktionsstätten. Im Gegensatz zu Rum, den man hauptsächlich aus Melasse – den Rückständen bei der Zuckerherstellung – gewinnt, wird Cachaça (ähnlich dem Rhum Agricole auf Martinique) aus frischem Zuckerrohrsaft hergestellt. Obwohl Rum und Cachaça das Zuckerrohr als Ausgangsprodukt haben, sind beide doch grundverschieden und als Endprodukt weit voneinander entfernt. Der hauptsächliche Unterschied entsteht durch ein anderes Gärverfahren und die Stärke der Destillation. Cachaça ist in der Regel wasserhell, wird aber auch golden getönt angeboten. Der goldene Farbton entsteht jedoch meist nicht während der Fasslagerung, sondern durch das zugesetzte Karamell.

Empfehlungen

Beliebt wurde der Cachaça bei uns durch den Caipirinha. Mit seiner Frische und den Komponenten süß und sauer wurde er seit den 1990er-Jahren der große Renner in den Bars. Sein Name stammt von »Caipira«, dem Hinterwäldler, was Rückschlüsse auf dessen Trinkgewohnheiten zulässt. Des Weiteren mixt man mit Cachaça die in Brasilien »Batidas« genannten Drinks. Diese werden aus Cachaça, Zucker, Fruchtsäften oder Fruchtpürees zubereitet. Cachaça ist sehr anpassungsfähig und wird vielfach zum Mixen fruchtiger Longdrinks verwendet. Auch als Longdrink mit Cola, Tonic Water, Bitter Lemon oder Orangensaft wird er getrunken.

Bekannte Marken

Armazem Vieira Die Cachaças von Armazem Viera sind außergewöhnlich. Die auf der südbrasilianischen Insel Santa Catarina seit 1840 produzierten »Cachaça artesanal« setzten Maßstäbe. Die Unterschiede der einzelnen Sorten beruhen auf Verwendung unterschiedlicher Hölzer bei der Lagerung und der zum Teil ungewöhnlich langen Reifezeit. Die Spitzenqualitäten der Armazem Cachaça´s reifen 8, 12 und 16 Jahre.

Cachaça 51 Er ist in seiner Heimat Brasilien mit rund 30 % Marktanteil die führende Marke. Rund 230 Millionen Flaschen werden jährlich verkauft, und damit liegt man in etwa gleichauf mit Bacardi. Gegründet wurde das heutige Unternehmen Müller de Bebidas um 1900 von der aus Deutschland eingewanderten Familie Müller. Standort ist die Stadt Pirassununga im Bundesstaat São Paolo. Alkoholgehalt 40 %vol.

Canario Stammt wie auch der Nêga Fulo (siehe dort) aus der Destillerie Fazenda Soledade. Canario wird in kristallklare Facettenschliffflaschen abgefüllt. Alkoholgehalt 40 %vol.

Janeiro Nach Rio de Janeiro, der bekanntesten Stadt Brasiliens, wurde der Janeiro Cachaça (40 %vol) benannt, und auch das Design der Flasche wurde durch die Stadt inspiriert. Die außergewöhnliche Flaschenform empfindet die Silhouette des »Pao de Acugar«, des Zuckerhuts, nach, und auf dem Etikett und im Glas der Flasche sind die Wellen des

Cachaça

Meeres symbolisiert. Pfeil und Bogen im Janeiro-Logo beziehen sich auf Oxossi, eine der höchsten Gottheiten der Urbevölkerung. Janeiro Cachaça wird mit den modernsten Methoden hergestellt und erfährt einen kurzen Reifeprozess in Eichenholzfässern.

Nêga Fulo Die Nêga-Fulo-Cachaças stammen vom Fazenda Soledade, einem 1827 gegründeten Familienunternehmen, das in Nova Friburgo im Bundesstaat Rio, rund 150 Kilometer nordöstlich von Rio de Janeiro, ansässig ist. Nêga Fulo wird in Deutschland in drei Qualitäten angeboten. Neben dem Klassiker in der umflochtenen Flasche mit 41,5 %vol gibt es den »Canario« mit 40 %vol. Außergewöhnlich ist der »Special Aged Reserve« mit 43 %vol. Dieser Premiumcachaça erfährt eine dreijährige Reifung in aus Europa importierten Eichenholzfässern. Er besticht durch seinen ausgewogenen Geschmack und seine Duftfülle und wird in bocksbeutelähnlichen Flaschen angeboten.

Pitú Die in Deutschland bekannteste Cachaça-Marke, der Pitú, wurde bereits lange vor Beginn der Caipirinhawelle nach Deutschland importiert. Diese Verfügbarkeit machte Pitú zur Nummer eins in Deutschland. Pitú wird in Vitória de Santo Antao im Bundesstaat Pernambuco hergestellt. In dieser Region lebt eine große Garnelenart – das Markenzeichen von Pitú. Pitú wird wasserhell oder golden getönt mit 40 %vol angeboten. Neu seit 2006 ist der Kokoslikör Pitú Cocotida.

Velho Barreira 1909 wurde Indústria de Aguardente Tatuzinho im Bundesstaat São Paulo gegründet. Velho Barreira ist in Brasilien eine der bekanntesten Cachaça-Marken. Importiert wird die klassische Abfüllung mit 39 %vol.

Ypióca Ypióca ist seit 1846 im Besitz der heutigen Inhaberfamilie, die Marke zählt in Brasilien und den Exportmärkten zu den größten. Die Heimat des Ypióca ist Fortaleza im Nordosten des Landes an der Atlantikküste. Die Hauptmarken sind Crystal, Ouro (Gold) und Prata (Silber). Außerdem gibt es die Topqualitäten Ypióca 150 und 160 Special Reserve; diese sechs Jahre gereiften Cachaças wurden anlässlich der Firmenjubiläen aufgelegt. Alle haben 39 %vol.

Arranco

4 cl Cachaça
2 cl Cherry Brandy
2 cl Zitronensaft
6 cl Orangensaft

Die Zutaten mit Eiswürfeln im Shaker gut schütteln und in einen großen Tumbler auf einige Eiswürfel abgießen. Eine Erdbeere an den Glasrand stecken.

Batida de Maracuja con Limão

1 Limette
6 cl Cachaça
4 cl Maracujanektar

In einen großen Tumbler Eiswürfel geben. Die Limette vierteln und den Saft ins Glas pressen. Einige Limettenstücke ins Glas geben, den Cachaça und den Maracujanektar dazugeben und umrühren.

Batida de Mel

2 Limetten
6 cl Cachaça
6 cl Rose's Lime Juice
1 Barlöffel Honig

In einen großen Tumbler Eiswürfel geben. Die Limetten vierteln und den Saft ins Glas pressen. Einige Limettenstücke dazugeben, danach den Cachaça und Rose's Lime Juice. Gut verrühren. Den Honig auf das fertige Getränk fließen lassen.

Cachaça Maracuja

5 cl Cachaça
12 cl Maracujanektar

In ein mit Eiswürfeln gefülltes Longdrinkglas geben, kurz umrühren. Eine Orangenscheibe an den Glasrand stecken.

Cachaça

Cachaça Laranja

6 cl Cachaça
12 cl Orangensaft

In ein mit Eiswürfeln gefülltes Longdrinkglas geben, kurz umrühren. Eine Orangenscheibe an den Glasrand stecken.

Batida de Abacaxi

1 Limette
6 cl Cachaça
4 cl Ananassaft
1 Barlöffel Zuckersirup

Einen großen Tumbler mit Eiswürfeln füllen. Die Limette vierteln, den Saft ins Glas pressen und die Limettenstücke dazugeben. Zuckersirup, Ananassaft und den Cachaça dazugeben, gut umrühren.

Caipirinha

1–2 Limetten (je nach Größe)
2-3 Barlöffel feiner weißer Rohrzucker
6 cl Cachaça

Die Limetten vierteln, den Saft in einen großen Tumbler ausdrücken und die Limettenstücke mit ins Glas geben. Mit einem Holzstößel die Limettenstücke nochmals ausdrücken. Den Cachaça und den Zucker dazugeben und mit einem Barlöffel gut vermischen. Das Glas mit grob zerschlagenen Eiswürfeln füllen und umrühren. Trinkhalme dazugeben..

Hot Caipi

1 Limette
2 EL brauner Rohrzucker
6 cl Cachaça
heißes Wasser

Die Limette in 8 Teile zerschneiden und in einen Becher oder ein dickwandiges Glas geben. Mit einem Holzstößel die Limettenstücke leicht ausdrücken und den Zucker darüberstreuen. In einem kleinen Topf ausreichend (ca. 1/8 l) Wasser erhitzen und in den Becher geben. Den Cachaça dazugießen und mit einem langen Löffel gut umrühren.

Hot Morango Caipi

1 Tasse heißer Erdbeertee
2 cl Zitronensaft
3 cl Erdbeersirup
4 cl Cachaça

1 Tasse Erdbeertee zubereiten und diesen heiß halten. Mit einem Spiralschneider eine lange Orangenschalenspirale schälen und diese zur Hälfte in eine Tasse geben. In einem kleinen Topf den Zitronensaft und den Erdbeersirup erhitzen und den Cachaça dazugeben. Die heiße Mischung in die Tasse gießen und mit dem Erdbeertee auffüllen.

Caipirinha Limão

6 cl Cachaça
2 cl Limettensirup
8 cl Ananassaft

In einen Tumbler 2 Limettenviertel ausdrücken. Cachaça, Sirup und Ananassaft dazugeben und gut verrühren. Das Glas mit grob zerschlagenen Eiswürfeln füllen, mit Ananasstück und Cocktailkirsche garnieren. Zwei kurze Trinkhalme dazugeben.

Pitú Samba

6 cl Pitú
2 cl Triple Sec Curaçao
1 cl Limettensaft
1 cl Mandelsirup
1 cl Limettensirup
1 cl Strawberry Liqueur

Die Zutaten – ohne Strawberry Liqueur – mit Eiswürfeln im Shaker kräftig schütteln und durch das Barsieb in einen Tumbler auf einige Eiswürfel abgießen. Den Strawberry Liqueur darüber geben und eine Erdbeere an den Glasrand stecken.

Tropicana

6 cl Cachaça
1 cl Crème de Bananes
1 cl Kokossirup
6 cl Orangensaft
6 cl Maracujanektar
1 cl Blue Curaçao

Die Zutaten – ohne Blue Curaçao – mit Eiswürfeln im Shaker kräftig schütteln und durch das Barsieb in ein Longdrinkglas auf einige Eiswürfel abgießen. Dann den Blue Curaçao darübergeben. Das Ananasstück an den Glasrand stecken und einige Trinkhalme dazugeben.

< *Caipirinha und Tropicana*

Cachaça

Berry 51

3 cl Cachaça 51
3 cl Védrenne Crème de Mûres
3 cl Sauvignon Blanc
3 Brombeeren
3 Himbeeren

Einige Beeren mit gestoßenem Eis in einen Tumbler geben. Die Zutaten mit Eiswürfeln im Shaker schütteln und in das Glas abgießen. Mit weiteren Beeren garnieren.

Hot Exotic Caipirinha

5 cl Cachaça 51
2 Barlöffel Rohrzucker
1 Limette
2 Barlöffel Granatapfelkerne
½ Maracuja

Die Limette achteln, mit dem Zucker in einen Tumbler geben und mit einem Holzstößel ausdrücken. Die Granatapfelkerne dazugeben und nochmals leicht ausdrücken. Den Cachaça erwärmen und in das Glas geben. Mit heißem Wasser auffüllen, die Maracuja dazugeben und umrühren.

Pitú Morango

4 cl Pitú
2 cl Erdbeerlikör
6 cl Orangensaft
6 cl Grapefruitsaft

Mit Eiswürfeln im Shaker kräftig schütteln und durch das Barsieb in einen Tumbler auf einige Eiswürfel abgießen. Eine Erdbeere an den Glasrand stecken und Trinkhalme dazugeben.

Sweet Harmony

5 cl Cachaça
2 cl Kokossirup
2 cl Mandarinensirup
12 cl Maracujanektar
2 cl Sahne

Mit Eiswürfeln im Shaker kräftig schütteln und in ein Longdrinkglas auf einige Eiswürfel abgießen. Nach Belieben garnieren.

∨ *Berry 51, Hot Exotic Caipirinha und Pitú Morango*

Cognac

Seit mehreren hundert Jahren ist der Cognac einer der größten Reichtümer der Charente-Region und eines der international bekanntesten Erzeugnisse Frankreichs.
Das Schicksal dieser Gegend ist eng mit dem goldgelben Getränk verknüpft, das zu Anfang des 17. Jahrhunderts im Herzen der Grande Champagne entstand.
Den einzigartigen Klimabedingungen, den Bodenverhältnissen und der Nähe des Meeres verdankt die Charente-Region ihre Ausnahmestellung. Diese Besonderheiten sind derart ausgeprägt, dass die nur wenige Kilometer außerhalb des genau abgegrenzten Gebiets gebrannten Weinbrände weder den gleichen Geschmack noch die gleiche Qualität besitzen.

Der Ursprung

Mit Sicherheit kann gesagt werden, dass die ersten Destillationen zu Beginn des 15. Jahrhunderts durchgeführt wurden. Jedoch gelang es erst nach vielen Versuchen, die Brennblase so zu benutzen, wie es heute noch geschieht. Es waren bestimmte Umstände, die die Winzer veranlassten, ihren Wein zu brennen.
Seit Langem unterhielten die Weinbauern der Region einen regen Überseehandel. Sie mussten aber feststellen, dass die Weine die langen Seereisen schlecht überstanden.
Dies brachte die Winzer auf den Gedanken, ihre Weine durch Destillation zu verstärken und zu konzentrieren.
Der konzentrierte Wein musste mit Wasser getrunken werden, um den Weingeschmack wiederzuerlangen. Den Weinbrand so zu trinken, wurde weltweit üblich. Lange wurde dieser Weinbrand so, wie er aus der Destillation kam, verkauft, also farblos und klar wie Wasser.
Im 17. und 18. Jahrhundert waren aufgrund der vielen Kriege die Verkäufe sehr unterschiedlich. Folglich wurde der Weinbrand in Fässern aus Eichenholz aus den nahegelegenen Wäldern des Limousin aufbewahrt. Man stellte fest, dass er dabei sehr viel besser wurde, seine Schärfe verlor und eine schöne goldbraune Farbe erlangte.

Die Cognacregion

Es wird zwischen zwei großen Zonen unterschieden, den »Champs« oder »Champagnes« und den »Bois«. Die amtliche Einteilung in sechs Lagen hat die von der Tradition geschaffene Rangordnung gesetzlich verankert. Um das Städtchen Cognac herum gruppieren sich in konzentrischen Kreisen folgende Lagen: Grande Champagne, Petite Champagne, Borderies, Fins Bois, Bons Bois und Bois Ordinaires bzw. Bois à Terroir. Jede Lage hat besondere Eigenschaften – einen bestimmten Geschmack, ein ihr eigenes Aroma.

Die Herstellung

Zur Wahrung der Qualität des Cognacs sind strenge Vorschriften für die Wahl der Rebsorten erlassen worden. Folle Blanche, Colombar und Saint Emilion (Ugni Blanc) machen heute fast den gesamten Rebenstand aus. Der Cognac verdankt seine Originalität der strengen Abgrenzung des Herstellungsgebiets, dem Boden, dem Klima und den Rebsorten.
Die Destillation erfolgt im Charentaiser Brenngerät, das im Prinzip dem seit Jahrhunderten in der Charente verwendeten entspricht. Auch wurde das ursprüngliche Verfahren, das aus zwei aufeinanderfolgenden Brennvorgängen auf offenem Feuer besteht, beibehalten.
Das Prinzip Destillation ist sehr einfach. Der Wein wird ungefiltert in den Kessel gefüllt, die mäßige Hitze des Feuers bringt den Wein zum Sieden, die Alkoholdämpfe entweichen, kühlen ab und werden aufgefangen. Dieser Rohbrand wird zu einer zweiten Destillation erneut in den Kessel gefüllt. Die Durchführung des zweiten Brennvorgangs verlangt vom Weinbrenner große Erfahrung und viel Feingefühl. Er muss die ersten kondensierten, noch unvollkommenen Dämpfe sowie die letzten ableiten, um nur das »Herzstück« zu erhalten, d. h. die eigentliche Quintessenz des Destillats mit allen Bestandteilen, die dem Cognac sein »Bouquet« und sein Aroma verleihen.

Die Qualitäten

Bevor Cognac dem Verbraucher trinkfertig angeboten wird, kommt die Kunst des Kellermeisters ins Spiel. Dieser mischt Brände unterschiedlichen Alters und verschiedener Lagen, um einen harmonischen, ausgewogenen, für die jeweilige Marke typischen, über Jahre hinweg gleichbleibenden Geschmack zu erzielen.
Da Cognac mit wenigen Ausnahmen immer aus einer Mischung besteht, ist es wichtig, die Etiketten »lesen« zu können. Um ihn als Cognac bezeichnen zu dürfen, muss der jüngste Bestandteil mindestens zwei Jahre im Eichenholzfass gelagert sein. Diese Cognacs sind meist als V. S., 3 Sterne oder de Luxe bekannt. Für V. S. O. P. oder Réserve sind vier Jahre vorgeschrieben.
Bei Cognacs mit den Bezeichnungen Napoléon, Extra, Vieux, Vieille Réserve, Hors d'Age, Selection, X. O., Antique, Cordon Rouge sowie bei

Cognac

allen Bezeichnungen, die auf außergewöhnlich alt hinweisen, sind für das jüngste Destillat sechs Jahre vorgeschrieben. Das tatsächliche, meist über die vorgeschriebene Zeit hinausgehende Alter wird durch die Qualitätspolitik des jeweiligen Hauses bestimmt. Viele der großen Cognachäuser bieten mit ihren besten Marken Cognacs an, deren älteste verwendete Brände mehrere Jahrzehnte Lagerung hinter sich haben. Eine Besonderheit ist der Cognac »Fine Champagne«. Dies ist eine vom Alter unabhängige Mischung aus den beiden Regionen Grande und Petite Champagne mit mindestens 51 % Grande-Champagne-Anteil.

Empfehlungen

Man trinkt Cognac gern zum Abschluss einer guten Mahlzeit. Er wird in den eigens für ihn geschaffenen Schwenkern oder Tulpengläsern gereicht. Aber auch zu anderen Gelegenheiten eignet sich Cognac als ein recht vielseitiges Getränk. Er ist unentbehrlich als Digestif und findet sich in vielen weltbekannten Cocktails.

Bekannte Marken

Courvoisier Emanuel Courvoisier gründete 1835 in Jarnac das heute weltbekannte Cognachaus. Das Unternehmen produziert jährlich etwa 14 Millionen Flaschen und ist nach Hennessy, Rémy Martin und Martell der viertgrößte Cognacproduzent. Angeboten werden der Klassiker V. S., V. S. O. P. Fine Champagne, Exclusif – mit einem hohen Anteil zwölfjähriger Borderies-Brände, X. O. Imperial – einer der feinsten X. O. aus Grande Champagne, Petite Champagne und Borderies-Bränden. L'Essence de Courvoisier, der edelste Cognac des Hauses in einer schweren Baccaratkaraffe aus Grande Champagne und Borderies. Neu sind der Courvoisier zwölf Jahre, der von Borderies dominiert wird, und der Courvoisier 21 Jahre, Grande Champagne.

Delamain Der Ire James Delamain gründete 1763 in Jarnac das heute ausschließlich gehobene Qualitäten anbietende Cognachaus. Mit rund 500 000 Flaschen Jahresproduktion zählt Delamain zu den »Großen« unter den kleineren Herstellern. Alle Delamain-Cognacs sind Grande Champagnes und weisen ein Durchschnittsalter von 25 bis über 50 Jahre auf. Die berühmten Sorten heißen »Pale & Dry X. O.«, »Vesper«, »Extra«, »Très Vénérable« und »Réserve de la Famille«. Seit einigen Jahren werden auch Jahrgangsabfüllungen angeboten. Mit dem »Le Voyage de Delamain« wird auch eine auf 500 Stück limitierte und sündhaft teure Sonderedition in Baccaratkristallkaraffen angeboten.

Fussigny Fussigny geht zurück auf ein 1814 gegründetes Charente-Weingut, das seit 1860 auch Cognac herstellt. Fussigny ist heute das einzige Unternehmen mit einer operativen Brennerei im historischen Zentrum der Stadt Cognac. Angeboten werden Pure Organic, Sélection, Superieur und X. O. Creation.

Hennessy Das größte Cognachaus geht auf die Gründung des Iren Richard Hennessy im Jahre 1765 zurück. Mit rund 55 Millionen Flaschen (2010) belegte Hennessy in der internationalen Liste der meistverkauften Spirituosen den 16. Platz. Seit 1971 ist Hennessy mit dem Champagnerhaus Moët & Chandon verbunden und heute wie dieses ein Teil der Louis Vuitton-Moët-Hennessy-Gruppe (LVMH). Angeboten werden V. S., Black (in schwarzer Flasche, der auch für Mixdrinks empfohlen wird), Fine de Cognac, X. O., Paradis und Richard Hennessy, eine Komposition der besten Brände des Hauses.

Meukow Die Gebrüder Meukow stammten aus Schlesien und gründeten 1862 in Cognac ihre Cognacfirma. Diese blieb bis zum Ersten Weltkrieg deutsch, wurde dann als Feindeigentum enteignet und an Engländer verkauft. 1978 wurde die Compagnie Commerciale de Guyenne (CDG) gegründet, und durch die Übernahme mehrerer kleiner

Cognac

und mittelgroßer Firmen erfolgte der Einstieg in das Cognacgeschäft. Im Gründungsjahr wurde auch Meukow übernommen. Meukow war früher in Moskau und Sankt Petersburg eine bekannte Marke und wird heute vor allem in Skandinavien und Fernost vertrieben. Heute ist Meukow, deren Emblem seit 1995 ein springender Panther ist, mit etwa 400 000 jährlich verkauften Flaschen Cognac immer noch eine Größe im Cognacgeschäft. Die CDG agiert in Matha, rund 25 Kilometer von Cognac entfernt. Dort ist der Sitz der Firmenzentrale, und die moderne Anlage beherbergt auch die Abfüllanlagen. Angeboten werden alle Qualitäten vom V. S. bis hin zur Spitzenmarke Rarissime Très Vieux.

Polignac Cognac Polignac hat seinen Namen von einer Familie, die zu den ältesten des französischen Adels zählt und deren Geschichte sich bis in das Jahr 860 zurückverfolgen lässt. Zusammen mit dem Haus Mounier, einem seit 1858 in der Cognacherstellung tätigen Unternehmen, wurde 1947 die Marke geschaffen. Mounier wiederum ist Teil der Unicoop, in der etwa 1000 Charentais-Weinbauern und elf Brennereien zusammengeschlossen sind. Unicoop verwendet für seine Cognacs unterschiedliche Namen, die wichtigste Marke ist jedoch Prince Hubert de Polignac. Polignac Cognac gibt es zu fairen Preisen in den Qualitäten V. S., V. S. O. P., X. O. und in einer Karaffe als X. O. Royal.

Rémy Martin Rémy Martin genießt weltweit höchstes Ansehen und ist auf allen internationalen Märkten vertreten. Die Firma wurde bereits 1724 gegründet und entwickelte sich stetig bis zur heutigen Größe. Rund 95 % der Produktion werden exportiert, davon über 85 % in V. S. O. P.- und höheren Qualitäten. Alle Rémy-Martin-Cognacs werden zudem nur aus Bränden der Grande und Petite Champagne komponiert. Der bisherige V. S. O. P. ist die Hauptmarke und einer der größten Erfolge in der jüngeren Geschichte der internationalen Markenartikel. Er wird seit Anfang 2012 jedoch nur noch außerhalb Europas angeboten und wurde durch den Rémy Martin V. S. O. P. Mature Cask Finish ersetzt. Für diesen werden die ausgewählten Destillate nach ihrer endgültigen Mischung in kleinen Limousin-Eichenfässern gelagert. Durch die kleinen Fässer verstärkt sich der Austausch zwischen dem Cognac, dem Eichenholz und der Luft im Keller. Dabei werden die fruchtigen Noten und die Ausgewogenheit zusätzlich intensiviert. Mature Cask Finish heißt dieses Verfahren in der Fachsprache. Seit dem Jahr 2007 gibt es den in edle Karaffen abgefüllten Cœur de Cognac – einen sehr fruchtigen und weichen Fine Champagne Cognac. Mit dem »X. O. Excellence« wird ein brillantes Meisterwerk angeboten, und mit dem Spitzenprodukt »Louis XIII« wurde auch in Deutschland Cognacgeschichte geschrieben. Er war der Cognac, der ab dem Ende der 1970er-Jahre den Markt der Spitzenqualitäten erst schuf. Damals war er der einzige verfügbare Cognac seiner Güte und bewog alle anderen Hersteller zum Aufbruch in dieses Segment. Rémy Louis XIII mit seiner unbeschreiblichen Qualität präsentiert sich in einer außergewöhnlichen und wertvollen Baccarat-kristallkaraffe.

Pierre Collins

5 cl Cognac
3 cl Zitronensaft
2 cl Zuckersirup
kaltes Sodawasser

Die Zutaten – ohne Sodawasser – mit Eiswürfeln im Shaker gut schütteln und in ein Longdrinkglas auf einige Eiswürfel abgießen. Mit etwas Sodawasser auffüllen. Mit Zitronenscheibe und Cocktailkirsche garnieren.

Between the Sheets

2 cl Cognac
2 cl weißer Rum
2 cl Cointreau
1 cl Zitronensaft

Die Zutaten im Shaker mit Eiswürfeln gut schütteln und in eine Cocktailschale abgießen.

Pompeii

2 cl Cognac
2 cl Crème de Cacao Weiß
2 cl Amaretto
4–6 cl Sahne

Mit Eiswürfeln im Shaker gut schütteln und in eine Cocktailschale abgießen. Einige Mandelsplitter auf den fertigen Drink streuen.

Rolls Royce

3 cl Cognac
3 cl Cointreau
6 cl Orangensaft

Die Zutaten im Shaker mit Eiswürfeln gut schütteln und in eine Cocktailschale abgießen.

Brandy Fizz

5 cl Cognac
3 cl Zitronensaft
2 cl Zuckersirup
kaltes Sodawasser

Die Zutaten – ohne Sodawasser – mit Eiswürfeln im Shaker lange und kräftig schütteln. In ein Longdrinkglas abgießen und mit etwas Sodawasser auffüllen.

Brandy Sour

5 cl Cognac
3 cl Zitronensaft
1–2 cl Zuckersirup

Die Zutaten im Shaker mit Eiswürfeln kräftig schütteln und in ein Stielglas abgießen. Mit einer halben Orangenscheibe und einer Cocktailkirsche garnieren.

Brandy Soda

4 cl Cognac
kaltes Sodawasser

Den Cognac in ein mit Eiswürfeln gefülltes Longdrinkglas gießen. Mit Sodawasser auffüllen. Eine Zitronenscheibe an den Glasrand stecken.

Alexander

4 cl Cognac
2 cl Crème de Cacao Braun
4–6 cl Sahne

Mit Eiswürfeln im Shaker gut schütteln und in ein Stielglas abgießen. Mit etwas Muskatnuss bestreuen.

Cognac

B and B

2 cl Bénédictine
2 cl Cognac
Hier bieten sich mehrere Arten der Zubereitung an:
1. Bénédictine und Cognac in einen Cognacschwenker geben und durch leichtes Schwenken vermischen.
2. Bénédictine und Cognac mit Eiswürfeln im Rührglas gut vermischen und in einen Schwenker oder
3. in einen Tumbler mit Eiswürfeln abgießen.

Sidecar

4 cl Cognac
2 cl Cointreau
2 cl Zitronensaft
Die Zutaten im Shaker mit Eiswürfeln gut schütteln und in eine Cocktailschale abgießen.

Petrifier

2 Spritzer Angostura
1 cl Grenadine
2 cl Zitronensaft
4 cl Cognac
4 cl Wodka
4 cl Gin
4 cl Grand Marnier
kaltes Ginger Ale
1 cl Calvados
In ein großes Glas einige Eiswürfel und darauf die Zutaten – ohne den Calvados – geben. Gut verrühren und mit 0,2 l kaltem Ginger Ale auffüllen. Nochmals leicht rühren, einige Cocktailkirschen und je eine halbe Zitronen- und Orangenscheibe dazugeben. Den fertigen Drink mit Calvados beträufeln.

Rémy Cup

4 cl Rémy Martin Cognac
1 cl Grenadine
10 cl Maracujanektar
Im Shaker mit Eiswürfeln gut schütteln und in ein großes Becherglas auf Eiswürfel abgießen. Mit Ananasstück und Minzezweig garnieren.

Frenchy

4 cl Cognac
2 cl Crème de Bananes
6 cl Orangensaft
6 cl Ananassaft
1 cl Erdbeersirup
Im Shaker mit Eiswürfeln gut schütteln und in ein Longdrinkglas auf Eiswürfel abgießen. Eine Erdbeere an den Glasrand stecken.

American Beauty

2 cl Cognac
2 cl Vermouth Dry
1 cl Grenadine
2 cl Orangensaft
1 Spritzer Crème de Menthe Weiß
einige Tropfen Tawny Port
Im Shaker – ohne Port – mit Eiswürfeln schütteln und in ein Glas auf Eiswürfel abgießen. Eine halbe Orangenscheibe dazugeben und den Port darüberträufeln.

Mont Blanc

3 cl Cognac
3 cl Cointreau
leicht geschlagene Sahne
Im Rührglas auf Eiswürfeln verrühren. In ein Stielglas abgießen und die Sahne als Haube daraufsetzen.

Brandy Flip

5 cl Cognac
1 cl Zuckersirup
2 cl Sahne
1 Eigelb
Die Zutaten mit Eiswürfeln im Shaker kurz und kräftig schütteln. In ein Flipglas oder einen Sektkelch abgießen. Mit Muskatnuss bestreuen.

< Sidecar und Alexander
Frenchy >

Weinbrand

Unter den zahllosen Spirituosen hat der Weinbrand wohl die älteste Geschichte. Bereits 1321 enthielt ein deutschsprachiges Dokument einen Hinweis auf gebrannten Wein, der damals jedoch als Heilmittel galt und nur in Apotheken verkauft wurde. Die Bezeichnung Weinbrand geht auf Hugo Asbach zurück, der seinen gebrannten Wein ab 1902 Cognacweinbrand nannte. Als den deutschen Herstellern nach 1919 die Benennung Cognac untersagt wurde, war durch ihn der Begriff Weinbrand schon eingeführt. Dieser wurde 1923 ins deutsche Weingesetz übernommen und steht seither für deutsche Weindestillate.

Bis heute ist Weinbrand gleichauf mit dem Korn an der deutschen Spirituosenproduktion mit rund einem Fünftel beteiligt. Die neben Asbach bekanntesten Marken sind Scharlachberg, Dujardin, Jacobi, Mariacron, Chantré und Bols.

Die Herstellung

Die Qualität eines Weinbrands beginnt bei der Auswahl geeigneter Weine. Aber nicht alle eignen sich zum Brennen, und eigenartigerweise sind es auch nicht die guten Trinkweine, die ihr Bukett bei der Destillation entfalten. Die deutschen Weinbrenner decken ihren Bedarf an Wein hauptsächlich in Frankreich und in Italien. Der Destillationsvorgang vollzieht sich bei der Weinbrandherstellung im Wesentlichen in zwei Schritten: in der Herstellung des »Raubrands« und der Gewinnung des »Feinbrands«. Raubrand ist das Ergebnis des ersten Brennvorgangs. Mit ihm ließe sich noch kein Weinbrand herstellen, denn er enthält noch unerwünschte Stoffe, die erst in einem zweiten Destillationsvorgang ausgeschieden werden müssen. Beim zweiten Brennvorgang entsteht eine Flüssigkeit, die unterschieden wird in Vorlauf, Mittellauf und Nachlauf. Hierbei konzentriert man sich auf den Mittellauf. Das ist der eigentliche Feinbrand, das »Herzstück«. Dieser Feinbrand ist eine wasserhelle, klare Flüssigkeit mit einem Alkoholgehalt von etwa 70 %vol.

Ihm steht jetzt noch die Zeit des Reifens bevor, und diese ist mitentscheidend für die Qualität. Die geltenden Vorschriften wurden 1998 durch eine neue Verordnung ersetzt. Seither unterscheidet man zwischen Weinbrand und deutschem Weinbrand. Während Letzterer den früheren Begriffsbestimmungen entspricht, ist Weinbrand nun geringeren Anforderungen unterworfen. Für beide gilt, dass sie weder aus deutschen Weinen noch aus in Deutschland hergestellten Destillaten erzeugt werden müssen.

Die hauptsächlichen Unterscheidungsmerkmale

Weindestillate: Bei Weinbrand darf bis zur Hälfte des Fertigprodukts bis zu 94,8 %vol destilliert werden, und es gibt keine Vorschrift zu den Rebsorten. Bei deutschem Weinbrand liegt die Destillationsobergrenze bei 86 %vol, und nur bestimmte Rebsorten dürfen verwendet werden.

Mindestreifezeit: Bei Weinbrand sechs Monate in Eichenholzfässern unter 1000 Litern Fassungsvermögen oder zwölf Monate in Eichenholzfässern über 1000 Litern. Bei deutschem Weinbrand mindestens zwölf Monate in Eichenholzfässern unter 1000 Litern.

Abrundungsessenzen: Erlaubt sind bei beiden die Zusätze von Kaltauszügen aus getrockneten Pflaumen, grünen Nüssen, auch getrockneten, oder gerösteten Mandelschalen. Beim Weinbrand dürfen außerdem Kaltauszüge aus Eichenholz oder Eichenholzspänen zugesetzt werden.

Zusatzstoffe und Zuckerung: Bei Weinbrand ist Zuckercouleur erlaubt sowie Zuckerungsstoffe ohne Mengenbegrenzung.

Mindestalkoholgehalt: bei Weinbrand 36 %vol, bei deutschem Weinbrand 38 %vol.

Bekannte Marken

Asbach In Rüdesheim am Rhein hat die Weinbrennerei Asbach ihren Sitz und stellt den bekanntesten deutschen Weinbrand her. Hugo Asbach gründete 1892 das Unternehmen; bereits 1907 wurde die Marke »Asbach Uralt« beim Kaiserlichen Patentamt eingetragen. Asbach prägte auch den Begriff Weinbrand, der ab 1919 eingeführt wurde. Asbach ist zwar nicht der größte Weinbrandhersteller in Deutschland, aber sicher das Haus, das den meisten hochwertigen Weinbrand absetzt. 1991 wurde Asbach vom damaligen englischen Spirituosenkonzern United Distillers übernommen, seit 2000 ist Asbach im Besitz von Underberg. Außer dem Klassiker Asbach Uralt (38 %vol) werden Asbach Urbrand, Asbach Uralt 5 Jahre, der 1905 eingeführte und 8 Jahre gereifte Asbach Privat (alle 38 %vol), Asbach Spezialbrand 15 Jahre (38 %vol), Asbach Selection 21 Jahre und seit dem Jahr 2000 der Asbach Jahrgangsbrand 1972 angeboten (beide 40 %vol). 2003 wurde mit dem A & A – Asbach & Auslese ein neu entwickelter Aperitiflikör eingeführt (siehe Seite 22).

Weinbrand

Asbach Sour

4 cl Asbach
4 cl Zitronensaft
2 cl Orangensaft
2 cl Zuckersirup

Im Shaker mit Eiswürfeln kräftig schütteln und in ein Stielglas abgießen. Mit einer halben Orangenscheibe und einer Cocktailkirsche garnieren.

Asbach Cola

4–6 cl Asbach
kaltes Cola

In ein Longdrinkglas einige Eiswürfel geben. Den Asbach dazugießen und mit kalter Cola auffüllen. Eine halbe Zitronen- oder Limettenscheibe und einen Stirrer dazugeben.

Rüdesheimer Kaffee

4 cl Asbach
3 Stück Würfelzucker
heißer Kaffee
*Schlagsahne,
   mit Vanillezucker gesüßt
Schokoladenraspel*

In einen vorgewärmten Rüdesheimer-Kaffee-Becher Asbach und den Würfelzucker geben. Mit einem langen Streichholz anzünden und eine Minute brennen lassen. Mit einem langstieligen Löffel umrühren und mit Kaffee bis ca. zwei Zentimeter unter den Becherrand auffüllen. Eine Sahnehaube daraufsetzen und die Schokoladenraspel darüberstreuen.

Brandy

Brandy

In fast allen Ländern der Erde begleitet die Weindestillation die Weinherstellung. Im Gegensatz zu Europa, wo schon seit Jahrhunderten Wein gebrannt wird, blickt die Weindestillation in außereuropäischen Ländern jedoch auf eine relativ junge Geschichte zurück. Bekanntestes Herstellerland ist ohne Zweifel Frankreich mit seinen weltbekannten Weindestillaten Cognac und Armagnac. Für den deutschen Markt sind außer diesen nur noch die spanischen und italienischen Brandys von Bedeutung.

Die griechische Spirituosenspezialität Metaxa, die bei uns wie auch international großen Erfolg aufweisen kann, wird auf Seite 104 vorgestellt, da sein Herstellungsverfahren den EU-Bestimmungen für Brandy nicht entspricht.

Brandy aus Spanien und Italien

In Spanien greift man in der Geschichte des Weinbrennens weit zurück. Das Zentrum der Weinbrennerkunst liegt seit Beginn in Andalusien, und in der Region Jerez wurden bereits im 16. Jahrhundert beachtliche Mengen Wein gebrannt. Dieser diente damals aber meist nur zur Verstärkung der Weine für den Export. Gegen Ende des 19. Jahrhunderts kam die große Wende für den Brandy. Denn von da an war er nicht länger eine Beigabe. Ihm gelang der Sprung in die Selbstständigkeit – als Brandy de Jerez. Das Herkunftsgebiet »Brandy de Jerez« beschränkt sich auf die Sherryregion in der Provinz Cadiz. Dort erzeugen gut drei Dutzend Bodegas, alle zugleich bekannte Sherry-Hersteller, etwa 100 Millionen Flaschen Brandy pro Jahr. Brandy de Jerez unterscheidet sich völlig von Weinbränden anderer Länder, denn sein Herstellungsverfahren endet in der »Solera«.

Dieses einzigartige und langwierige Verfahren beruht auf einer regelmäßigen Vermischung der Destillate in übereinander liegenden Reihen alter Sherryfässer. Auf diese Weise werden Eigenschaften und Charakteristik jeweils auf den nachrückenden Brandy übertragen. Da beim Solera-System die Destillate oft Jahrzehnte wandern, ist beim Brandy de Jerez keine Jahresangabe möglich.

Brandy de Jerez wird je nach Reifezeit in drei Güteklassen unterteilt. Die vorgeschriebenen Mindestreifezeiten werden jedoch bei allen bekannten Marken weit überschritten. So muss Brandy mit der Bezeichnung Solera mindestens sechs Monate reifen, Solera Reserva ein Jahr und Solera Gran Reserva drei Jahre. Die tatsächlichen Reifezeiten (Durchschnitt) betragen jedoch rund 1 ½, 3 und 8 Jahre. Bei Spitzenprodukten sind Reifezeiten von 10 bis 15 Jahren und mehr nicht ungewöhnlich. Spanischer Weinbrand ist zu 90 % Brandy de Jerez.

Während die spanischen Brandys in großer Vielfalt angeboten werden, ist Italien nur mit wenigen Marken vertreten. Die Ursache ist darin zu suchen, dass viele Sherryhäuser auch Brandyhersteller sind. Der italienische Brandymarkt wird von Stock und der Buton-Marke Vecchia Romagna dominiert. Daneben gibt es viele weitere, jedoch bei uns wenig bekannte Produzenten. Italienische Brandys werden im klassischen Verfahren hergestellt, d. h. durch zweifache Destillation und anschließende Lagerung in Eichenholzfässern. Die Mindestreifezeit beträgt drei Jahre.

Bekannte Marken

Carlos I. Carlos I. (Primero), ein voller, sehr lange gereifter Solera Gran Reserva Brandy, ist die Spitzenmarke des Hauses Domecq. Dieser erfolgreichste Premiumbrandy Spaniens wird seit 1922 hergestellt und hat 40 %vol.

Rey Fernando de Castilla Die Geschichte der in der Altstadt von Jerez erbauten Bodega reicht bis in das 18. Jahrhundert zurück. 1972 wurde die Marke Rey Fernando de Castilla mit dem Ziel ins Leben gerufen, den erlesensten Brandy Spaniens zu erzeugen. Auch die Sherrys tragen seither diesen Namen. Jan Pettersen, in Norwegen geboren, jedoch in Andalusien aufgewachsen und Jahrzehnte im Sherrygeschäft in Jerez

Brandy

tätig, übernahm 1999 die Bodega. Rey Fernando de Castilla zählt zu den kleineren Unternehmen, es ist jedoch ein Schmuckstück, und die Sherrys und Brandys genießen höchste Reputation. Die Brandys des Hauses werden in großer Vielfalt angeboten. Die klassischen Sorten sind Solera Reserva, Solera Gran Reserva und Único. Des Weiteren wird mit dem Selecto ein Spitzenbrandy aus den feinsten und ältesten Bränden angeboten. Dazu kommen mit den »Artesanos« drei spezielle Brandys, die in Amontillado-, Oloroso- und Olorose-Viejo-Fässern reiften und deren Werdegang auf den Etiketten dokumentiert ist.

Gran Duque d'Alba Dieser Brandy de Luxe Gran Reserva gilt als einer der besten spanischen Brandys. Das berühmte Sherryhaus Williams & Humbert (Dry Sack) besitzt heute das Patronat über die Marke. In der 1890 angelegten Solera sind alle Jahrgänge seit 1890 zumindest in Spuren noch enthalten. Neben diesem wird mit dem »ORO« eine sogar den Klassiker noch übertreffende Spitzenqualität angeboten (beide 40 %vol).

Lustau Ein für seine Sortenvielfalt gerühmtes Sherryhaus. Im Jahr 2011 stellte Lustau seine neuen Brandys vor. Angeboten werden ein klassischer Solera Reserva und ein Gran Reserva, der im Durchschnitt zehn Jahre in ehemaligen Fino-Fässern reifte. Der Finest Selection Gran Reserva entsteht aus einem Blend, der über zehn Jahre in einer alten Pedro Ximénez Solera reifte. Eine Rarität stellt der Gran Reserva Family Reserve dar. Für diesen limitierten Brandy stehen nur fünf Fässer aus dem Jahrgang 1977 zur Verfügung.

Osborne Das Haus Osborne in Puerto de Santa Maria ist eine der angesehensten Weinfirmen Andalusiens. Ihre Sherrys und Brandys genießen Weltruf und sind bekannt durch ihr Symbol, den »schwarzen Stier«. Das Unternehmen wurde 1772 von dem Engländer Thomas Osborne gegründet und ist bis heute im Besitz der Familie. Angeboten werden Osborne 103 und 103 Negra, Veterano, er ist die größte Brandymarke Spaniens, Magno, Reserva del Toro und der Gran Reserva Conde de Osborne. Diesen gibt es auch in einer von Dalí entworfenen Porzellanflasche.

Terry Die Terry Bodegas in El Puerto de Santa Maria haben ihren Ursprung in der im 17. Jahrhundert aus Irland zugewanderten Familie Terry. Die Familie baute dort ein Handelsunternehmen auf, und Fernando Matías de Terry gründete 1865 die Terry Bodegas. Centenario bedeutet Jahrhundert und erinnert an den Übergang in das 20. Jahrhundert, als die Terry-Familie mit der Produktion von Brandys begann. Die charakteristischen gelben Netze umspannen seit Beginn des 20. Jahrhunderts die Flaschen und sind ein bekanntes Symbol des Terry Centenario. Dieser ist die berühmteste Marke und wird mit 36 %vol angeboten.

Bodegas Tradición wurde 1998 mit dem Ziel gegründet, die alten und traditionellen Arbeitsabläufe der Sherryherstellung wiederzubeleben. Nachdem die Gebäude aus dem 19. Jahrhundert im historischen Stadtteil von Jerez gekauft und restauriert waren, wurde nach den besten und ältesten Weinen der Region gesucht. Anschließend wurden über 1000 Fässer mit nur vier Arten von Sherry und mit Brandy befüllt. Eine weitere Besonderheit ist das in der Bodega untergebrachte Museum. Sie ist der ständige Sitz der Gemäldesammlung Joaquin Rivero, mit spanischen Meistern des 15. bis 19. Jahrhunderts. Diese Gemäldesammlung ist eine der wichtigsten in Andalusien und kann besichtigt werden. Ziel der Bodegas Tradición war es, authentische und traditionelle Sherrys und Brandys im typischen Stil von Jerez Anfang des 20. Jahrhunderts zu erzeugen. Um dieses zu erreichen, wurde unter den alten Lagerbeständen der klassischen Bodegas der Region so lange gesucht, bis man mit einigen einzigartigen Soleras höchster Qualität fündig wurde.

Brandy

Da es sich um äußerst geringe Mengen handelte, ist die Jahresproduktion sehr limitiert. Die Brandys der Bodegas Tradición gibt es in zwei Qualitäten. Brandy Tradición »Gold« Solera Reserva ist das Ergebnis einer Mischung hervorragender Destillate, die jahrelang in Fässern reiften, die zuvor für die Alterung von Oloroso-Sherry verwendet wurden. Das Durchschnittsalter beträgt rund 25 Jahre. Ein absolutes Spitzenprodukt in einer Qualität, die jeden Brandyfreund entzückt, ist der »Platinum«, ein über 40 Jahre gereifter Brandy. Bodegas Tradición hat diesen sensationellen Brandy einer Bodega abgekauft, die diesen bereits Ende der 1970er-Jahre ebenfalls einer anderen Bodega als sehr alten Brandy abgekauft hatte. Die vielen Jahre in Fässern aus amerikanischer Eiche, in denen zuvor Pedro-Ximénez-Sherry im Solera-System gereift war, ließen ihn zu seiner Vollendung kommen. »Platinum« ist ein sehr dunkel mahagonifarbener, nahezu schwarzer Brandy mit sensationellen Aromen und Geschmacksnuancen. Ein authentischer und einzigartiger Brandy, der seinesgleichen sucht. Abgefüllt wird »Platinum« in eine handgeschliffene Kristallflasche aus der königlichen Glasfabrik »La Granja«. Als Vorlage diente ein Modell aus dem 17. Jahrhundert.

Vecchia Romagna Diese große italienische Brandymarke der Firma Buton in Bologna wird in der klassischen Abfüllung »Etichetta Nera« und als zehn Jahre gereifter »Riserva«, beide mit 38 %vol, angeboten.

Montana

4 cl Brandy
1 cl Tawny Port
1 cl Vermouth Dry

Mit Eiswürfeln im Rührglas gut verrühren und durch das Barsieb in ein vorgekühltes Cocktailglas abgießen. Eine Cocktailkirsche dazugeben.

Hot Milk Punch

4 cl Brandy
1 cl Zuckersirup
heiße Milch

Weinbrand und Zuckersirup in eine vorgewärmte Tasse geben und mit Milch auffüllen. Etwas Muskatnuss daraufstreuen.

Star Clipper

2 cl Brandy
2 cl Apricot Brandy
2 cl Crème de Bananes
12 cl Ananassaft

Mit Eiswürfeln im Shaker kräftig schütteln und durch das Barsieb in ein großes Glas auf einige Eiswürfel abgießen. Ein Aprikosenstück mit einer Cocktailkirsche an den Glasrand stecken.

Summer Fun

3 cl Brandy
3 cl Crème de Bananes
8 cl Ananassaft
8 cl Orangensaft

Auf einige Eiswürfel in ein Fancyglas geben, gut verrühren und mit Früchten garnieren.

Softy

1 cl Brandy
1 cl Cointreau
8 cl Rotwein
4 cl Orangensaft
2 cl Ananassaft

Im Shaker mit Eiswürfeln gut schütteln und in ein Longdrinkglas auf einige Eiswürfel abgießen. Mit Ananasstück und blauen Trauben garnieren.

Hercules

2 cl Brandy
2 cl Amaretto
1 cl Grenadine
5 cl Orangensaft

Mit Eiswürfeln im Shaker gut schütteln und in einen Tumbler auf einige Eiswürfel abgießen. Mit Orangenscheibe garnieren.

Dolores

2 cl Brandy
2 cl Cherry Brandy
2 cl Crème de Cacao Weiß

Mit Eiswürfeln im Rührglas gut verrühren und durch das Barsieb in ein vorgekühltes Cocktailglas abgießen. Eine Cocktailkirsche dazugeben.

Summer Fun >
Hercules ∨

Brandy

Venetian Coffee

2 cl ital. Brandy
2 cl Crème de Cacao Braun
1 Teelöffel Zucker
1 Tasse heißer Kaffee
leicht geschlagene Sahne

Brandy, Crème de Cacao, Zucker und Kaffee in ein vorgewärmtes Stielglas geben und gut verrühren. Die Sahne daraufsetzen.

Betsy Ross

3 cl Brandy
3 cl Tawny Port
1/2 cl Cointreau
1 Spritzer Angostura

Mit Eiswürfeln im Rührglas gut verrühren und durch das Barsieb in ein vorgekühltes Cocktailglas abgießen.

Via Veneto

4 cl Ital. Brandy
1 cl Sambuca
2 cl Zitronensaft
1 cl Zuckersirup

Mit Eiswürfeln im Shaker kräftig schütteln, durch das Barsieb in ein mittelgroßes Stielglas abgießen. Einen Spieß mit einer halben Orangenscheibe und einer Cocktailkirsche dazugeben.

Brandy Eggnog

6 cl Brandy
1 cl Zuckersirup
1 Eigelb
12 cl Milch
2 cl Sahne
2 Spritzer Angostura

Mit Eiswürfeln im Shaker schütteln und in ein Longdrinkglas abgießen. Mit Muskatnuss bestreuen.

Lumumba

2 cl spanischer Brandy
2 cl Kaffeelikör
kalte Trinkschokolade

In ein Longdrinkglas Eiswürfel geben, Brandy und Kaffeelikör darübergießen und mit der kalten Trinkschokolade auffüllen. Gut umrühren.

Brandy Collins

5 cl Brandy
3 cl Zitronensaft
2 cl Rohrzuckersirup
kaltes Sodawasser

Die Zutaten – ohne Sodawasser – mit Eiswürfeln im Shaker kräftig schütteln und durch das Barsieb in ein Longdrinkglas auf einige Eiswürfel abgießen. Mit Sodawasser auffüllen. Zwei halbe Zitronenscheiben und zwei Cocktailkirschen dazugeben. Mit Trinkhalmen und Stirrer servieren.

< Brandy Collins und Softy

Pisco

Pisco ist nach dem Cachaça und dem Rum die dritte international bekannte Spirituose Südamerikas. Sein Ursprung findet sich in Peru, und in dort wird Pisco von über 200 offiziellen, meist kleineren Brennereien in großer Sortenvielfalt hergestellt. Pisco ist die Nationalspirituose in Peru und Chile. In Chile befinden sich mit den Marken Control und Capel die beiden größten Piscoproduzenten. Ein immerwährender Streit um das ausschließliche Recht um den Namen Pisco hält seit Jahrzehnten an und wird wahrscheinlich auch nie enden.

Pisco aus Peru

Die Wurzeln der Piscoherstellung reichen weit in die Geschichte zurück, und die erste Erwähnung findet sich in fast 400 Jahre alten Dokumenten. Im 16. Jahrhundert gelangten die ersten Weinreben von Spanien aus nach Südamerika, und das südliche Peru nördlich und südlich der Hafenstadt Pisco erwies sich als besonders geeignetes Anbaugebiet. Pisco aus Peru ist ein hochprozentiges Destillat aus dem Saft frisch gepresster Weintrauben. Im Allgemeinen werden vergleichbare Spirituosen auf der Basis von Weintrauben aus dem Trester (den Pressrückständen bei der Weinherstellung) hergestellt. Dies geschieht etwa beim italienischen Grappa, dem französischen Marc und beim deutschen Trester. Im Gegensatz hierzu werden bei der Piscoherstellung die Trauben gepresst, und der Traubenmost wird vergoren. Wegen des hohen Zuckergehalts der Weintrauben in Peru ist der Alkoholgehalt im vergorenen Most relativ hoch, und bei der ersten Destillation wird bereits ein Alkoholgehalt von über 40 %vol erreicht. Beim Pisco peruanischer Herstellungsart bleibt es bei dieser einmaligen Destillation, und hier stellt sich schon der endgültige Alkoholgehalt ein.

Die Piscokategorien

Je nach Traubensorte und Destillationsart kann der Pisco in drei Kategorien eingeteilt werden: Pisco Puro, Pisco Acholado und Mosto Verde. Innerhalb dieser Kategorien unterscheidet man verschiedene Sorten, je nachdem, welche Trauben verwendet werden.

Pisco Puro Dieser Pisco wird nur aus einer einzigen Traubensorte gewonnen, und diese werden wiederum in zwei Gruppen eingeteilt, in Piscos aus aromatischen und nichtaromatischen Sorten.
   Puro aromatico wird aus aromatischen Traubensorten, die vielfältige Aromen aufweisen, hergestellt – Italia, Torontel, Albilla und Moscatel.
   Puro non aromatico wird aus Traubensorten hergestellt, die sich weniger durch ein starkes Aroma, sondern durch einen intensiven Geschmack auszeichnen. Die Sorten sind Quebranta, Mollar, Negro Criolla und Uvina.

Pisco Acholado Für ihn werden zwei oder mehr verschiedene Traubensorten verarbeitet. Sowohl aromatische als auch nichtaromatische Sorten finden Verwendung. Es gibt zwei Methoden der Herstellung. Bei der ersten werden die Trauben verschiedener Sorten vor dem Keltern gemischt. Bei der zweiten wird zuerst aus den einzelnen Trauben getrennt ein Pisco hergestellt, anschließend werden die einzelnen Piscosorten zusammengeführt. Die häufigste Mischung ist der Pisco Acholado aus Quebranta und Italia.

Pisco Mosto Verde Dieser Pisco unterscheidet sich von den vorangegangenen dadurch, dass er sich nicht durch die verwendete Trau-

Pisco

bensorte definiert, sondern durch seinen Herstellungsprozess. Bei der Gärung des Traubenmosts wird der Zucker in Alkohol umgewandelt. Normalerweise wartet man ab, bis sämtlicher Zucker umgewandelt ist, und beginnt erst dann die Destillation. Beim Mosto Verde wird jedoch die Gärung unterbrochen, und man gewinnt so einen Pisco, der besonders mild und samtig ist.

Zwischen Februar und März wird geerntet und gekeltert. Dann wird der gefilterte Most zum Vergären in spezielle Gefäße gefüllt. Es folgt die Destillation, und anschließend wird das Destillat in Gefäße aus Glas oder Edelstahl gefüllt. Die Lagerung erfolgt keinesfalls in Holzfässern, sondern dient einzig dazu, dass sich die Aromen harmonisch miteinander verbinden können. Pisco lagert mindestens drei Monate bis zur Abfüllung. Ocucaje Pisco wird in klaren Flaschen und auch in »Huaco« genannte Tonflaschen, die seit Jahrzehnten ein traditionelles Markenzeichen bestimmter Ocucaje-Abfüllungen sind, angeboten.

Ocucaje (sprich: Okukache) Die Destillerie Ocucaje mit ihrer über 100-jährigen Tradition ist einer der renommiertesten und größten Piscoproduzenten in Peru. Sie befindet sich im Ica-Tal, nahe der namensgebenden Stadt Pisco.

Die Sorten Italia 43 %vol; Pur Quebranta 44,5 %vol; Acholado aus Quebranta- und Italia-Trauben 43 %vol; Mosto Verde Italia 44 %vol (schwankend); Mosto Verde Achola 42,5 %vol und der limitiert angebotene und drei Jahre gereifte Gran Pisco Selección aus Quebranta-Trauben mit 44 %vol. Des Weiteren werden zwei mit Quebranta Pisco gefüllte Huacos angeboten.

Pisco aus Chile

Chilenischer Pisco wird ausschließlich in festgelegten Regionen nördlich von Santiago hergestellt. Es werden hauptsächlich Muskatellertrauben verwendet, und im Gegensatz zum peruanischen Pisco erfolgt oftmals eine Reifung in Eichenholzfässern.

Pisco Control Von Control, dem größten chilenischen Pisco-Produzenten, wird die Marke Gran Pisco nach Deutschland importiert. Dieser hat die höchste Qualitätsstufe und 43 %vol. Seine Herstellung erfolgt separat neben der normalen Produktion und ist wesentlich aufwendiger bei den verwendeten Weinen, der Destillation und der Alterung.

Pisco Sour

5 cl Pisco Quebranta
1 ½–2 cl Zuckersirup
2 cl Limettensaft
etwas Eiweiß
1 Spritzer Angostura Bitter

Alle Zutaten – ohne Angostura – mit Eiswürfeln im Shaker kräftig schütteln und in einen Tumbler abgießen. Eiweiß und Angostura auf den fertigen Drink verlangt das Originalrezept, beides ist aber nicht zwingend nötig.

Calvados

Der Calvados ist ein Kind der Normandie, obwohl sein Name spanischen Ursprungs ist.
Als Philipp II. im Jahre 1588 seine »unbesiegbare« Armada gegen England segeln ließ, zerschellte eines der Schiffe an den Klippen der normannischen Küste. Die Caravelle hieß »El Calvador«, das bedeutet »Bezwinger der feindlichen Schiffe«. Der Name ging auf den Felsen über, an dem das Schiff gestrandet war. Aus »El Calvador« wurde »Calvados«, und als man Frankreich 1789/90 in Départements aufteilte, wurde das ganze angrenzende Gebiet so genannt.

Der Ursprung

Sicherlich kennt man schon seit Jahrhunderten das Destillat aus Apfelwein. In den Archiven wird es erstmals 1553 erwähnt, und zwar benutzte man es damals auch als kostbare Arznei. Es war Gilles de Gouberville, ein großer Agronom, der in seinen Büchern überlieferte, dass er 1553 in einem kleinen Dorf am Ärmelkanal, Le-Mesnil-au-Val genannt, Cidre, also Apfelwein, destillierte. Erst zu Beginn des 19. Jahrhunderts nahm der in der Normandie hergestellte Apfelbranntwein den Namen Calvados an, nach dem Département, in dem am meisten erzeugt wurde.

Apfel- und Birnenbrände gibt es in der Bretagne, in der Normandie und im Maine. Calvados dürfen sich aufgrund eines Gesetzes aus dem Jahr 1942 jedoch nur Brände aus genau abgegrenzten Gebieten der Normandie nennen. Auch an die Destilliermethoden werden besondere Anforderungen gestellt. Das nationale Institut für die Ursprungsbezeichnungen, das die Grenzen 1942 absteckte und heute noch streng überwacht, unterscheidet zwischen zwei Calvadosarten, zwischen dem Calvados mit gesetzlich geregelter Herkunftsbezeichnung (Appellation Calvados Contrôlée) und dem Calvados mit kontrollierter Ursprungsbezeichnung (Appellation Calvados du Pays d'Auge contrôlée). Ersterer kommt aus dem Département Calvados, dem Cotentin, dem Avranchin, dem Mortainais, dem Domfrontais, dem Tal der Orne, der Gegend um Merlerault, den Ufern der Risle, der Region Bray und aus dem Perche.

Der Beste – »Pays d'Auge«

Der berühmteste Calvados aber stammt aus dem Pays d'Auge, einem kleinen Gebiet im Herzen des Départements Calvados. Er allein hat das Recht, sich »Calvados du Pays d'Auge – Appellation Contrôlée« zu nennen, was auf deutsch »Calvados aus dem Pays d'Auge mit kontrollierter Ursprungsbezeichnung« bedeutet. Zu seiner Herstellung darf nur Apfelwein verwendet werden, der aus dem Pays d'Auge stammt. Ferner muss der Calvados im Pays d'Auge mittels kleiner Brennblasen für die zweimalige Destillation, wie man sie in der Charente für die Cognacherstellung benutzt, destilliert sein.

Die Herstellung

Calvados trägt wie Cognac und Armagnac einen international geschützten Namen, der nur Bränden aus den genannten Gebieten vorbehalten ist. Der Boden, die Früchte und das Klima bringen eine Spezialität hervor, die man in keiner anderen Gegend findet. Das Ausgangsprodukt sind festgelegte Apfelsorten, die je nach Region auch mit einem Anteil Birnen zu Most, dem Cidre, verarbeitet werden. Der mindestens ein Jahr alte Apfelwein wird dann meist in klassischen einfachen Brennblasen destilliert. Calvados altert wie die Weinbrände in Eichenholzfässern, und die Lagerung wird sechs Jahre überwacht. Ehe der Calvados in den Handel kommt, muss er mindestens ein Jahr alt sein. Meist aber dauert die Reifezeit zwei bis fünf Jahre, manchmal Jahrzehnte. Das Alter erkennt man am Etikett.
Es bedeuten: 3 Sterne = 2 Jahre; Vieux oder Réserve = 3 Jahre; V. O. oder Vieille Réserve = 4 Jahre; V. S. O. P. = 5 Jahre und Extra, Napoléon, Hors d'Âge oder Âge Inconnu = mindestens 6 Jahre. Um über Jahre hinweg den für jeden Hersteller typischen Geschmack zu erhalten, wird Calvados aus Destillaten verschiedener Jahre gemischt. Bei der Altersangabe ist immer das Alter des jüngsten verwendeten Destillats von Bedeutung.

Empfehlungen

Lange Zeit kannte man nur den jungen, klaren Calvados. Früher war es üblich, nur den nicht verbrauchten Cidre zu destillieren, um die Fässer für die neue Ernte zu leeren. Und dieser Branntwein wurde auch nur in der Region getrunken. Im 19. und zu Beginn des 20. Jahrhunderts breitete sich dieses stärkende und anregende Getränk auch in den Industriezonen aus, wo ein »Café-Calva«, ein mit Calvados vermischter Kaffee, zur täglichen Gewohnheit wurde. Damals hatte die Landbevölkerung jedoch schon den anderen Calvados entdeckt, den längere Zeit gelagerten, weichen, bernsteinfarbenen Branntwein.

Calvados

Ob man lieber jungen oder alten Calvados mag, ist Geschmackssache. In der Regel kann man sagen, je jünger, desto feuriger und fruchtiger, je älter, desto weicher im Geschmack und tiefer in der Farbe. Calvados trinkt man wie Cognac oder Weinbrand als Digestif zum Abschluss eines Essens. Hierfür eignen sich kleine Tulpengläser am besten. In der Bar bietet Calvados viele Verwendungsmöglichkeiten zum Mixen.

Bekannte Marken

Boulard Das Familienunternehmen Boulard wurde 1825 gegründet. Die Destillerie befindet sich in Coquainvilliers bei Pont-l'Evêque, inmitten der Region Pays d'Auge. Boulard gilt als einer der renommiertesten Hersteller und gehört zu den größten Exporteuren von Pays d'Auge. Angeboten werden La Cuvée Vincent Boulard, Grand Solage, V. S. O. P., Hors d´Age, Vintage und Carafe 12 und 21 Ans.

Château du Breuil Inmitten der Pays d'Auge-Region liegt das um 1300 erbaute Château du Breuil. Die dort produzierende Destillerie führt Calvados in hervorragender Qualität, in mit Kordeln umwickelten und versiegelten Flaschen. Angeboten werden V. S. O. P., 8 Jahre, 15 Jahre und X. O.

Dauphin Einer der größten Calvadosproduzenten ist die Destillerie Normande du Calvados Dauphin in Coquainvilliers in der Pays d'Auge-Region.

Roger Groult Seit vier Generationen produziert die Familie Groult im Pays d´ Auge Calvados. Beginnend mit einer drei Jahre alten Qualität umfasst das Angebot Calvados mit Altersangaben von bis zu 20 Jahren, darüber hinaus Abfüllungen mit 40 und 50 Jahre gereiften Bränden.

Papidoux Calvados Papidoux ist die größte in Deutschland verkaufte Calvadosmarke. Es gibt ihn in den Qualitäten »Fine«, »V. S. O. P.«, »X. O.« und »Hors d´Age« 15 Ans. Sie werden in für Papidoux geschützten, dickhalsigen Flaschen angeboten und haben 40 %vol.

Père Magloire Im Jahr 1844 gründeten die Brüder Débrise eine Spirituosenfirma und produzierten auch Calvados, der ab 1925 Père Magloire genannt wurde. Angeboten werden die Pays d´Auge-Calvados Fine, V. S. O. P., X. O. und 12 Ans.

Äpfel sind nicht gleich Äpfel. Nur bestimmte Sorten sind für den Apfelbrand der Normandie, den Calvados, zugelassen. Auf dem Umweg über den Cidre verwandeln sich diese in die feinsten Brände, die man von dieser Frucht kennt.

Calvados

< *Porto Flip Normand*

Jack Rose

4 cl Calvados
2 cl Zitronensaft
1 cl Grenadine

Mit Eiswürfeln im Shaker gut schütteln und in ein Cocktailglas abgießen.

Porto Flip Normand

3 cl Calvados
3 cl roter Portwein
2 cl Sahne
1 cl Zuckersirup
1 Eigelb

Die Zutaten mit Eiswürfeln im Shaker kurz und kräftig schütteln, in ein Flipglas oder einen Sektkelch abgießen. Mit etwas Muskatnuss bestreuen.

Drei-Drei-Drei (333)

3 cl Calvados
3 cl Cointreau
3 cl Grapefruitsaft

Mit Eiswürfeln im Shaker gut schütteln und in ein Cocktailglas abgießen.

Applejack

3 cl Calvados
2 cl Dry Orange Curaçao
2 cl Zitronensaft

Alle Zutaten im Shaker mit Eiswürfeln gut schütteln und in ein Cocktailglas abgießen.

Applejack Punch

4 cl Calvados
4 cl Orangensaft
1 cl Grenadine
kaltes Ginger Ale

Calvados, Orangensaft und Grenadine in ein Longdrinkglas mit Eiswürfeln geben, gut umrühren und mit Ginger Ale auffüllen. Mit Orangenscheibe garnieren.

Applejack Flip

5 cl Calvados
1 cl Zuckersirup
2 cl Sahne
1 Eigelb

Die Zutaten mit Eiswürfeln im Shaker kurz und kräftig schütteln, in ein Flipglas oder einen Sektkelch abgießen. Mit etwas Muskatnuss bestreuen.

Rabbit's Foot

3 cl Calvados
3 cl weißer Rum
2 cl Orangensaft
2 cl Zitronensaft
1 cl Grenadine

Mit Eiswürfeln im Shaker schütteln und in einen Tumbler auf einige Eiswürfel abgießen. Mit Orangenscheibe garnieren.

Calvados Sour

5 cl Calvados
3 cl Zitronensaft
1–2 cl Zuckersirup

Die Zutaten im Shaker mit Eiswürfeln kräftig schütteln und in ein Stielglas abgießen. Mit einer halben Orangenscheibe und einer Cocktailkirsche garnieren.

Panther

2 cl Calvados
2 cl St. Raphaël Rouge
2 cl Grand Marnier

Mit Eiswürfeln im Rührglas gut verrühren und in ein vorgekühltes Cocktailglas abgießen. Eine Cocktailkirsche dazugeben.

Normandy Spring

3 cl Calvados
2 cl Noilly Prat
1 cl Pfirsichlikör
4 cl Orangensaft

Im Shaker mit Eiswürfeln kräftig schütteln und durch das Barsieb in einen Tumbler auf einige Eiswürfel abgießen. Eine halbe Orangenscheibe und eine Cocktailkirsche dazugeben.

Big Apple

2 cl Calvados
3 cl Noilly Prat
2 cl Pêcher Mignon

Im Rührglas mit Eiswürfeln verrühren, in vorgekühltes Cocktailglas abgießen. Einen Miniapfel an den Glasrand stecken.

Calvados Cocktail

4 cl Calvados
1 cl Cointreau
4 cl Orangensaft
1 cl Pfirsichlikör

Im Shaker mit Eiswürfeln gut schütteln und in eine Cocktailschale abgießen. Ein Apfelstück mit einer Cocktailkirsche an den Glasrand stecken.

Calvados

Applejack Highball

6 cl Calvados
kaltes Ginger Ale
Calvados in ein Longdrinkglas mit Eiswürfeln geben und mit dem kalten Ginger Ale auffüllen. Mit Apfelschalenspirale dekorieren.

Apple Scotch

4 cl Calvados
2 cl Scotch Whisky
3 cl Zitronensaft
2 cl Zuckersirup
Mit Eiswürfeln im Shaker gut schütteln und in einen Tumbler auf einige Eiswürfel abgießen. Mit Zitronenscheibe, Cocktailkirsche und Apfelschale garnieren.

Sir Henry

3 cl Calvados
2 cl Pfirsichlikör
3 cl Orangensaft
kalter Champagner
Im Shaker mit Eiswürfeln schütteln, in eine Champagnertulpe abgießen. Mit Champagner auffüllen. Einen Spieß mit Pfirsichstücken und Cocktailkirschen über den Glasrand legen.

Jack Dempsey
2 cl Calvados
2 cl Gin
2 cl Triple Sec Curaçao
2 cl Zitronensaft
1 cl Grenadine
einige Tropfen Pernod
Im Shaker mit Eiswürfeln schütteln und in einem Tumbler auf Eiswürfel abgießen. Zwei blaue Trauben an den Glasrand stecken.

Apple Bang

6 cl Calvados
kalter Cidre
Calvados in ein Longdrinkglas mit Eiswürfeln geben und mit dem kalten Cidre auffüllen. Eine Apfelspalte mit ins Glas geben.

Applecart

4 cl Calvados
2 cl Cointreau
2 cl Zitronensaft
Mit Eiswürfeln im Shaker gut schütteln und in ein Cocktailglas abgießen.

After All

4 cl Calvados
3 cl Pfirsichlikör
2 cl Zitronensaft
Mit Eiswürfeln im Shaker gut schütteln und in ein Cocktailglas abgießen.

Baccara

3 cl Calvados
3 cl Malibu
2 cl Pfefferminzsirup
4 cl Sahne
Im Shaker mit Eiswürfeln schütteln und in eine Cocktailschale abgießen.

Apps with Pears

2 cl Calvados Boulard
2 cl Williamsbrand
1 cl Pêcher Mignon Pfirsichlikör
4 cl naturtrüber Apfelsaft
½ cl frisch gepresster Limettensaft
Im Shaker mit Eiswürfeln schütteln und in eine gekühlte Cocktailschale abgießen. Mit Apfel- und Birnenspalten garnieren.

French Fizz

5 cl Calvados Boulard
2 cl frisch gepresster Zitronensaft
2 cl Riemerschmid Holunderblütensirup
1 Barlöffel Puderzucker
10 cl Kombucha
Die Zutaten – ohne Kombucha – im Shaker mit Eiswürfeln schütteln und in ein Longdrinkglas auf einige Eiswürfel abgießen. Mit Kombucha auffüllen und mit einer halben Zitronenscheibe und Minze garnieren.

After All und Baccara >

Obstbrand

Obstbrände zählen zu den edelsten Spirituosen und sind in ihrer Sortenvielfalt unübertroffen. Ob Himbeere, Kirsche oder Birne, ihre Duftfülle ist einzigartig, und ob »Wasser« oder »Geist« – keine andere Spirituosengattung bietet so viel abwechslungsreichen Genuss.

Der Ursprung

Um das Jahr 1500 sind die frühesten Anfänge der Destillation in Deutschland belegt, und der Weinbrand hat dabei die älteste Geschichte. Dem folgte der Kornbrand, und in den obstreichen Gegenden Mitteleuropas verbreitete sich das Obstbrennen. Ab dem 19. Jahrhundert war das Destillieren von Obst bereits ein Nebenerwerbszweig jedes Bauern, der über Obst verfügte. Besonders der süddeutsche Raum mit seinen großen Obstbeständen spielt hierbei eine wichtige Rolle; noch heute gibt es über 30 000 bäuerliche Kleinbrennereien. Um 1800 begann auch das gewerbsmäßige Brennen, wie auch die Geschichte der bereits 1813 erwähnten Firma Schladerer belegt. Auch in anderen obstreichen Regionen Mitteleuropas begann man Obst zu destillieren, und die Obstbrände mancher Länder sind heute weltbekannt. So steht der Pflaumenbrand Slivovitz für das ehemalige Jugoslawien, der Aprikosenbrand Barack Pálinka für Ungarn, Marillenbrand (österreichisch für Aprikosen) kommt aus Österreich, Williamsbirne aus Südtirol und der Schweiz, Kirschwasser aus der Schweiz und aus Deutschland, Himbeergeist aus Deutschland und dem Elsass, und Mirabelle aus Lothringen. Hauptsächlich die Regionen rund um die Alpen sind heute der Mittelpunkt der Obstbrennerei, und außer den bereits genannten Sorten wird Obst in unglaublicher Vielfalt zu Obstbränden verarbeitet.

Die Herstellung

Man unterscheidet bei den Obstbränden zwischen Wässern und Geisten. Wässer sind Brände aus Kern- und Steinobst wie Kirschen, Zwetschgen, Pflaumen, Mirabellen, Birnen, Äpfel und mehr. Bei der Herstellung der Wässer werden die sortenreinen Früchte vergoren. Dabei wandelt sich der natürliche Fruchtzucker in Alkohol um. Nach der Gärung wird die Maische zunächst zum sogenannten Rohbrand destilliert; darauf folgt ein zweiter Destillationsprozess, der Feinbrand. Geiste dagegen werden aus zuckerarmem Obst, vor allem aus Beeren, hergestellt. Diese Früchte, hauptsächlich Himbeeren, Brombeeren, Vogelbeeren und Schlehen, aber auch Johannisbeeren und Holunderbeeren, haben von Natur aus zu wenig Zucker, um genügend Alkohol zu bilden. Damit deren Aroma dennoch voll erhalten bleibt, werden diese Früchte mit Neutralalkohol eingemaischt und später dem gleichen Destillationsprozess unterworfen wie die Wässer. Sobald ein Wasser oder Geist die Brennerei verlassen hat, darf er nicht mehr verändert werden – erlaubt ist lediglich, den Alkoholgehalt auf Trinkstärke herabzusetzen. Kernobstbrände aus Äpfel und Birnen heißen weder Wasser noch Geist, sondern einfach »Brand« – wie der Apfelbrand oder die Williamsbirne. Als Obstwasser (Obstler) darf ein Kernobstbrand nur dann bezeichnet werden, wenn zugleich darauf hingewiesen wird, dass nur Äpfel und/oder Birnen verwendet wurden. Die aus der Brennerei kommenden hochprozentigen Wässer und Geiste werden in Eschenholzfässern, Glas- oder Steingutbehältern gelagert, bis sie die entsprechende Reife erlangt haben. Der Mindestalkoholgehalt für Obstbrände beträgt 37,5 %vol.

Empfehlungen

Für die richtige Lagerung von Obstbrand gibt es drei Stichworte: kühl, dunkel und stehend. Wässer halten sich länger als Geiste und reifen auch in der Flasche noch nach. Die ideale Trinktemperatur liegt um die 16 °C, also nicht zu kühl und nicht zu warm.

Obstbrand

Die bekanntesten Obstbrände

Barack Pálinka Der ungarische Barack Pálinka ist neben dem Slivovitz der meistgetrunkene Obstbrand Osteuropas. Im Süden Ungarns liegt das Obstanbaugebiet Kecskemet, und die Aprikosen dieser Region zählen zu den besten der Welt.

Himbeergeist Neben dem Kirschwasser ist der Himbeergeist der bekannteste deutsche Obstbrand. Außer dem Himbeergeist ist besonders der elsässische »Framboise« bekannt. Der beim Framboise oft verwendete Zusatz »Sauvage« bedeutet, dass wild wachsende Früchte verwendet wurden.

Kirschwasser Das Kirschwasser ist der beliebteste Obstbrand. Die bekanntesten Sorten kommen aus dem Schwarzwald, dem Elsass, aus Österreich, der Schweiz und auch aus Südtirol.

Marillen Marillen heißen die Aprikosen in Österreich. Besonders die Donauregion Wachau ist für die Qualität ihrer Früchte berühmt.

Mirabelle Aus Lothringen, dem Anbaugebiet der feinsten Mirabellen, kommt das »Eau-de-vie de Mirabelle«.

Prune Prune ist eine typisch französische Spezialität. Nur in Frankreich werden Pflaumen auf diese Weise in großem Umfang zu Obstbrand verarbeitet und mehrere Jahre zur Reifung gelagert.

Quetsch Dieser Zwetschgenbrand wird fast nur im Elsass und in Baden produziert. Er wird aus einer kleinen, blauvioletten Zwetschge hergestellt und unterscheidet sich auch durch den Zusatz von mehr Steinen von den anderen Zwetschgenbränden.

Schlehe Die Schlehe, ein Rosengewächs, gehört zur selben Gattung wie Kirsche und Zwetschge und hat wie diese Steinfrüchte. Sie wachsen wild an Waldrändern und werden spät, nach dem ersten Frost, geerntet. Schlehen sind rundlich, schwarzblau, grünfleischig und sehr sauer. Aus ihnen wird Schlehengeist und Schlehenlikör hergestellt, und auch beim baskischen Pacharan Licor und beim Sloe Gin werden sie verwendet.

Slivovitz Der edelste Slivovitz wird aus der Pocegaca-Pflaume destilliert – einer besonders fleischigen, saft- und aromareichen Sorte. Der Name stammt vom altslawischen »Sliva«, der Bezeichnung für Pflaume.

Schwarzwälder »Schwarzwälder« ist eine Herkunftsbezeichnung für im Schwarzwald hergestellte Obstbrände. Für Kirschwasser dürfen auch Kirschen aus dem Schwarzwälder Vorland verwendet werden, die Grenzen der Gebiete sind dabei präzise festgelegt. Brennereien außerhalb des Schwarzwaldes, die bereits vor 1963 Kirschwasser aus Schwarzwälder Kirschen produziert haben, ist erlaubt, ihren Kirsch auch weiterhin als »Schwarzwälder« zu verkaufen.

William Unter dieser Bezeichnung kennt man die Obstbrände aus der Williamsbirne (französisch: Poire William). Ursprünglich ein Produkt aus dem Schweizer Rhonetal, wird heute Williamsbirnenbrand in mehreren Regionen Frankreichs (Elsass, Loire, Vogesen), im Süden Deutschlands, in Südtirol und Österreich hergestellt. Einige Hersteller bieten ihren Williams auch mit in die Flaschen eingewachsenen Birnen an.

Zibartenbrand Die Zibarte ist eine hauptsächlich im Schwarzwald wild wachsende Pflaumenart. Aus ihr lässt sich ein besonders hochwertiger Pflaumenbrand herstellen. Die Firma Schladerer bietet ihn als »Zibärtle« mit 42 %vol an.

Zwetschgenwasser Die weit verbreitete aromatische, süße Herbstzwetschge wird in vielen Sorten angebaut und zu Zwetschgenwasser verarbeitet – hauptsächlich im süddeutschen Raum, im Elsass, in der Schweiz (Pflümliwasser), in Österreich und im früheren Jugoslawien.

Vogelbeerbrand Die Vogelbeere oder Eberesche ist in Europa (mit Ausnahme des Mittelmeerraums) sowie in den gemäßigten Regionen Asiens heimisch. Ihr Brand hat vor allem in Tirol und der Steiermark lange Tradition. Wegen der aufwendigen Gewinnung und Verarbeitung der orangefarbenen Beeren ist dieser Edelbrand selten und teuer.

Quittenbrand Zu den weniger bekannten Bränden zählt der Quittenbrand. Die Quitten ähneln in ihrem Aufbau den Äpfeln und Birnen, als wärmeliebende Frucht wird sie bevorzugt in Weinbaugebieten angebaut.

Obstbrand

Bekannte Marken

Bailoni Die »I. Wachauer Marillen-Destillerie« wurde im Jahr 1872 von Eugen Bailoni in Krems/Österreich gegründet. Man produziert einen ausgezeichneten Marillenbrand mit 40 %vol sowie Marillenlikör.

Bon Père Das Haus Germanier, ein traditionsreiches Unternehmen in Balavaud-Vétroz im Kanton Wallis im Rhonetal, wurde 1907 gegründet. Das Unternehmen destillierte im Jahr 1943 als Erstes im Wallis Williamsbirnen. Bon Père William gibt es mit und ohne Birne in der Flasche mit 40 %vol.

Dettling In Brunnen am Vierwaldstätter See wurde 1867 die Firma Arnold Dettling gegründet. Bis heute ist sie die einzige Destillerie, die ausschließlich Kirschwasser herstellt. Verwendet werden hauptsächlich die kleinen schwarzen Bergkirschen der Innerschweiz. Die bekannteste Sorte des Hauses ist der »Reserve« (41 %vol). Des Weiteren gibt es die Cuvée »Schwarze Bergkirsche« und die rare »Wildkirsche«, beide 40 %vol.

Gansloser In Bad Ditzenbach auf der Schwäbischen Alb im Süden des Landkreises Göppingen hat die Destillerie ihren Sitz. Trotz der über 100-jährigen Tradition gilt Gansloser als junge Firma, da man erst in den letzten Jahren mit einer breiteren Vermarktung der Produkte begann. Gansloser bietet Brände und Liköre in höchster Qualität in den Gansloser-typischen Flaschen an. Mehrere Gansloser-Spirituosen und Liköre werden auch in diesem Buch vorgestellt.

Kammer Im Jahr 1909 rief der Badische Landtag eine Lehr- und Versuchsbrennerei ins Leben, um ein echtes, unverfälschtes Kirschwasser herzustellen. Im Jahr 1923 entstand daraus eine AG und 1961 die heutige Kammer-Kirsch GmbH. Das Unternehmen steht seit jeher für Obstbrände bester Qualität und bietet ein breites Programm edelster Obstbrände an.

Lantenhammer Die Destillerie Lantenhammer wurde 1928 von Josef Lantenhammer gegründet. Sie liegt im Herzen der bayerischen Voralpen am Schliersee. Außer den Obstbränden werden Fruchtbrandliköre und seit 1999 mit dem »Slyrs« ein bayerischer Malt Whisky hergestellt. Die Lantenhammer Edelbrände zählen zu den absoluten Spitzenqualitäten und werden in der klassischen Reihe sowie in edlen Glaskaraffen angeboten.

Nonino Pirus Der berühmte Grappaproduzent Nonino bietet neben Grappa und seinen berühmten ÜE Traubenbränden mit dem Pirus auch einen Williams-Christbirnen-Brand an.

Nusbaumer Die Obstbrennerei Nusbaumer zählt zu den ältesten im elsässischen Villétal. Im kleinen Ort Steige gelegen, wird das Unternehmen seit 1947 von der Familie Nusbaumer geleitet. Nusbaumer bietet alle Obstbrandklassiker der Region an.

Pascall In Fougerolles am Rand der Vogesen hat die 1864 gegründete Destillerie La Cigogne ihren Sitz. Aus Früchten der Region werden unter dem Markennamen »Pascall« die klassischen Obstbrände Mirabelle, Poire William, Poire William mit Birne, Kirsch und Framboise sowie die berühmteste Sorte des Hauses »La Vieille Prune« hergestellt und in attraktiven Henkelflaschen mit 40 %vol angeboten.

Pfanner Die in Lauterach bei Bregenz/Vorarlberg ansässige Destillerie Pfanner hat ihren Ursprung in einem 1854 erworbenen Landgasthof. Schon damals stellte man Obstbrände und Liköre her. Eine Spezialität ist der Birnenbrand »Subirer«, der aus einer kleinen, nur in Vorarlberg wachsenden Birne hergestellt wird.

Schladerer Die im Breisgaustädtchen Staufen ansässige »Alte Schwarzwälder Hausbrennerei« Schladerer wurde 1844 gegründet und ist bis heute ein Familienunternehmen. Sie stellt nicht nur den unangefochtenen Marktführer in Deutschland dar, sondern auch Europas größten Obstbrenner. Neben den klassischen Sorten werden auch die vier Schladerer-Raritäten Jahrgangskirschwasser, Sauerkirschwasser, Zibärtle und Walliser Williams angeboten. Des Weiteren gibt es Obstbrandliköre, den Aperitif Vincent und den Weinbrand Aristokrat.

Obstbrand

Bonn 2000

1 cl Williamsbirne
2 cl Vermouth Dry
2 cl Pecher Mignon Pfirsichlikör

Vermouth und Williams mit Eiswürfeln im Rührglas gut vermischen und kühlen. In ein vorgekühltes Cocktailglas abgießen und eine kleine Babybirne dazugeben.

VW

3 cl Vermouth Bianco
3 cl Williamsbirne

Vermouth und Williams mit Eiswürfeln im Rührglas gut vermischen und kühlen. In ein vorgekühltes Cocktailglas abgießen. Eine kleine Babybirne dazugeben.

Cassis Lady

3 cl Crème de Cassis
1 1/2 cl Kirschwasser
1 1/2 cl Vermouth Dry

Die Zutaten im Rührglas mit Eiswürfeln gut vermischen und in ein vorgekühltes Cocktailglas abgießen. Eine Johannisbeerrispe an den Glasrand hängen.

Swiss Shake

2 cl Kirschwasser
4 cl Schokoladenlikör
4 cl Sahne

Mit Eiswürfeln im Shaker gut schütteln und durch ein Barsieb in ein Kelchglas abgießen. Mit Schokoladenflocken bestreuen.

Sommertraum

3 cl Himbeergeist
1 cl Grenadine
kaltes Bitter Lemon

In ein Longdrinkglas auf einige Eiswürfel Himbeergeist und Grenadine geben. Mit kaltem Bitter Lemon auffüllen und mit einem Barlöffel gut verrühren. Einige Himbeeren dazugeben.

Sun Dance

3 cl Himbeergeist
2 cl Pfirsichlikör
5 cl Ananassaft
1 cl Grenadine
kalter Sekt

Himbeergeist, Pfirsichlikör und Ananassaft mit Eiswürfeln im Shaker kräftig schütteln und in ein Weinglas auf einige Eiswürfel abgießen. Mit etwas kaltem Sekt auffüllen und den Grenadine darübergeben.

Imperial

2 cl Himbeergeist
3 cl Himbeerlikör
1 cl Grenadine
4 cl Ananassaft
6 cl Orangensaft

Mit Eiswürfeln im Shaker kräftig schütteln und in ein Longdrinkglas auf einige Eiswürfel abgießen. Mit Melonenstück und Himbeeren garnieren.

Rose

3 cl Vermouth Dry
3 cl Kirschwasser
Grenadine

Vermouth und Kirschwasser im Rührglas mit Eiswürfeln gut vermischen. Während des Rührens Grenadine vorsichtig einfließen lassen, bis der Drink roséfarben ist. In eine gekühlte Cocktailschale geben und eine Cocktailkirsche dazugeben.

Pinky

2 cl italienischer Bitteraperitif
2 cl Himbeergeist
10 cl Grapefruitsaft
kaltes Tonic Water

Im Shaker mit Eiswürfeln schütteln, in ein großes Glas auf Eiswürfel abgießen. Mit Tonic Water auffüllen. Mit Himbeeren garnieren.

The Lovely Mix

2 cl Williamslikör
2 cl Williamsbrand

Likör und Brand in ein Digestifglas oder einen kleinen Tumbler mit Eiswürfeln geben.

Pinky und Sun Dance >

103

Spirituosenspezialitäten

Klassiker und Bestseller, regionale Spezialitäten und Neuheiten sind hier zu finden. Obwohl sie alle den Vorschriften entsprechen und für jede Marke eine Kategorie in den festgelegten Begriffsbestimmungen zu finden ist, sind sie aufgrund ihrer außergewöhnlichen Zutaten oder ihrer Einzelstellung hier beschrieben. Die vorgestellten Marken sind durchweg Farbtupfer im Spirituosenangebot, und jede für sich hat eine eigene Geschichte.

Bekannte Marken

Captain Morgan Spiced Neben dem berühmten Rum wird auch dieser gewürzte Rum angeboten. Er ist eine der größten Marken und hat 35 %vol Alkoholgehalt.

Gansloser Ingwergeist In Bad Ditzenbach auf der Schwäbischen Alb hat die Destillerie ihren Sitz. Der Ingwergeist (43 %vol) besitzt eine ausgeprägte Ingwernote und präsentiert sich mit sanfter Schärfe.

Helbing Kümmel Zur Herstellung von Helbing Hamburgs feiner Kümmel (35 %vol) werden Kümmelsamen und Getreidealkohol der höchsten Qualitätsstufe verwendet. Helbing gibt es seit 1836. 1975 übernahm Borco-Marken-Import die Firma.

Laird´s Applejack Applejack wird in den USA bereits seit mehr als 300 Jahren produziert. Applejacks sind Apfelbrände, die zum Teil lange in Eichenfässern reifen. Eine bekannte, auch in Deutschland erhältliche Marke ist Laird´s. Angeboten wird neben der Standardmarke der sieben Jahre gereifte Old Apple Brandy, beide mit 40 %vol, und der 12-jährige Rare Apple Brandy mit 44 %vol.

Lebensstern Pink Gin Für die Berliner Topbar »Lebensstern« entwickelte die Vorarlberger Destillerie Freihof diesen Pink Gin. Pink Gin hat seinen Ursprung bei der britischen Royal Navy. Dort wurde schon im 19. Jahrhundert Gin mit einem Spritzer Bitter aromatisiert. Pink Gin geriet in Vergessenheit, und mit dem Lebensstern Pink Gin (45 %vol) ist diese Ginvariante wieder erhältlich.

Metaxa Die international bekannteste griechische Spirituose »Metaxa« wurde 1888 erstmals vorgestellt. Metaxa wird aus Weindestillat, Wein, Alkohol und natürlichen Aromen komponiert und gehört im weitesten Sinne zur Familie der Brandys. Seine Rezeptur unterscheidet ihn aber von diesen, und deshalb wird Metaxa als griechische Spirituosenspezialität bezeichnet. Die verschiedenen Qualitäten unterscheiden sich deutlich im Geschmack. Metaxa gibt es als »Classic« mit fünf Sternen (38 %vol), als »Golden Amphora« mit sieben Sternen, als »Grand Olympian Reserve 12 Stars« und als »Grand Olympian Reserve« in einem bemalten Steinkrug. Alle 40 %vol.

Pimm´s N° I Cup James Pimm, ein Restaurantbetreiber in London, schuf um 1840 den Pimm's. Die Rezeptur des Getränks ist ein bestgehütetes Geheimnis, und bis heute wird Pimm's nach der Originalrezeptur hergestellt. Die alkoholische Grundlage des Pimm's N° I (25 %vol) ist Gin. Dazu kommen vielerlei aromatische Zutaten.

Sailor Jerry Norman »Sailor Jerry« Collins war der erste Tattookünstler seiner Zeit (1911–1973) und war der Vater der sogenannten Old-School-Tätowierkunst in Amerika. Seine visionäre Art zu tätowieren beeinflusste eine ganze Generation von Tattookünstlern und wirkt bis in unsere Gegenwart. Unter seinem Namen bringt das schottische Unternehmen William Grant & Sons diesen Caribbean Spiced Rum (40 %vol) auf den Markt. Sailor Jerry ist ein dunkler Rum, verfeinert mit natürlichen Gewürzaromen.

The Bitter Truth Sloeberry Gin Hinter der Marke Bitter Truth stehen die Barprofis Stephan Berg und Alexander Hauck. Sie begannen im Jahr 2006 mit der Produktion von Aromatic Bitters und der Herstellung längst vergessener oder schwer erhältlicher Liköre. Namhafte Hersteller wurden gefunden, und seit 2008 gibt es diesen Sloeberry Gin mit einem Alkoholgehalt von 28 %vol.

Spirituosenspezialitäten

< Metaxa Fun

Greek Dream

4 cl Metaxa 5* Classic
2 cl Crème de Bananes
1 cl Strawberry Liqueur
6 cl Orangensaft
6 cl Ananassaft

Alle Zutaten mit Eiswürfeln im Shaker kräftig schütteln und durch das Barsieb in ein Longdrinkglas auf einige Eiswürfel abgießen. Eine Erdbeere an den Glasrand stecken.

Sloe Gin Fizz

5 cl Sloe Gin
3 cl Zitronensaft
2 cl Zuckersirup
kaltes Sodawasser

Die Zutaten – ohne Sodawasser – mit Eiswürfeln im Shaker lange und kräftig schütteln. In ein Longdrinkglas abgießen und mit etwas Sodawasser auffüllen.

Manolis

5 cl Sailor´s Jerry
2 cl Rose´s Lime Juice
1 cl Vanillesirup
4 cl Erdbeerpüree
5 cl Maracujanektar

Die Zutaten mit Eiswürfeln im Shaker schütteln und in ein Longdrinkglas abgießen auf einige Eiswürfel abgießen. Eine Erdbeere an den Glasrand stecken.

Sailor Jo Mojito

½ Limette
Minzeblätter
3 Barlöffel schwarze Johannisbeeren (gefroren)
6 cl Sailor Jerry
2 cl Riemerschmid Sirup schwarze Johannisbeere
kaltes Sodawasser

Die halbe Limette zerteilen und mit den Minzeblättern in ein Longdrinkglas geben. Mit einem Holzstößel ausdrücken. Sailor Jerry,

^ Pimm´s N° I Cup

Johannisbeeren und Sirup dazugeben und mit einem Barlöffel gut vermischen. Das Glas mit zerstoßenem Eis füllen, einen Schuss Sodawasser dazugeben und nochmals umrühren. Mit Minzezweig garnieren.

Pimm´s N° I Cup

6 cl Pimm´s N° I Cup
7 Up, Sprite oder Ginger Ale

Pimm´s in ein Glas auf Eiswürfel geben. Mit der Limonade auffüllen, eine halbe Orangenscheibe und eine Cocktailkirsche dazugeben.

Metaxa Fun

4 cl Metaxa 5* Classic
2 cl Crème de Bananes
6 cl Orangensaft
6 cl Ananassaft
1 cl Grenadine

Mit Eiswürfeln im Shaker kräftig schütteln und durch das Barsieb in ein Fancyglas auf einige Eiswürfel abgießen. Mit einer Kiwischeibe und einer Cocktailkirsche garnieren.

Scotch Whisky

Seit vielen Jahrhunderten wird in Schottland Whisky gebrannt, wobei alte Urkunden darauf hinweisen, dass Mönche die Kunst des Brennens ins Land brachten. Das älteste historische Zeugnis ist eine Eintragung in den Archivalien des schottischen Schatzamts von 1494 mit folgendem Text: »Acht Bollen Malz für Bruder Cor, um damit Aqua Vitae zu machen.« Einer der ersten Hinweise auf »Uiskie«, so die damalige Schreibweise, datiert um 1600. Der Name »Whisky« kommt ursprünglich vom gälischen »Uisge Beatha« bzw. »Usquebaugh«, was soviel wie »Lebenswasser« bedeutet.

Der Ursprung

Das schottische Hochland war die Region, in der damals unzählige Brennereien betrieben wurden. 1643 versuchte die Obrigkeit zum ersten Mal, den Whisky zu besteuern. Wie nicht anders zu erwarten, stieß sie jedoch auf wenig Gegenliebe bei den Brennern: Die Steuer wurde einfach ignoriert. Man destillierte künftig illegal, und mit kleinen, leicht beweglichen Destillierapparaten ging das fast problemlos. Es begann die viel besungene Zeit der Schwarzbrennerei und des Whiskyschmuggels. Den Steuerbeamten war wenig Glück beschieden, als sie versuchten, in den unzugänglichen Hochlandregionen den Schwarzbrennern auf die Spur zu kommen. Die Illegalität erschwerte den Brennern jedoch den Absatz des Whiskys. Als 1707 England und Schottland vereinigt wurden, verspürte man im Norden noch weniger Lust, an die ungeliebten Engländer Steuern abzuführen. Um die Mitte des 18. Jahrhunderts arbeiteten über 400 illegale Brennereien im Hochland und auf den einsam gelegenen Inseln vor der Küste Schottlands. Rund 70 Jahre währte der Kampf zwischen Brennern und Beamten, genau bis 1823, als der einflussreiche schottische Herzog von Gordon günstigere Steuergesetze durchsetzte. Der erste Brenner, der eine Lizenz beantragte, war 1824 George Smith; seine Glenlivet Distillery existiert noch heute. In Schottland werden zwei Whiskyarten hergestellt: Malt (Malz-) und Grain (Korn-) Whisky. Generell unterscheidet man außerdem zwischen Highland (Hochland-) und Lowland (Flachland-) Whisky. Als Grenze zwischen beiden Gebieten gilt eine imaginäre Linie, die bei Greenock – 30 Kilometer nordwestlich von Glasgow – im Westen des Landes beginnt und bei Dundee im Osten endet.

Etwa 50 der 90 Malt-Whisky-Destillerien befinden sich im Hochland in der eigenständigen Unterregion Speyside. Die Orkney-Inseln mit zwei Brennereien zählen auch zu den Highlands, ebenso wie die Inseln Skye (1), Mull (1), Jura (1) und Arran, wo seit 1995 wieder eine Destillerie arbeitet. Die Insel Islay mit acht Brennereien gilt als eigenständige Region, ebenso Campbeltown (3) auf der Halbinsel Kintyre. In den Lowlands arbeiten sechs Malt-Brennereien. Außerdem sind acht Grain-Destillerien über ganz Schottland verstreut.

Die Herstellung

Der Grundstoff für Malt Whisky ist ausschließlich Gerste. Man bringt sie zum Keimen und trocknet sie durch Torffeuer. Dieser Vorgang sorgt für den späteren Rauchgeschmack. Das getrocknete Malz wird gemahlen, mit Wasser vermengt und unter Zusatz von Hefe zum Gären gebracht. Anschließend destilliert man die dabei entstandene Flüssigkeit in kupfernen, zwiebelförmigen Kesseln zweimal. Diese sogenannten Pot Stills sehen heute nicht anders aus als vor 100 Jahren: Bei diesem Verfahren verläuft der Destillationsprozess nicht kontinuierlich, die Kessel werden nach dem Ende einer Destillation jeweils neu gefüllt. Zu den Faktoren,

Scotch Whisky

die die Güte eines Malt Whisky entscheidend mitbestimmen, gehört die Wasserqualität. Deshalb wird ausschließlich absolut sauberes, klares, besonders weiches Quellwasser verwendet. Wichtig sind natürlich auch die Qualität des Malzes, die Trocknung über dem Torffeuer, die Größe und Form der Kupferkessel, die Kunst des Brennmeisters und letztendlich das Fass und die Dauer der Reife. Wenn der frisch destillierte Malt Whisky ins Fass kommt, ähnelt er kaum dem Produkt, das nach 10, 12 oder 15 Reifejahren abgefüllt wird. Die Jahre verändern den Whisky vollkommen. Er wird weich, und der Geschmack entwickelt sich – der Whisky wird besser, je länger man ihn im Fass lässt, und bis heute gibt es keinen Weg, diesen Prozess abzukürzen. Drei Dinge spielen während des Alterungsvorgangs eine Rolle: der Whisky selbst, das Fass, in dem er reift, und das Klima, in dem die Reifung stattfindet. Die Eichenholzfässer sind nicht luftdicht, der Whisky verdunstet durch die Poren des Holzes, Luft dringt ein und beeinflusst die Art der Reife. Früher wurden oft ehemalige Sherryfässer für die Lagerung verwendet, sie sind jedoch sehr rar und entsprechend teuer geworden, sodass nur noch wenige Destillerien auf sie zurückgreifen. Vielfach werden Bourbonfässer verwendet, die in den USA ja nur einmal eingesetzt werden dürfen. Während der Lagerzeit verdunsten alle Stoffe, die den jungen Whisky hart und aggressiv machen. Malt Whisky braucht, damit sich alle Unebenheiten im Geschmack verlieren, etwa zehn bis zwölf Jahre Fasslagerung. Der Blendmaster bestimmt den idealen Zeitpunkt für die Abfüllung – nur wenige Whiskys werden dann noch besser. Außerdem gibt das Fass dem Whisky seine Farbe, denn frisch destillierter Whisky ist, wie alle Destillate, vollkommen farblos. Die Bezeichnung »Single Malt« besagt, dass es sich dabei um das Produkt einer Destillerie handelt. Malt Whiskys, auf denen »100 % Malt« oder »Der Pure Malt« steht, sind sogenannte Vatted Malts – Whiskys, die aus verschiedenen Destillerien kommen. Der weitaus größte Teil der Malt Whiskys wird aber nicht auf Flaschen gefüllt, sondern zur Blended-Whisky-Herstellung verwendet. Außerhalb Schottlands schätzte man den starken, rauchigen Whisky der Anfangszeiten nicht sonderlich. Dies änderte sich, als Robert Stein 1826 den Patent-Destillierapparat erfand, ein Verfahren, das Aeneas Coffey 1831 nochmals verbesserte. Man konnte nun kostengünstig, schnell und unabhängig von Wasser, Torf oder Witterung größere Mengen Whisky herstellen. Um 1860 entdeckte Andrew Usher aus Edinburgh die Kombination von Malt und Grain Whisky – der heutige Blended Whisky begann seinen Siegeszug um die Welt. Es war ein Siegeszug mit Hindernissen. Denn die Malt-Whisky-Hersteller kämpften gegen den weicheren Blended Whiskey; sie stritten lange Zeit dafür, dass nur ungemischter Malt als Scotch Whisky verkauft werden dürfte. 1909 entschied eine königliche Kommission, dass der unter Verwendung von Grain Whisky hergestellte Blended auch als Scotch verkauft werden durfte. Rund 95 % der heute hergestellten Whiskys kommen als »Blended Scotch« auf den Markt. Er wird in kontinuierlicher Destillation aus gemälzter und ungemälzter Gerste gebrannt, ein Verfahren, das durch seine höhere Wirtschaftlichkeit die Erzeugung großer Mengen möglich macht. Der Grain lagert dann genau wie Malt Whisky in Eichenholzfässern. Grain Whisky ist grundsätzlich leichter und weicher in Charakter und Geschmack. Für die Verbindung von Malt und Grain wird neben dem Ausdruck »Blending« (to blend = verschmelzen, ineinander übergehen) auch die Bezeichnung »Marriage« (Heirat) gebraucht.

Einer der wichtigsten, wenn nicht sogar der wichtigste Mann einer Destillerie ist der Blendmaster. Seine Nase entscheidet. Denn Brennereien gibt es viele in Schottland, und jede stellt Whiskys her, die theoretisch miteinander verbunden werden können. Die Kunst ist es nun,

Scotch Whisky

nur solche Whiskys zu mischen, die in der Verbindung vollkommen harmonieren und dabei doch ihre besten und spezifischen Eigenschaften entfalten können. Das klingt vielleicht einfach, aber bei manchen Blends werden bis zu 40 verschiedene Grains und Malts gemischt, um das gewünschte Produkt zu erreichen. Und ist ein Blended Scotch dann einmal kreiert und für gut befunden, gibt es trotzdem noch keine Formel für seine Zusammensetzung. Denn Whisky als reines Naturprodukt ist stets leichten Geschmacksänderungen unterworfen, und der Blendmaster muss seine Blends immer wieder überprüfen und das Mischungsverhältnis korrigieren. Die Namen der verwendeten Whiskys und die Werte für die Mischung sind streng gehütete Geheimnisse. Der Gesetzgeber verlangt, dass jeder Whisky mindestens drei Jahre alt ist. Bei Whisky mit Jahresangabe muss stets das Alter des jüngsten verwendeten Whiskys angegeben werden, es darf kein Durchschnitt errechnet werden. Von »De-Luxe-Blends« spricht man ab einem Maltanteil von einem Drittel.

Auf dem Weltmarkt werden heute über 2000 verschiedene Blended Scotch Whiskys angeboten. Den Löwenanteil bilden aber relativ wenige, international bekannte Sorten. Die in Deutschland importierten Blended Scotch Whiskys enthalten im Normalfall 40 %vol Alkohol. Die Malt Whiskys weisen meist 40 oder 43 %vol Alkohol auf, oft aber auch einige Prozent mehr. Eine Besonderheit stellen die »Cask Strength«-Whiskys dar, die »Fassstärke«-Whiskys, die direkt aus dem Fass ohne Herabsetzung des Alkoholgehalts abgefüllt werden und dann etwa 50 bis über 60 %vol Alkohol enthalten.

Empfehlungen

Blended Scotch Whisky ist ein sehr anpassungsfähiges Getränk. Man kann ihn mit klarem Wasser, mit Sodawasser, Cola, Ginger Ale, pur oder on the rocks trinken. Blended Scotch ist Bestandteil vieler international bekannter Cocktails und Drinks. Malt Whisky trinkt man pur und niemals auf Eis. Am besten geeignet sind dafür die tulpenförmigen »nosing glasses«. Einzig und allein erlaubt ist die Zugabe von etwas kaltem, klarem Wasser, um den Whisky zu »öffnen«.

Blended-Whisky-Marken

The Antiquary Der große alte De-Luxe-Blend The Antiquary ist nach Jahren der Vernachlässigung wieder auf dem Weg zu alter Größe. Die bis heute auf dem Etikett angegebene Firma J & W Hardie begann 1857 in Edinburgh mit dem Handel von Spirituosen, und die Söhne des Gründers entwickelten den Antiquary. Neben dem Klassiker 12 Years wird nun auch ein 21 Years und die Limited Edition 1977 angeboten.

Ballantine's Die Nummer drei unter den Scotch Whiskys kam über Hiram Walker und Allied Domecq in den Besitz von Pernod Ricard. Von den berühmten rechteckigen braunen Flaschen werden jährlich über 75 Millionen verkauft. Die Hauptmarke »Finest« und der zwölf Jahre alte »Special Reserve« sind eine feste Größe auf dem deutschen Markt. Seit dem Jahr 2000 wird auch der Ballantine´s Pure Malt – 12 Years – angeboten.

Chivas Regal Der »»12 Years Old« Blended Scotch Chivas Regal ist mit über 50 Millionen Flaschen (2010) neben dem Johnnie Walker »Black Label« die führende zwölfjährige Marke. Der Aufstieg der schon seit 1801 produzierenden Destillerie begann 1948 mit der Übernahme durch den Spirituosenkonzern Seagram. 1952 wurde der »Royal Salute« eingeführt – benannt nach den 21 Salutschüssen bei der Krönung von Königin Elisabeth II. Dieser exquisite 21-jährige Blend wird in drei verschiedenfarbenen Porzellandekantern angeboten und in Samtsäckchen verpackt. Im Jahre 2000 kam ein 18 Years Old auf den Markt.

Dimple Einer der führenden zwölf Jahre alten De-Luxe-Scotch ist der Dimple (= Grübchen) von Haig. Die berühmte »gekniffene« Flasche wird seit etwa 1900 verwendet. International gibt es Dimple auch 15 Jahre alt.

The Famous Grouse Die über 100 Jahre bekannte Marke The Famous

Scotch Whisky

Gerste und nichts anderes ist der Ausgangsstoff für schottischen Whisky. Über 50 Sorten bieten sich an, doch die erfahrenen Brennmeister kennen die Unterschiede.

Grouse mit dem Markenzeichen des schottischen Moorhuhns ist eine der größten Scotchmarken. In Deutschland gibt es ihn in fünf Abfüllungen: die Standardmarke »Finest«, den »Black Grouse« Blended, den »Port Wood Finish«, den »Gold Reserve« 12 Years Old und den Blended Malt »12 Years Old«.

Grant's Die bis heute unabhängige Firma Grant wird noch immer von den Nachfahren des Gründers geleitet. Weltberühmtheit erfuhr Grant durch den führenden Single Malt »Glenfiddich« (siehe bei Malt Whisky). Grant's »Family Reserve« ist mit ca. 60 Millionen Flaschen die Nummer drei unter den Blended Scotch.

Johnnie Walker Die Nummer eins unter den Scotchproduzenten setzt jährlich fast 200 Millionen Flaschen ab und ist damit die drittgrößte Spirituosenmarke der Welt. Über die Hälfte davon entfällt auf den »Red Label« und über ein Viertel auf den 12 Years Old »Black Label«. Weitere Sorten sind der 15 Jahre gereifte »Green Label« Blended Malt, der Blended Scotch »Gold Label« 18 Years und der »Blue Label«. Dieser außergewöhnliche Whisky besteht aus bis zu 15 Whiskyraritäten, deren ältestes Destillat etwa 65 Jahre Reifezeit aufweist. Eine Marke, die von der ursprünglichen Flaschenform abweicht, ist der »Swing«. Er wurde in den 1920er-Jahren für die Ozeandampfer entwickelt, und seine Form sollte verhindern, dass die Flasche bei starkem Seegang umfiel.

J & B Der nach den Anfangsbuchstaben des Firmengründers Justerini und des späteren Inhabers Brooks benannte J & B ist mit über 60 Millionen jährlich verkauften Flaschen die viertgrößte Blended-Whisky-Marke. Um 1880 gehörte J & B zu den ersten Firmen, die einen eigenen Blend herstellten. Der Erfolg des J & B begann in den 1930er-Jahren in den USA, wo der »Light-Charakter« des J & B gut ankam.

Pig´s Nose Ein Blended Whisky mit Finesse und Eleganz, der mit Malt Whiskys aller Regionen komponiert wurde. Er wird dem Slogan »weich wie eine Schweineschnauze« mehr als gerecht. Die aus kleinen Anfängen entstandene Sonderabfüllung ist heute auch in Nobelkaufhäusern zu finden. Hersteller ist Whyte & Mackay, die auch die Schwestermarke, den »Sheep Dip« (siehe Seite 112), herstellt.

Whyte & Mackay Wie viele schottische Whiskyhäuser erlebte auch Whyte & Mackay Höhen und Tiefen, Verkäufe und Übernahmen. Seit 2003 sind die Wogen geglättet, und man kann sich wieder in Ruhe mit

Scotch Whisky

der eigenen Marke beschäftigen. Aus einer 1844 in Glasgow gegründeten Firma ging nach der Übernahme durch James Whyte und Charles Mackay im Jahr 1882 die nach ihnen benannte Firma hervor. Eine Besonderheit bei Whyte & Mackay ist das Blending, der »Double Marriage Process«. Hier werden zuerst die verschiedenen Malts und Grains jeweils getrennt vermischt und dann in Sherryfässern nochmals für einige Monate gelagert, erst dann erfolgen das endgültige Blending und eine weitere Lagerung. Die Standardmarke ist der »Special«. Außerdem werden The Thirteen Old Luxury mit 19 Years, Supreme mit 22 Years und Thirty und Forty Years Old angeboten.

Scotch-Malt-Whisky-Marken

Aberlour Die Aberlour-Destillerie wurde 1826 erbaut und befindet sich im Herzen des Glenlivet-Tals an den Ufern des Flusses Spey. Die Hauptmarke wird als Zehnjähriger angeboten. Außergewöhnlich ist der a'bunadh (gälisch für »Ursprung«), der nach der Tradition der Whiskys des 19. Jahrhunderts hergestellt wird. A'bunadh Batch-Whisky (Batch = ausgewählte beste Fässer) ist ein »Cask Strength« (= Fassstärke) Whisky mit einem Alkoholgehalt um die 60 %vol.

Ardbeg bereits 1815 begann die legalisierte Herstellung bei Ardbeg (die kleine Anhöhe). 1981 bis 1988 war Ardbeg geschlossen, und nach ihrer Wiederinbetriebnahme 1989 arbeitete man bis 1996 nur im kleinen Umfang. Die Rettung kam 1997 durch Glenmorangie, und seither ist Ardbeg zu alter Größe wiederauferstanden. Einer der Gründe für die Beliebtheit bei seinen Fans sind die starken Phenoltöne und der eindeutig medizinische Einschlag. Die regulären Sorten sind der Klassiker TEN (46 %vol), der ein Inbegriff von Islay und Ardbeg ist. Dann der Uigeadail (54,2 %vol), der benannt ist nach der hoch in den Hügeln liegenden Quelle, aus der Ardbeg sein Wasser bezieht. Relativ neu sind der Blasda (gälisch für süß und köstlich) mit 40 %vol und der Corryvreckan (57,1 %vol), der nach dem größten Meeresstrudel Europas benannt ist.

The Balvenie 1892 wurde von William Grant (Glenfiddich) in Dufftown im Herzen der Speyside-Region unweit von Glenfiddich die Balvenie-Destillerie erbaut. Die wichtigsten Abfüllungen sind der Double Wood 12 Years (40 %vol), der zwölf Jahre in Bourbonfässern und weitere sechs Monate in ehemaligen Sherryfässern reift; der Signature 12 Years (50,4 %vol), der aus Whiskys dreier Fasstypen komponiert wird; der Single Barrel 15 Years (47,8 %vol), dessen Whiskys jeweils aus einem einzigen Fass stammen, und der PortWood 21 Years (40 %vol). Dieser reift erst 21 Jahre in ehemaligen Bourbonfässern und erfährt dann eine zweite Reifung in 30 Jahre alten Portweinfässern.

Dalmore Dalmore liegt in der Nähe von Alness, sehr abgeschieden in den nördlichen Highlands am Nordufer des Cromarty Firth. Die Brennerei wurde 1839 erbaut und ist heute das Flaggschiff von Whyte & Mackay. Die Dalmore Malt Whiskys sind erhältlich als 12, 15 und 18 Years Old sowie als Gran Reserva und King Alexander III. Der 12 Years wird aus in Sherryfässern und amerikanischen Eichenfässern gereiften Whiskys komponiert, der 15 Years reift in Sherryfässern, die mit unterschiedlichen Sherrysorten gefüllt waren. Die Whiskys für 18 Years reiften 14 Jahre in amerikanischen Eichenfässern, danach drei Jahre in González-Byass-Matusalem-Oloroso-Fässern und zuletzt ein weiteres Jahr in Sherryfässern. Der Gran Reserva erfuhr seine Reifung in Fässern aus amerikanischer Eiche und in Sherry-Oloroso-Fässern. Der King Alexander III ist der herausragende Dalmore Malt. Er ist geprägt durch die Komposition von Whiskys, die in vielen unterschiedlichen Weinfässern reiften.

The Glendronach Die Speyside Destillerie Glendronach ist eine der ältesten Schottlands und bis heute sehr traditionell ausgerichtet. Bereits 1826, nur zwei Jahre nach The Glenlivet, erwarb man die Brennlizenz. Glendronach Single Malt Whisky ist weltweit bekannt für seine Sherryfassreifung. Alle Glendronach-Whiskys weisen eine deutliche Sherrynote auf; neben dem 12 Years Old werden wieder ein 15- und 18-jähriger Glendronach angeboten. Außerdem ein 15 Years mit Tawny Port Finish.

Glenfiddich Der mit Abstand meistverkaufte Malt Whisky kommt aus der größten Destillerie Schottlands. Das 1887 von William Grant gegründete Unternehmen ist bis heute in Familienbesitz. Dazu gehören u. a. anderem die ebenfalls in Dufftown erbaute Balvenie Distillery und die große Blended-Marke Grant's. Glenfiddich war der Pionier in der Vermarktung von Single Malt Whisky. Mit dem Start im Jahr 1963 wurde der Malt-Whisky salonfähig, und das heutige Kultgetränk Malt Whisky hatte in Glenfiddich seinen Ursprung. Heute sind die dreieckigen, grünen Flaschen jedem Whiskytrinker der Welt bekannt, und etwa die Hälfte des gesamten, in Flaschen gefüllten Malt Whiskys entfällt auf Glenfiddich. Die Hauptmarke ist der Glenfiddich 12 Years, und mit den weiteren bietet Glenfiddich länger gereifte und unterschiedlich kombinierte Abfüllungen an. 14 Years Rich Oak erlebt ein dreimonatiges Finish in frischen Eichenfässern, 15 Years »Solera Reserve« reift in drei unterschiedlichen Fasstypen und erfährt dann eine Vermählung im Solera-Fass. Ein weiterer 15 Years, die Distillers Edition, hat 51 %vol, der 18 Years »Ancient Reserve« reifte in Oloroso-Sherry-Fässern, und der 21 Years erlebt ein viermonatiges Finish in kubanischen Rumfässern. Ein außergewöhnlicher Whisky ist der 30 Years. Dieser bedarf keiner Erklärung, ebenso wie der 40 Years, der 2008 mit 600 Flaschen aufgelegt wurde. Fast nicht zu bekommen war und ist der 50 Years. Die glücklichen Besitzer einer der wenigen Flaschen erhielten für 15 000 Euro einen der größten Whiskys, die jemals abgefüllt wurden.

Glengoyne Seit 1833 ist die in einer schönen Landschaft eingebettete Brennerei ununterbrochen in Betrieb. Sie ist die südlichste aller Highland-Malt-Destillerien und liegt etwa 25 Kilometer nördlich von Glasgow genau an der imaginären Trennlinie zwischen Highlands und Lowlands. Sie gilt wegen ihrer Lage und Architektur als eine der schönsten des Landes und ist durch ihren alten Farmhausstil ein Kleinod unter den Brennereien. Eine ihrer Besonderheiten ist, dass zur Trocknung der gemälzten Gerste kein Torf, sondern Heißluft verwendet wird. Der Grund dafür liegt in dem Umstand, dass es im Tal des Goyne keinen Torf gibt. Weil auch das Destilleriewasser aus Campsie Fells nie mit Torf in Berührung kam, ist Malt Whisky von Glengoyne völlig rauchfrei. Die Brennerei, die unter dem Namen Burnfoot gegründet wurde, erhielt 1905 ihren heutigen Namen. Von Glengoyne gibt es eine ganze Reihe von bis zu 40-jährigen Single-Malt-Destillerieabfüllungen und mehrere Wood-Finish.

The Glenlivet Glenlivet war 1824 die erste Destillerie, die den Schritt in die Legalität unternahm. Die in der Speyside-Region im Livettal erbaute Brennerei erreichte, dass nur sie sich Glenlivet nennen durfte und es anderen Destillerien der Region nur erlaubt wurde, die Bezeichnung als Namenszusatz zu führen. The Glenlivet gibt es in Deutschland als 12, 15, 18 und 25 Years Old. Spezialabfüllungen sind der Nàdurra in Fassstärke mit 58 %vol und 16 Years sowie der Archive mit 21 Years.

Glenmorangie Glenmorangie zählt zur Region Northern Highlands und ist eine der nördlichsten Brennereien Schottlands. Die etwas außerhalb des Örtchens Tain liegende Brennerei wurde 1843 von einer Brauerei in eine Destillerie umgewandelt. Eine herausragende Bedeutung haben bei Glenmorangie die Fässer. Man betreibt ein aufwendiges Wood-Management, und entsprechend früh kam man mit den heute so gefragten Wood-Finishes auf den Markt. Glenmorangie war 1994 Pionier auf diesem Gebiet und fügte damit seinen Whiskys neue und faszinierende Charakteristika hinzu.

Das Eilean Donan Castle in der Nähe von Dornie an der Westküste Schottlands ist eine der berühmtesten Burgen des Landes. Sie ist ein beliebtes Postkartenmotiv und Ausflugsziel.

Highland Park Highland Park auf den Orkney Inseln ist die nördlichste Whisky-Destillerie Schottlands und war bis zur Gründung der Mackmyra-Destillerie in Schweden im Jahre 1999 auch die nördlichste der Welt. In Kirkwall, dem Hauptort auf Mainland, wurde Highland Park 1798 erbaut. Ihr Whisky wird hochgerühmt und als »größter Allroundwhisky in der Welt der Single Malts« bezeichnet. Highland Park wird in 12- bis 40-jährigen Abfüllungen angeboten.

Isle of Jura Nur eine schmale Meeresenge trennt die langgestreckte Insel vom schottischen Festland und der Whiskyinsel Islay. Jura (gesprochen: dschura) stammt aus dem Norwegischen und bedeutet Rotwild. Den etwa 200 Bewohnern stehen über 5000 Hirsche gegenüber. Auch auf Jura wurde, wie überall in Schottland, illegal gebrannt. 1810 erbaute man die erste »richtige« Brennerei. Diese wurde dann von einer Reihe von Besitzern bis 1875 ziemlich erfolglos betrieben. Um die Abwanderung von der Insel zu stoppen, beschloss man den Bau einer neuen Brennerei, und 1963 wurde die moderne Anlage in Betrieb genommen. 1985 wurde die Destillerie verkauft und gelangte auf Umwegen zum heutigen Besitzer Whyte & Mackay. Man erzeugt einen überraschend leichten, fast ungetorften Malt, der vom Charakter eher ein Highland- als ein Inselwhisky ist. Speziell für den neuen Superstition (Aberglaube) wird auch ein getorfter Malt gebrannt, mit dem an den früheren Whisky erinnert wird.

Lagavulin Im Süden der Whiskyinsel Islay liegen gleich drei berühmte Whiskybrennereien. Östlich der »Hauptstadt« Port Ellen befinden sich Laphroaig, in der Mitte Lagavulin und darüber Ardbeg. Alle drei liegen am Meeresufer, und ihre Whiskys genießen bei Malt-Whisky-Fans Kultstatus. Richtig bekannt wurde Lagavulin als Single Malt in der von den damaligen Inhabern, den United Distillers, 1988/89 aufgelegten Reihe

Scotch Whisky

der »Classic Malts«. In dieser vertritt Lagavulin glanzvoll den Malt Whisky von Islay. Er ist als 16-Jähriger der älteste und zugleich auch der meistverkaufte.

Laphroaig »The most richly flavoured of all Scotch Whiskys« steht auf dem schlichten Etikett der grünen Flasche. Diese Aussage ruft bei Kennern Entzücken hervor, Neulinge sollten aber erst leichtere Marken versuchen. Laphroaig (sprich: La-froyg) ist einer der berühmten Single Malts der Insel Islay. Er ist charaktervoll, schwer, salzig, rauchig und torfig und gilt als der ursprünglichste Malt Whisky der Insel. Die Destillerie wurde 1815 gegründet und kam in ihrer wechselvollen Geschichte im Jahr 2006 in den Besitz von Jim Beam. Es werden fünf Abfüllungen angeboten. Es gibt ihn als 10 Years und als 10 Years Cask Strength, mit 18 Years und als 25 Years Cask Strength. Des Weiteren den Quarter Cask, der in kleinen Fässern seine zweite Reifezeit verbrachte.

Loch Lomond Am südlichen Zipfel von Schottlands größtem See, dem Loch Lomond, in der kleinen Stadt Alexandria liegt die gleichnamige Destillerie. Sie befindet sich knapp nördlich der imaginären Grenze zwischen den Lowlands und den Highlands und zählt zu den Western Highlands. Loch Lomond ist einzigartig, denn sie ist die einzige Destillerie Schottlands, die Malt und Grain Whisky an einem einzigen Standort produziert. Neben der bereits vorhandenen Malt Destillerie wurde 1994 eine große Grain Destillerie errichtet, die es ermöglichte, einen Single Blend zu produzieren, einen Blend also, bei dem alle enthaltenen Whiskys in ein und derselben Brennerei hergestellt werden. In Deutschland werden Loch Lomond Single Highland Malt ohne Altersbezeichnung und als 18 Years Old sowie der intensiv rauchige »Peatet« und der einzigartige »Single Highland Blend« angeboten.

Macallan Die berühmte Macallan-Destillerie liegt am Westufer des River Spey in der Nähe von Craigellachie. Sie bekam 1824 die Lizenz und war damit eine der ersten legalen Destillerien in Schottland. Macallan bietet viele Altersstufen an.

Oban Die Oban-Destillerie liegt an der Westküste Schottlands und ist eine der wenigen, die inmitten einer Stadt erbaut wurden. Die Destillerie liegt unweit des Hafens, und vom Hafen aus genießt man einen unglaublichen Ausblick auf die Destillerie und auf die dahinter nach oben wachsende und von einer Rekonstruktion des römischen Kolosseums gekrönte Stadt. Der Bekanntheitsgrad des Oban Single Malt wuchs durch die Aufnahme in die von den United Distillers 1988/89 eingeführte »Classic Malt«-Reihe, in der er seither als 14-Jähriger geführt wird.

Old Pulteney Die »Pulteney Distillery« in den Northern Highlands ist die am nördlichsten gelegene Brennerei des schottischen Festlands. Sie befindet sich inmitten der Hafenstadt Wick, eingebettet in eine der Nordsee zugewandten aufregenden Küstenlandschaft. Pulteney wurde 1826 gegründet und nach Sir William Pulteney benannt, der 1810 Teile des Städtchens und den Fischereihafen erbauen ließ. Zum Zeitpunkt der Gründung der Destillerie zählte Wick zu den größten Heringsfischereihäfen der Welt. Die Destillerie war damals auch nur von der See her zu erreichen, und die See prägt bis heute den Whisky mit salzigen Nuancen. Diese Salzigkeit brachte dem Pulteney auch den Titel »Manzanilla des Nordens« ein. Der Namensbestandteil »Old« weist nicht auf das Alter der Destillerie hin, sondern darauf, dass dieser Malt ausnehmend schnell reift. Als Single-Malt-Destillerieabfüllung wird Old Pulteney erst seit 1997 angeboten. Heute gibt es ihn als 12-, 17-, 21-, 23- und 30-Jährigen und mit dem Jahrgang 1996.

Die Pot-Still-Destillieranlagen sind das Herzstück jeder schottischen Destillerie. Sie sind der Ursprung des Malt Whisky, der auch die Basis des Blended Whisky ist.

Scapa Scapa auf den Orkney Islands und die ebenfalls dort ansässige Highland Park Distillery sind die nördlichsten Whiskydestillerien Schottlands. Scapa wurde 1885 gegründet und gehört heute zu Pernod Ricard. Der Scapa Orkney Single Malt gilt als gut ausbalancierter, kerniger Whisky mit salziger Note. Die bekannteste Abfüllung ist der 16 Years Old mit 40 %vol.

Sheep Dip Ein anständiger Blended Malt, der seit 1974 von Whyte & Mackay hergestellt wird. Nach Jahren der Vernachlässigung wurde der Blend vor einigen Jahren neu zusammengestellt, und die Marke erlebt seither wieder großen Zuspruch.

Singleton In Dufftown, der Whiskyhauptstadt Schottlands, wurde 1896 die Dufftown Distillery erbaut, ihr Whisky wurde in mehreren Blended-Marken des Mutterkonzerns Diageo eingesetzt. Daneben wird seit einigen Jahren der Malt Whisky der Destillerie unter dem Namen The Singleton of Dufftown in den Altersstufen 12, 15 und 18 Years Old vermarktet.

Talisker Im Nordwesten Schottlands, auf der Hebriden-Insel Skye, wurde 1830 die Talisker Distillery erbaut. Sie ist die einzige Brennerei auf dieser großen Insel, und ihr Whisky genießt einen legendären Ruf. Der Whisky von Talisker ist sehr torfig, ein Umstand, der auf das intensiv torfige Wasser der Brennereiquelle und nicht auf starkes Torfen des Malzes zurückzuführen ist. Die Talisker-Hauptmarke ist der 10 Years, es gibt aber auch ältere Abfüllungen.

Tomatin Tomatin liegt in den Highlands südlich von Inverness. Tomatin ist seit 1897 in Betrieb und wurde ab den 1950er-Jahren ständig erweitert. Sie war zeitweise die größte Malt-Destillerie Schottlands und ist seit 1985 im Besitz der japanischen Firma Takara Shuzo. Die Single Malts von Tomatin sind als 12 Years, 15, 18, 30 und 40 Years Old sowie in mehreren Sonderabfüllungen erhältlich. Takara Shuzo ist auch Inhaber der Blended-Marke Antiquary.

Scotch Whisky

Scotch Old Fashioned

5 cl Scotch Whisky
2 Spritzer Angostura
Würfelzucker

In ein Old-Fashioned-Glas den Würfelzucker geben, mit Angostura tränken und etwas klares Wasser dazugeben. Den Zucker mit einem Barlöffel zerdrücken, das Glas mit Eiswürfeln füllen und den Whisky darübergießen. Gut umrühren, eine Cocktailkirsche und je eine halbe Orangen- und Zitronenscheibe dazugeben.

v *Highlander*

Scotch Sour

5 cl Scotch Whisky
3 cl Zitronensaft
1–2 cl Zuckersirup

Die Zutaten im Shaker mit Eiswürfeln kräftig schütteln und in ein Stielglas abgießen. Mit einer Cocktailkirsche und einer halben Orangenscheibe garnieren.

Rob Roy

4 cl Scotch Whisky
2 cl Vermouth Rosso
2 Spritzer Angostura

Die Zutaten in ein mit Eiswürfeln gefülltes Rührglas geben, gut vermischen und in ein gekühltes Cocktailglas abgießen. Eine Cocktailkirsche dazugeben.

Highlander

3 cl Scotch Whisky
2 cl Strawberry Liqueur
4 cl Orangensaft
1 cl Zitronensaft

Mit Eiswürfeln im Shaker kräftig schütteln und durch das Barsieb in einen Tumbler auf einige Eiswürfel abgießen. Eine Erdbeere an den Glasrand stecken und zwei kurze Trinkhalme dazugeben.

Cherry Butt >

Bobby Burns

4 cl Scotch Whisky
2 cl Vermouth Rosso
1 cl Drambuie

Die Zutaten in ein mit Eiswürfeln gefülltes Rührglas geben, gut vermischen und in ein gekühltes Cocktailglas abgießen. Das Aroma von einer Zitronenschale daraufspritzen und diese dazugeben.

Sandy Collins

5 cl Scotch Whisky
3 cl Zitronensaft
2 cl Zuckersirup
kaltes Sodawasser

Die Zutaten – ohne Sodawasser – mit Eiswürfeln im Shaker gut schütteln und in ein Longdrinkglas auf einige Eiswürfel abgießen. Mit etwas Sodawasser auffüllen. Mit einer Zitronenscheibe und einer Cocktailkirsche garnieren.

Caledonian Mist

3 cl Scotch Whisky
2 cl Drambuie
4 cl Orangensaft
1 cl Zitronensaft
kaltes Bitter Lemon

Die Zutaten – ohne Bitter Lemon – in einem mit Eiswürfeln gefüllten Shaker gut schütteln und in ein Longdrinkglas auf einige Eiswürfel abgießen. Mit Bitter Lemon auffüllen. Einen Spieß mit einer Orangen- und einer Limettenscheibe sowie einer Erdbeere dazugeben.

Rich Oak Roy

1 Spritzer Angostura
5 cl Glenfiddich Rich Oak
2 cl Carpano Antica Formula

Mit Eiswürfeln im Rührglas gut vermischen und in ein gekühltes Cocktailglas abgießen. Eine Cocktailkirsche dazugeben.

Cherry Butt

4 cl Glenfiddich Rich Oak
1 cl roter Portwein
1 cl Heering Cherry
3 Spritzer Cherry Bitters
1 Barlöffel Zitronensaft
1 Barlöffel Zuckersirup

Mit Eiswürfeln im Rührglas gut vermischen und in einen Tumbler auf einige Eiswürfel abgießen. Mit Orangenschale abspritzen.

Irish Whiskey

Ähnlich wie in Schottland existierten auch in den dünn besiedelten Gebieten Irlands im 17. Jahrhundert viele kleine, meist nur für den Hausgebrauch arbeitende Brennereien. Die Illegalität und spätere Lizenzerteilung ähnelte den schottischen Verhältnissen. Doch kein anderer Whisky und Whiskey hat eine so bewegte Geschichte wie der irische. Er war einmal der gefragteste unter allen Whiskeys und Whiskys der Welt, stürzte dann jedoch dramatisch ab. Erst seit den 1980er-Jahren spielt er wieder eine zunehmende Rolle.

Der Ursprung

Vielleicht haben die Iren tatsächlich das erste »Wasser des Lebens« aus Getreide gebrannt, wie sie gern und oft behaupten – aber es gibt keinen Beweis dafür. Destilliert haben sie zwar schon sehr früh, doch Gerste als Rohstoff zum Destillieren wurde erst 1556 offiziell erwähnt. Allerdings können sich die Iren der ersten Lizenz zum Brennen von Whisky (auch der Irish schrieb sich anfangs ohne das e) rühmen, denn im Jahr 1608 vergab König James I. eine Genehmigung an die Region, in der später die Old Bushmills Distillery gegründet wurde. Im Jahr 1822 hatte das Schwarzbrennen offensichtlich den Höhepunkt erreicht: Den 20 legalen Brennereien in ganz Irland standen allein auf der Halbinsel Inishowen mehr als 800 illegale gegenüber. Der Excise Act aus dem Jahr 1823 dämmte auch in Irland – ebenso wie in Schottland – das Schwarzbrennen ein. Eine von England – dem ganz Irland damals noch unterstand – verordnete Malzsteuer führte dann schließlich zu dem Whiskey, der heute als der klassische Irish gilt, zum Pure Pot Still Whiskey. Um wenigstens einen Teil dieser Steuer zu sparen, gaben die irischen Brenner mehrheitlich ungemälzte Gerste in die Maische und fügten lediglich einen kleineren Teil Malz zum besseren Verzuckern der Stärke bei. Anfangs wurden zum Teil auch noch andere Rohgetreide – Weizen, Roggen und Hafer – zu der Gerste in die Maische gegeben. Das ungemälzte Getreide ergab Whiskey von ganz eigener Art, der schon bald auch außerhalb von Irland geschätzt wurde. Im 19. Jahrhundert stieg die Whiskeyproduktion in Irland stark an, aber dann ging es nur noch bergab. Als sich 1878 John Power, John Jameson, William Jameson und George Roe – die vier größten Brenner Irlands – zusammentaten, zeichnete sich der Niedergang schon ab. Die Temperenzler kämpften gegen den Alkohol, auch die Erfindung ihres Landsmanns Aeneas Coffey geriet den Iren zum Schaden. Als die Schotten anfingen, den in der Coffey Still destillierten, leichteren Grain mit Malt Whisky zu mischen, überholte dieser »gefällige« Blended Whisky sehr schnell den fülligeren Irish Whiskey. Als sich die Iren endlich entschlossen, auch Grain Whiskey zu brennen und diesen mit Pure Pot Still Whiskey zu leichterem Blend zu mischen, hatten die schottischen Konkurrenten schon einen fast nicht mehr einzuholenden Vorsprung. Im irischen Unabhängigkeitskrieg verloren die Brenner mit dem Commonwealth dann ihren bislang wichtigsten Markt. Schließlich gab die Prohibition in den USA der irischen Whiskeyindustrie den Rest. In den folgenden Jahrzehnten wurde der irische Whiskey zur Randfigur im Weltmarkt der Whiskys und der Whiskeys, und namhafte Brennereien mussten schließen. Im Jahr 1966 gab es in Irland nur noch vier aktive Brennereien. Drei der vier verbliebenen – Jameson, Power und Cork Distillers – schlossen sich in jenem Jahr zur Irish Distillers Group zusammen. Zu Beginn der 1970er-Jahre trat auch die nordirische Old Bushmills Distillery dem Verbund bei. Dieser errichtete 1975 in Midleton nahe der Stadt Cork eine Zentralbrennerei, in der alle Whiskeys der Gruppe – bis auf Bushmills – nach dem originalen Rezept erzeugt wurden. Die von dem Zusammenschluss erhoffte wirtschaftliche Stärkung blieb aber aus. Im Jahr 1987 wurde die Irish Distillers Group (IDG)

Irish Whiskey

schließlich von der französischen Groupe Pernod Ricard übernommen. Die ließ der irischen Tochter weitgehend freie Hand, und so stellte die Irish Distillers Limited (IDL) in Midleton Pure Pot Still, Grain und Blended Whiskeys her, während sich The Old Bushmills Distillery auf Malt spezialisierte. Das Monopol, das die Franzosen mit ihren zwei Destillerien nun in Irland hatten, passte manchem Iren nicht. Zu ihnen zählte auch John Teeling. Er erwarb 1987 mit einigen Partnern von der irischen Regierung eine Brennerei, die zuvor Industriealkohol produziert hatte, und nannte die Firma in Riverstown bei Dundalk nahe der Grenze zu Nordirland nach den benachbarten Bergen Cooley Distillery.

Die Whiskeys aus Irland

Im Gegensatz zu den Schotten, die nur die zwei Whiskytypen Malt und Grain destillieren und daraus die Sorten Single und Blended Malt sowie Blended Whisky und Single Grain machen, destillieren die Iren drei Whiskeytypen: Malt, Pure Pot Still und Grain Whiskey. Als Pure Pot Still Whiskey galt lange Zeit nur der aus einer Maische von mehrheitlich ungemälzter und weniger gemälzter Gerste in der traditionellen Pot Still destillierte Whiskey. Dann brachte die Cooley Distillery ihren Single Malt Whiskey The Tyrconnell mit der zusätzlichen Angabe »Pure Pot Still Irish Whiskey« auf den Markt und begründete dies damit, dass der Malt Whiskey ebenfalls in Pot Stills destilliert worden sei. Da auch ein in den traditionellen Brennblasen – den Pot Stills – nur aus Gerstenmalz gebrannter Whiskey als Pure Pot Still bezeichnet werden darf, wird der klassische Whiskey dieser Art – aus ungemälzter und aus gemälzter Gerste – jetzt meist als Traditional Pure Pot Still Whiskey bezeichnet. Diese klassische Sorte, der Malt und auch der Grain Whiskey werden unverschnitten abgefüllt, zusätzlich wird aus allen drei oder allein aus Malt und Grain auch Irish Blended Whiskey gemischt. Der Letztere ist zweifellos die populärste irische Whiskeysorte, was sicher mit zu dem Irrtum führte, Irish Whiskey sei grundsätzlich Blended Whiskey. Ein Irrtum ist es zudem, dass ein irischer Whiskey dreifach destilliert sein müsse. Ursprünglich wurde der in Irland reichlich vorkommende Torf sowohl zum Beheizen der Stills als auch für das Feuer unter den Darren benutzt. Irgendwann aber stiegen die Brenner um auf Kohle, vermutlich weil diese sich als Brennstoff besser eignete. Wahrscheinlich verzichteten sie dann auch auf das »Torfen« des trocknenden Malzes, um ihren Whiskey deutlicher vom Scotch zu unterscheiden. Der Irish Whiskey war nicht getorft, bis die Cooley Distillery, die ohnehin mit einigen Traditionen brach, für den Connemara Peated Irish Single Malt getorftes Malz verwendete. Den beiden Brennereien von Cooley stehen im kleinen Irland die beiden mächtigsten Alkoholkonzerne der Welt gegenüber: Die Groupe Pernod Ricard ist als Muttergesellschaft der Irish Distillers Limited Eigentümer der Midleton Distillery und damit einer ganzen Reihe von Marken, zu denen so bekannte wie die Blended Whiskeys Jameson, Powers und Paddy sowie die zwei einzigen stets erhältlichen Pure Pot Still Whiskeys Redbreast und Green Spot zählen. Auch der vor allem bei uns beliebte Tullamore Dew wird nach wie vor in Midleton erzeugt. Dahinter stehen die berühmtesten Namen der irischen Whiskeyindustrie. Als sich die drei der vier verbliebenen Hersteller 1966 zur IDG zusammenschlossen, brachte jeder der Beteiligten einige bekannte Namen mit: Green Spot, Jameson, Murphy's, Paddy, Powers und andere sowie Redbreast und Tullamore Dew. In den Pot Stills von Midleton wird meist traditioneller Pure Pot Still gebrannt, von Fall zu Fall aber auch ein Malt als Alternative oder Ergänzung zu dem,

Irish Whiskey

den Bushmills liefert. Bushmills brannte bis vor etwa 100 Jahren traditionellen Pure Pot Still Whiskey. Erst seitdem sie nach einem Großbrand 1885 wiederaufgebaut wurde, hat sie sich auf Malt Whiskey spezialisiert. Als die Groupe Pernod Ricard die Irish Distillers – zu denen Bushmills bis 2006 noch gehörte – übernommen hatten, kam Bushmills Malt auch als dreifach destillierter Single auf den Markt. Für seine Blends bezieht Bushmills Grain Whiskeys aus der Midleton Distillery. Die Zahl der Marken, die von Cooley stammen, lässt sich kaum überblicken. Neben den Malts Connemara, Tyrconnell und Locke's, den Blends Kilbeggan, Inishowen sowie (noch einmal) Locke's und dem Single Grain Greenore stellt man auch eine Vielzahl von Handelsmarken her.

Empfehlungen

Irish Whiskey ist vorrangig ein Whiskey für Purtrinker. Weltberühmt ist jedoch der Irish Coffee.

Bekannte Marken

Bushmills Bushmills ist die einzige Destillerie Nordirlands und seit 1970 mit der Irish Distillers Group vereint. Die Hauptmarken sind Bushmills Original, »Black Bush« und die Single Malt Whiskeys 10 Years und 16 Years Old. Alle haben 40 %vol.
Connemara Der 1995 von Cooley eingeführte Connemara Peated Single Malt wird in drei Abfüllungen angeboten: das Original und der »12 Years Old« mit 40 %vol und der »Cask Strength« mit um die 60 %vol.
Greenore Eine selten angebotene Spezialität. Dieser acht Jahre gereifte Single Grain (40 %vol) von Cooley ist jährlich auf 5000 Flaschen limitiert.
Green Spot Diese Jameson-Marke ist legendär und selbst in Irland eine Rarität. Nur rund 25 000 Flaschen werden jährlich hergestellt. Er ist neben Redbreast der einzige Single Pot Still Whiskey mit 40 %vol.
The Irishman The Irishman 70 Whiskey ist ein Produkt des Familienunternehmens Walsh und hat seinen Namen von den 70 % Maltanteil.

Der Rest ist Pure Pot Still Whiskey. Außerdem werden ein Single Malt und ein Cask Strength (53 %vol) angeboten. Da man bei Walsh selbst nicht destilliert, wird vermutet, dass die Fässer bei Midleton ausgewählt wurden.
Jameson Eine der ältesten noch erhältlichen Whiskeymarken Irlands. Die Destillerie wurde 1780 in Dublin gegründet. Jameson ist mit über 30 Millionen Flaschen der meistgetrunkene Irish Whiskey. Schon lange gibt es bei uns die Standardmarke, seit 1984 auch den 12 Years Old. Beide haben 40 %vol.
Jameson Gold Einen Hauch Vollkommenheit vermittelt dieser 1996 eingeführte Irish Premium Blend. Jameson Gold (40 %vol) besteht aus Whiskeys, die zwischen 13 und 15 Jahre alt sind, und enthält einen starken Anteil an Pure Pot Still Whiskey. Da von den Reifefässern nur sehr begrenzte Bestände existieren, kann Jameson Gold nicht in Mengen produziert werden, was erklärt, dass nur zweimal im Jahr abgefüllt wird.
Kilbeggan Seit 1992 ist die alte Marke Kilbeggan wieder erhältlich. Er ist der erfolgreichste Cooley Whiskey, und neben der Standardmarke wird auch ein 18 Years Old angeboten. Beide 40 %vol Alkoholgehalt.
Locke's Diese ebenfalls von Cooley wiedererweckte Marke erschien 1993 zunächst als Blend und wird seit 1997 als Single Malt angeboten. »Irish Single Malt« 8 Years Old, 40 %vol, gibt es auch im Keramikkrug.
Midleton Seit 1984 gibt es auch einen Whiskey mit dem Namen Midleton Very Rare. Er ist der exklusivste und teuerste irische Whiskey und wird jährlich mit Jahresangabe in kleiner Serie aufgelegt.
Midleton Barry Crockett Eine außergewöhnliche Single Pot Still Spezialabfüllung des Midleton Master Distiller Barry Crockett. Er wird seit 2011 angeboten und hat 46 %vol.

Irish Whiskey

Paddy Seit 1825 wird Paddy Old Irish Whiskey (40 %vol) hergestellt. Seinen Namen erhielt er jedoch erst später durch Paddy O'Flaherty, einen populären Starverkäufer der damaligen Cork Distilleries. Bis heute ist Paddy eine besonders in ihrer Heimat geschätzte Marke.

Powers John's Lane Die 1791 von John Power in der Dubliner John's Lane gegründete Brennerei ist seit 1966 Teil der Irish Distillers Group. Die Hauptmarke Gold Label ist nach Jameson der meistverkaufte irische Whiskey. Als Reminiszenz an die alte Firma wurde 2011 der John's Lane herausgebracht. Dieser Single Pot Still Whiskey entspricht dem Powers Original Style der damaligen Zeit. Er ist zwölf Jahre gereift und hat 46 %vol.

Redbreast Die Kultmarke Redbreast ist der meistverkaufte Single Pot Still Whiskey Irlands und neben Green Spot auch der Einzige. Er wird in Midleton hergestellt und als 12 Years (40 %vol) und 15 Years (46 %vol) angeboten. Der 15 Years wurde erst zweimal abgefüllt und ist eine sehr gesuchte Rarität. 2011 wurde dann mit dem Cask Strength (57,7 %vol) der außergewöhnlichste Redbreast vorgestellt.

Tullamore Dew Die Tullamore Distillery wurde 1829 in Tullamore in den Midlands erbaut. Bis 1975 produzierte man dort, seither jedoch in Midleton. Tullamore Dew – der Tau von Tullamore – mit seinem berühmten Werbeslogan »Give every man his Dew« ist die bekannteste Marke in Deutschland. Seit 2000 wird der 12 Years Old angeboten, dazu kam der Single Malt 10 Years Old. Alle 40 %vol Alkoholgehalt.

The Tyrconnell »The Tyrconnell« ist eine Marke der von Cooley wieder zum Leben erweckten Andrew A. Watt Distillery. Der Single Malt »The Tyrconnell« (40 %vol) ist einer der wenigen Irish Malt Whiskeys und seit 1994 auf dem Markt. Es gibt neben der Standardmarke (40 %vol) die 10 Years Old Madeira-, Port- und Sherry-Finish-Abfüllungen und einen 15 Years Single Cask. Alle haben 46 %vol.

Red Robin

5 cl Redbreast 12 Years
1,5 cl Crème de Cassis
1,5 cl frisch gepresster Zitronensaft
5 cl Cranberry Juice

Alles kräftig in einem Shaker mit Eiswürfeln schütteln und in einen Tumbler auf einige Eiswürfel abgießen. Mit Brombeeren und Himbeeren garnieren.

Ledwidge Irish Coffee

2 cl Canadian Maple Syrup
12 cl starker Kaffee aus dunkel gerösteten Arabicabohnen
2,5 cl Powers Irish Whiskey
leicht geschlagene, noch flüssige Sahne, mit etwas Vanillezucker verfeinert

Ein hitzebeständiges Stielglas kurze Zeit mit heißem Wasser füllen. Das Glas leeren und Maple Syrup, Whiskey und Kaffee eingießen. Gut verrühren und leicht geschlagene Sahne mithilfe eines zuvor erwärmten Barlöffels einlaufen lassen.

∧ *Red Robin*

Irish Sour

5 cl Irish Whiskey
3 cl Zitronensaft
2 cl Zuckersirup

Mit Eiswürfeln im Shaker gut schütteln und in einen Tumbler auf einige Eiswürfel abgießen. Eine halbe Orangenscheibe und eine Cocktailkirsche dazugeben.

Irish Coffee

4 cl Irish Whiskey
1 Tasse heißer Kaffee
1–2 TL brauner Zucker
leicht geschlagene Sahne

Whiskey, Zucker und Kaffee in ein vorgewärmtes Stielglas geben, gut verrühren. Die Sahne als Haube daraufsetzen.

Irish Almond

4 cl Irish Whiskey
2 cl Orangensaft
1–2 cl Zitronensaft
1 cl Mandelsirup

Mit Eiswürfeln im Shaker gut schütteln und in einen Tumbler auf einige Eiswürfel abgießen. Eine halbe Orangenscheibe und eine Cocktailkirsche dazugeben.

Morning Dew

3 cl Irish Whiskey
1 cl Blue Curaçao
2 cl Crème de Bananes
4 cl Grapefruitsaft

Die Zutaten im Shaker mit Eiswürfeln gut schütteln und in eine Cocktailschale abgießen. Mit Orangenscheibe und Cocktailkirsche garnieren.

< *Irish Coffee*

American Whiskey

Der Bourbon gilt heute zwar als der amerikanische Whiskey überhaupt, aber er ist nicht der einzige und war nicht der erste Whiskey in der Neuen Welt. Zwischen dem, was die Einwanderer aus Europa brannten, und den Straight Whiskeys, die wir kennen, liegt ein langes Stück Weg. Der amerikanische Whiskey wurzelt in Europa. Vornehmlich irische und schottische Einwanderer brannten in der neuen Heimat die Schnäpse, die sie von zu Hause gewohnt waren, und passten sie den Gegebenheiten an, die sie auf dem Kontinent jenseits des Atlantiks vorfanden.

Der Ursprung

Der früher so populäre Rye Whiskey fristete lange ein Mauerblümchendasein, erlebt aber seit einigen Jahren eine Renaissance, und sein Marktanteil steigt ständig. Besonders ältere Abfüllungen finden nun ihre Liebhaber. Vom bekanntesten amerikanischen Whiskey, dem Bourbon, unterscheidet er sich dadurch, dass beim Rye mindestens 51 % des verwendeten Getreideanteils Roggen sein muss. Beim Bourbon sind 51 % Mais vorgeschrieben, der Anteil kann aber bis zu 80 % betragen; der Rest besteht aus gemälzter Gerste und Roggen, zum Teil auch aus Weizen. Neben dem Rye und dem Bourbon sind der Tennessee und der Blended American Whiskey die wichtigsten Sorten. Herausragendes Qualitätsmerkmal ist dabei die Unterscheidung zwischen »Straight«, »Blended Straight« und »Blended American«. »Straight« bedeutet unverschnitten. »Blended Straights« haben einen Straight-Bourbon- oder Straight-Rye-Anteil von mindestens 51 %. Beim Rest handelt es sich um Neutralsprit aus Getreide. »American Blended« müssen mindestens 20 % Straight Whiskey enthalten, der Rest ist auch hier Neutralsprit aus Getreide. Die US-Straight-Whiskeys werden in einer dem schottischen Pot-Still-Verfahren ähnlichen Methode destilliert. Der oft auf den Etiketten angegebene Hinweis auf das »Sour-Mash«-Verfahren besagt, dass nicht nur Hefe, sondern auch Rückstände aus einem vorangegangenen Brennvorgang der frischen Maische zugesetzt wurden, um die Gärung einzuleiten. Dieses Verfahren wird heute ausschließlich angewandt. Die »Sweet-Mash«-Methode mit jeweils frischer Hefe findet dagegen keine Anwendung mehr. Die Alterung vollzieht sich beim Bourbon in innen angekohlten Eichenfässern, die jedoch nur einmal eingesetzt werden dürfen. Der im Staat Tennessee hergestellte Tennessee Whiskey (»Jack Daniel's«, »George Dickel«) gilt als eigenständig und unterscheidet sich vom Bourbon durch ein spezielles Filtrierverfahren, bei dem der frische Whiskey durch eine meterdicke Ahornholzkohleschicht gefiltert wird. Dieses »Charcoal-Mellowing«-Verfahren verhilft dem Tennessee Whiskey zu seiner außergewöhnlichen Qualität. Seit 1941 ist der Tennessee Whiskey übrigens eine von der Steuerbehörde anerkannte Whiskeysorte. Bourbon, Rye und Blended American Whiskey unterliegen keinen regionalen Beschränkungen. Neben Kentucky, Tennessee und Pennsylvania stellen auch Virginia, Ohio und Illinois in großem Umfang Whiskey her. Die wichtigsten gesetzlichen Vorschriften regeln den Mais- bzw. Roggenanteil sowie die Mindestlagerzeit: Sie beträgt bei Bourbon und Rye zwei Jahre, eine Lagerzeit unter vier Jahren muss bei diesen auf dem Etikett angegeben werden. Somit sind Whiskeys ohne Altersangabe mindestens vier Jahre alt. Die meisten Marken werden allerdings vier bis sechs Jahre gelagert, Spitzenmarken auch sechs bis acht Jahre. Lagerzeiten von zehn Jahren und mehr sind eher selten. Seit einiger Zeit gibt es auch Single Barrel (Einzelfassabfüllungen) und Small Batch Bourbon. Dieser Bourbon ist eine Zusammenstellung aus besonders gut entwickelten Fässern. Beide kommen nur in relativ kleinen Mengen in den Handel. Obwohl sich der amerikanische Whiskey in der Regel mit »e« schreibt, gibt es auch amerikanische Marken (z. B. »Dickel«, »Maker's

American Whiskey

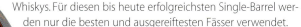

Mark«), die sich ohne »e« schreiben. Der Mindestalkoholgehalt beim amerikanischen Whiskey beträgt wie bei allen anderen Whiskys 40 %vol.

Empfehlungen

Alle American Whiskeys eignen sich hervorragend zum Mixen. Man trinkt sie pur, on the rocks, mit klarem Wasser, Soda, Cola, Seven Up, Sprite oder Ginger Ale. Die besonders lange gereiften Bourbon und Rye Whiskeys empfehlen sich jedoch speziell zum puren Genuss.

Bekannte Marken

Jim Beam Die Jim Beam Distillery Co. geht zurück auf einen deutschen Einwanderer namens Böhm, der bereits 1795 Whiskey brannte. 1935 wurde die Destillerie von vier Unternehmern, darunter Jeremia Beam, einem Nachfahren Böhms in der sechsten Generation, neu gegründet. Die Gruppe American Brands übernahm Jim Beam 1967, die Brennerei behielt aber die Kontrolle über die Marke und ist heute auch für die gesamte Spirituosenproduktion dieses Konzerns zuständig. Jim Beam ist mit rund 65 Millionen (2010) jährlich verkauften Flaschen nach Jack Daniels die größte Whiskeymarke der USA. Jim Beam wird bei uns in sechs Sorten angeboten: Classic White, Choice 5 Years, Black 6 Years, Rye, Red Stag »Black Cherry«, dem natürliche Schwarzkirschenaromen zugesetzt wurden, und seit 2012 der Devil´s Cut. Für diesen holt man durch ein neues Verfahren die konzentrierte Flüssigkeit aus dem Holz der entleerten Fässer und mischt dieses Konzentrat mit sechs Jahre altem Jim Beam. Des Weiteren gibt es vier »Small Batch« Bourbons (siehe unter Knob Creek, Seite 120).

Blanton's Der erste Single-Barrel Bourbon Whiskey der neueren Zeit war Blanton´s. Mit ihm begann 1984 eine neue Bourbonära. Er empfahl sich zum Purgenuss und als Konkurrenz zu schottischen Single Malt Whiskys. Für diesen bis heute erfolgreichsten Single-Barrel werden nur die besten und ausgereiftesten Fässer verwendet. Auf jedem Etikett werden penibel Fass- und Flaschennummer, Lagerhaus, Ricknummer (Schober), Abfülldatum und Alkoholgehalt vermerkt. Benannt ist die Marke nach Albert Blanton, der von 1897 bis 1953 in der Destillerie tätig war. Blanton´s wird in mehreren Qualitäten und Alkoholstärken angeboten. Auch die Flaschenform ist außergewöhnlich. Die runde, oben und unten achteckige Flasche wird mit Siegelwachs verschlossen, und ein Pferd mit Reiter krönt den Verschluss.

Buffalo Trace Der Straight Bourbon Buffalo Trace ist eine noch junge Marke. Er wurde 1999 anlässlich der Umbenennung der Leestown Distillery in Buffalo Trace erstmals angeboten. Dort wo heute die Destillerie steht, überqueren einst die Büffel zu Tausenden den Kentucky River. Die Geschichte der Destillerie geht zurück bis 1865, und am Anfang stand Benjamin Blanton, der die Destillerie am Rande von Kentuckys Hauptstadt Frankfort, im damals noch existierenden Ort Leestown, erbaute. Neben dem Buffalo Trace werden mehrere Marken und auch die großen Sazerac Whiskeys hergestellt. Im Sortiment ist auch der berühmte Blanton's, der 1984 als erster amerikanischer Single Barrel auf den Markt gebracht wurde.

Bulleit Tom Bulleit, ein Ururenkel des Gründers, erweckte 1987 die Marke wieder zum Leben. Ihren Ursprung hatte sie in Augustus Bulleit, der um 1830 in Louisville im damaligen Grenzland Kentucky mit Whiskey handelte. Bulleit erwies sich als interessante Neueinführung, und so wurde Seagram auf die Marke aufmerksam. 1997 erwarb Seagram die Namensrechte und ließ den Bulleit in der eigenen Four Roses Distillery produzieren. Bei der Auflösung des Seagram-Konzerns im Jahr 2000 wurde diese vom japanischen Spirituosenunternehmen Kirin übernommen, die Marke Bulleit kam jedoch zum britischen Whiskymulti Diageo,

American Whiskey

die den Bulleit aber weiterhin bei Four Roses produzieren lässt. Seit 1999 wird Bulleit auch in Deutschland angeboten.

Charter 101 Charter Kentucky Straight Bourbon Whiskey gibt es seit 1874 und wird heute bei Buffalo Trace hergestellt. Die 101 bezieht sich auf den Alkoholgehalt von 101 proof (45,5 %vol). Neben dem 101 werden auch mehrere Abfüllungen mit Altersangabe hergestellt.

Elijah Craig Die Marke trägt den Namen eines Baptistenpredigers, der auch als Brenner tätig gewesen sein soll und häufig als Erfinder des Bourbons genannt wird. Es wird aber auch behauptet, dass dies eine Legende ist, die Ende des 19. Jahrhunderts entstand, um die bigotten Alkoholgegner damit zu ärgern, dass ausgerechnet ein Mann der Kirche für die Entstehung des bekämpften Teufelszeugs verantwortlich war. Wie dem auch sei, Elijah Craig ist ein besonderer Bourbon, der nach einem traditionellen Rezept von der Heaven Hill Distillery in Bardstown/Kentucky hergestellt wird. »Elijah Craig« Old Kentucky Straight Bourbon Whiskey reift zwölf Jahre und wird mit 47 %vol angeboten.

George Dickel Dickel ist neben Jack Daniel´s der zweite Tennessee Whisky, und er schreibt sich ohne »e«. Dieser ewige Geheimtipp genießt einen hervorragenden Ruf, wird aber nicht offiziell importiert. Bei Whiskyhändlern sind jedoch verschiedene Abfüllungen zu haben.

Jack Daniel's Mit rund 110 Millionen (2010) jährlich verkauften Flaschen ist »Jack Daniel's Tennessee Whiskey« die größte Spirituosenmarke der USA. In Deutschland wird der vier bis fünf Jahre alte »Jack Daniel's Old No. 7« angeboten. Außerdem gibt es den »Jack Daniel's Single Barrel Tennessee Whiskey« und den »Gentleman Jack«.

Four Roses Four Roses wird seit 1888 in Lawrenceburg/Kentucky hergestellt. Diese alte große Marke wird in den USA in vier Varianten angeboten und ist als Bourbon nur außerhalb der USA erhältlich. Four Roses ist in zahlreichen europäischen Ländern und Japan sehr bekannt und zählt auf diesen Märkten zu den Bestsellern. Alkoholgehalt 40 %vol.

Knob Creek Der Begriff Small Batch wurde 1989 vom Bourbonmulti Jim Beam eingeführt und bezeichnet seltene und außergewöhnliche Bourbonabfüllungen, die aus besonders gut entwickelten Fässern zusammengestellt werden. Nachdem man in Schottland mit den Single Malts immer größeren Erfolg hatte, wollten die US-Hersteller dem etwas entgegensetzen. US-Whiskey muss in neuen, innen ausgekohlten Fässern aus amerikanischer Weißeiche lagern, und da Destillate in neuem Holz schneller reifen, bringen es US-Whiskeys nie auf ein so hohes Alter wie die schottischen Whiskys. Dadurch kann er auch nicht – wie beim Scotch möglich – das Aroma des vorher darin gereiften Bourbon Whiskeys oder das von Sherry oder Port annehmen. Trotzdem bleibt den US-Herstellern ausreichend Spielraum. Die teilweisen enormen Unterschiede zwischen den einzelnen Marken beruhen zum großen Teil in der Getreidemischung. Die entscheidende Phase ist freilich die Reifezeit im Fass. Die Sommer in Kentucky können sehr heiß sein, die Winter sehr kalt. Je nachdem, wie die Reifelager (warehouses) erbaut sind, ist der Whiskey kräftigen Temperaturschwankungen ausgesetzt. Die Reifung geht umso schneller, je mehr Hitze der Whiskey ausgesetzt ist. Um eine gleichmäßige Reife aller Whiskeys zu erreichen, lässt man die Fässer in den Lagerhäusern von innen nach außen und von oben nach unten rotieren. Bei diesem Vorgang stellt man auch fest, welche Fässer sich optimal entwickelt haben, und von da war es kein weiter Weg mehr zur Schaffung der »Auslesewhiskeys«. Der Erfolg dieser Whiskeys bei anderen Brennereien veranlasste Beam dazu, Whiskeys in relativ kleiner Auflage auf den Markt zu bringen und sie als Small Batch Bourbons zu etikettieren (Batch bedeutet Stapel oder Stoß). Mit Baker's, Basil Hayden's und Knob Creek schuf man ein Small Batch Trio, das mit dem Single Barrel Booker's zum Quartett und zur »Small Batch

American Whiskey

Mais ist das Korn für den US-amerikanischen Bourbon Whiskey. Endlose Felder liefern den Grundstoff für diese US-amerikanische Nationalspirituose.

Bourbon Collection« wurde. Booker's ist ein reinrassiger Single Barrel, je nach Fass abgefüllt mit zwischen sechs und acht Jahren und 60 bis 63 %vol Alkohol. Die anderen drei dagegen sind eine Mischung von einzelnen Whiskeys aus verschiedenen Fässern der allerersten Wahl. Benannt wurden sie nach großen Namen der Beam-Bourbon-Geschichte, und Knob Creek verkörpert den Bourbonstil der Ära vor der Prohibition.

Maker's Mark Maker's Mark Whisky (Schreibweise ohne »e«) kommt aus der Star Hill Distillery in Happy Hallow in der Nähe von Loretto in Kentucky. Sie ist eine der kleinsten Destillerien des Landes und war schon lange außer Betrieb, als William Samuels sie 1953 erwarb. Er war ein Nachkomme von Robert Samuels, der bereits um 1780 in Kentucky Whiskey brannte. 1959 wurde Maker's Mark erstmals angeboten. Maker's Mark reift sechs Jahre und wird dann in seine markanten, mit Plastikwachs versiegelten Flaschen abgefüllt. Der Name bezieht sich auf die Meistersiegel, die auf Silber oder Zinngeschirr eingestanzt werden. Bei Maker's Mark zeigt das Siegel auf dem Etikett einen Stern – für Star Hill Distillery –, den Buchstaben S – für den Namen Samuels – und die römische Ziffer IV – für die vierte Generation im (jüngeren) Brennereigeschäft. Als 1980 ein Bericht auf der Titelseite des Wallstreet Journals erschien, wollte jeder Maker's Mark haben, besonders die Konkurrenz. 1981 verkaufte man, und seit 2005 gehört man zu Beam. Trotzdem blieb ein Samuel Präsident der Firma, und ohne große Zugeständnisse an die neuen Inhaber blieb alles so wie vorher. Der bekannteste Maker's Mark ist der etwa sechsjährige Red Seal (45 %vol). Diese Stärke haben auch die weiße und die blaue Version. Die Limited Edition ist mit goldenem Wachs versiegelt und hat 101 Proof, 50,5 %vol. Selten sind der Black Seal Select (47,5 %vol) und der jährlich herausgebrachte Vintage (50,5 %vol).

Michter's Unter dem Dach der 1935 in Bardstown/Kentucky gegründeten Kentucky Bourbon Distillers wird eine große Zahl außergewöhnlicher Bourbon und Rye Whiskys abgefüllt. Darunter finden sich auch Namen alter Destillerien, die wieder zum Leben erweckt wurden. Die Geschichte von Mitcher's begann in Pennsylvania. Es ist belegt, dass bereits 1753 destilliert wurde, und bis zu ihrer Schließung im Jahr 1988 war Mitcher's die älteste ununterbrochen arbeitende US-Brennerei. Seither kommen die Whiskeys von den Kentucky Bourbon Distillers, die Mitcher's Bourbon und Rye Whiskeys abfüllen. Mitcher's bietet mehrere Bourbon-Marken an, darunter ein Small Batch Bourbon und ein Ten Years Old. Außerdem einen Straight Rye Single Barrel und eine große Zahl Rye Whiskeys in Altersstufen bis zu 23 Jahren.

Old Grand Dad Der »alte Großvater« und Namensgeber dieser Marke war Basil Hayden, der schon im 18. Jahrhundert in Kentucky Whisky brannte. Seine Nachkommen erbauten 1882 eine Destillerie, aus der erstmals ein Old-Grand-Dad-Bourbon kam. 1940 wurde eine Brennerei in Frankfort/Kentucky auf den Namen Old Grand Dad getauft. Dort wurde die Marke produziert, bis sie 1987 zu Beam kam. Bei Beam wird der Old Grand Dad seither nach der alten Formel hergestellt. Alkoholgehalt 43 %vol.

Old Overholt Die Geschichte des Old Overholt Rye Whiskey reicht bis 1810 zurück, und er ist einer der großen alten Namen in der amerikanischen Whiskeygeschichte. Old Overholt hatte seinen Ursprung in dem aus Deutschland nach Pennsylvania eingewanderten Abraham Overholt. Dieser ließ sich 1730 in Pennsylvania nieder, und die Nachkommen erbauten 1810 eine erste kleine Destillerie. Mit der Prohibition kam auch für sie das Aus. Man verkaufte die Namensrechte an National Distillers, die dann 1987 von American Brands (Beam) übernommen wurden. Seither wird Old Overholt (40 %vol) in den beiden Beam-Destillerien in Clermont und Frankfort, Kentucky, in der klassischen Qualität hergestellt.

Sazerac Rye Die Sazerac Company, zu der auch die beiden Marken Blanton's und Buffalo Trace gehören, brachte 1998 den 18-jährigen Sazerac Rye Whiskey auf den Markt. Diesem folgte 2006 ein sechsjähriger. Beide sind sehr gefragt, und der 18 Years ist selbst in den USA schwer zu finden.

Seagram's 7 Crown Mit diesem Whiskey brachte der damalige kanadische Seagram Konzern 1934 eine neue Whiskeysorte – den American Blend – in den USA zur Einführung. Bis in die 1970er-Jahre war der 7 Crown die meistverkaufte Spirituosenmarke der Welt, und er ist bis heute die meistverkaufte US-Spirituose aller Zeiten.

John B. Stetson Der berühmte Stetson-Hut steht für die US-amerikanische Lebensart wie kein anderes Symbol. Nach ihm wurde dieser Kentucky Straight Bourbon Whiskey benannt. John B. Stetson kam 2011 auf den Markt, aus welcher Destillerie der Whiskey stammt, war jedoch nicht zu erfahren. Alkoholgehalt 42 %vol.

Wild Turkey zählt zu den bekannteren Marken, und die beiden Sorten 101 8 Years Old (50,5 %vol) und Rare Breed (54,1 %vol) werden auch nach Deutschland importiert.

Willett Willett in Bardstown/Kentucky ist im Besitz von Kentucky Bourbon Distillers. Die von einer der ältesten Brennerfamilien Kentuckys gegründete Destillerie stellte zu Beginn der 1980er-Jahre den Betrieb ein. Man beteiligte sich am neu gegründeten Abfüller Kentucky Bourbon Distillers, und diese füllt nun die Willett-Whiskeys und weitere frühere Willett-Marken ab. Willett wird als Rye und Bourbon angeboten, darunter zwei 18 und 20 Years Old Bourbon und ein Pot Still Bourbon mit 47 %vol, der in einem Pot-Still-Dekanter auf dem Markt ist.

American Whiskey

Old Fashioned

5 cl Bourbon Whiskey
2 Spritzer Angostura
1 Stück Würfelzucker

In einen Tumbler den Würfelzucker geben, mit Angostura tränken und etwas klares Wasser dazugeben. Zucker mit einem Barlöffel zerdrücken, das Glas mit Eiswürfeln füllen und den Whiskey darübergießen. Gut umrühren, eine Cocktailkirsche und je eine halbe Orangen- und Zitronenscheibe dazugeben. Diesen klassischen Bourbondrink kann man je nach Geschmack mit allen Whiskysorten zubereiten.

Whisky Flip

5 cl Bourbon Whiskey
1 cl Zuckersirup
2 cl Sahne
1 Eigelb

Die Zutaten mit Eiswürfeln im Shaker kurz und kräftig schütteln und in ein Flipglas abgießen. Mit Muskatnuss bestreuen. Zum Whisky Flip eignen sich auch Canadian, Irish und Scotch Whisky.

Colonel Collins

5 cl Bourbon Whiskey
3 cl Zitronensaft
2 cl Zuckersirup
kaltes Sodawasser

Die Zutaten – ohne Sodawasser – mit Eiswürfeln im Shaker gut schütteln und in ein Longdrinkglas auf einige Eiswürfel abgießen. Mit etwas Sodawasser auffüllen. Mit Zitronenscheibe und Cocktailkirsche garnieren.

Sheep's Head

4 cl Bourbon Whiskey
1 cl Vermouth Rosso
1 cl Bénédictine

Die Zutaten in ein mit Eiswürfeln gefülltes Rührglas geben, gut vermischen und in ein Cocktailglas abgießen. Das Aroma von einer Zitronenschale daraufspritzen und diese mit einer Cocktailkirsche dazugeben.

Angelic

4 cl Bourbon Whiskey
2 cl Crème de Cacao Weiß
4 cl Sahne
1 cl Grenadine

Die Zutaten im Shaker mit Eiswürfeln gut schütteln und in eine Cocktailschale abgießen.

Whisky Sour

5 cl Bourbon Whiskey
3 cl Zitronensaft
1–2 cl Zuckersirup

Die Zutaten im Shaker mit Eiswürfeln kräftig schütteln und in ein Stielglas abgießen. Mit einer halben Orangenscheibe und einer Cocktailkirsche garnieren. Für Whisky Sour eignen sich auch Canadian, Irish oder Scotch Whisky.

Louisiana Sour

4 cl Bourbon Whiskey
1 cl Triple Sec Curaçao
1 cl Maracujasirup
4 cl Ananassaft

Im Shaker mit Eiswürfeln kräftig schütteln und durch das Barsieb in ein Stielglas abgießen. Eine Cocktailkirsche dazugeben.

Banana Bird

3 cl Bourbon Whiskey
1 cl Crème de Bananes
1 cl Cointreau
3 cl Sahne

Im Shaker mit Eiswürfeln kräftig schütteln und durch das Barsieb in ein Cocktailglas abgießen.

Kentucky Derby

4 cl Bourbon Whiskey
1 cl Grenadine
1 cl Zitronensaft
2 cl Pfirsichlikör
kaltes Ginger Ale

Die Zutaten – ohne Ginger Ale – im Shaker mit Eiswürfeln kräftig schütteln und durch das Barsieb in ein Longdrinkglas auf einige Eiswürfel abgießen. Mit Ginger Ale auffüllen und Zitronenscheibe and den Glasrand stecken.

Horse's Neck

6 cl Bourbon Whiskey
2 Spritzer Angostura
kaltes Ginger Beer
Zitronenschalenspirale

Ein Longdrinkglas mit Eiswürfeln füllen, die Zitronenschale in das Glas hängen, Bourbon und Angostura dazugeben. Mit Ginger Beer auffüllen.

Mint Julep

10 cl Bourbon Whiskey
1 cl Zuckersirup
etwa 10 Minzeblätter
Puderzucker

In ein hohes Longdrinkglas Minzeblätter, Zucker und etwas klares Wasser geben. Mit einem Holzstößel die Minzeblätter zerdrücken. Das Glas zur Hälfte mit Crushed Ice füllen und umrühren. Den Whisky dazugießen, das Glas mit Crushed Ice füllen und nochmals umrühren. Nasse Minzezweige mit Puderzucker bestäuben und zwei Trinkhalme dazugeben.

< *Old Fashioned*

American Whiskey

Bourbon & Peach

4 cl Bourbon Whiskey
2 cl Pfirsichlikör
1 cl Erdbeersirup
2 cl Zitronensaft
10 cl Orangensaft

Alle Zutaten im Shaker mit Eiswürfeln schütteln und in ein Longdrinkglas auf Eiswürfel abgießen. Mit einem Pfirsichstück und einer Erdbeere garnieren.

Banana Kid

4 cl Bourbon Whiskey
2 cl Crème des Bananes
1 cl Zitronensaft
3 cl Ananassaft

Im Shaker mit Eiswürfeln schütteln und in einen Tumbler auf einige Eiswürfel abgießen. Mit Ananas, Cocktailkirsche und Minze garnieren.

Engin

3 cl Bourbon Whiskey
2 cl Dry Orange Curaçao
1 cl Zitronensaft
3 cl Maracujanektar
1 cl weißer Schokoladensirup

Im Shaker mit Eiswürfeln kurz und kräftig schütteln und in ein Cocktailglas abgießen.

Brass Horse

4 cl Blanton´s Single Barrel
1 cl Honigsirup
2 cl frisch gepresster Zitronensaft
4 cl Apfel-Zwetschgen-Saft
½ cl Ramos Pinto Tawny Port

Alle Zutaten – ohne Port – im Shaker mit Eiswürfeln schütteln und in ein Cocktailglas abgießen. Den Port darauf träufeln. Mit einer Apfelspalte und einer dünnen Zitronenschalenspirale garnieren.

N.Y. Surprise

6 cl Bourbon Whiskey
6 cl Maracujanektar
1 cl Zitronensaft
1 cl Grenadine
1 Spritzer Angostura

Im Shaker mit Eiswürfeln schütteln und in einen Tumbler auf Eiswürfel abgießen. Zitronenscheibe und Cocktailkirsche dazugeben.

Waldorf Astoria Eggnog

3 cl Bourbon Whiskey
2 cl Tawny Port
1 Eigelb
1 cl Zuckersirup
1 cl Sahne
5 cl Milch

Im Shaker mit Eiswürfeln schütteln und in einen Tumbler abgießen. Muskatnuss darüberreiben.

Sazerac

6 cl Rye Whiskey
3 Spritzer Peychaud´s Bitter
½ cl Absinthe oder Pernod/Pastis
1 Stück Würfelzucker

Den Würfelzucker in einen Tumbler geben und mit Peychaud´s Bitter tränken. Etwas klares Wasser dazugeben und den Würfelzucker zerdrücken. Rye Whiskey und Absinthe dazugeben und umrühren, bis sich der Zucker gelöst hat. Dann Eiswürfel dazugeben, nochmals umrühren und mit einem Stück Zitronenschale abspritzen.

< Mint Julep und Horse's Neck

Canadian Whisky

Die Entstehung der kanadischen Whiskyproduktion begann wesentlich später als in den Vereinigten Staaten. Zwei der bis heute führenden Whiskygiganten – Hiram Walker und Seagram – hatten maßgeblichen Anteil an der Erfolgsstory des Canadian Whisky. Hiram Walker begann 1864 in der Nähe von Ontario mit dem Whiskybrennen. Seine Marke Canadian Club wurde als eine der Ersten in Flaschen abgefüllt und fand in den USA großen Zuspruch. Das zweite erfolgreiche Unternehmen war Seagram mit dem 1916 eingeführten Seagram's V. O.

Der Ursprung

Großen Anteil am Wachstum der kanadischen Destillerien hatte die Prohibition in den USA. Während dieser Zeit (1920–1933) versorgten die Kanadier – natürlich illegal – den amerikanischen Markt. Während die Prohibition den Niedergang des irischen Whiskeys einläutete, begann für den Canadian der Aufstieg zur Whiskyweltmacht. Am Ende der Prohibition waren die meisten US-Destillerien geschlossen und keine Lagerbestände mehr vorhanden. Dieses Vakuum füllten die Kanadier mit den während der Alkoholverbotszeit angelegten riesigen Reserven. Bis heute wird in den USA mehr Canadian als einheimischer Whiskey getrunken. Ein Grund für die Beliebtheit des Canadian ist seine Leichtigkeit und Sauberkeit.

Die Herstellung

Canadian Whisky wird anders als American, Scotch oder Irish Whisk(e)y hergestellt. Er ist immer ein Blend aus einer geringen Menge Straight Whisky und sehr reinem Getreidealkohol oder Neutralsprit. Jeder Blend enthält bis zu 20 verschiedene Whiskys aus verschiedenen Grundtypen. Als Getreidesorten werden hauptsächlich Roggen sowie Mais und Gerste roh und/oder gemälzt verwendet. Bei der Destillation werden je nach Bedarf untereinander kombinierbare Methoden angewandt. Die Blends werden entweder gleich aus den jungen Whiskys zusammengestellt, oder man lässt die Whiskys als Einzelwhiskys reifen und mischt dann die fertigen Whiskys. Die Lagerung erfolgt in alten Bourbon- oder in frischen und auch bereits verwendeten Eichenholzfässern. In der Regel sind die Canadian vier bis sechs Jahre alt. Es gibt aber auch zehn und zwölf Jahre alte Canadian Whiskys, und wie in Schottland schreibt man Whisky ohne »e«.

Die Marken

Black Velvet Ihren Ursprung hat die Marke in der um 1930 erbauten Old Palliser Destillerie in Toronto, die den Black Velvet in den 1950er-Jahren auf den Markt brachte. Heute wird er in Lethbridge/Alberta und in der westlich von Montreal in der Provinz Quebec ansässigen Valleyfield-Destillerie hergestellt.

Canadian Club Die große alte Marke Canadian Club prägte den sauberen, leichten Stil des Canadian Whiskys und begründete dessen Weltruhm. Er ist die Schöpfung des kanadischen Whiskypioniers Hiram Walker, der seinen Whisky ab 1884 mit diesem Namen anbot. Im Jahr 2005 übernahm Pernod Ricard die Brennerei, die Marke ging aber an Beam. Für die Standardmarke werden sechs Jahre gereifte Brände verwendet. Seit dem Ende der 1980er-Jahre ist außerdem der zwölf Jahre alte »Classic« auf dem Markt. Beide haben 40 %vol.

Crown Royal Die größte Canadian-Marke ist mit rund 60 Millionen Flaschen der Crown Royal. Dieser Premium Canadian Whisky wurde 1939 anlässlich eines Besuchs des englischen Königs Georg VI. in Kanada von Seagram herausgebracht. Dieser Blend aus feinen Spitzenwhiskys – keiner jünger als zehn Jahre – wird in einer kronenähnlichen Flasche, verpackt in einem königsblauen Samtbeutel, angeboten. 40 %vol.

Glen Breton Im kanadischen Nova Scotia ist die noch junge Glenora-

Canadian Whisky

Destillerie ansässig, und im Jahr 2000 brachte man die erste Abfüllung auf den Markt. Dieser folgten 2003 der Glen Breton Ice Wine Barrel Malt Whisky - 10 Years Old -, der sein Reife-Finish in Eisweinfässern erhält (40 %vol). Im Jahr 2010 brachte man den 15-jährigen »Battle of the Glen« Malt Whisky (43 %vol) heraus. Eine weitere Marke ist der Glen Breton Rare Malt 10 Years Old mit 40 %vol.

Old Canada Old Canada ist einer der wenigen Canadian Whiskys, die im großen Umfang nach Deutschland importiert werden. Die Geschichte des Corby-Whiskys beginnt mit dem aus Frankreich eingewanderten Henry Corby, der 1870 in der Nähe von Toronto/Ontario die Corby-Destillerie erbaute. Old Canada ist ein klassischer, leichter und milder Canadian Whisky und wird mit 40 %vol angeboten.

Royal Canadian Eine Marke des Spirituosenmultis Pernod Ricard, die für den Export konzipiert wurde. Dieser im klassischen Stil hergestellte Canadian Whisky (40 %vol) wird seit 2011 auch in Deutschland angeboten.

Seagram´s V. O. Die Seagram Company Ltd. war einst der größte Spirituosenkonzern der Welt. Im Jahr 2000 verkaufte Seagram seine Spirituosen- und Getränkemarken, um ins Film- und Musikgeschäft einzusteigen. Den Grundstein des späteren Weltkonzerns legten zwei Familien. Einmal Joseph E. Seagram, zum Zweiten Sam Bronfman, der 1928 das Seagram-Unternehmen übernahm. Joseph E. Seagram erwarb 1883 eine bereits seit 1857 bestehende Destillerie in Waterloo bei Toronto. Im gleichen Jahr brachte man mit dem Seagram's 83 den ersten Markenwhisky und den ersten Blend Kanadas auf den Markt. 1911 war das Geburtsjahr des Seagram V. O. (Very Old), der nach der Prohibition zum damals meistverkauften Canadian überhaupt aufstieg. 1928 verkaufte man das Unternehmen zusammen mit den Namensrechten an Samuel Bronfman. Dieser sorgte auch für eine ständige Erweiterung durch den Zukauf anderer Firmen und war auch der größte Schnapsschmuggler in die »trockenen« USA.

∧ **Manhattan**

Manhattan

4 cl Canadian Whisky
2 cl Vermouth Rosso
2 Spritzer Angostura

Die Zutaten in ein mit Eiswürfeln gefülltes Rührglas geben, gut vermischen und in ein gekühltes Cocktailglas abgießen. Eine Cocktailkirsche dazugeben.

Ward Eight

5 cl Canadian Whisky
2 cl Zitronensaft
2 cl Orangensaft
1 cl Grenadine

Im Shaker mit Eiswürfeln schütteln und in ein Stielglas abgießen. Mit Orangenscheibe garnieren.

Canadian Cherry

4 cl Canadian Whisky
2 cl Cherry Brandy
2 cl Zitronensaft
2 cl Orangensaft

Im Shaker mit Eiswürfeln gut schütteln und in ein Stielglas abgießen. Eine halbe Orangenscheibe und eine Cocktailkirsche dazugeben.

Canadian Flip

3 cl Canadian Whisky
2 cl roter Portwein
1 cl Zuckersirup
2 cl Sahne
1 Eigelb

Im Shaker mit Eiswürfeln kurz und kräftig schütteln und in ein Stielglas abgießen. Mit etwas Muskatnuss bestreuen.

Internationale Whiskys

Offiziell gelten zwar nur Schottland und Irland, die USA sowie Kanada als Whiskyländer, doch Whisky wird heute in vielen Ländern hergestellt. So zählt etwa Japan zu den größten Whiskyproduzenten. Aber auch in Europa hat sich einiges getan. Neben den klassischen sind es gut zwei Dutzend Länder, in denen auch Whisky hergestellt wird. Es gibt Whisky aus sämtlichen fünf Erdteilen und aus Ländern, in denen man ihn nicht vermuten würde. Dass sich Brenner in Frankreich mit Whisky befassen, dass in Deutschland, Österreich und der Schweiz neben den Obstbränden auch Whisky destilliert wird, ist nur mit dem global gestiegenen Interesse an dieser sehr komplexen Spirituose erklärbar.

Japan ist auf dem besten Weg, zu den klassischen Whiskyländern gezählt zu werden, und die beiden größten Unternehmen, Suntory und Nikka, sind auf dem Whiskymarkt eine Macht. Indien ist diversen Quellen zufolge zwar größter Whiskyproduzent der Welt, aber die dort hergestellten Produkte entsprechen bis auf wenige Ausnahmen nicht dem, was wir als Whisk(e)y kennen. In Australien sind derzeit über ein halbes Dutzend Brennereien in Betrieb, und auch in Neuseeland arbeitet eine Whiskydestillerie. Auch in vielen europäischen Ländern wurde das Destillieren in der »Königsklasse« zu einer Herausforderung für Brenner. So wird in Wales ebenso Whisky destilliert wie in Spanien, Frankreich, Finnland und Schweden. Vor allem aber nahmen sich Brenner in den deutschsprachigen Ländern des gälischen Lebenswassers an, und über 30 Brennereien arbeiteten im Jahre 2011. Deutschland bekam seinen eigenen Whisky bereits in den späten 1950er-Jahren von der Firma Racke, mit dem bis heute erfolgreichen Racke Rauchzart. In der DDR stellte der VEB Edelbrände einen Whisky mit Namen Der Falckner her.

In der Neuzeit schloss die im bayerischen Schliersee ansässige Destillerie Lantenhammer mit dem Slyrs Bavarian Single Malt an die Berühmtheit ihrer Obstbrände an. Als Mindestreifezeit sind drei Jahre und als Mindestalkoholgehalt 40 %vol vorgeschrieben.

Bekannte Marken

Black Forest Die Badische Staatsbrauerei Rothaus steht hinter dieser Marke. Da sie kein eigenes Brennrecht mehr besitzt, kam es zur Zusammenarbeit mit der Kammer-Kirsch-Destillerie in Karlsruhe. Der erste Rothaus Black Forest Single Malt wurde im Juni 2006 destilliert und im September 2009 mit 1440 Flaschen abgefüllt. Die Abfüllung 2010 erfolgte mit 1900 Flaschen, und 2011 wurden bereits 6000 Flaschen abgefüllt. Alle drei haben 43 %vol. Zusätzlich wurden 2011 weitere 880 Flaschen in einer Fassstärkenabfüllung mit 53,7 %vol angeboten.

DYC Die Marke DYC ist in Deutschland nur Spanientouristen bekannt, in Spanien selbst ist DYC aber eine kraftvolle Marke. Kein Wunder, denn dort liebt man Whisky mit Cola, und Spanien ist seit der Jahrtausendwende nach Großbritannien das führende Land im Pro-Kopf-Verbrauch von Scotch Whisky. Der spanische Whisky DYC hat seinen Namen von den Destilerias y Crianza del Whisky, die ihn in ihrer Brennerei Molina del Arco in Segovia etwa 70 Kilometer nordwestlich von Madrid herstellen. Es gibt ihn seit 1963, er kam als Hiram Walker-Marke über die Allied Domecq in den Besitz von Beam. DYC wird nach schottischem Vorbild erzeugt, anfangs bezog man die benötigten Malts aus Schottland. Inzwischen werden zumindest Teile der benötigten Malt Whiskys und alle Grains in Spanien hergestellt. Obwohl DYC nur in Spanien und einigen lateinamerikanischen Ländern zu finden ist, zählt er mit jährlich rund 15 Millionen Flaschen (2010) zu den großen Marken. DYC wird in den Abfüllungen Selected Blended, Fino Blended 8 Años und als Pure Malt 8 Years Old angeboten.

Mackmyra Nach der Aufhebung des Herstellungsmonopols für Alkohol in Schweden 1995 begannen einige neu gegründete Firmen mit der Produktion von Spirituosen, hauptsächlich Wodka und Gin. 1999 starteten dann acht junge Malt-Whisky-Enthusiasten mit der ersten Whiskyproduktion. In Gävle, an der Ostküste des Landes, knapp 200 Kilometer nördlich von Stockholm, steht seither die erste Whiskydestillerie Schwedens. Sie übernahm damit auch den Titel der am nördlichsten gelegenen Malt-Whisky-Destillerie der Welt. Begonnen wurde mit einer Pilotbrennerei. 2002 erfolgte die Erweiterung, und man baute große Pot Stills ein. In diesem Jahr wurden bereits 170 000 Liter destilliert. Als 2006 der Mackmyra Single Malt Whisky erstmals in den damals noch staatlichen Verkaufsstellen angeboten wurde, standen die Käufer Schlange, und innerhalb einer Stunde war alles ausverkauft.

Nikka Die Nikka-Erfolgsgeschichte beginnt mit Masataka Taketsuru, der 1921 nach Studium in Glasgow und Praktika in schottischen Whiskybrennereien zurück nach Japan kam. Dort errichtete er für den Gründer von Suntory in Yamazaki Japans erste Whiskybrennerei. Nachdem er sie zehn Jahre geführt hatte, machte er sich selbstständig und gründete

Internationale Whiskys

Dieses idyllische Tal liegt nicht in Schottland, sondern in Österreich. Auch hier benötigt man reines Quellwasser für die Whiskybereitung.

1934 auf Hokkaido das später in Nikka umbenannte Unternehmen. Nikka ist heute im Besitz der Asahi Brauerei und nach Suntory die Nummer zwei der japanischen Whiskyhersteller. Den Whiskys von Nikka sagt man nach, dass ihr Stil deutlich von den schottischen Vorbildern geprägt ist. Nikka Whisky wird in einer unglaublichen Sortenvielfalt angeboten, darunter Blended, Pure Malt und Single Malt sowie viele hochprozentige Abfüllungen und bis zu 21 Jahre gereifte Marken.

Penderyn Die Penderyn Distillery wurde 2000 im gleichnamigen Dorf im Süden von Wales gegründet. Sie ist die erste Destillerie in Wales nach einem Jahrhundert und auch heute noch die einzige, in der Single Malt Whisky gebrannt wird. Angeboten werden Penderyn »41« mit 41 %vol, die Single Malt Whiskys Penderyn Madeira Finished, Sherrywood Edition und Peated Edition mit 46 %vol sowie die Single Cask Whisky Limited Edition mit 61,2 %vol.

Pfanner Die in Lauterbach bei Bregenz/Vorarlberg ansässige Destillerie Pfanner hat ihren Ursprung in einem 1854 erworbenen Landgasthof. Heute ist Pfanner einer der größten Fruchtsaftproduzenten Österreichs und berühmt für seine exzellenten Obstbrände. Der Reiz des Neuen bewog Walter Pfanner im Jahr 2005 dazu, sich in der Whiskydestillation zu versuchen. Verwendet wird für den ersten Vorarlberger Single Malt gemälzte Sommerbraugerste und Bergquellwasser. Das Destillat reift in Eichenfässern, die vorher Trockenbeerenausleseweine enthielten. Vom ersten Pfanner-Whisky wurden 2008 nach etwas mehr als drei Jahren Reifung 3000 Flaschen angeboten. Im Sommer 2009 wurde zum zweiten Mal destilliert; dieser Whisky kommt frühestens 2012 auf den Markt.

Slyrs Mit dem Slyrs wurde erstmals ein oberbayerischer Single Malt Whisky angeboten. Florian Stetter, Destillateurmeister und Inhaber der renommierten Obstbranddestillerie Lantenhammer, schuf diese erfolgreiche Whiskynovität. In Schliersee am Fuß der bayerischen Alpen hat die für ihre edlen Obstbrände und Liköre bekannte Destillerie ihren Sitz. Hier entstand nach jahrelangen Versuchen dieser erste Malt Whisky oberbayerischen Ursprungs. Als gelernter Bierbrauer wusste Florian Stetter von der Verwandtschaft Hopfenmaische zu Malzmaische. Außerdem war Schliersee ein idealer Ort, um mit einer Portion Ideenreichtum und Fachwissen einen Malt Whisky herzustellen. Zusammen mit seinem Destilliermeister Tobias Maier begann man mit der neuen Aufgabe, und 1999 brachte mit einem gelungenen Destillat den Durchbruch. Nach der gesetzlichen Mindestlagerzeit von drei Jahren wurde am 1. Mai 2002 erstmals die auf 1600 Flaschen limitierte Abfüllung des Jahrgangs 1999 angeboten. Inzwischen vervielfachte sich die jährlich abgefüllte Menge, und am 1. Mai 2012 wird der Jahrgang 2009 mit stolzen 55 000 Flaschen auf den Markt kommen. 2011 wurden etwa 1000 Flaschen in Fassstärke abgefüllt, und ab 2015 wird es einen 12-Jährigen geben.

Cointreau

Schon im Jahre 1827 hatte die Familie Cointreau in dem Anjou-Städtchen Angers eine Likördestillerie in Betrieb genommen. Am Anfang stand die Herstellung von Fruchtlikören aus verschiedenen Früchten der Region, und einige Jahre später, 1849, entstand daraus durch die Brüder Edouard und Adolphe Cointreau die Société Cointreau Frères. Diese ist heute in der fünften Generation im Besitz der Familie. Im Jahre 1875 übernahm Edouard Cointreau junior das damals noch kleine Unternehmen. Er wollte einen gänzlich anderen Likör kreieren und entwickelte schließlich den Cointreau, der als klarer Orangenlikör heute nicht nur ausgesprochen populär, sondern die weltweit führende Marke ist.

Die Marke

Der kristallklare Cointreau ist ein Likör auf der Basis der Bitterorange. Er unterscheidet sich von anderen Orangenlikören grundlegend dadurch, dass er nicht süß ist, sondern einen ausgesprochen herben, gleichwohl faszinierenden und anregenden Geschmack besitzt. Unter allen Likören, die heute auf der Welt hergestellt werden, ist Cointreau einer der bedeutendsten und zudem einer der großen Klassiker der Likörgeschichte.

Die Herstellung

Die für den Cointreau verwendeten Orangenschalen stammen von süßen und bitteren Orangen aus den Ländern Haiti, Brasilien und Spanien. Die Früchte werden nach der bis zum heutigen Tag geheimen Rezeptur gemischt und zum Mazerieren in Alkohol gelegt. Daran anschließend erfolgt die Destillation, bei der der erhitzte Alkohol den Orangenschalen ihr Aroma entzieht. In den weiteren Herstellungsphasen entsteht daraus mit Zucker, Wasser und Neutralalkohol der unverwechselbare Cointreau. Das Familienunternehmen Cointreau stellt neben dem Cointreau auch den fruchtig exotischen Maracujalikör Passoã her (siehe Seite 146).

Empfehlungen

Cointreau trinkt man ungekühlt im Likörglas, zum Kaffee und als Digestif. Beliebt ist Cointreau auch on the rocks und als Longdrink mit Fruchtsäften und Limonaden wie Bitter Lemon oder Tonic Water.
Durch seine Anpassungsfähigkeit ist Cointreau beim Mixen unentbehrlich, und weltbekannte Cocktails wie Sidecar, White Lady und Margarita wurden durch Cointreau zu Klassikern der Cocktailgeschichte.

Cointreau Fiesta

2 cl Cointreau
1 cl Crème de Bananes
kalter Champagner oder Sekt
Cointreau, Bananenlikör und einen Eiswürfel in eine Champagnertulpe geben und mit Champagner oder Sekt auffüllen. Mit einer Orangenschale abspritzen und diese dazugeben.

Velvet Hammer

4 cl Cointreau
2 cl Crème de Cacao weiß
4–6 cl Sahne
Mit Eiswürfeln im Shaker gut schütteln und in eine Cocktailschale abgießen.

Café Cointreau

4 cl Cointreau
1 Tasse heißer Kaffee
1 TL Zucker
leicht geschlagene Sahne
Cointreau, Zucker und Kaffee in ein vorgewärmtes Stielglas geben, gut verrühren. Die Sahne als Haube daraufsetzen.

Cointreau Tonic

4 cl Cointreau
kaltes Tonic Water
Den Cointreau in ein Longdrinkglas mit Eiswürfeln geben und mit Tonic Water auffüllen. Mit einer Zitronenscheibe garnieren.

Cointreau

Mer du Sud

4 cl Cointreau
1 cl Blue Curaçao
4 cl Ananassaft
kaltes Ginger Ale

Die Zutaten – ohne Ginger Ale – in ein Longdrinkglas mit Eiswürfeln geben, gut rühren und mit Ginger Ale auffüllen. Mit einem Ananasstück, Ananasblättern und einer Cocktailkirsche servieren.

Springtime

2 cl Cointreau
4 cl Wodka
6 cl Orangensaft

Im Shaker mit Eiswürfeln gut schütteln und in einen Tumbler auf Eiswürfel abgießen. Mit einer Orangenscheibe und einer Cocktailkirsche garnieren.

Cointreauversial

4 cl Cointreau
2 cl Lime Juice Cordial
1 cl Cranberrynektar

In ein mit Eiswürfeln gefülltes Rührglas geben, gut vermischen und in einen Tumbler auf einige Eiswürfel abgießen. Zwei Achtel Limettenstücke darüber auspressen und dazugeben.

Kamikaze

2 cl Cointreau
4 cl Wodka
1 cl Limettensaft

Im Shaker mit Eiswürfeln schütteln, in Tumbler auf Eiswürfel abgießen. Eine Limettenscheibe dazugeben.

Fire on Ice

3 cl Cointreau
2 cl brauner Rum
2 cl Zitronensaft
8 cl Orangensaft
1 cl Grenadine

Im Shaker mit Eiswürfeln schütteln und in einen Tumbler auf Eiswürfel abgießen. Mit Karambolestern und Minzezweig garnieren.

Cointreaupolitan

5 cl Cointreau
3 cl Cranberrynektar
2 cl Limettensaft

Mit Eiswürfeln im Shaker kräftig schütteln und durch ein Barsieb in ein gekühltes Cocktailglas abgießen. Mit einer dünnen Orangenschalenspirale garnieren.

Gefährliche Liebschaften

3 cl Cointreau
2 cl Boulard Calvados
1 cl frisch gepresster Limettensaft
4 cl Quittensaft
¼ Birne
3 Barlöffel Granatapfelkerne

Das Birnenstück und die Granatapfelkerne im Shaker zerdrücken. Die weiteren Zutaten mit Eiswürfeln in den Shaker geben und kräftig schütteln. In ein gekühltes Cocktailglas abseihen und einen Miniapfel an den Glasrand stecken.

Cointreau Caipirinha

4 cl Cointreau
2 Limettenviertel

Die Limettenviertel mit einem Holzstößel in einem Tumbler ausdrücken. Das Glas mit Crushed Ice füllen, den Cointreau dazugeben und umrühren.

Black Sun

4 cl Cointreau
2 cl brauner Rum
kaltes Cola

In ein Longdrinkglas mit Eiswürfeln geben und mit Cola auffüllen. Eine Zitronenscheibe dazugeben.

v *Cointreaupolitan und Mer du Sud*

Curaçao

Um die Mitte des 18. Jahrhunderts gelangten erstmals die Schalen einer Bitterorange, der pomeranzenartigen Curaçaofrucht, von der gleichnamigen karibischen Insel in die damalige alte Welt. Das Destillat aus diesen Schalen schuf neue Maßstäbe und wurde für die Bereitung vieler Liköre eingesetzt. Aber auch als eigenständige Likörart setzte sich der Curaçao durch, und auf seiner Basis entwickelten sich weltberühmte Likörmarken wie Cointreau und Grand Marnier. Curaçao ist der Urorangenlikör und der berühmteste Fruchtaromalikör. Seine wichtigste Komponente ist das aus den Schalen gewonnene Destillat und nicht wie bei den Fruchtsaftlikören der Fruchtsaft. Seine Geschichte beginnt auf der seit 1634 holländischen Karibikinsel Curaçao. Dort mutierten die von den Spaniern eingeführten Orangen zu Bitterorangen, und deren Schalen sind die Basis des Curaçao und aller anderen Orangenliköre.

Die Herstellung

Das Destillationsverfahren unterscheidet sich geringfügig von dem bei Orangenlikören angewandten Verfahren. Bei der Herstellung von Curaçao werden die Schalen der Orangen äußerst großzügig eingesetzt. Diese gibt man zur Auslaugung in Neutralalkohol (Mazeration), und der Extrakt, der daraus bei der Destillation gewonnen wird, enthält die ätherischen Substanzen der Schalen. Aus diesen wird dann mit reinstem Alkohol, Wasser und Zucker der Curaçao bereitet. Früher lag sein Alkoholgehalt bei 40 %vol, doch der Wunsch der Verbraucher führte dazu, dass besonders die farbigen Sorten herabgesetzt wurden. Nur für den klassischen wasserhellen Curaçao ist ein Mindestalkoholgehalt von 35 %vol vorgeschrieben, wenn er die Bezeichnung »Triple Sec« (dreifach trocken) trägt. Die »Triple-Sec«-Curaçaos weisen einen geringeren Zuckergehalt auf. Varianten sind die gefärbten Sorten. Sie sind aus dem Original hervorgegangen, haben heute aber meist einen geringeren Alkoholgehalt. Die beliebteste Farbe ist »Blue«. Diese hat jeder der großen Sortimentsproduzenten im Programm, und seit einigen Jahren bietet das niederländische Unternehmen de Kuyper mit Red und Green auch diese beiden Farben an. Diese Curaçaos sind geschmacklich identisch und unterscheiden sich nur durch ihre Farbe. Ein weiterer altbekannter Curaçao ist der Curaçao Orange – eine »trockene« Curaçaovariante mit ausgeprägter Orangennote. Seine bräunliche Farbe erhält er durch karamellisierten Zucker. Bei Curaçaomarken gibt es große Qualitätsunterschiede; mit den hier vorgestellten Marken ist man gut beraten.

Die Verwendung

Curaçao wird selten pur getrunken, obwohl er sich mit seinem herb-süßen Geschmack ideal zum Kaffee und als Digestif empfiehlt. Seine großen Verwendungsmöglichkeiten stellt er als Mixlikör unter Beweis. In der Bar ist Curaçao in allen Varianten unentbehrlich, keine Likörgattung ist in so vielen Drinks zu finden. Besonders der Curaçao Blue ist als Farbgeber unersetzlich.

Bekannte Marken

Amanda Blue Mit Amanda wurde Ende des Jahres 2006 ein völlig neu entwickeltes Likörsortiment mit vier Sorten vorgestellt. Außer dem Blue Curaçao gibt es Red Orange, Apricot Brandy und Crème de Bananes. Alle vier sind äußerst fruchtig und leicht, und mit 15 %vol ideal zum Purgenuss oder zum Mixen problemloser fruchtiger Longdrinks. Für die Entwicklung und Herstellung zeichnet das für seine Spirituosenkompetenz bekannte Unternehmen Underberg verantwortlich.

Bols Das weltweit bekannte niederländische Spirituosenunternehmen Bols nimmt seit jeher als Liköranbieter in Deutschland den führenden

Curaçao

Platz ein. Über 100 Jahre, von 1890 bis 1995, betrieb Bols in Deutschland eigene Produktionsstätten, deren Tätigkeit lediglich zwischen 1944 und 1946 unterbrochen war. Aufgrund der Möglichkeiten, die die EU mit sich brachte, beliefert Bols den deutschen Markt nun direkt vom Stammhaus in Amsterdam. Bis zum Beginn der 1980er-Jahre ließ sich die Farbe Blau als Likör und als Cocktail nur schwer verkaufen. Außerdem entsprach der hohe Alkoholgehalt nicht mehr dem Wunsch der Verbraucher. Man wollte leichtere Liköre, mit denen problemlos fruchtige Longdrinks gemixt werden konnten. Dies führte zur Neuentwicklung des Blue Curaçao, der bis dahin ein Likör unter vielen war. Der herausragendste und erfolgreichste Bols-Likör ist heute der Blue Curaçao (21 %vol). Er ist weltweiter Marktführer und Deutschland das größte Abnehmerland. Außer dem Blue Curaçao gibt es die altehrwürdigen Sorten Triple Sec und Dry Orange. Der wasserhelle Triple Sec ist auch bei Bols der Ur-Curaçao. Er ist herb-fruchtig und alkoholstärker (38 %vol), aber weniger süß als der Blue. Ein weiterer Curaçao ist der Dry Orange (24 %vol). Auch für diesen bräunlich-goldenen Curaçao sind süße und bittere Orangen die Basis. 2004 wurden die altehrwürdigen Bols-Flaschen durch Flaschen im modernen Styling ersetzt; seither präsentieren sich die Bols-Liköre in einer völlig neuen Form (siehe auch die einzelnen Likörkapitel).

Combier Combier hatte seinen Ursprung um 1825 in einer Konditorei in Saumur an der Loire. Man stellte dort auch Liköre für Süßigkeiten her, und die Liköre wurden bald der Hauptzweck der Firma. Schon früh produzierte man Curaçao, der schon damals einer der wichtigsten Liköre war. Die Geschichte von Combier endete in den 1930er-Jahren, und der heutige Inhaber versucht die Brennerei wieder dahinzuführen, wo sie im 19. Jahrhundert stand. Es werden neben Absinth und zahlreichen Likören auch zwei Bitterorangenliköre hergestellt. Der Royal Combier wird aus Triple Sec und Cognac bereitet (siehe Seite 145) und nach der alten Rezeptur der Combier Triple Sec. Für diesen werden Bitterorangenschalen aus Haiti verwendet. Sein Alkoholgehalt beträgt 40 %vol.

De Kuyper Die 1695 gegründete Firma de Kuyper ist in der elften Generation im Besitz der Familie De Kuyper. Das im niederländischen Schiedam beheimatete Unternehmen deckt mit seinem umfangreichen Programm alle wesentlichen Likörgeschmacksrichtungen ab und ist mit etwa 50 Millionen Flaschen der weltweit führende Likörsortimentproduzent. Seit jeher sind die Niederländer Spezialisten in der Curaçaoherstellung, und auch bei de Kuyper ist der Curaçao der große Klassiker. De Kuyper bietet vier Curaçaovarianten an. Die wichtigste Zutat, das Destillat aus den Fruchtschalen, wird bei de Kuyper nicht aus getrockneten, sondern aus frischen Schalen gewonnen. Der wasserhelle Triple Sec Curaçao (40 %vol) war der erste Curaçao, und die Varianten Blue und Red (beide 24 %vol) sind aus diesem Original hervorgegangen. Eine klassische Spezialität ist der Dry Orange (30 %vol). Dieser »trockene« Curaçao hat eine ausgeprägte Orangennote und 30 %vol.

Luxardo Triple Sec Zu Beginn des 19. Jahrhunderts war die dalmatinische Hafenstadt Zara (heute Zadar) ein wichtiger Handelsstützpunkt Venedigs und stand wie die Lagunenstadt unter der Herrschaft der Habsburger Monarchie. In Zara gründete 1821 Girolamo Luxardo seine Likörfabrik und verarbeitete die dalmatinischen Maraskakirschen zu einem besonderen Kirschlikör, dem Maraschino. Gegen Ende des Zweiten Weltkriegs wurden der Firmensitz und die Produktion nach Italien verlegt, und seit 1950 werden in Torreglia in der Nähe von Padua außer dem Maraschino mehrere Liköre produziert. Der Luxardo Triple Sec basiert auf einem Destillat von Bitterorangen, Süßorangen und Mandarinenschalen.

Merlet In der kleinen Charente-Maritime-Gemeinde Saint-Sauvant, etwas westlich vom weltberühmten Städtchen Cognac gelegen, begann 1850 die Weinbauernfamilie Merlet mit der Destillation. Mittlerweile hat sich Merlet zu einem großen, aber noch immer handwerklich produzierenden Betrieb entwickelt, und man bietet auch eine umfangreiche Likör-Range, darunter einen Triple Sec mit 40 %vol an.

Curaçao

After Dinner

3 cl Triple Sec Curaçao
3 cl Apricot Brandy
3 cl Zitronensaft

Im Shaker mit Eiswürfeln kräftig schütteln und durch das Barsieb in eine Cocktailschale abgießen.

Orangen Flip

3 cl Dry Orange Curaçao
2 cl Gin
4 cl Orangensaft
1 cl Zuckersirup
2 cl Sahne
1 Eigelb

Im Shaker mit Eiswürfeln kräftig schütteln und durch das Barsieb in einen Sektkelch abgießen. Mit Muskatnuss bestreuen.

Südsee

4 cl Triple Sec Curaçao
1 cl Blue Curaçao
4 cl Ananassaft
10 cl kaltes Ginger Ale

Triple Sec Curaçao, Blue Curaçao und den Ananassaft in ein Longdrinkglas mit Eiswürfeln geben. Mit einem Barlöffel gut vermischen und mit dem Ginger Ale auffüllen. Ein Ananasstück und eine Cocktailkirsche an den Glasrand stecken.

Green Star

4 cl Blue Curaçao
6 cl Orangensaft
8 cl kalter Sekt

In ein Longdrinkglas einige Eiswürfel geben und den Curaçao und den Orangensaft dazugießen. Gut verrühren und mit Sekt aufgießen. Eine halbe Orangenscheibe dazugeben.

Amanda Exotic

6 cl Amanda Blue
12 cl Orangensaft

Einige Eiswürfel in ein Longdrinkglas geben, Amanda Blue dazugießen und mit dem Orangensaft auffüllen. Mit einem Barlöffel gut umrühren. Eine Orangenscheibe und zwei Trinkhalme dazugeben.

Curaçao Tonic

4 cl Red Curaçao
kaltes Tonic Water

In ein Longdrinkglas einige Eiswürfel geben und den Curaçao dazugießen. Mit Tonic Water auffüllen und mit einem Barlöffel umrühren. Eine Orangenschalenspirale dazugeben.

Kingston Town

3 cl Triple Sec Curaçao
3 cl weißer Rum
1 cl Crème de Bananes
1 cl Blue Curaçao
12 cl Ananassaft

Im Shaker mit Eiswürfeln kräftig schütteln und durch das Barsieb in ein Longdrinkglas auf einige Eiswürfel abgießen. Mit Orangenscheibe, Kiwi und Cocktailkirsche garnieren.

Mexican Midnight

4 cl Blue Curaçao
1 cl Crème de Menthe Grün
1 cl Tequila
2 cl Sahne

Im Shaker mit Eiswürfeln kräftig schütteln und durch das Barsieb in eine Cocktailschale abgießen.

Blue Angel

2 cl Blue Curaçao
kalter trockener Sekt

Den Curaçao mit zwei Eiswürfeln in einen Sektkelch geben und mit Sekt aufgießen. Eine Cocktailkirsche dazugeben.

Blue Bay

4 cl Blue Curaçao
kaltes Bitter Lemon

In ein Longdrinkglas einige Eiswürfel geben und den Curaçao dazugießen. Mit Bitter Lemon auffüllen und mit einem Barlöffel umrühren. Eine Zitronenscheibe an den Glasrand stecken und Trinkhalme dazugeben.

Green Almond

4 cl Blue Curaçao
2 cl Amaretto
8 cl Orangensaft
8 cl Ananassaft

Alle Zutaten im Shaker mit Eiswürfeln gut schütteln und in ein Longdrinkglas auf Eiswürfel abgießen. Mit einem Ananasstück und einer Cocktailkirsche garnieren.

< *Green Star*

Curaçao

Young, Fresh and Beautiful

4 cl Blue Curaçao
3 cl Limettensaft
2 cl Zitronensaft
10 cl kaltes Bitter Lemon

Curaçao und die Säfte mit Eiswürfeln im Shaker kräftig schütteln und durch das Barsieb in ein Fancyglas auf einige Eiswürfel abgießen. Mit dem Bitter Lemon auffüllen. Mit je einer Zitronen- und Limettenspirale garnieren. Trinkhalme dazugeben.

Black Death

4 cl Blue Curaçao
2 cl Tequila
2 cl Grenadine
4 cl Zitronensaft
8 cl Blutorangensaft

Alle Zutaten mit Eiswürfeln im Shaker kräftig schütteln und durch das Barsieb in ein Longdrinkglas auf einige Eiswürfel abgießen. Zitronenscheibe und Cocktailkirsche an den Glasrand stecken. Trinkhalme dazugeben.

Wave Dancer

3 cl Bols Dry Orange
3 cl Bols Crème de Bananes
2 cl Cranberry Sirup
2 cl frisch gepresster Zitronensaft
8 cl Maracujanektar

Im Shaker mit Eiswürfeln schütteln und in ein Longdrinkglas auf einige Eiswürfel abgießen. Mit Karambole und Physalis garnieren.

Zitronen Flip

2 cl Dry Curaçao Orange
2 cl Gin
4 cl Zitronensaft
1 cl Zuckersirup
2 cl Sahne
1 Eigelb

Im Shaker mit Eiswürfeln schütteln und in einen Sektkelch abgießen.

Curaçao Tonic, Young, Fresh and Beautiful und Black Death >

Orangenliköre

Orangenliköre

Orangenliköre sind Fruchtaromaliköre und zählen zu den Klassikern unter den Mixlikören. Ihre Basis sind getrocknete Bitterorangenschalen (siehe auch Curaçao, Cointreau und Grand Marnier), die auf dem Weg der Mazeration und Destillation verarbeitet werden. Dabei wird bei manchen Marken neben Neutralalkohol auch Cognac, Brandy oder Rum verwendet. Orangenliköre sind zunächst wasserklar; eine bräunliche Farbe erhalten sie durch Spirituosen oder den Zusatz von Zuckerkulör.

Der Ursprung

Der wichtigste Bestandteil und das »Herz« der Orangenliköre sind die Schalen der karibischen Bitterorange. Diese entwickelte sich auf der seit 1634 holländischen Karibikinsel Curaçao, als dort im 16. Jahrhundert süße Orangen aus Sevilla angepflanzt wurden. Nachdem jedoch die Spanier alle Wälder der Insel abgeholzt hatten und das Grundwasser zurückging, passte sich die Frucht den Umweltbedingungen an, wurde bitter und ungenießbar. Doch das in den getrockneten Schalen enthaltene aromatische ätherische Öl erwies sich als ideale Likörkomponente. Die Holländer entdeckten ihren Wert und ihre Verwendungsmöglichkeit zur Likörbereitung, und 1752 begannen die Lieferungen in die Heimat. Seither sind die getrockneten Schalen dieser Früchte eine begehrte Handelsware, und ihre Verfügbarkeit gab den Anstoß zur Entwicklung der berühmten europäischen Orangenliköre Grand Marnier, Cointreau und den Marken der großen Sortimentsproduzenten.

Die Herstellung

Auf dem Weg der Mazeration und anschließender Destillation werden die aromatischen Orangenschalen verarbeitet. Die Destillation stoppt man frühzeitig und erhält hochprozentige Destillate, die sich durch ein außerordentliches Aroma auszeichnen. Diese werden mit Wasser, Neutralalkohol bzw. Cognac, Brandy oder Rum und Zucker zu trinkfertigem Orangenlikör verarbeitet. Das Herstellungsverfahren der Curaçaoliköre und auch von Cointreau weicht von dem hier Beschriebenen ab. Bei diesen destilliert man etwas länger, um den typischen, leicht herbaromatischen Geschmack der weißen Innenhaut der Orangenschalen im Destillat mit einzufangen. Wertbestimmend ist die Qualität der aromatischen Auszüge aus den Orangenschalen. Orangenliköre, deren alkoholische Basis Neutralalkohol ist, können wasserklar sein oder eine durch Farbstoffe erreichte Färbung aufweisen.

Die Verwendung

Die höherprozentigen Orangenliköre sind ungekühlt oder »on the rocks« feine Digestifs und auch zum Kaffee ein Genuss. Man verfeinert mit ihnen auch Desserts und Süßspeisen. Besonders die modernen Sorten, wie z. B. die Red-Orange-Liköre, sind durch ihren geringeren Alkoholgehalt eine beliebte Basis für Drinks mit Fruchtsäften oder Limonaden. Zum Mixen eignen sich alle Orangenliköre, und immer prägt ihr Geschmack und Aroma die Drinks. Weitere Rezepte finden sich in den Kapiteln Curaçao, Cointreau und Grand Marnier.

Bekannte Marken

Angel d´Or Aus der für ihre Orangen bekannten Region Sóller auf Mallorca stammen die Früchte für den Orangenlikör Angel d´Or. Die Marke wurde vom Spirituosenunternehmen Schwarze & Schlichte entwickelt und 2006 vorgestellt. Benannt wurde Angel d´Or nach dem Engel auf dem Portal der Kirche Sant Bartomeu. Alkoholgehalt 31 %vol.
Aurum In der östlich von Rom gelegenen Abruzzenprovinz Pescara liegt das historische Zentrum der Aurum-Herstellung. Die Grundlage des Aurum sind zehn Jahre gereifter Brandy und ein Destillat aus Orangen.
Bols Red Orange Er wurde 1987 unter dem Namen Kontiki Red Orange eingeführt. Bols Red Orange (17 %vol) schmeckt fruchtig nach Orangen, ist aber nicht zu süß.

Orangenliköre

Marie Brizard Der bernsteinfarbene Grand Orange Liqueur au Cognac (38 %vol) ist ein Klassiker des Hauses. Seine alkoholische Basis ist Cognac, dazu kommen Extrakte süßer und bitterer andalusischer Orangen.

Caballero Licor Caballero (25 %vol) vereint Orangen aus Andalusien mit spanischem Brandy. Er wird vom 1830 gegründeten Sherry- und Brandyunternehmen Luis Caballero nach einer alten Rezeptur hergestellt.

De Kuyper De Kuyper bietet neben den vier Curaçaosorten die beiden Orangenliköre Grande Orange (40 %vol) und Red Orange (24 %vol) an. Der Grande Orange unterscheidet sich vom Curaçao durch eine ausgeprägte, natürliche Süße und dem Orangefarbton. Der Red Orange ist ausgeprägt fruchtig und setzt sich durch seine Farbe von den anderen Sorten ab.

Zuidam Orange Baarle ist eine kleine Destillerie in Baarle/Nassau in den Niederlanden. Fred van Zuidam, der das Destillateurhandwerk bei De Kuyper erlernte, produziert in seiner Destillerie Spirituosen und Liköre in höchster Qualität. Der Liqueur d´Orange à base de Cognac ist ein hochwertiger Orangenlikör. Dieser wird aus Cognac sowie süßen und bitteren Orangen hergestellt und für drei Jahre in Eichenfässern gelagert. Er hat einen Alkoholgehalt von 40 %vol.

< Blood Red Orange und Orangerie

Tropical Red

4 cl Red Orange
2 cl Gin
6 cl Orangensaft
6 cl Grapefruitsaft

Alle Zutaten mit Eiswürfeln im Shaker kräftig schütteln, durch das Barsieb in ein Longdrinkglas auf einige Eiswürfel abgießen. Einen Spieß mit einer halben Orangenscheibe und einer Cocktailkirsche über den Glasrand legen. Trinkhalme dazugeben.

Red Orange Sparkling

2 cl Red Orange
4 cl Orangensaft
8 cl kalter Sekt

Einen Eiswürfel mit Red Orange und Orangensaft in ein Stielglas geben und mit Sekt aufgießen. Orangenscheibe dazugeben.

Orangerie

5 cl Angel d´Or
3 cl Haselnusslikör
1 cl Limettensaft

Mit Eiswürfeln im Shaker gut schütteln und in ein Cocktailglas abgießen. Eine dünne Orangenschalenspirale dazugeben.

Blood Red Orange

2cl Bols Red Orange
2cl Wodka
3 Zitronenviertel
3 Orangenviertel
1 EL Zucker

Die Zitronen- und Orangenviertel mit Zucker im Tumbler zerdrücken und das Glas mit zerstoßenem Eis auffüllen. Bols Red Orange und Wodka dazugeben und umrühren.

Fireball

3 cl Red Orange
2 cl Wodka
kaltes Tonic Water

Red Orange und Wodka in ein Longdrinkglas auf einige Eiswürfel geben und mit Tonic Water auffüllen. Eine halbe Orangenscheibe und zwei Trinkhalme dazugeben.

Grand Marnier

Der berühmteste aller Liköre ist zweifellos der Grand Marnier. Mögen auch moderne Marken mehr verkaufen – in Qualität und Ansehen ist Grand Marnier nicht zu überbieten. Alles an Grand Marnier ist außergewöhnlich! Seine unnachahmliche Rezeptur aus edlem, altem Cognac und exotischen Bitterorangen, seine unverwechselbare Flasche, seine internationale Verbreitung in 120 Länder der Erde und nicht zuletzt seine Position als größte Orangenlikörmarke auf Cognacbasis mit jährlich rund 15 Millionen verkauften Flaschen. Marnier-Lapostolle ist bis heute in Familienbesitz und neben Cointreau die größte französische Liqueurmarke.

Die Marke

Die Geschichte des Grand Marnier beginnt im Jahre 1827. In dem Städtchen Neauphle-le-Château bei Paris in der Destillerie Lapostolle beschäftigte man sich mit der Herstellung von Likören. Eugène, der Sohn des Firmengründers, zog sich wegen des Krieges von 1870 nach Cognac zurück und begann mit dem Handel von Cognac. Nach dem Krieg kamen die Liköre in Mode. Dem Trend folgend, versuchte Louis Alexandre Marnier-Lapostolle, der Schwiegersohn von Eugène, einen außergewöhnlichen Likör zu kreieren. Er experimentierte mit Cognac und den Extrakten karibischer Bitterorangen, und 1880 waren seine Bemühungen von Erfolg gekrönt: Der Grand Marnier war geboren und wurde erfolgreich wie kaum sonst ein Likör in dieser Zeit.
Grand Marnier ist ein Orangenlikör auf der Basis von Cognac. Aus Schalen der karibischen Bitterorangen entsteht im Laufe einer langen Mazerierung in Alkohol und anschließender Destillation ein aromatischer Extrakt, der mit Cognac und Zucker vermischt den Grand Marnier ergibt.

Das Beste vom Besten

Marnier-Lapostolle bietet mit der Cuvée du Centenaire und der Cuvée du Cent Cinquantenaire auch zwei Jubiläumsabfüllungen an. Diese unterscheiden sich im Prinzip nur durch das Alter der verwendeten Cognacs und die Ausstattung. Beide gelten als die exquisitesten Liköre der Welt. Cuvée du Centenaire enthält hauptsächlich Petite Champagne Cognacs, die bis zu 25 Jahre gereift sind. Diese Spezialcuvée wurde 1927 zum 100-jährigen Jubiläum komponiert und wird in einer schwarz-goldenen Flasche angeboten. Cuvée du Cent Cinquantenaire wurde anlässlich des 150-jährigen Firmenjubiläums im Jahre 1977 geschaffen. Für ihn verwendet man hauptsächlich Grande Champagne Cognac mit einem Alter von bis zu 50 Jahren. Cuvée du Cent Cinquantenaire wird in Repliken einer mit Blumen handbemalten Jugendstilflasche des berühmten Glaskünstlers Emile Gallé angeboten.
Mit dem Grand Marnier Navan stellte man im Jahr 2004 eine Likörinnovation vor. Sein Name steht für Natural Vanilla. Selbstverständlich ging man die Entwicklung dieser Neuheit mit dem gleichen Qualitätsanspruch an, der seit jeher für Grand Marnier gilt. Die Komposition aus Cognac und Madagaskarvanille harmoniert hervorragend und sorgt für ein delikates Geschmackserlebnis. Alle Grand-Marnier-Liköre haben 40 %vol Alkoholgehalt.

Empfehlungen

Grand Marnier trinkt man ungekühlt im Likörglas oder kleinen Schwenker, zum Kaffee und als Digestif. Beliebt ist Grand Marnier auch on the rocks und als Longdrink mit Orangensaft, Maracujanektar oder Tonic Water. Grand Marnier ist äußerst vielseitig. Nicht nur in Cocktails oder Longdrinks, sondern auch in der Patisserie ist er unentbehrlich.

Grand Marnier

Red Lion

2 cl Grand Marnier
3 cl Gin
1 cl Zitronensaft
4 cl Orangensaft
Die Zutaten mit Eiswürfeln im Shaker gut schütteln und in eine Cocktailschale abgießen.

Grand Margarita
3 cl Grand Marnier
3 cl Tequila
3 cl Zitronensaft
Den Rand einer Cocktailschale in einem Zitronenviertel drehen und in eine mit Salz gefüllte Schale tupfen. Das nicht haftende Salz durch leichtes Klopfen am Glas entfernen. Die Zutaten mit Eiswürfeln im Shaker kräftig schütteln und in das präparierte Glas abgießen.

Guadeloupe

3 cl Grand Marnier
3 cl weißer Rum
1 cl Kokossirup
6 cl Ananassaft
6 cl Maracujanektar
Im Shaker mit Eiswürfeln kräftig schütteln und durch das Barsieb in ein Fancyglas auf Crushed Ice abgießen.

Pierrot

3 cl Grand Marnier
2 cl italienischer Bitteraperitif
10 cl Orangensaft
Alle Zutaten in ein Fancyglas auf einige Eiswürfel geben und gut umrühren. Eine halbe Orangenscheibe dazugeben.

Rêve Tropical

4 cl Grand Marnier
4 cl Orangensaft
4 cl Ananassaft
Im Shaker mit Eiswürfeln kräftig schütteln und in ein Old-Fashioned-Glas auf einige Eiswürfel abgießen. Mit Ananasstück, Cocktailkirsche und Minzezweig garnieren.

Margie

3 cl Grand Marnier
2 cl Gin
10 cl Maracujanektar
In ein Longdrinkglas auf einige Eiswürfel geben und gut umrühren. Eine halbe Orangenscheibe dazugeben.

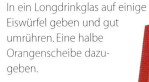

Rêve d'Or

4 cl Grand Marnier
1 cl Galliano
2 cl Sahne
4 cl Orangensaft
Die Zutaten mit Eiswürfeln im Shaker gut schütteln und in eine Cocktailschale abgießen.

Grand Marnier Champagne

2 cl Grand Marnier
6 cl Orangensaft
kalter Champagner
Grand Marnier und Orangensaft mit Eiswürfeln im Shaker kräftig schütteln und in ein Kelchglas abgießen. Mit gut gekühltem Champagner auffüllen. Eine halbe Orangenscheibe dazugeben.

Chapeau blanc

4 cl Grand Marnier
2 cl Cognac
leicht geschlagene Sahne
Grand Marnier und Cognac im Rührglas mit Eiswürfeln gut vermischen und in ein kleines Stielglas abgießen. Die Sahne als Haube daraufsetzen.

Grand Marnier Grapefruit

4 cl Grand Marnier
12 cl Grapefruitsaft
In ein Longdrinkglas auf einige Eiswürfel geben und gut umrühren. Eine halbe Grapefruitscheibe dazugeben.

Marnier Tonic

4 cl Grand Marnier
kaltes Tonic Water
Grand Marnier in ein Longdrinkglas auf einige Eiswürfel geben. Mit kaltem Tonic Water auffüllen und mit Zitronenscheibe garnieren.

Marnier Orange

4 cl Grand Marnier
Orangensaft
Grand Marnier in ein Longdrinkglas auf einige Eiswürfel geben. Mit Orangensaft auffüllen und mit einer Orangenscheibe garnieren.

< Guadeloupe und Pierrot

Whiskyliköre

Wo es Whisky gibt, sind auch Whiskyliköre nicht weit. Ihre Heimat haben sie in Schottland und Irland, wo schon vor Jahrhunderten die Nationalspirituosen mit Honig gesüßt und mit Heidekräutern versetzt wurden. Für viele Likörsorten stellt der Whisky die alkoholische Basis, doch keine Kombination erreicht den Wert und die Klasse der Whisky-Honig-Liköre. Überall, wo Spirituosen hergestellt wurden, versuchte man auch, die damals noch rauen Brände zu entschärfen. Dazu verwendete man Süßungsmittel, Früchte, aromatische Kräuter und Gewürze.

In allen whiskyproduzierenden Ländern wurden auch Whiskyliköre hergestellt. Diese haben jedoch nicht nur unterschiedliche Whiskys zur Basis, sie sind auch in ihrer Zusammensetzung völlig unterschiedlich.

Die wichtigsten Whiskyliköre sind die ursprünglich mit Honig hergestellten und die modernen Creamliköre (siehe Seite 184). In Irland schuf man mit Baileys den ersten Creamlikör mit Irish Whiskey als Basis. Diese Likörart gibt es mittlerweile auch mit schottischem Whisky und vielen anderen Spirituosen. Während diese Kreationen relativ jung sind, gehen die Rezepturen der klassischen Whisky-Honig-Liköre weit zurück.

Die Herstellung

Die Rezepturen der klassischen Marken wurden, wenn überhaupt, nur geringfügig geändert, lediglich die Herstellungsmethoden wurden verbessert. Malt Whisky oder auch Grain Whisky, aromatische Kräuterauszüge und Honig werden benötigt. Allen gleich ist die charakteristische Süßung mit Honig, die aber nie das Whiskyaroma überdeckt. Die Unterschiede sind gering und nur durch die Auswahl und Dosierung der drei Zutaten bedingt.

Die Verwendung

Whisky-Honig-Liköre sind herrliche Digestifs, und man verwendet sie vielfach auch zum Mixen.

Bekannte Marken

Drambuie Wahrscheinlich ist Drambuie aus alten Hausrezepten entstanden. Der heutige Drambuie wird aus bis zu 17 Jahren altem Malt Whisky, Grain Whisky, Heidehonig der schottischen Highlands und aromatischen Kräutern hergestellt. Sein Name stammt aus dem Gälischen und ist abgeleitet von »an dram bruidheach« (ein Trank, der zufrieden macht). Heute ist Drambuie die bekannteste Likörmarke Großbritanniens. Alkoholgehalt 40 %vol.

Fireball Cinnemon Whisky Die Legende sagt, dass Fireball-Whisky-Likör in einem der kältesten Winter in Kanada erschaffen wurde. Ein Wissenschaftler suchte ein Mittel gegen Erfrierungen und stieß dabei auf diese Rezeptur. Fireball schmeckt kräftig und scharf nach Zimt, hat dabei aber trotzdem Süße und weist 33 %vol auf.

Glayva Glayva ist nach dem Drambuie die größte Marke. Sein Name ist vom schottischen »Gle'mhath« abgeleitet und bedeutet sinngemäß »sehr gut«. Glayva wurde 1947 erstmals hergestellt. Wie Drambuie ist Glayva eine Komposition aus Malt und Grain Whisky mit Heidehonig und Kräuterauszügen, jedoch um Nuancen anders. Er hat einen Alkoholgehalt von 35 %vol.

Old Pulteney Liqueur Die Pulteney Distillery liegt im Nordseehafenstädtchen Wick. Seit 1999 gibt es auch den Old Pulteney Liqueur, dessen alkoholische Basis aus bis zu zwölf Jahren altem Malt Whisky besteht. Alkoholgehalt 28%vol.

Slyrs Bavarian Malt Whisky Liqueur Mit dem Slyrs kam 2002 erstmals ein oberbayerischer Single Malt auf den Markt. Diesem folgte ein Whisky-Honig-Likör. Alkoholgehalt 30 %vol.

Why & Mel Whiskaramel Eine ganz junge Marke im Segment der Whiskyliköre ist der Why & Mel, dessen Name sich aus den beiden Zutaten Whisky und Karamell zusammensetzt.

Whiskyliköre

Hersteller ist das weltbekannte Sherry- und Brandyhaus Williams & Humbert im andalusischen Jerez de la Frontera. Den beliebten Karamellgeschmack als geschmacksbestimmenden Anteil einzusetzen, war nicht nur eine gute Idee, die Komposition ist auch angenehm zu genießen. Alkoholgehalt 24 %vol.
Zuidam ist eine kleine Destillerie in Baarle/Nassau in den Niederlanden. Der Honig-Whisky-Liqueur (40 %vol) ist eine der bekanntesten Marken der Destillerie.

Rusty Nail

3 cl Drambuie
3 cl Scotch Whisky

In einen kleinen Tumbler kleine Eiswürfel geben und Drambuie und den Scotch dazugießen. Der Rusty Nail kann auch ohne Eis im Cocktailglas serviert werden, dann aber vorher im Rührglas mit Eiswürfeln gut verrühren.

Red Honey

3 cl Pulteney Whisky Liqueur
2 cl Scotch Whisky
2 cl Zitronensaft
2 cl Orangensaft
1 cl Grenadine

Mit Eiswürfeln im Shaker kräftig schütteln und in ein Kelchglas abgießen. Eine Erdbeere an den Glasrand stecken.

Highland Dream

4 cl Glayva
2 cl Scotch Whisky
6 cl Maracujanektar

Im Shaker mit Eiswürfeln kräftig schütteln und in einen Tumbler auf Eiswürfel abgießen. Eine halbe Orangenscheibe dazugeben.

Corcovado

2 cl Drambuie
2 cl Blue Curaçao
2 cl Tequila Blanco
klare Zitronenlimonade (Sprite, Seven Up)

Die Spirituosen in ein Longdrinkglas mit Eiswürfeln geben und mit der Zitronenlimonade auffüllen. Je eine halbe Orangen- und Zitronenscheibe dazugeben.

Elegant Mel

3 cl Why & Mel
1 ½ cl Vermouth Dry
1 ½ cl Vermouth Rosso
2 Spritzer Angostura

Die Zutaten im Rührglas mit Eiswürfeln gut vermischen und in ein gekühltes Cocktailglas abgießen. Mit Orangenschale abspritzen und diese dazugeben.

Honey Dew

3 cl Drambuie
3 cl Calvados
3 cl Zitronensaft

Die Zutaten mit Eiswürfeln im Shaker gut schütteln und in ein Cocktailglas abgießen.

Drambuie Sour

4 cl Drambuie
4 cl Zitronensaft
2 cl Orangensaft
1 cl Zuckersirup

Die Zutaten im Shaker mit Eiswürfeln kräftig schütteln und in ein Stielglas abgießen. Mit einer halben Orangenscheibe und einer Cocktailkirsche garnieren.

∧ *Corcovado und Red Honey*

Rose of Skye

3 cl Drambuie
3 cl Scotch Whisky
2 cl Zitronensaft
1 cl Grenadine
2 cl Orangensaft

Im Shaker mit Eiswürfeln kräftig schütteln und durch das Barsieb in ein Cocktailglas abgießen. Eine Erdbeere an den Glasrand stecken.

Noble Coffee

4 cl Slyrs Whisky Liqueur
1 Tasse heißer Kaffee
leicht geschlagene Sahne

Slyrs und Kaffee in ein Stielglas geben und eine Sahnehaube daraufsetzen.

Likörklassiker

Wie auch sonst im Leben – Klassiker sind Dinge, die schon immer da waren. Die Grenze ist bei den Likören allerdings schwer zu ziehen, denn ein Klassiker muss nicht unbedingt uralt sein. So ist der Baileys Irish Cream Liqueur der Klassiker unter den Cream-Likören. Er war der Erste dieser jungen Likörart und wurde erstmals 1974 vorgestellt. Klassiker unter den Likören wie Kirschlikör, Orangenlikör, Pfefferminzlikör, Curaçao sowie viele Einzelmarken werden in diesem Buch in eigenen Kapiteln beschrieben. Nachfolgend werden seit langer Zeit bekannte Likörarten vorgestellt, die zum Teil im großen Umfang auch von den führenden Likörsortimentsproduzenten angeboten werden.

Der Ursprung

Im auslaufenden Mittelalter verbreitete sich die Kunst der Destillation, und Heilkundige bereiteten auf der Suche nach Heiltränken die ersten Liköre. Man versuchte mit Alkohol die gesundheitsfördernden Substanzen aus Kräutern und Gewürzen herauszuziehen und damit heilende Elixiere herzustellen. Zum gesundheitlichen Aspekt gesellte sich bald auch der Wunsch nach Genuss, und die Perfektionierung der Zuckerherstellung ermöglichte ab 1800 die Likörbereitung in großem Umfang. Naheliegend war zuerst der Einsatz der heimischen Obstsorten, diesen folgten dann exotische Früchte und schmackhafte Samen wie der des Kakaobaums. Viele der klassischen Sorten sind bis heute ein fester Bestandteil im Likörangebot und jedermann bekannt.

Empfehlungen

Die Likörklassiker trinkt man ungekühlt im Likörglas, und als Zutat bei Mixdrinks prägen sie vielfach den Geschmack.

Bekannte Sorten

Apricot Brandy Liköre aus der Aprikose (in Österreich Marille genannt) sind altbekannt, und werden heute von allen großen Likörsortimentsproduzenten als Fruchtbrandys hergestellt. Fruchtbrandys sind Fruchtliköre, die auf 100 Liter Fertigware mindestens fünf Liter Obstbrand zu 40 %vol aus der namensgebenden Frucht enthalten. Außer dem Aprikosenbrand besteht Apricot Brandy in der Regel aus Neutralalkohol, Wasser, Zucker und Fruchtextrakten. Zum Teil werden auch Weinbrand und Mandelextrakte mit verwendet.

Bärenjäger Seit jeher schätzen Menschen Honig als köstliches Genussmittel. Der Honiglikör Bärenjäger wird bis heute nach den uralten, seit dem Mittelalter bekannten Rezepten hergestellt. Für den Bärenjäger der heutigen Zeit stellt Wodka die alkoholische Basis, und über 200 Gramm reiner Bienenhonig in jeder 0,7-Liter-Flasche geben ihm sein feines Aroma und die milde Süße. Bärenjäger enthält nur natürliche Zutaten und keine Aromazusätze. Er bietet vielseitigen Honiggenuss, schmeckt pur auf Eis, in Mixdrinks und ist eine köstliche Zutat in der Küche. Alkoholgehalt 35 %vol.

Crème de Bananes Altbekannt ist der Crème de Bananes. Er ist einer der populärsten Fruchtliköre und wird besonders zum Mixen verwendet. Der Namenszusatz Crème bedeutet hier, dass der Likör mindestens 250 Gramm Zucker pro Liter enthält. Seine Zutaten sind Fruchtdestillat, Alkohol, Zucker, Wasser und fruchteigene Aromastoffe.

Crème de Cacao Ein wahrer Klassiker ist der Crème de Cacao, der schon zu Beginn des 19. Jahrhunderts im Angebot der großen Produzenten war. Kakaolikör wird aus Kakaobohnen, Zucker, Wasser und Neutralalkohol hergestellt und oft auch mit Kirschwasser und Vanille abgerundet. Der weiße, wasserhelle ist meist ein reines Destillatserzeugnis, der braune meist eine Mischung von Mazerat und Destillat und unterscheidet sich vom weißen außer in der Farbe durch einen herberen, kräftigeren Kakaogeschmack.

Likörklassiker

Eierlikör/Advocaat Der Name (auch Advokat, Avocat) ist eine Synonymbezeichnung für Eierlikör und hat seinen Ursprung in der Avocadofrucht. Die Holländer stellten in ihren Kolonien Indien/Indonesien aus der Avocado mit Alkohol, Zucker und Gewürzen einen Likör her. In der Heimat ersetzte man die Avocado durch Eidotter, aber der Name Advocaat bürgerte sich ein. Als einziger Likör kann der Eierlikör nur 14 %vol Alkoholgehalt aufweisen, die Regel sind aber 20 %vol. Zur Herstellung braucht man mindestens 140 Gramm hochwertiges Eigelb und 150 Gramm Zucker oder Honig pro Liter. Dazu kommt Wasser, eventuell Gewürzextrakte und entweder Neutralalkohol oder Weinbrand. Bei Bols ist der Advocaat einer der klassischen Liköre des Sortiments und in Deutschland der meistverkaufte Eierlikör niederländischer Produktion.

Goldwasser Als um die Mitte des 16. Jahrhunderts die Geheimnisse der Destillation gelüftet waren, erfuhr die Suche nach medizinisch wirksamen Getränken einen großen Aufschwung. Vielfach wurde auch mit Gold experimentiert, und den Likören wurden Goldblättchen beigegeben. Möglich ist, dass man sich davon besondere Heilkräfte versprach oder aber seinen Reichtum zeigen wollte. Hauptsächlich in Danzig produzierte man schon in frühester Zeit diese originelle Spezialität. Das heutige Danziger Goldwasser ist ein stark würziger Destillatslikör, für den eine große Zahl an Kräutern und Gewürzen zum Einsatz kommt.

Maraschino Auch Marasquin oder Marrasquino geschrieben, wurde ursprünglich von Luxardo (siehe Luxardo) in Dalmatien hergestellt. Er ist eine besondere Art von Kirschlikör, und alle großen Likörsortimentsproduzenten haben ihn im Programm. Es gibt aber auch kleine, auf Maraschino spezialisierte Hersteller.

Luxardo Maraschino Originale Zu Beginn des 19. Jahrhunderts war die dalmatinische Hafenstadt Zara (heute Zadar) ein wichtiger Handelsstützpunkt Venedigs und stand wie die Lagunenstadt unter der Herrschaft der Habsburger Monarchie. In Zara gründete 1821 Girolamo Luxardo seine Likörfabrik und verarbeitete die dalmatinischen Maraskakirschen zu einem besonderen Kirschlikör, dem Maraschino. Gegen Ende des Zweiten Weltkriegs wurden der Firmensitz und die Produktion nach Italien verlegt, und seit 1950 wird in Torreglia in der Nähe von Padua produziert. Für den Luxardo Maraschino werden ausschließlich Maraskaweichseln verwendet, die in den benachbarten Euganeischen Hügeln auf über 20 000 Bäumen kultiviert werden. Bei der aufwendigen Herstellung des Maraschino wird zuerst die Grundlage, der Maraskasprit, produziert. Dafür werden die Kirschen entkernt und der Saft abgepresst. Den Pressrückstand füllt man zusammen mit einem aus den Kirschkernen gewonnenen Destillat in große Fässer aus Lärchenholz, gibt Gewürzextrakte hinzu und lässt diese Maische einige Monate lang ruhen. Darauf folgen eine zweimalige Destillation und eine dreijährige Reifezeit in Eschenholzfässern. Nach der Zugabe von Zucker schließt sich eine weitere Reifezeit an, und nach anschließender Filtrierung kann der kristallklare Maraschino in seine charakteristischen bastumflochtenen Flaschen abgefüllt werden.

Violet Liqueur Veilchen als Basis haben neben dem Violet Liqueur bzw. Crème de Violette auch die Crème de Yvette und der Parfait Amour (perfekte Liebe). Alle haben die außergewöhnlich lila Farbe, und Drinks mit diesen Likören erhalten diese auch. Bis heute haben alle großen französischen und niederländischen Likörsortimentsproduzenten diesen Likör im Programm. Für Violet Liqueur und Crème de Violette werden fast ausschließlich Veilchen, für die Crème de Yvette auch Waldbeerenaromen und Vanille, für den Parfait Amour eine Vielzahl weiterer Zutaten eingesetzt. Im Ergebnis ist der Yvette näher am Parfait Amour als am Violette. The Bitter Truth Violet Liqueur wird aus Blüten und Wurzeln wild wachsender Veilchen der Voralpenregion und Getreidebrand hergestellt und fängt die filigranen, eleganten Aromen dieser Pflanzen auf eindrucksvolle Weise ein. Er ist leicht im Körper, hat subtile florale Noten und einen bewusst reduzierten Zuckeranteil. Alkoholgehalt 22 %vol.

Likörklassiker

Aviation

4 cl Gin
1,5 cl Maraschino
1 cl Violet Liqueur
2,5 cl frisch gepresster Zitronensaft

Alle Zutaten mit Eiswürfeln im Shaker kräftig schütteln und durch ein Barsieb in eine Cocktailschale abgießen. Mit Zitronenschale abspritzen.

Gluttony

2 cl Violet Liqueur
2 cl weißer Tequila
1 cl Rose´s Lemon Squash
5 cl roter Johannisbeernektar

Mit Eiswürfeln im Shaker kräftig schütteln und in ein Sektglas abgießen. Mit Johannisbeerrispe oder Veilchenblüte garnieren.

Blaue Maus

2 cl Eierlikör
2 cl Blue Curaçao
2 cl Wodka
12 cl Orangensaft

Mit Eiswürfeln im Shaker kräftig schütteln und in ein Longdrinkglas auf einige Eiswürfel abgießen. Eine halbe Orangenscheibe dazugeben.

Blue Devil

3 cl Gin
2 cl Maraschino
2 cl Violet Liqueur
3 cl Limettensaft

Alle Zutaten mit Eiswürfeln im Shaker kräftig schütteln und durch ein Barsieb in eine Cocktailschale abgießen. Mit Limettenscheibe und Cocktailkirsche garnieren.

Apricot Fizz

5 cl Apricot Brandy
3 cl Zitronensaft
2 cl Orangensaft
1 cl Zuckersirup
kaltes Sodawasser

Die Zutaten – ohne Sodawasser – im Shaker mit Eiswürfeln kräftig schütteln und durch das Barsieb in ein Fancyglas abgießen. Mit etwas Sodawasser auffüllen.

Blando Mexican

4 cl Eierlikör
3 cl Tequila
6 cl Orangensaft

Mit Eiswürfeln im Shaker kräftig schütteln und durch das Barsieb in ein Cocktailglas abgießen.

Bel Ami

2 cl Eierlikör
2 cl Crème de Cacao weiß
2 cl Wodka

Mit Eiswürfeln im Shaker kräftig schütteln und durch das Barsieb in ein Cocktailglas abgießen.

Sweet Girl

3 cl Apricot Brandy
3 cl Gin
6 cl Sahne

Im Shaker mit Eiswürfeln kräftig schütteln und durch das Barsieb in eine Cocktailschale abgießen.

Banshee

3 cl Crème de Bananes
3 cl Crème de Cacao Weiß
4 cl Sahne

Alle Zutaten im Shaker mit Eiswürfeln gut schütteln und in eine Cocktailschale abgießen.

Silver Jubilee

4 cl Crème de Bananes
2 cl Gin
4 cl Sahne

Alle Zutaten im Shaker mit Eiswürfeln gut schütteln und in eine Cocktailschale abgießen.

Gluttony, Apricot Sour und Chiquita Punch >

Likörklassiker

Evergreen

3 cl Crème de Bananes
1 cl Blue Curaçao
1 cl Gin
5 cl Grapefruitsaft
Alle Zutaten im Shaker mit Eiswürfeln gut schütteln und in einen Tumbler auf Eiswürfel abgießen.

Butterfly Flip

3 cl Crème de Cacao braun
2 cl Cognac
2 cl Sahne
1 Eigelb
Alle Zutaten im Shaker mit Eiswürfeln gut schütteln und in ein Stielglas abgießen. Fein geriebene Muskatnuss darüberstreuen.

Chiquita Punch

5 cl Crème de Bananes
5 cl Orangensaft
5 cl Sahne
2 cl Grenadine
Alle Zutaten im Shaker mit Eiswürfeln gut schütteln und in einen Tumbler auf Eiswürfel abgießen. Mit Orangenscheibe und Cocktailkirsche garnieren.

Bananen Flip

3 cl Crème de Bananes
2 cl Gin
1 cl Zuckersirup
2 cl Sahne
1 Eigelb
Im Shaker mit Eiswürfeln gut schütteln und in ein Stielglas abgießen. Etwas Muskatnuss darüberreiben.

Sweet Dream

3 cl Apricot Brandy
3 cl weißer Rum
3 cl Ananassaft
3 cl Sahne
Im Shaker mit Eiswürfeln gut schütteln und in eine Cocktailschale abgießen.

Fifth Avenue

3 cl Crème de Cacao braun
3 cl Apricot Brandy
3 cl Sahne
Zutaten im Shaker mit Eiswürfeln gut schütteln und in eine Cocktailschale abgießen. Mit Schokoladenraspel bestreuen.

Banana Bliss

3 cl Crème de Bananes
3 cl weißer Rum
2 cl Orangensaft
4 cl Sahne
1 Spritzer Angostura
Im Shaker mit Eiswürfeln kräftig schütteln und durch das Barsieb in ein Fancyglas abgießen. Mit Ananasstück und Cocktailkirsche garnieren.

Top Banana

3 cl Crème de Bananes
3 cl Wodka
6 cl Orangensaft
Alle Zutaten im Shaker mit Eiswürfeln gut schütteln und in einen Tumbler auf Eiswürfel abgießen.

Golden Girl

3 cl Apricot Brandy
3 cl Wodka
6 cl Orangensaft
Im Shaker mit Eiswürfeln schütteln, in eine Cocktailschale abgießen. Einen Spieß mit Kiwischeibe und Cocktailkirsche über den Glasrand legen.

Apricot Sour

4 cl Apricot Brandy
2 cl Zitronensaft
4 cl Orangensaft
Im Shaker mit Eiswürfeln schütteln, in ein Sourglas abgießen. Einen Spieß mit einer halben Orangenscheibe und einer Cocktailkirsche über den Glasrand legen.

Green Wonder

3 cl Apricot Brandy
2 cl Blue Curaçao
6 cl Orangensaft
6 cl Maracujanektar
2 cl Limettensaft
Mit Eiswürfeln im Shaker kräftig schütteln und durch das Barsieb in ein Longdrinkglas auf einige Eiswürfel abgießen. Eine Orangenscheibe mit einer Cocktailkirsche und einer Physalis an den Glasrand stecken.

Banana Bliss und Green Wonder >

Likörspezialitäten

Likörspezialitäten

Klassiker und Bestseller, Exoten und Neuheiten sind in diesem Kapitel zu finden. Obwohl sie alle einer bestimmten Gattung zugeordnet werden könnten, sind sie aufgrund ihrer außergewöhnlichen Zutaten oder ihrer Einzelstellung hier beschrieben. Als Likörspezialitäten bezeichnet man im weitesten Sinne alle nicht alltäglichen Kompositionen, aber auch für sich allein stehende Marken oder bei uns wenig bekannte Produkte. Manche Marken sind weltbekannt, manche waren bekannt und erleben eine Renaissance, und manche stehen noch am Anfang ihrer Karriere. Während die »harten« Spirituosen wie Whisky, Cognac, Gin oder Wodka über Jahrhunderte allmählich entstanden und sich geschmacklich wenig änderten, verhielt sich dies bei den Likören anders. Liköre waren immer »in« und »out«, und modische Trends, neue Farben, neue Zusammenstellungen, neue Rezepturen und Geschmacksrichtungen sorgten stets für Bewegung im Angebot.

Die Herstellung

Drei Elemente spielen im Likör die tragende Rolle: Alkohol, Zucker und jene Substanzen, die Aroma und Geschmack bestimmen. Dazu kommt Wasser, und dort, wo es angebracht ist, die erlaubten Farbstoffe. Die frühesten Liköre bereiteten Heilkundige und Mönche in den Klöstern auf der Suche nach Heilmitteln. Sie zogen mithilfe von Alkohol die gesundheitsfördernden Substanzen aus Kräutern und Gewürzen und schufen somit die Vorläufer dieser bis heute beliebten Liköre. Ab dem 16. Jahrhundert verbreitete sich auch in Deutschland die Destillation. Korn und Wein waren die ersten Grundstoffe. Vom Alkohol zum Likör war es dann nur noch ein verhältnismäßig kleiner Schritt. Man versuchte, mit Früchten, Kräutern und Gewürzen sowie Süßungsmitteln wie Honig den Alkohol trinkbar zu machen und zu verfeinern. Dass dies schon früh gelang, belegt zum einen die Geschichte der 1575 gegründeten Firma Bols und zum anderen die Anleitung zur Bereitung eines Kirschlikörs in einem berühmten Kräuterbuch aus dem Jahr 1630. Einhergehend mit den verbesserten Destillationsverfahren und einer größeren Verfügbarkeit des Alkohols, entwickelte sich ab 1800 eine umfangreiche Likörindustrie.

Die Verwendung

Die Trinkgewohnheiten sind bei den Likörspezialitäten so unterschiedlich wie die einzelnen Marken. Fast jede wird bevorzugt zu einer speziellen Zeit oder einem bestimmten Anlass getrunken. Einige sind ausgezeichnete Digestifs, andere trinkt man nur verlängert mit Fruchtsäften oder Limonaden. Manche sind Aperitif wie Longdrink, und ihr Genuss braucht keinen bestimmten Anlass oder Zeitpunkt.

Bekannte Marken

Agwa Coca Herbal Liqueur Seit über 4000 Jahren ist die Cocapflanze bekannt, und schon die Inkas kannten ihre Wirkung. Vor allem als Rauschmittel genutzt, begehrten später auch die spanischen Konquistadoren das exotische Grün aus den peruanischen und bolivianischen Anden. Auch der Erfinder der Coca-Cola machte sich den Reiz des latent Verbotenen zunutze – der weltweite Siegeszug der Marke ist bekannt. Streng genommen zählt Agwa zu den Kräuterlikören, er ist aber auf Grund seiner Sonderstellung hier bei den Likörspezialitäten zu finden. Kaum ein anderer Likör hat einen so abenteuerlichen Hintergrund wie Agwa de Bolivia. Für ihn werden im bolivianischen Hochland junge Cocapflanzenblätter gepflückt, und dann – unter Security-Begleitung – in Frischecontainern nach Amsterdam verschifft. Dort werden die Cocablätter mazeriert, das entcocainierte Destillat wird mit Ginseng, Guarana und weiteren, insgesamt 30 Kräutern und Gewürzen versetzt. In der dritten Produktionsphase werden Getreidealkohol, Limettensaft-

Likörspezialitäten

konzentrat und Fruchtzucker zugesetzt. Der intensiv grüne Likör war im Herstellerland, den Niederlanden, und in Irland (der Heimat des Herstellers BABCO) auf Anhieb erfolgreich, und auch in den USA und in Australien entwickelte sich Agwa zu einer populären Marke. Agwa de Bolivia schmeckt gut gekühlt als Shot oder als unkomplizierter Longdrink mit Cola oder einem Energy-Drink. Alkoholgehalt 30 %vol.

Coeur du Breuil Liqueur au Calvados Neben Cognac und Armagnac ist Calvados die dritte weltbekannte Spirituose Frankreichs. Der grundlegende Unterschied des Calvados zu den beiden anderen liegt im Ausgangsprodukt, denn Calvados wird aus Äpfeln und nicht aus Trauben hergestellt. Dafür werden Äpfel zuerst zu Cidre – dem berühmten Apfelmost – verarbeitet. Das Destillat daraus ergibt Calvados. Im Pays d'Auge, jener Region, für die besondere Qualitätsauflagen gelten, hat die Destillerie Château du Breuil im gleichnamigen Schloss ihren Sitz. Als erstes Unternehmen stellte Château du Breuil 2000 einen Calvadoslikör vor. Dieser aus natürlichen Zutaten, im Wesentlichen aus Calvados, Apfelsaft und Zucker hergestellte Likör war in jeder Hinsicht eine Novität. In ihm ist die Frische des Apfelsafts mit dem Charakter des Calvados gepaart und mit einer abrundenden Süße versehen. Alkoholgehalt 24 %vol.

Royal Combier Combier hat seinen Ursprung um 1825 in einer Konditorei in Saumur an der Loire. Man stellte dort auch Liköre für Süßigkeiten her, und die Liköre wurden bald Hauptzweck der Firma. Die Geschichte von Combier endete in den 1930er-Jahren, der heutige Inhaber versucht, die Brennerei wieder dahinzuführen, wo sie im 19. Jahrhundert stand. Es werden neben Absinth und zahlreichen Likören auch zwei Bitterorangenliköre hergestellt. Der Royal Combier wird aus Triple Sec und Cognac bereitet und war einer der bekanntesten Liköre des 19. Jahrhunderts. Alkoholgehalt 38 %vol.

De Kuyper Mango Die Mango gilt als die »Königin der Tropenfrüchte« und ist die wichtigste Tropenfrucht neben Ananas und Banane. Im Jahr 2010 brachte De Kuyper diesen Mangolikör (15 %vol) auf den Markt. Er ist kristallklar und enthält neben Mangodestillat auch Cachaça. Er schmeckt und duftet intensiv nach Mangos.

De Kuyper Melon Die 1695 gegründete Firma ist im niederländischen Schiedam ansässig und deckt mit ihrem umfangreichen Likörprogramm alle Geschmacksrichtungen ab. Der Melon des Hauses hat einen kräftigen Melonengeschmack und 24 %vol Alkoholgehalt.

De Kuyper Parfait Amour So ausgefallen wie die lila Farbe ist auch sein Geschmacksgeber. Veilchen und eine Komposition aus fernöstlichen Blütenessenzen bilden die Basis dieses etwas in Vergessenheit geratenen Likörs. Abgerundet mit Zitrone, Orange und Koriander weist Parfait Amour (perfekte Liebe) ein einzigartiges Aroma auf. Ihm ähnlich in Geschmack und Farbe ist die Crème de Violette. Alkoholgehalt 30 %vol.

Fleur de Thym Die 1999 gegründete Liquoristerie de Provence in Venelles, Pays d'Aix en Provence, stellt Absinthe, Aperitifs und Liköre nach höchsten Qualitätsansprüchen her. Fleur de Thym wird aus Thymian und weiteren Kräutern bereitet und hat 40 %vol. Sein Geschmack und Aroma erinnert an die provenzalische Küche, die ohne Thymian nicht vorstellbar ist.

Kwai Feh Ein moderner, leichter Likör (20 %vol), der von dem niederländischen Likörproduzenten De Kuyper zu Beginn der 1990er-Jahre entwickelt wurde. Das weiße, perlmuttartig schimmernde Fruchtfleisch der Lychee mit seinem mild-säuerlichen Geschmack ist Basis des Kwai Feh, der in einer außergewöhnlichen satinierten Flasche angeboten

Likörspezialitäten

wird. Der Name des Likörs stammt aus dem Chinesischen und bedeutet »geschätzte Konkubine«.

Licor 43 Cuarenta y Tres ist der bekannteste Likör Spaniens und wird in Cartagena seit 1924 hergestellt. Für diesen goldgelben Likör werden nur Zutaten der spanischen Mittelmeerregion – es sollen 43 sein – verwendet. Alkoholgehalt 31 %vol.

Limonce Der »Liquori di Limone« ist ein traditioneller Likör der Region Neapel und der Amalfiküste. Seit einigen Jahren erfährt dieser schon lange für den Hausgebrauch hergestellte Likör auch in Deutschland große Aufmerksamkeit. Rund 400 000 Kilogramm Zitronen der Region um Sorrento werden jährlich verarbeitet, und nur die großen, ovalen Zitronen der Sorte »Oval of Sorrento« dürfen verwendet werden. Diese zeichnen sich durch einen niedrigen Gehalt an Zitronensäure aus. Limoncellos schmecken zitronenfrisch und nicht sauer. Dies beruht darauf, dass kein Zitronensaft verwendet wird und er dadurch auch keine Säure enthält. Auch Zusatz-, Farb- oder Konservierungsstoffe sind nicht erlaubt. Für den Limonce werden die Zitronen geschält und die Schalen in Alkohol mazeriert. Mit Zucker und hochwertigem reinem Alkohol wird der Likör trinkfertig gemacht und auf 25 %vol eingestellt.

Mandarine Napoléon Als exotische Frucht wurde die Mandarine Anfang des 19. Jahrhunderts in Europa eingeführt. Der Legende nach soll bereits Napoléon Bonaparte nach dem Dinner gern einen Cognac mit eingelegten Mandarinen getrunken haben. Dies inspirierte einen belgischen Spirituosenfabrikanten 1892 dazu, den auf diesen Zutaten basierenden Mandarine Napoléon auf den Markt zu bringen. Mandarine Napoléon (38 %vol) verdankt sein Aroma und seinen ausgezeichneten Geschmack alten, erlesenen Cognacs sowie den durch Destillation aus frischen Mandarinenschalen extrahierten ätherischen Ölen.

Merlet C² In der kleinen Charente-Maritime-Gemeinde Saint-Sauvant, etwas westlich vom weltberühmten Städtchen Cognac gelegen, begann 1850 die Weinbauernfamilie Merlet mit der Destillation. Mittlerweile hat sich Merlet zu einem großen, aber noch immer handwerklich produzierenden Betrieb entwickelt, und man bietet auch eine umfangreiche Likör-Range an. Der Merlet C² Liqueur de Cognac au Citron besitzt das elegante Aroma reifer Cognacs und die Frische von Zitronen. Ein weiterer innovativer Liqueur ist der Cognac au Cassis. Beide haben 33 %vol.

Passoã Im Anjou, am südlichen Rand der Bretagne, liegt die Stadt Angers, die Heimat des weltberühmten Orangenlikörs Cointreau. Dort entschied man zu Beginn der 1980er-Jahre, dass ein neuer fruchtiger Likör mit geringem Alkoholgehalt entwickelt werden sollte. Die Wahl fiel auf die Passionsfrucht, und nach langen Versuchen und Testreihen wurde 1986 der Passoã vorgestellt. Der hell glänzende rote Passoã ist intensiv fruchtig-exotisch, nur leicht süß und sehr aromatisch. Alkoholgehalt 17 %vol.

Pisang Ambon Das Rezept dieses exotischen Fruchtlikörs stammt aus Indonesien, auch der Name hat dort seinen Ursprung. Pisang heißt eine kleine grüne Bananensorte, die auf den Ambon-Inseln wächst. Daneben enthält der Pisang Ambon weitere exotische Früchte, Kräuter und Gewürze. Es gibt ihn in Deutschland seit 1983, und mit ihm schloss sich damals die Lücke der Farbe Grün beim Mixen. Alkoholgehalt 20 %vol.

Sheridan´s »Coffee Layered Liqueur« besteht aus zwei Likören und ist einzigartig. Die Doppelflasche enthält 50 Zentiliter schwarzen Kaffee-Schokoladen-Likör und 20 Zentiliter weißen Vanillin-Sahne-Likör mit jeweils 15,5 %vol. Durch einen speziellen Ausgießer trennen sich beide Liköre im Glas anteilmäßig zu zwei Drittel schwarzem Likör unten und einem Drittel weißen obenauf. Sheridan´s sollte immer gekühlt getrunken werden.

Southern Comfort ist die größte und älteste Likörmarke der USA. Für ihn werden Fruchtauszüge, darunter Pfirsich und Zitrusfrüchte, sowie

Likörspezialitäten

weitere rund 100 Kräuter und Gewürze verwendet. Seine alkoholische Basis ist Neutralalkohol und nicht wie vielfach angenommen US-Whiskey. Alkoholgehalt 35 %vol.

The Bitter Truth Falernum Seinen Ursprung hat der karibische Spiced-Rum-Likör Falernum auf der Karibikinsel Barbados. Von dort stammen auch die bekannten Marken Hanschell und John D. Taylor. Grob gesehen ist Falernum eine Komposition aus Rum, Zitronen, vielen Gewürzen und Zucker. Beide werden mit 11 %vol angeboten. Mit seinem fruchtig-aromatischen Geschmack ist Falernum eine perfekte Zutat bei fruchtigen Rumdrinks. Mit der Marke The Bitter Truth wird seit 2010 ein in Deutschland entwickelter Falernum angeboten. Seine Basis ist ein Blend aus Rumsorten von Jamaika, Barbados und Trinidad, der mit Extrakten aus Limonen, Gewürzen, Ingwer, Mandeln und Vanille komponiert wird. Der Alkoholgehalt beträgt 18 %vol.

The Bitter Truth Pimento Dram Pimento Dram Liqueur basiert auf Pimentkörnern (auch als Nelkenpfeffer bekannt) und Jamaikarum. Auf der Karibikinsel Jamaika wird seit Generationen Piment in aufwendiger Mazeration zu einem ausgeprägt aromatischen Likör verarbeitet. The Bitter Truth's Pimento Dram besitzt delikate Aromen von Nelken, Zimt, Muskatnuss sowie Pfeffer und wird in einer Vielzahl von klassischen Cocktails, Punches oder in der Küche als Zutat verwendet. Alkoholgehalt 22 %vol.

Vedrénne Melon Im Zentrum Burgunds, in Nuits-Saint-Georges, hat das Haus Védrenne seinen Sitz. Das Unternehmen wurde 1919 gegründet und ist zweitgrößter Fruchtlikörproduzent Frankreichs. Von Crème de Cassis oder Fruchtlikören bis zu traditionellen oder ursprünglichen Likören, von Fruchtsirupen bis hin zu Marcs oder Fine de Bourgogne bietet Védrenne nahezu 200 Produkte in Spitzenqualität an. Dazu kam 2011 der Védrenne Melon, ein intensiv grüner Melonenlikör mit 20 %vol.

Pisang Cooler

4 cl Pisang Ambon
2 cl Wodka
12 cl Orangensaft

Mit Eiswürfeln im Shaker kräftig schütteln und durch das Barsieb in ein Fancyglas auf einige Eiswürfel abgießen. Mit frischen Minzezweigen dekorieren.

Chinese Wallbanger

4 cl Wodka
4 cl Kwai Feh
Orangensaft

Kwai Feh und Wodka in ein Longdrinkglas auf Eiswürfel geben und mit Orangensaft auffüllen.

French Elefant

3 cl Coeur du Breuil
2 cl Amarula
1 cl Crème de Cacao weiß
2 cl Sahne

Im Shaker mit Eiswürfeln kräftig schütteln und durch das Barsieb in eine Cocktailschale abgießen.

Passoà Exclusita

3 cl Passoà
3 cl Cointreau
12 cl Orangensaft

Im Shaker mit Eiswürfeln gut schütteln und in ein Fancyglas auf Eiswürfel abgießen. Mit einer Erdbeere garnieren.

Shanghai Express

2 cl Kwai Feh
2 cl Peachtree
Orangensaft

Die Liköre in ein Fancyglas auf Eiswürfel geben und mit Orangensaft auffüllen.

Pisang Pistacha

6 cl Pisang Ambon
2 cl Amaretto
4 cl Sahne

Im Shaker mit Eiswürfeln kräftig schütteln und durch das Barsieb in ein Stielglas abgießen.

Pisang Cooler und Passoà Exclusita ᵥ

Likörspezialitäten

Violetta

2 cl Parfait Amour
2 cl Tequila
1 cl Rose's Lemon Squash
5 cl roter Johannisbeernektar

Im Shaker mit Eiswürfeln kräftig schütteln und durch das Barsieb in ein Stielglas abgießen.

Passoà Moorea

3 cl Passoã
3 cl Cointreau
12 cl Grapefruitsaft

Passoã und Cointreau in ein Longdrinkglas auf Eiswürfel geben und mit Grapefruitsaft auffüllen. Mit einer halben Grapefruitscheibe garnieren.

Cocarinha

1 Limette
5 cl Agwa de Boliva
2 Barlöffel weißer Rohrzucker

Die Limette achteln, in einen Tumbler geben und mit einem Holzstößel ausdrücken. Agwa und Rohrzucker dazugeben und mit einem Barlöffel gut vermischen. Das Glas mit gestoßenem Eis füllen und nochmals gut vermischen.

Barbados Killer

6 cl Mount Gay Barbados Rum Extra Old
2 cl Falernum
kaltes Ginger Beer
Limettenviertel

In ein Longdrinkglas Eiswürfel geben, Rum und Falernum dazugießen. Mit Ginger Beer auffüllen und ein Limettenviertel darüber ausdrücken. Leicht umrühren.

Green Sex Machine

4 cl Vedrénne Melon
2 cl Rose's Lime Juice
Schlumberger Sparkling Sekt

Melonenlikör und Lime Juice auf Eiswürfel in ein großes Glas geben, mit Sekt auffüllen und leicht umrühren. Mit Melonenstücken und Cocktailkirschen garnieren.

Napoleon Sour

5 cl Mandarine Napoleon
2,5 frisch gepresster Zitronensaft
3 Spritzer Angostura Bitter
etwas Eiweiß

Mit Eiswürfeln im Shaker kräftig schütteln und in einen Tumbler auf einige Eiswürfel abgießen. Eine halbe Zitronenscheibe und eine Cocktailkirsche dazugeben.

< *Cocarinha und Green Sex Machine*

Blind Passenger

2 cl Passoã
3 cl Amarula Cream Liqueur
1 cl Erdbeerpüree
2 cl Maracujanektar

Mit Eiswürfeln im Shaker kräftig schütteln und durch ein Barsieb in ein Cocktailglas abgießen. Eine Erdbeere an den Glasrand stecken.

Diana

2 cl Mandarine Napoléon
2 cl Wodka
10 cl Orangensaft

Mit Eiswürfeln im Shaker kräftig schütteln und durch ein Barsieb in einen Tumbler auf einige Eiswürfel abgießen. Eine halbe Orangenscheibe dazugeben.

Mandarine Piscine

4 cl Mandarine Napoléon
2 cl frisch gepresster Zitronensaft
½ Orangenscheibe
1 Gurkenscheibe
1 Himbeere
1 Erdbeere
kalter Champagner

In ein Weinglas Eiswürfel und alle Zutaten – ohne Champagner – geben. Mit einem Barlöffel gut vermischen und mit Champagner aufgießen.

Mango Sour

5 cl Mango Liqueur
2,5 cl Zitronensaft
1 cl Zuckersirup

Mit Eiswürfeln im Shaker schütteln und in einen Tumbler auf einige Eiswürfel abgießen. Ein Mangostück dazugeben.

Likörspezialitäten

King Ping Meh

3 cl Kwai Feh Lychee Liqueur
2 cl Smirnoff Wodka
1 cl Zitronensaft
10 cl Maracujanektar
1 cl Grenadine

Die Zutaten – ohne Grenadine – mit Eiswürfeln im Shaker kräftig schütteln und durch ein Barsieb in ein Longdrinkglas auf einige Eiswürfel abgießen. Mit Melonenstück und Cocktailkirsche garnieren. Die Grenadine auf den Drink fließen lassen.

Shanghai Express und French Elefant (Rezepte Seite 147) ⌄

Melon Sour

5 cl Melonenlikör
3 cl Zitronensaft
2 cl Rose's Lime Juice

Im Shaker mit Eiswürfeln gut schütteln und in ein Sourglas abgießen. Cocktailkirsche dazugeben.

Green Orange

6 cl Melonenlikör
12 cl Orangensaft

In ein Longdrinkglas einige Eiswürfel, Melonenlikör und Orangensaft geben. Mit einem Barlöffel gut umrühren und eine halbe Orangenscheibe dazugeben.

Mandarine Old Fashioned

2,5 cl Mandarine Napoléon
2,5 cl Bourbon Whiskey
3 Spritzer Angostura Bitter

Einige Eiswürfel in einen gekühlten Tumbler geben. Die Zutaten dazugeben und mit einem Barlöffel lange rühren. Über den dann gut gekühlten Drink eine Orangenschale ausdrücken.

Mandarine & Tonic

5 cl Mandarine Napoléon
kaltes Tonic Water

In ein Longdrinkglas einige Eiswürfel und den Mandarine Napoléon geben. Mit Tonic Water auffüllen und ein Limettenstück dazugeben.

Melonball

5 cl Melonenlikör
3 cl weißer Rum
12 cl Orangensaft

Im Shaker mit Eiswürfeln schütteln, in Longdrinkglas auf Eiswürfel abgießen. Mit Orangenscheibe und Melonenbällchen garnieren.

Melon Sun

4 cl Melonenlikör
2 cl Wodka
1 cl Grenadine
10 cl Orangensaft

Im Shaker mit Eiswürfeln schütteln, in Longdrinkglas auf Eiswürfel abgießen. Eine halbe Orangenscheibe dazugeben.

Melon Punch

4 cl Melonenlikör
3 cl Wodka
3 cl Orangensaft
2 cl Limettensaft

Im Shaker mit Eiswürfeln schütteln, in einen Tumbler auf Eiswürfel abgießen. Eine halbe Orangenscheibe und Cocktailkirschen dazugeben.

Melon Daiquiri

3 cl Melonenlikör
3 cl weißer Rum
1 cl Triple Sec Curaçao
2 cl Zitronensaft

Im Shaker mit Eiswürfeln gut schütteln und in ein Stielglas abgießen. Eine Erdbeere an den Glasrand stecken.

Fruchtliköre/Cassis

Fruchtliköre stellen die größte Gruppe unter den Likören, ihre Vielfalt ist fast unüberschaubar. Jede exotische Frucht wird heute auch zu Likör verarbeitet. Bis 1989 unterschied man je nach Ausgangsstoff, Extrakt- und Alkoholgehalt viele Untergruppen. Heute sind alle Spirituosen der Gattung Likör zuzuordnen, wenn ihr Zuckergehalt mehr als 100 Gramm pro Liter im Fertigerzeugnis beträgt. Der zur Likörherstellung nötige Alkohol kann aus Neutralalkohol, Cognac, Rum, Obstbrand oder anderen bestehen. Der Mindestalkoholgehalt muss 15 %vol betragen. Die großen Klassiker unter den Fruchtlikören, die Kirsch- und Orangenliköre, und die Pfirsichliköre werden in eigenen Kapiteln vorgestellt. Weitere Fruchtliköre sind bei Likörklassikern, Likörspezialitäten und Trendlikören zu finden.

Der Ursprung

Zur Likörbereitung braucht man Alkohol, und so datiert die Herstellung der ersten Liköre in der Zeit, in der sich das Wissen um die Destillation verbreitete. Um 1500 wurde das Wein- und Kornbrennen bekannt und damit die Likörbereitung ermöglicht. Apotheker und Heilkundige waren auf der Suche nach Heilmitteln und nutzten den Alkohol zur Herstellung gesundheitsfördernder Getränke. Der Durchbruch zum Genussmittel erfolgte nach der Entdeckung Amerikas. Erst die Verfügbarkeit des Zuckers von den Antillen erlaubte die Herstellung von Likören, die hauptsächlich zum Genuss bestimmt waren. In den folgenden Jahrhunderten entstanden durch aus aller Welt eingeführte exotische Früchte und Gewürze viele neue Likörsorten, und zu Beginn des 19. Jahrhunderts begann in ganz Europa die Likörbereitung im großen Umfang.

Die Herstellung

Fruchtliköre bestehen aus Alkohol, Zucker, Wasser und Früchten in Form von Saft, Extrakten oder Aromastoffen. Man unterscheidet zwischen Fruchtsaftlikören, Fruchtaromalikören und Fruchtbrandys.

Fruchtsaftliköre enthalten den Saft derjenigen Frucht, nach der die Liköre benannt sind, als wesentlichen geschmackbestimmenden Anteil. Der Gehalt an Fruchtsaft der namensgebenden Frucht muss mindestens 20 Liter auf 100 Liter Fertigware betragen. Zusätze weiterer Fruchtsäfte und natürlicher Aromastoffe sind erlaubt, eine Färbung mit Farbstoff ist unzulässig.

Fruchtaromaliköre erhalten ihren Geschmack aus den Früchten, nach denen sie benannt sind. Die Verwendung künstlicher Aromastoffe ist unzulässig. Sie dürfen nicht nach den folgenden Früchten bezeichnet werden: Ananas, Brombeeren, Erdbeeren, Kirschen, Johannisbeeren, Heidelbeeren und Himbeeren. Dieses Verbot gilt nicht bei wasserklaren Likören wie dem Maraschino. Die Färbung mit künstlichen Farbstoffen ist unzulässig.

Fruchtbrandys sind Fruchtliköre, die einen geschmackbestimmenden Anteil an Obstbrand enthalten (mindestens 5 Liter Obstbrand mit 40 %vol je 100 Liter Fertigerzeugnis), der aus der namensgebenden Frucht gewonnen sein muss. Da die Bezeichnung Brandy ansonsten den Weindestillaten vorbehalten ist, wurde für Prune-, Orangen-, Apricot- und Cherry-Brandy eine Ausnahmeregelung getroffen. Fruchtbrandys sind durch die Zugabe von Obstbrand eine besondere Art der Fruchtliköre. Auch bei ihnen ist die Verwendung von Farbstoffen unzulässig.

Die Verwendung

Alle Arten von Fruchtlikören trinkt man je nach Sorte und persönlichem Geschmack ungekühlt oder gekühlt pur im Likörglas. Alle eignen sich zum Mixen und zum Mischen mit Fruchtsäften oder auch Sekt.

Bekannte Marken

Bailoni Marillenlikör Aprikosen, in Österreich Marillen genannt, sind das einzige Obst, das die renommierte Wachauer Marillendestillerie Bai-

Fruchtliköre/Cassis

loni verarbeitet. Der Namenszusatz Wachauer bei den Bailoni-Produkten gilt als geschützte Herkunftsbezeichnung und garantiert, dass nur Marillen der Region für den Likör und den Brand verwendet werden. Für den Bailoni-Marillenlikör wird ein weit größerer Fruchtsaftanteil als vorgeschrieben verwendet, und Farbe wie Aroma des Likörs stammen ausschließlich vom Saft der Marillen. Alkoholgehalt 30 %vol.

Bols Maracuja Der leuchtend orangerote Bols Maracuja wurde 1993 eingeführt. Er hat die tropische Maracujafrucht als Basis, und mit seinem exotischen Geschmack und den leichten 17 %vol ist er ein idealer Likör zum Mixen fruchtiger Longdrinks.

Bols Strawberry Mit diesem Erdbeerlikör (17 %vol) erweiterte man im Jahr 2001 das Sortiment. Der aromatische Strawberry bringt Farbe und Geschmack in fruchtige Drinks.

Chambord Ein seit den 1980er-Jahren hergestellter Beerenlikör aus schwarzen und roten Himbeeren, Brombeeren und Johannisbeeren. Alkoholgehalt 16,5 %vol.

Dolfi Fraise des Bois Dolfi ist der Klassiker unter den Erdbeerlikören und genießt den Ruf als »Bester der Besten«. Das Unternehmen wurde 1919 in Straßburg/Elsass gegründet und ist seither für seinen »Fraise des Bois« bekannt. Dolfi »Fraise des Bois« (20 %vol) besteht aus verschiedenen Erdbeersorten und Walderdbeeren, dazu nur Alkohol, Zucker und Wasser. Er ist rein natürlich und enthält auch keine Aromastoffe.

De Kuyper Cranberry Das im niederländischen Schiedam beheimatete Unternehmen deckt mit seinem umfangreichen Programm alle wesentlichen Likörgeschmacksrichtungen ab und ist mit etwa 50 Millionen jährlich verkauften Flaschen der weltweit führende Likörsortimentproduzent. Eine erst 2010 eingeführte Sorte ist der Cranberry. Dieser wird aus Extrakten und einem hohen Saftanteil hergestellt. Er weist nur eine geringe Süße auf und hat 15 %vol Alkoholgehalt.

Etter Quitte In der Zuger Gemeinde Menzingen nahm 1870 die Geschichte der Etter Fruchtbrände ihren Anfang. Das Angebot erweiterte sich stetig, und auch Liköre wurden schon früh hergestellt. Nur wenige Produzenten bieten einen Quittenlikör an. Die ursprüngliche Heimat der Quitte liegt im östlichen Kaukasus, Nachweise über sie reichen 4000 Jahre zurück. Heute werden Quitten hauptsächlich in Asien angebaut und spielen in Europa eine untergeordnete Rolle. Für den Quittenlikör (18 %vol) von Etter wird die Sorte »Birnenquitte« verwendet. Die Früchte stammen aus Hausgärten der Region Zug, sind unbehandelt und ungespritzt. Der daraus hergestellte Brand reift drei bis fünf Jahre und stellt die alkoholische Basis des Likörs.

Gansloser Waldhimbeere In Bad Ditzenbach auf der Schwäbischen Alb hat die Destillerie ihren Sitz. Gansloser bietet Brände und Liköre in höchster Qualität in den für Gansloser typischen Flaschen an. Der Waldhimbeerlikör (32 %vol) wird aus Früchten aus dem Odenwald und den ungarischen Karpaten hergestellt.

Godet Pearadise – Poire au Cognac Mit rund einer Million jährlichem Flaschenabsatz ist Godet einer der »Großen« unter den kleineren Cognacunternehmen. Es ist ein klassisches Cognachandelshaus, das Destillate ankauft, lagert, mischt und dann unter seinem Namen verkauft. Der zu Beginn des neuen Jahrtausends eingeführte Godet Pearadise ist ein süßer, weicher und fruchtiger Birnenlikör, der aus 100 % natürlichem Birnenextrakt und Cognac hergestellt wird. Alkoholgehalt 38 %vol.

Lantenhammer Mirabelle Die Destillerie Lantenhammer in Schliersee in den bayerischen Voralpen erweiterte 1996 das Sortiment mit Fruchtbrandlikören. Diese sind mit das Beste, was auf dem deutschen Likörmarkt angeboten wird. Die alkoholische Basis ist bei diesen Likören immer ein Obstbrand aus der gleichnamigen Frucht. Alle 20 %vol.

Lakka Lapponia Wildbeeren-Liqueur Nördlich des Polarkreises in der Tundra Lapplands wachsen inmitten unberührter Natur die aromatischen arktischen Wildbeeren. Aus ihnen werden die berühmtesten Liköre des Nordens hergestellt und unter dem Namen ihrer Heimat »Lapponia« vertrieben. Die goldgelbe Lakkabeere (Multebeere – engl.

Fruchtliköre/Cassis

Cloudeberry, so benannt nach den wolkenartigen Beeren) ist die typischste der arktischen Wildbeeren. Puolukka (Lingonberry) heißt die wilde Preiselbeere, aus der der gleichnamige leuchtend rote Likör besteht. Weitere Sorten sind Mustikka Blueberry (Heidelbeere), Polar (Cranberry) und Tyrni Buckthorn (Sandorn).

Morand Williamine Die in Martigny im Wallis seit 1889 bestehende Firma begann 1953 mit der Herstellung von Birnenbrand aus Walliser Williamsbirnen. Dafür ließ man sich das Markenzeichen »Williamine« eintragen. Der Morand Williamine ist geprägt von einem intensiven Birnenaroma sowie einer gut ausbalancierten Süße. Alkoholgehalt 35 %vol.

Pama Pomegranate 1934, kurz nach dem Ende der Prohibition, wurden die Heaven Hill Distilleries Inc. in Bardstown, Kentucky, gegründet. Sie ist die letzte unabhängige Brennerei in Kentucky. Heaven Hill ist der Hersteller von Pama, und 2005 brachte man mit diesem den ersten echten Granatapfellikör der Welt auf den Markt. In Deutschland wird er seit 2010 angeboten. Für die Herstellung von Pama (17 %vol) werden ausschließlich vollreife kalifornische Granatäpfel verwendet, die nach modernsten Methoden mit Tequila und Wodka verarbeitet werden.

Toschi Fragoli Die Destillerie Toschi in Savignano/Modena ist berühmt für fruchtige Produkte. Sie wurde 1945 gegründet, und heute produziert man vielerlei eingelegte Früchte, Sirupe, Liköre und Spirituosen. Eine auch in Deutschland angebotene Marke ist der Walderdbeerlikör Fragoli. In jeder Flasche sind 570 Milliliter Erdbeerlikör und 150 Gramm Walderdbeeren. Weitere bekannte Marken sind Mirtilli, ein Heidelbeerlikör mit ganzen Heidelbeeren (beide 24 %vol), sowie der berühmte Nusslikör Nocello und der Nuss-Minz-Likör Nocino Menta (siehe Seite 180f.).

Xanté Cognac & Pear Die schwedische Firma Xanté AB trat in Deutschland bisher nicht mit einem eigenen Produkt in Erscheinung. Schlagartig bekannt wurde sie in Fachkreisen jedoch 2006 durch die Übernahme der berühmten dänischen Kirschlikörmarke Heering (siehe Seite 164). 1995 präsentierte man den Xanté; in Europa ist er inzwischen in über 20 Ländern erhältlich und entwickelt sich zu einem der populärsten Liköre der neueren Zeit. Xanté ist ein klarer, bernsteinfarbener Premiumlikör aus Cognac und Birnenextrakt, den ein Hauch Vanille abrundet. Xanté (38 %vol) hat auch aufgrund seiner Vielseitigkeit bereits seinen Platz unter den großen Likören gefunden.

Cassis

Was heute selbstverständlich erscheint, war früher oft ein Problem. So entsprach der französische Cassis mit seinem niedrigen Alkoholgehalt nicht den deutschen Begriffsbestimmungen. 1978 wurde beim Europäischen Gerichtshof ein Musterprozess geführt, der mit dem Cassisurteil endete. Sinngemäß lautete es, dass jedes in einem EU-Land nach den Landesgesetzen rechtmäßig hergestellte Produkt zur Einführung zugelassen werden muss, auch wenn es nicht den Vorschriften des einführenden Landes entspricht. Rund 20 Jahre später führte dies auch zur Aufhebung des Importverbots für Bier, das nicht nach dem deutschen Reinheitsgebot gebraut wurde. Mit dieser Entscheidung war der Weg frei für den niedrigprozentigen Cassislikör mit viel Aroma und wenig Alkohol. Er musste nicht mehr auf 25 %vol verstärkt werden, sondern konnte in seiner Originalstärke mit 16 bis 20 %vol angeboten werden.

Der Ursprung

Cassis ist der französische Name für die schwarze Johannisbeere und den daraus hergestellten Likör. Sie ist neben dem Wein die zweite große Spezialität Burgunds. Die wertvollsten Sorten heißen Noir de Bourgogne und Royal de Naple. Hochwertiger Cassislikör ist ein naturreines Produkt und besteht nur aus Alkohol, Johannisbeeren und Zucker. Ein Kriterium für die Beurteilung der Qualität ist die Fruchtkonzentration im Likör. Je höher der Fruchtanteil, desto hochwertiger ist das Produkt. Die meisten Cassismarken haben einen Fruchtanteil von 300 bis 400 Gramm pro Liter, nur ausgesprochene Spitzensorten weisen eine höhere Konzentration auf.

Fruchtliköre/Cassis

Die Herstellung

Zur Herstellung mazerieren die zuvor zerkleinerten Beeren für etwa zwei Monate in Alkohol. Die daraus abgepresste Flüssigkeit wird dann mit Alkohol, Wasser und Zucker zu Likör verarbeitet. Trägt ein Cassis die Bezeichnung Cassis de Dijon oder andere Hinweise auf eine Herkunft aus dieser Region, muss er auch die Voraussetzungen erfüllen, da diese Bezeichnung geschützt ist. Der Zusatz Crème de … bedeutet beim Cassis, dass mindestens 400 Gramm Invertzucker (ein in der Spirituosenherstellung verwendeter aufbereiteter Zucker) pro Liter zugesetzt sind. Da weder Konservierungsstoffe noch Farbstoffe verwendet werden, ist Cassis empfindlich gegen Licht und Sauerstoff. Er sollte deshalb kühl, dunkel und gut verschlossen aufbewahrt werden.

Die Verwendung

Cassis wird bevorzugt für die burgundische Spezialität Kir und Kir Royal verwendet. Der Name geht zurück auf den Domherrn Félix Kir, der nach dem Zweiten Weltkrieg Bürgermeister von Dijon war. Er mischte Cassis mit kühlem trockenem Weißwein aus Burgund und schuf so diesen berühmten Drink. Mit trockenem Sekt oder Champagner gemischt, heißt dieser feine Aperitif Kir Royal. Darüber hinaus eignet sich Cassis ausgezeichnet zum Mixen, pur trinkt man ihn gekühlt im Likörglas.

Bekannte Marken

Bols Mit dem Cassis (17 %vol) erweiterte man 2011 das Sortiment. Die Früchte stammen aus der Nähe von Dijon in Burgund.

Boudier Wie bei allen Likörproduzenten in Dijon stand auch bei Boudier am Anfang die Produktion eines Cassis. Gegründet wurde das Unternehmen 1874, und aus den bescheidenen Anfängen entwickelte sich die Firma zu einem der größten Likör- und Spirituosenproduzenten der Region. Boudier Liköre und Spirituosen werden im großen Umfang exportiert, und auch in Deutschland sind zahlreiche Sorten erhältlich.

Guyot Cassissée Im Herzen der Bourgogne, in der Côte d'Or, liegen die großen Weinberge und Obstplantagen des Hauses L'Heritier Guyot. Das 1845 gegründete Unternehmen zählt zu den bedeutenden Spezialisten französischer Likörherstellung. L'Heritier Guyot ist der größte Cassisproduzent Frankreichs. Für den Crème de Cassis Cassissée (16 %vol) werden nur die Sorten Noir de Bourgogne und Royal de Naple verwendet. Dem Cassissée steht mit dem Guyot Super Crème de Cassis de Dijon (20 %vol) eine Spitzenqualität zur Seite. Dieser wird ausschließlich aus der Sorte Noir de Bourgogne hergestellt und hat einen höheren Fruchtanteil.

Merlet Cassis In der kleinen Charente-Maritime-Gemeinde Saint-Sauvant, etwas westlich vom weltberühmten Städtchen Cognac gelegen, begann 1850 die Weinbauernfamilie Merlet mit der Destillation. Mitte der 1970er-Jahre legte man Johannisbeerplantagen an und begann mit der Produktion des Crème de Cassis (20 %vol).

Merlet Framboise Das Haus Merlet hat sich in den letzten Jahren zu einem großen, aber noch immer handwerklich produzierenden Betrieb entwickelt, und man bietet eine umfangreiche Likör-Range an. Neben dem Flaggschiff Cassis werden weitere klassische Sorten wie Framboise, Fraise, Mûre, Pêche und Poire William (alle 18 %vol) angeboten. Weitere sind der Crème de Melon und Triple Sec Curaçao (siehe Seite 131) und der Merlet C² Liqueur de Cognac au Citron (siehe Seite 146).

Védrenne Supercassis Im Zentrum Burgunds, in Nuits-Saint-Georges, hat das Haus Védrenne seinen Sitz. Das Unternehmen wurde 1919 gegründet und ist als zweitgrößter Fruchtlikörproduzent unumstrittener Marktführer bei den hochwertigen Produkten. Für den Supercassis (20 %vol) wird nur die Spitzensorte Noir de Bourgogne mit einem Anteil von 500 Gramm pro Liter Likör verwendet. Bestätigt wurde die Spitzenqualität mit einer begehrten Trophäe: der Goldmedaille für den besten Likör des Jahres bei der International Challenge Spirits 1998 in London. Weitere Sorten: Crème de Framboise (Himbeere), Crème de Fraise des Bois (Walderdbeere) und Crème de Mûre »Murelle« (Brombeere). Alle 15 %vol.

Fruchtliköre/Cassis

Kir

1 cl Crème de Cassis
10 cl weißer Burgunder
Den Cassis in ein Weinglas geben und mit dem Wein auffüllen.

Kir Royal

1 cl Crème de Cassis
10 cl kalter Champagner
Den Cassis in ein Kelchglas geben und mit Champagner auffüllen.

Imperial II

3 cl Crème de Cassis
2 cl Himbeergeist
1 cl Grenadine
6 cl Orangensaft
4 cl Ananassaft
Im Shaker mit Eiswürfeln schütteln und in ein großes Becherglas auf Eiswürfel abgießen. Mit Melonenstück, Himbeere und Minze garnieren.

v *Red Apricot und Pear Julep*

Cassis Lady II

3 cl Crème de Cassis
1 1/2 cl Kirschwasser
1 1/2 cl Vermouth Dry
Alle Zutaten im Rührglas mit Eiswürfeln gut verrühren und in ein vorgekühltes Cocktailglas abgießen. Mit Orangenschale abspritzen.

Parisien

1 cl Crème de Cassis
2 cl Gin
2 cl Vermouth Dry
In einem Rührglas mit Eiswürfeln gut verrühren und in ein gekühltes Cocktailglas abgießen. Mit einer Limettenschalenspirale garnieren.

Cassis-Vermouth-Sparkling

3 cl Crème de Cassis
3 cl Vermouth Dry
6 cl schwarzer Johannisbeernektar
8 cl kalter trockener Sekt
Die Zutaten – ohne Sekt – im Shaker mit Eiswürfeln gut schütteln und in ein Longdrinkglas auf einige Eiswürfel abgießen. Mit Sekt aufgießen und mit einer Johannisbeerrispe garnieren.

Royal Strawberry

1–2 cl Strawberry Liqueur
10 cl kalter Sekt
Den Erdbeerlikör in ein Stielglas geben und mit kaltem Sekt auffüllen. Eine Erdbeere an den Glasrand stecken.

Williams Lady

4 cl Williamslikör
2 cl Triple Sec Curaçao
2 cl Limettensaft
Im Shaker mit Eiswürfeln kräftig schütteln und in eine Cocktailschale abgießen.

Greed

2 cl Strawberry Liqueur
2 cl Wodka
2 cl Rose's Lemon Squash
4 cl Maracujanektar
Im Shaker mit Eiswürfeln gut schütteln und in ein Sourglas abgießen. Eine Erdbeere an den Glasrand stecken.

Exotic Dream

2 cl Wodka
3 cl Maracuja Liqueur
12 cl Orangensaft
2 cl Kokossirup
1 cl Blue Curaçao
Mit Eiswürfeln im Shaker kräftig schütteln und durch das Barsieb in ein Longdrinkglas auf einige Eiswürfel abgießen. Eine Melonenspalte mit einer Physalis an den Glasrand stecken. Trinkhalme dazugeben.

Williams Sour

4 cl Williams Liqueur
3 cl Zitronensaft
2 cl Zuckersirup
Mit Eiswürfeln in Shaker kräftig schütteln und in ein mittelgroßes Stielglas abgießen. Mit Birnenspalten garnieren.

Fruchtliköre/Cassis

Jungle Juice

2 cl Maracuja Liqueur
1 cl Crème de Bananes
3 cl Blue Curaçao
2 cl Sahne
8 cl Ananassaft

Alle Zutaten mit Eiswürfeln im Shaker kräftig schütteln und durch das Barsieb in ein Longdrinkglas auf einige Eiswürfel abgießen. Ein Ananasstück mit einer Physalis an den Glasrand stecken. Trinkhalme dazugeben.

Bird of Paradise

1 Limette
4 cl Maracuja Liqueur
2 cl Limettensirup
8 cl Orangensaft
1 cl Grenadine

Die Limette vierteln und in einem Tumbler mit einem Holzstößel ausdrücken. Das Glas mit Crushed Ice füllen. Die Zutaten – ohne Grenadine – mit Eiswürfeln im Shaker kräftig schütteln und durch das Barsieb abgießen. Darüber den Grenadine geben.

Wrath

2 cl Crème de Mure (Brombeerlikör)
2 cl Wodka
1 cl Grenadine
1 cl Zitronensaft
4 cl Grapefruitsaft

Im Shaker mit Eiswürfeln gut schütteln und in ein Stielglas abgießen. Einen Karambolestern an den Glasrand stecken.

Polarwind

4 cl Lakka Liqueur
2 cl Wodka
4 cl Orangensaft

Mit Eiswürfeln im Shaker kräftig schütteln und in ein Becherglas auf einige Eiswürfel abgießen. Eine halbe Orangenscheibe dazugeben.

Red Finish

3 cl Dolfi Strawberry Liqueur
2 cl Wodka
1 cl Zitronensaft
4 cl Orangensaft

Mit Eiswürfeln im Shaker kräftig schütteln und in eine Cocktailschale abgießen. Eine Erdbeere an den Glasrand stecken.

Red Apricot

4 cl Bailoni Marillenlikör
4 cl Wodka
2 cl Zitronensaft
10 cl Orangensaft
1 cl Grenadine

Mit Eiswürfeln im Shaker kräftig schütteln und in ein Longdrinkglas auf einige Eiswürfel abgießen. Mit Orangenschale und Cocktailkirsche garnieren.

Pama Margarita

4 cl Pama
1,5 cl Tequila
1,5 cl Limettensaft
1,5 cl Zuckersirup

Mit Eiswürfeln im Shaker kräftig schütteln und auf Crushed Ice in eine Cocktailschale abgießen. Mit dünnen Limettenscheiben garnieren.

Golden Retriever

4 cl Xanté
12 cl kalter Champagner

In ein Longdrinkglas einige Eiswürfel und den Xanté geben. Mit kaltem Champagner auffüllen und mit einem Barlöffel leicht umrühren. Eine Birnenspalte dazugeben.

Rigi Sun

4 cl Etter Quitte
2 cl Gin
2 cl Limettensaft
kalter Kombucha

Die Zutaten – ohne Kombucha – mit Eiswürfeln im Shaker schütteln und in ein Longdrinkglas auf einige Eiswürfel abgießen. Mit Kombucha auffüllen und eine Limettenscheibe dazugeben.

Pear Julep

4 cl Xanté
2 cl Cognac
1 cl Zuckersirup
¼ mittelgroße Birne, püriert
4 Spritzer Peach Bitter

Die Zutaten – ohne Peach Bitter – mit Eiswürfeln im Shaker kräftig schütteln und in ein großes Glas auf gestoßenes Eis abgießen. Den Peach Bitter daraufgeben und mit Birnenspalten garnieren.

Dolce Vita

4 cl Godet Pearadise
3 cl Crème de Cacao braun
1 cl Mozart Chocolate Spirit
2 cl leicht geschlagene Sahne

Die Zutaten – ohne Sahne – im Rührglas mit Eiswürfeln gut vermischen. In ein Cocktailglas abgießen und die Sahne als Haube daraufgeben. Mit Schokoladenflocken bestreuen.

Dolce Vita >

Trendliköre

Viele neuartige Likörkreationen bereichern seit einigen Jahren die bunte Welt der Liköre. Der Findigkeit der Hersteller blieb keine Frucht oder Pflanze verborgen, und auch viele Farben kamen ins Spiel. Einige der neuen Sorten kamen erst als Sirup auf den Markt, und nachdem eine Geschmacksrichtung Freunde fand, wurde schnell ein Likör daraus. Am besten war dies beim Holunder zu sehen, der heute in vielen Marken angeboten wird. Seine Akzeptanz beschleunigte der Drink Hugo, der sich zum Drink des Jahres 2011 entwickelte. Wie dem auch sei, sie alle brachten neuen Geschmack in die Drinks. Trends sind dazu da, dass sie auch wieder vergehen, aber wie schon in den vergangenen Zeiten zu sehen war, etablierten sich doch auch einige im Likörangebot.

Bekannte Marken

After Shock Alles an den After-Shock- (»Nachbeben«) Liqueuren ist neu, frech und pfiffig. Sie wurden von Jim Beam Brands 1997 vorgestellt und damals in Kanada produziert. Heute geschieht dies in Glasgow, und Großbritannien ist neben den USA der größte Markt. Die After-Shock-Liqueure wurden als Shots und für ein jüngeres Publikum konzipiert, und heute steht die Reihe für ein einzigartiges Trinkerlebnis. Neben dem außergewöhnlichen Geschmack überzeugt After Shock mit so einmaligen Sondereffekten wie Wärme, Kälte, Schärfe und Prickeln. Der Alkoholgehalt betrug ursprünglich 40 %vol, dieser wurde 2009 auf 30 %vol reduziert. Nachdem die beiden Sorten Green und Orange eingestellt wurden, verblieben Red (Hot & Cool Cinnamon), Black (Hot Spiced Berry), Blue (Deep Cool Citrus) und Silver (Electric Taste Sensation). Alle sollten gut gekühlt getrunken werden, man sollte dabei gurgeln und den Drink möglichst lange im Mund halten. Die Geschmacksrichtungen sind folgende: Red ist scharf und schmeckt nach Zimt. Der Black schmeckt nach Cranberry, der Blue hat eine angenehme Süße und frische Aromen von Zitrusfrüchten sowie Töne von Minze. Den Silver mit seinem Apfelgeschmack verwendet man auch zum Mixen und zum Kombinieren mit anderen Sorten. After Shock – The Hot and Cool Drinks – haben einen großen Spaßfaktor, und auch auf dem europäischen Festland bereichern sie inzwischen die Partyszene.

Alizé Bleu Exotic Liqueur Der erste Alizé Liqueur, der Gold Passion, wurde 1984 vorgestellt. Diesem folgte 1998 der Red Passion, 2002 der Wild Passion, 2004 der Bleu, der sich inzwischen zur meistverkauften Sorte entwickelt hat, und 2007 der Rosé. 2002 folgte ein Ausstattungswechsel, und es wurde die »Frosted Bottle« eingeführt. Alizé Bleu (20 %vol) ist eine aromatische, frische Mischung aus Cognac, Wodka, Passionsfruchtsaft, Kirschsaft, Ingwer und exotischen Fruchtextrakten. Die Hauptzutaten beim Gold Passion (16 %vol) sind Cognac und Passionsfruchtsaft, beim Red Passion (16 %vol) Cognac, Passionsfruchtsaft und Cranberrysaft, beim Wild Passion (16 %vol) Cognac, Passionsfruchtsaft und Grapefruitsaft, und beim Rosé (20 %vol) sind diese Cognac, Wodka, Passionsfruchtsaft, Erdbeere und Litschi sowie Rosenblüten. Alle Sorten werden ohne jegliche Zusatzstoffe hergestellt und sind frisch und fruchtig im Geschmack.

Bols Yoghurt Bols brachte 2010 mit dem Bols Natural Yoghurt Liqueur eine sensationelle neuartige Likörkreation auf den Markt. Er ist einmalig und einzigartig und wurde noch von keinem anderen Hersteller angeboten – ein weißer Likör mit Joghurtgeschmack, hergestellt aus frischem Joghurt. Bols Yoghurt wird in einer für ihn entwickelten, speziell beschichteten und lichtunempfindlichen weißen Flasche angeboten. Sämtliche Inhaltsstoffe sind 100 % natürlich, es werden keine Konservierungs- oder Farbstoffe verwendet. Er hat einen weichen, seidigen Charakter und mit seiner süß-herben Geschmackskombination ist er eine perfekte Basis zum Mixen von Drinks mit Milch, Früchten, Fruchtsäften, Eiscreme und für Cocktails und Mixdrinks jeder Art. Ein großer Vorteil ist, das Bols Yoghurt auch in Verbindung mit Zitrussäften nicht ausflockt.

Trendliköre

Bols Holunderblüte Dieser neue Bols-Likör wurde 2011 eingeführt. Die Basis und Aromageber dieses zartgelben Likörs sind natürlich Holunderblüten. Alkoholgehalt 17 %vol.

Bols Foam ist die jüngste Innovation des Amsterdamer Likörhauses, und er ist der erste Schaum, der direkt aus der Likörflasche kommt. Dank eines neutralen Inhaltsstoffs und in Kombination mit der Bols-Pumpe entsteht der besagte Schaum, mit dem Cocktails, Kaffees und Desserts ein Topping erhalten können. Die Verwendung ist äußerst vielfältig, und das Angebot umfasst sechs Aromen in 0,2 Liter großen Flaschen: Amaretto, Cacao White, Peppermint, Cassis, Banana und Blue.

Domaine de Canton Ginger Liqueur Unter dem Namen The Original Canton Delicate Ginger Liqueur wurde von 1992 bis 1995 in der chinesischen Provinz Kanton ein Ingwerlikör hergestellt, die Firma aber 1997 geschlossen. Mit einer neuen Rezeptur startete man 2007 in Frankreich unter dem heutigen Namen. Domaine de Canton wird in Jarnac, der nach Cognac wichtigsten Stadt in der Cognacregion Charente, hergestellt. Dort wird als erster Schritt handgeschälter frischer vietnamesischer Ingwer mit einer Kräuter- und Gewürzmischung mazeriert. Dazu kommen Alkohol, reife Cognacs, Tahitivanille, Honig aus der Provence und tunesischer Ginseng. Alles am Canton ist handgemacht, und es werden keine Konservierungs- oder Farbstoffe verwendet. Domaine de Canton ist goldfarben und wird in einer neu entwickelten, dem Bambus nachempfundenen Flasche angeboten. Er schmeckt rund, hat ein süßliches Ingweraroma und ist ohne Schärfe. Canton wurde in kürzester Zeit ein Hit in der Barszene, und bereits 2008 wurde man auf der wichtigsten Spirituosenbühne, der San Francisco World Spirits Competition, in der herbal/botanical liqueur category mit der »Double Gold Medal« ausgezeichnet. Alkoholgehalt 28 %vol.

Chase Rhubarb Die alte englischen Domstadt Hereford ist der Hauptort der etwa 20 Kilometer zur Grenze zu Wales liegenden Gemeinde Herefordshire. In dieser beschaulichen, ländlichen Region hat die Chase Farm Distillery ihren Sitz. Das junge Unternehmen startete 2006 und stellte 2008 einen nach traditionellen Methoden produzierten Kartoffelwodka vor. Einer der nächsten Schritte war die Produktion von Likören aus einheimischen Früchten und Pflanzen. Es werden nun auch Blackcurrant (schwarze Johannisbeere), Raspberry (Himbeere), Elderflower (Holunderblüten) und Rhubarb (Rhabarber) hergestellt und exportiert.

In Deutschland ist seit 2010 der Rhubarb auf dem Markt. Der Rhabarber für den Rhubarb wird auf Feldern der Umgebung geerntet und mit dem eigenem Kartoffelwodka verarbeitet. Der leicht gelbliche Rhubarb Liqueur ist vollkommen natürlich und hat eine süß-saure Note. Außergewöhnlich ist auch die Flasche, die für alle Liköre verwendet wird. Sie hat einen altmodischen Bügelverschluss mit Gummidichtungsring. Alkoholgehalt 20 %vol.

Trendliköre

Gansloser Ingwer Die in Bad Ditzenbach auf der Schwäbischen Alb beheimatete Destillerie gilt trotz der über 100-jährigen Tradition als junge Firma, da man erst in den letzten Jahren mit einer breiteren Vermarktung der Produkte begann. Gansloser bietet Brände und Liköre in höchster Qualität in den Gansloser-typischen Flaschen an. Für den Ingwerlikör wird Bioingwer aus Thailand verwendet. Dieser wird vier Monate mazeriert, dann mit Ingwerdestillat vermischt und mit verschiedenen Zuckerarten harmonisiert. Alkoholgehalt 25 %vol.

St. Germain Elderflower Die wild wachsenden Holunderblüten für den St. Germain stammen vom Fuß der französischen Alpen. Dort werden sie innerhalb von zwei bis drei Wochen im späten Frühling geerntet und sofort verarbeitet. Der in einer französisch inspirierten Art-Déco-Flasche angebotene Likör war von Beginn an erfolgreich und eroberte die Cocktailbars in den USA und Europa. Er ist strohfarben und klar, leicht gelblich und präsentiert sich komplex und ausgewogen mit Aromen von Birnen, Grapefruit und tropischen Früchten. St. Germain ist völlig natürlich, wird ohne Konservierungsstoffe und mit wenig Zucker hergestellt. Alkoholgehalt 20 %vol.

Hpnotiq Die Geschichte des Hpnotiq begann 2001, und zwei Jahre nach der Markteinführung übernahmen die Heaven Hill Distilleries in Bardstown/Kentucky die Marke. Hpnotiq ist nicht nur in den USA sehr erfolgreich, es gibt ihn inzwischen in über 70 Ländern. In den USA belegt er Platz vier unter den meistverkauften Importlikören. Importlikör deshalb, weil er inzwischen in Frankreich hergestellt wird. Im Südwesten Frankreichs, in der Cognacregion Charente, wird Hpnotiq produziert und abgefüllt. Der topasblaue Hpnotiq hat als alkoholische Basis Cognac und französischen Wodka, dazu kommen Auszüge tropischer Fruchtsäfte. Der mittelsüße Hpnotiq ist äußerst vielseitig und eignet sich für Mixgetränke jeder Art. Alkoholgehalt 17 %vol.

King´s Ginger Dieser außergewöhnliche Ingwerlikör war einer der Ersten seiner Art. Er wurde von der ehrwürdigen Londoner Wein- und Spirituosenhandlung Berry Brothers & Rudd im Jahre 1903 für King Edward VII. entwickelt. King´s Ginger schmeckt wuchtig nach Ingwer, und seine Schärfe und Süße sind bestens ausgewogen. Mit 41 %vol ist er auch eine Ausnahme unter den Ingwerlikören.

De Kuyper Blueberry Dieser Blaubeerlikör (15 %vol) ist eine der neuesten Produktentwicklungen des niederländischen Unternehmens. Er wurde transparent und farbneutral als Mixlikör entwickelt und hat bei wenig Süße einen frischen, säuerlich-fruchtigen Geschmack. Im Gegensatz zu herkömmlichen Blaubeerlikören ist er leicht und nicht dickflüssig.

De Kuyper Sour Rhubarb Das niederländische Spirituosenunternehmen De Kuyper brachte im Jahr 2006 mit dem Sour Rhubarb einen der ersten Rhabarberliköre auf den Markt. Mit seiner ausgewogenen Säure und Süße harmoniert er beim Mixen bestens mit klaren Spirituosen. Alkoholgehalt 15 %vol.

The Bitter Truth Elderflower Hinter der Marke The Bitter Truth mit Firmensitz in München stehen die Barprofis Stephan Berg und Alexander Hauck. Sie begannen im Jahr 2006 mit ihrer Produktion von Aromatic Bitters, erhielten 2008 einen Preis für die »Beste Spirituose des Jahres« und erweckten auch seltene, längst vergessene oder schwer erhältliche Liköre wieder zu neuem Leben. Davon werden in diesem Buch die Sorten Sloe Gin, Violet Liqueur, Falernum und Pimento Dram vorgestellt. Die im Jahr 2010 zuletzt eingeführte Sorte war Elderflower. Dieser Holunderblütenlikör besitzt eine leuchtend goldgelbe Farbe und ein volles, frisches Bouquet mit einer von Holunderblüten dominierten Aromenfülle. Alkoholgehalt 22 %vol.

Triibe Die Basis des Triibe Celtic Liqueur ist irischer Whiskey, der mit Honig und Gelée Royale versetzt wird. Triibe besitzt alle Eigenschaften eines Irish-Cream-Likörs, ohne einer zu sein. Er ist wasserklar und schmeckt leicht nach Schokolade und Karamell. Man trinkt ihn gekühlt oder auf Eiswürfeln und zum Kaffee. Auch in Mixdrinks ist er vielseitig einsetzbar. Alkoholgehalt 20 %vol.

Trendliköre

Berries Cream

8 frische Brombeeren
4 cl Bols Yoghurt Liqueur
2 cl Crème de Cassis
2 cl Scotch Whisky

Mit etwas Crushed Ice in einen Standmixer geben und dann in ein mit Crushed Ice gefülltes großes Longdrinkglas abgießen. Mit einigen Brombeeren garnieren.

Miracle

4 cl Alizé Bleu
2 cl Wodka
1 cl Koko Kanu Kokoslikör
7 cl Ananassaft

Mit Eiswürfeln im Shaker schütteln und in einen Tumbler auf einige Eiswürfel abgießen. Ein Ananasstück dazugeben.

Lady Ginger

2 cl Domaine de Canton
6 cl weißer Rum
2 cl Limettensaft
2 Spritzer Orange Bitter
Fruchtfleisch von 1 Maracuja
kaltes Ginger Beer

Zutaten – ohne Ginger Beer – mit Eiswürfeln im Shaker schütteln und in ein Longdrinkglas auf Eiswürfel abgießen. Mit kaltem Ginger Beer auffüllen und eine Limettenscheibe dazugeben.

Chase Champagne

2 cl Chase Rhubarb
10 cl Champagner But

Chase Rhubarb in einen Champagnerkelch geben und mit kaltem Champagner aufgießen. Eine Physalis an den Glasrand stecken.

Blue Breeze

6 cl Hpnotiq
2 cl Malibu Coconut Rum
2 cl Ananassaft

Zutaten mit Eiswürfeln im Shaker schütteln und in einen Tumbler auf einige Eiswürfel abgießen. Ein Ananasstück dazugeben.

Rhubarb Martini

2 cl Hendricks Gin
3 cl De Kuyper Sour Rhubarb Liqueur
1 cl Noilly Prat
1 cl Rose´s Lime Juice
1 Spritzer Zitronensaft

Zutaten mit Eiswürfeln im Shaker schütteln und in eine Cocktailschale abgießen. Erdbeerstückchen am Spieß dazugeben.

Blueberry Bridge

2 cl De Kuyper Blueberry Liqueur
3 cl Wodka
2 cl De Kuyper Cranberry Liqueur
3 cl Limettensaft
1 cl Zuckersirup
Mark von 1 Vanilleschote

Zutaten mit Eiswürfeln im Shaker schütteln und in einen Tumbler auf einige Eiswürfel abgießen. Mit Blaubeeren am Spieß garnieren.

Hugo

2–3 cl Holunderblütenlikör oder -sirup
10 cl trockener Sekt
2 Stängel Minze
1 Limettenschnitz

In ein mittelgroßes Weinglas die Minze geben und leicht ausdrücken. Einige Eiswürfel dazugeben, Likör oder Sirup dazugießen und mit Sekt auffüllen. Den Limettenschnitz darüber ausdrücken und dazugeben. Leicht umrühren.

Berries Cream und Hugo >

Moderne Likörkreationen

Moderne Likörkreationen

Das 1892 gegründete Unternehmen Behn in Eckernförde/ Schleswig-Holstein ist als Spirituosenhersteller u. a. seit Jahren einer großen Fangemeinde durch den Wodka-Feige-Shot »Kleiner Feigling« und den einzigen erfolgreichen deutschen Cream Liqueur »Dooley´s« bekannt. 2010 wurden mit Tujador Honey Liqueur, Andalö-Sanddornlikör und Figenza-Feigenlikör drei neu entwickelte Liköre vorgestellt. Sie sind absolute Novitäten und waren in dieser Form bisher nicht auf dem Markt. Besonders in der Barszene fanden die drei Liköre auf Anhieb Zuspruch, und viele Rezepte wurden seither mit ihnen entwickelt.

Andalö Sanddorn Original Die Sanddornbeere ist eine ursprünglich aus Asien stammende Strauchfrucht. Sie ist nur schwer zu kultivieren. Die wild wachsenden Vorkommen im skandinavischen und baltischen Raum gelten als besonders fruchtig. Sanddorn zählt zu den Vitamin-C-reichsten Früchten; viele weitere Vitamine stecken in den kleinen, intensiv orangefarbigen Beeren. Da Sanddornsaft sehr lichtempfindlich ist, wird Andalö in einer orange lackierten Flasche angeboten. Der Ursprung des Andalö ist in Schweden zu finden. Der Alkoholschmuggel über die Ostsee nach Südschweden blühte schon Jahrzehnte vor der Verstaatlichung der Alkoholproduktion und des Alkoholvertriebs zu Beginn des 20. Jahrhunderts. Auf einen Schmuggler, Carl Peter Andersson, geht das Rezept zurück, und von seinem Schiff Andalö erhielt der Likör seinen Namen. Das alte Rezept von 1889 stellte die Grundlage für diesen in mehrjährigen Versuchsreihen entwickelten modernen und erfrischend-fruchtigen Sanddornlikör. Alkoholgehalt 15 %vol.

Tujador Yucatan Honey Liqueur Dem Tujador ging eine langjährige Entwicklungszeit, in der, beginnend mit der Festlegung auf den Tequila als alkoholische Basis, bis hin zur Gestaltung des Etiketts vieles geplant, erprobt und getestet wurde. Speziell auf die Tujadorrezeptur abgestimmter Premiumtequila sowie Honig aus Yucatan, dem sagenumwobenen Land der Maya, sind die Zutaten dieser noblen Likörspezialität. Da ausschließlich der rare Yucatanhonig verwendet wird und dessen Anteil über 30 % beträgt, steht der Tujador nur in limitierten Mengen zur Verfügung. Mit dem Tujador wurde ein außergewöhnlicher Likör entwickelt, der in dieser Zusammensetzung bisher nicht erhältlich war. Mit seiner unaufdringlichen Süße, dem Honigaroma und der feinen Tequilanote ist Tujador pur ein Genuss und bringt bei Mixgetränken seine feine Geschmacksnote ein. Alkoholgehalt 33,5 %vol

Figenza Feigenlikör Keine andere Frucht fasziniert die Menschheit schon so lange wie die Feige. Seit der Schöpfungsgeschichte verbinden wir mit der Feige biblische Bedeutungen. Die Früchte durften bereits im Mittelalter auf keiner königlichen Tafel fehlen. Auch Feigenliköre hat es vor allem im nordafrikanischen Raum früh gegeben, aber sie gewannen nie überregionale Bedeutung. Beim Spirituosenunternehmen Behn wurde die langjährige Erfahrung mit Feigendestillaten genutzt und 2011 dieser Feigenlikör in der Liköroberklasse platziert. Seine Basis sind ein Destillat aus Mittelmeerfeigen bester Provenienzen und französischer Wodka. Seine Markteinführung erfolgte in den USA und Großbritannien, und innerhalb kürzester Zeit war der Figenza bei exklusiven Veranstaltungen ein gern gesehener Aperitifgast. Auch die edel gestylte, elegante violette Designerflasche trug zum Erfolg bei. In den wodkaverliebten USA wird Figenza übrigens nicht als Likör, sondern als besonders delikater Wodka betrachtet. Stolz muss sein, und mit dem Hinweis auf die Exzellenz der Rezeptur und das pure Geschmackserlebnis verweigert man bei Behn jeglichen Hinweis auf Verwendungsoptionen mit Figenza. Man wird jedoch nicht verhindern können, dass sich Barprofis auf den Figenza stürzen, denn mit seinem Geschmack lässt sich sicher im klassischen Cocktailbereich einiges kreieren. Alkoholgehalt 30 %vol.

Moderne Likörkreationen

Figenza Figtini

4 cl gekühlter Figenza
1 Scheibe frische Feige

Den gekühlten Figenza in einen kleinen Tumbler auf einige Eiswürfel geben. Dazu die Feigenscheibe geben.

Tujador Cancun

2 cl Tujador
2 cl Orange Vodka
½ Dose Energy Drink

Tujador und Orange Vodka in ein Longdrinkglas auf einige Eiswürfel geben und mit dem Energy Drink auffüllen. Mit Orangenscheibe garnieren.

Nordlicht

2 cl Andalö
1 cl Pfirsichlikör
1 cl Grenadine
2 Spritzer Pernod
3 cl Orangensaft
kalter trockener Sekt

Die Zutaten – ohne Sekt – mit Eiswürfeln im Shaker kräftig schütteln und in einen Sektkelch abgießen. Mit kaltem Sekt aufgießen und mit Pfirsichspalten garnieren.

Andalö Sour

5cl Andalö
3 cl Zitronensaft
2 cl Zuckersirup
1 Spritzer Angostura Bitter

Mit Eiswürfeln im Shaker schütteln und in einen Tumbler auf einige Eiswürfel abgießen. Eine halbe Orangenscheibe und eine Cocktailkirsche dazugeben.

Figenza Martini

5 cl Figenza
1 cl Vermouth Dry

Mit Eiswürfeln im Rührglas gut vermischen und in ein gekühltes Cocktailglas abgießen. Eine Feigenscheibe dazugeben.

Tujador Club

4 cl Tujador
2 cl Wodka
10 cl Orangensaft

Mit Eiswürfeln im Shaker schütteln und in ein Longdrinkglas auf einige Eiswürfel abgießen. Eine halbe Orangenscheibe dazugeben.

Tujadini

3 cl Tujador
1 cl Noilly Prat
3 cl Martini d´Oro

Mit Eiswürfeln im Rührglas gut vermischen und in ein gekühltes Cocktailglas abgießen. Mit einigen Granatapfelkernen garnieren.

Be Berry

3 cl Absolut Berri Açai Wodka
2 cl Andalö
2 cl Karamellsirup
1 cl Sahne
4 cl Johannisbeersaft

Mit Eiswürfeln im Shaker schütteln und in einen Tumbler auf einige Eiswürfel abgießen. Mit Johannisbeeren garnieren.

Semo

4 cl Absolut Mandrin Wodka
2 cl Andalö
2 cl Mango Sirup
2 Kumquat
2 Minzezweige
kaltes Tonic Water

Die Kumquat halbieren und mit der Minze mit einem Holzstößel in einem Tumbler ausdrücken. Die Zutaten – ohne Tonic Water – mit Eiswürfeln im Shaker schütteln und in das Glas auf einige Eiswürfel abgießen. Mit Tonic Water auffüllen und mit Minze garnieren.

Applejack Rabbit

2 cl Calvados
2 cl Tujador
2 cl Zitronensaft
4 cl Orangensaft

Mit Eiswürfeln im Shaker schütteln und in einen Tumbler auf einige Eiswürfel abgießen. Eine halbe Orangenscheibe und eine Cocktailkirsche dazugeben.

Ernest´s Ladykiller

6 cl Cachaça
2 cl Tujador
3 cl Limettensaft

Mit Eiswürfeln im Shaker schütteln und in einen Tumbler auf einige Eiswürfel abgießen. Eine Limettenscheibe und eine Cocktailkirsche dazugeben.

Figenza Figtini, Tujador Cancun und Nordlicht >

Pfirsichliköre

Die aromatischen Pfirsiche zählen zu den köstlichsten Früchten der Erde. Sie wurden schon 2000 v. Chr. in China kultiviert und wahrscheinlich gelangten sie über Persien und Griechenland nach Italien. Der lateinische Name Persica belegt, dass Pfirsiche im Altertum auf diesem Weg das Abendland erreichten oder aber dass auch in Persien Pfirsiche wuchsen. Wie dem auch sei, die Mittelmeerländer Italien, Frankreich und Spanien sind heute die großen europäischen Produzenten. Weitere Länder mit großer Produktion sind die USA sowie Argentinien und Australien. Auch in Deutschland – und hier bevorzugt in den Weingegenden – werden Pfirsiche angebaut, und Pfirsichliköre sind in diesen Regionen seit Langem bekannt.

Der Ursprung

Obwohl Pfirsiche in Deutschland wachsen, entstand nie eine große überregionale Likörmarke. Die Ursache lag zum einen in den relativ geringen Erntemengen und zum anderen in der außergewöhnlich schwierigen Verarbeitung. Auch in den südlichen Ländern mit großen Erntemengen war Pfirsichlikör daher stets eine wenig produzierte Likörart. In den 1980er-Jahren kamen die neu entwickelten Pfirsichliköre mit geringem Alkoholgehalt auf den Markt. 1984 erfolgte die Einführung von Peachtree und Pecher Mignon, und 1992 brachte Marie Brizard einen neuen Peach. Diese drei sind derzeit die bekanntesten Marken.

Die Herstellung

Alles, was heute an Likören den Pfirsich zur Basis hat, ist frisch, fruchtig, aromatisch und nur leicht alkoholisch. Nicht ohne Grund weisen die großen Marken einen Alkoholgehalt zwischen 15 und 20 %vol auf. Die hier vorgestellten Pfirsichliköre sind Fruchtaromaliköre. Sie werden aus Pfirsichdestillaten oder -extrakten sowie Neutralalkohol, Zucker und Wasser hergestellt. Die Verwendung künstlicher Aromastoffe ist dabei nicht erlaubt, eine Färbung mit künstlichen Farbstoffen jedoch zulässig.

Bekannte Marken

Boudier Dieser große Likörproduzent in Dijon hat auch einen Pfirsichlikör mit 18 %vol im Programm.

Christiansen In der Likörreihe des bekannten Hamburger Barbetreibers Uwe Christiansen wird auch ein Pfirsichlikör angeboten. Alkoholgehalt 20 %vol.

Merlet Merlet in der kleinen Charente-Maritime-Gemeinde Saint-Sauvant, etwas westlich vom weltberühmten Städtchen Cognac gelegen, bietet eine umfangreiche Likör-Range an. Alkoholgehalt 18 %vol.

Monin Das in Bourges/Frankreich ansässige Unternehmen ist bekannt für seine Liköre und Sirupe. Monin Pêche hat 18 %vol.

De Kuyper Peachtree Das traditionsreiche Unternehmen De Kuyper wurde 1695 in Schiedam/Niederlande gegründet und ist heute der größte Likörproduzent der Welt. Eine Produktinnovation und weltweit eine der erfolgreichsten Neueinführungen war der 1984 von De Kuyper/USA entwickelte Peachtree. Dieser damals völlig neue leichte, frische und fruchtige Pfirsichlikör wurde 1986 auch auf dem deutschen Markt

Pfirsichliköre

Peach Blossom und Sex on the Beach >

eingeführt. Peachtree ist heute der bekannteste Pfirsichlikör und international das erfolgreichste Einzelprodukt der Firma. Alkoholgehalt 20 %vol.

Pêcher Mignon Apéritif à la Pêche Blanche Weiße Pfirsiche bilden die Basis dieses Pioniers der neuartigen Pfirsichliköre. Pêcher Mignon gilt in seiner Heimat Frankreich als »Apéritif léger«, womit leicht und leichtsinnig gemeint ist. Nicht umsonst bedeutet Pêcher Mignon auf Französisch auch »die niedliche Sünde«. Die Apéritiverie St. Jehan entwickelte zu Beginn der 1980er-Jahre den Pêcher Mignon. Er war der Erste der neuartigen, leichten Pfirsichliköre und ab 1984 auch der Erste, der auf dem deutschen Markt angeboten wurde. Seit dem Jahr 2010 gibt es Pêcher Mignon in neuer Aufmachung und biozertifiziert. Alkoholgehalt 15 %vol.

Pepino Peach Pepino Peach wurde 1989 vom größten dänischen Spirituosenunternehmen, den Danish Distillers, eingeführt. Dieser leichte Pfirsichlikör wird mit 15 %vol angeboten.

Zuidam Pêche Die niederländische Destillerie bietet in Deutschland eine große Zahl von Likören an, darunter auch diesen Liqueur de Pêche mit 24 %vol.

Peach Blossom

4 cl Pfirsichlikör
1 cl Grenadine
1 cl Zitronensaft
4 cl Sahne
2 cl weißer Rum

Die Zutaten im Shaker mit Eiswürfeln gut schütteln und in ein Stielglas abgießen.

Sex on the Beach

3 cl Pfirsichlikör
3 cl Wodka
6 cl Preiselbeernektar
6 cl Ananassaft

Die Zutaten im Shaker mit Eiswürfeln gut schütteln, in ein Longdrinkglas auf Eiswürfel abgießen.

Peach Sling

4 cl Pfirsichlikör
2 cl Wodka
6 cl Orangensaft
6 cl Ananassaft
1 cl Grenadine

Die Zutaten mit Eiswürfeln im Shaker gut schütteln, in ein zur Hälfte mit Eiswürfeln gefülltes Longdrinkglas abgießen. Mit einer halben Orangenscheibe garnieren.

Peach Velvet

3 cl Pfirsichlikör
1 cl Grenadine
1 cl Orangensaft
kalter Sekt

Pfirsichlikör, Grenadine und Orangensaft im Shaker mit Eiswürfeln gut schütteln, in einen Kelch abgießen und mit Sekt auffüllen.

Peach Bunny

3 cl Pfirsichlikör
3 cl Crème de Cacao weiß
3 cl Sahne

Alle Zutaten im Shaker mit Eiswürfeln gut schütteln und in eine Cocktailschale abgießen.

Peach Cocktail

4 cl Pfirsichlikör
2 cl Noilly Prat
1/2 cl Grenadine

In ein Rührglas auf viele Eiswürfel geben, gut verrühren und durch das Barsieb in ein vorgekühltes Cocktailglas gießen.

Puppet

4 cl Havana Club Rum 3 Años
1 cl Christiansen Pfirsichlikör
2 cl Sahne
3 cl Kokossirup
10 cl Pfirsichnektar

Mit Crushed Ice im Shaker schütteln und in ein Longdrinkglas auf Crushed Ice abgießen. Mit Pfirsichstück, Minze und Cocktailkirsche garnieren.

Moskalinka

2 cl Moskovskaya Wodka
2 cl Cointreau
2 cl Crème de Cacao weiß
2 cl Christiansen Pfirsichlikör
2 cl Sahne

Mit Eiswürfeln im Shaker schütteln, in ein Longdrinkglas auf Crushed Ice abgießen. Etwas Muskatnuss auf den Drink reiben und mit Orangenscheibe, Cocktailkirsche und Minze garnieren.

Kirschliköre

Kirschliköre

Ein Likörklassiker ist der Kirschlikör. Er nimmt seit alter Zeit eine überragende Stellung ein und ist in seiner Kategorie – den Fruchtsaftlikören – der unangefochtene Spitzenreiter. Seine fruchtige Frische und sein vollmundiger Geschmack bestätigen immer wieder seine Favoritenrolle. Alle Länder Mitteleuropas betreiben intensiven Obstanbau, und überall, wo es Kirschen gibt, gibt es auch Kirschlikör. Die wichtigsten Herstellerländer sind Frankreich, die Niederlande, Deutschland, die Schweiz, Italien, Dänemark und Österreich. Aus ihnen sind zahlreiche Kirschlikörmarken bekannt, und nicht wenige davon genießen Weltruf. Neben den von Mönchen in Klöstern entwickelten Kräuterlikören dürfte der Kirschlikör einer der ältesten Liköre überhaupt sein. Bis heute ist dieser feine Likör höchst beliebt, und jeder große internationale Likörsortimentsproduzent hat Kirschlikör und/oder Cherry Brandy im Programm. Auch Einzelmarken wie der dänische Heering Cherry sind weltweit bekannt.

Die Herstellung

Kirschlikör ist ein Fruchtsaftlikör, und mindestens 20 Liter Kirschsaft müssen für 100 Liter Fertigerzeugnis verwendet werden. Dazu kommen lediglich Zucker, Wasser und Neutralalkohol oder ein fruchteigenes Destillat. Der Zusatz weiterer Fruchtsäfte und natürlicher Aromastoffe ist erlaubt, eine Färbung jedoch unzulässig. Eine besondere Art Kirschlikör ist der Cherry Brandy. Er ist eine Zubereitung aus Kirschsaft, Kirschwasser, Neutralalkohol, Zucker und Wasser. Cherry Brandy muss mindestens fünf Liter Kirschwasser zu 40 %vol je 100 Liter Fertigerzeugnis haben. Essenzen, die geeignet sind, einen höheren Gehalt an Kirschwasser vorzutäuschen, dürfen ebenso wenig wie Farbstoffe zugesetzt werden. Eine weitere Kirschlikörvariante ist der Maraschino. – ein wasserheller Fruchtaromalikör, der unter Mitverwendung von Kirschbrand aus der adriatischen Maraskasauerkirsche hergestellt wird (siehe Seite 141).

Die Verwendung

Kirschliköre trinkt man ungekühlt oder leicht gekühlt. Kirschlikör und Cherry Brandy verfeinern fruchtige Longdrinks und sind beim Mixen vieler Rezepte unentbehrlich.

Bekannte Marken

Bols Der Kirschlikör zählt auch bei Bols zu den ältesten und traditionsreichsten Marken. Man bietet drei unterschiedliche Kirschliköre an: Kirschlikör mit 17 %vol, Cherry Brandy und Maraschino mit 24 %vol.
De Kuyper Der niederländische Likörsortimentsproduzent De Kuyper hat natürlich auch einen Cherry Brandy im Programm (24 %vol). Des Weiteren bietet man seit 2010 mit dem Cherry Brandy X. O. (28 %vol) eine Kirschlikörspezialität an. Für diese werden vier erlesene Kirschsorten wie die berühmten Maraskakirschen aus Dalmatien mazeriert und mit Kirschwasser aus der Region Haute-Saône, dem »Pays de la Cerise« (»Land der Kirsche«) in Frankreich, vermählt. Verfeinert mit Grande Champagne X. O. Cognac und harmonisch abgestimmt mit exotischen Gewürzen wie Zimt und Nelken, ist der Cherry Brandy X. O. das Ergebnis einer perfekten Assemblage hochwertiger Ingredienzien. Die weltweit limitierte Sonderedition präsentiert sich in einer edlen Art-Déco-Flasche, inspiriert von der De-Kuyper-Cherry-Brandy-Flasche der 1920er-Jahre.
Eckes Edelkirsch Eckes Edelkirsch ist der meistverkaufte deutsche Kirschlikör. Er war eine der großen Traditionsmarken des Hauses Eckes (Chantré, Mariacron) und ist nun seit einigen Jahren im Besitz der Sektkellerei Rotkäppchen. Alkoholgehalt 20 %vol.
Heering Die Geschichte des von der Firma Peter F. Heering in Kopenhagen hergestellten Kirschlikörs reicht in das Jahr 1818 zurück. Peter Heering fand sein Rezept für den heute weltbekannten »Cherry Liqueur« nach jahrelangem Experimentieren. Seine dezente Süße und das herbe Fruchtaroma verdankt er den dunkelroten Heering-Stevens-Kirschen, den reichlich zugesetzten zerdrückten und mitvergorenen Kirschkernen, der aufwendigen Mazeration und der über drei Jahre dauernden Reifezeit in Eichenholzfässern. Alkoholgehalt 25 %vol.
Lantenhammer Die für ihre Obstbrände berühmte Destillerie Lantenhammer im oberbayerischen Schliersee bietet auch exzellente Fruchtbrandliköre an. Als Fruchtbrandlikör gibt es die Sorten Sauerkirsch, Williamsbirne und Mirabelle, als Fruchtgeistliköre Waldhimbeere und Schlehe. Alle 25 %vol.
Schladerer Die berühmte »Alte Schwarzwälder Hausbrennerei« Schladerer bietet neben ihren berühmten Obstbränden auch die Fruchtbrandliköre Kirsch, Himbeer und Williamsbirne (alle 28 %vol) und einen Maraschino mit 30 %vol an.

Kirschliköre

Cherry Rum Fizz

2 cl Cherry Brandy
4 cl weißer Rum
3 cl Zitronensaft
1 cl Zuckersirup
kaltes Sodawasser

Die Zutaten – ohne Sodawasser – im Shaker mit Eiswürfeln lange und kräftig schütteln, in ein kleines Longdrinkglas abgießen und mit etwas Sodawasser auffüllen. Mit Zitronenscheibe und Cocktailkirsche garnieren.

Cherry Banana

4 cl Cherry Brandy
2 cl Crème de Bananes
4–6 cl Sahne

Die Zutaten im Shaker mit Eiswürfeln gut schütteln und in eine Cocktailschale abgießen. Mit Bananenstückchen und Cocktailkirschen garnieren.

Cherry Blossom

2 cl Kirschlikör
2 cl Cognac
1 cl Cointreau
1 cl Grenadine
2 cl Zitronensaft

Die Zutaten im Shaker mit Eiswürfeln gut schütteln und in eine Cocktailschale abgießen.

Cherry Sour

4 cl Cherry Brandy
3 cl Zitronensaft
2 cl Orangensaft
1 cl Zuckersirup

Im Shaker mit Eiswürfeln kräftig schütteln und in ein Stielglas abgießen. Mit einer halben Orangenscheibe und einer Cocktailkirsche garnieren.

Singapore Sling

1 Spritzer Angostura
4–6 cl Gin
2 cl Cherry Heering
2 cl Zitronensaft
etwa 6 cl kaltes Sodawasser
einige Tropfen Bénédictine

Die Zutaten – ohne Sodawasser und Bénédictine – im Shaker mit Eiswürfeln kräftig schütteln und in ein Longdrinkglas auf einige Eiswürfel abgießen. Mit kaltem Sodawasser auffüllen, eine halbe Zitronenscheibe dazugeben. Den Bénédictine daraufträufeln.

Anmerkung Dieser Drink erfuhr im Laufe der Zeit viele Veränderungen. Heute wird er gern mit etwas Ananassaft gemixt, oft werden Cointreau und direkt bis zu 1 cl Bénédictine dazugegeben. Manche Rezepte führen auch Zuckersirup, Puderzucker oder etwas Grenadine an.

Singapore Sling >

Pfefferminzliköre

Pfefferminzliköre

Nie im Vordergrund, aber immer im Angebot waren die Pfefferminzliköre der großen, auch in Deutschland vertretenen holländischen und französischen Likörproduzenten. Die bekanntesten und am meisten verbreiteten Marken sind die der niederländischen Firmen De Kuyper und Bols. In vielen europäischen Ländern und auch in Deutschland werden Pfefferminzliköre hergestellt. Doch viele der Marken haben keinen nennenswerten Marktanteil oder sind oft nur regional erhältlich. International bekannt sind der finnische Minttu, der französische Get und die Sorten von Marie Brizard. Auch US-Firmen produzieren Pfefferminzliköre, doch diese sind in Europa schwer erhältlich.

Der Ursprung

Als Hausmittel gegen Magenbeschwerden blickt der Pfefferminzlikör auf eine lange Tradition zurück. Zur Verwendung als Mixlikör hat er nicht die Beliebtheit wie in den USA erreicht, aber allein wegen der weltberühmten Cocktails Grasshopper und Stinger befindet sich Pfefferminzlikör seit jeher in jeder Bar.

Die Herstellung

Pfefferminzliköre besitzen einen starken, kühlenden und erfrischenden Pfefferminzgeschmack. Sie werden aus Pfefferminzöl, reinem Alkohol, Wasser und Zucker hergestellt. Das Öl gewinnt man durch Wasserdampfdestillation aus den Blättern bestimmter Pfefferminzpflanzen. Es riecht durchdringend aromatisch, schmeckt würzig-scharf brennend und hinterher kühlend. Diese kühlende Wirkung beruht auf dem hohen Gehalt an Menthol. Unter den verschiedenen Sorten genießt das englische Mitcham-Pfefferminzöl den besten Ruf. Durch die hohe Konzentration dieses ätherischen Öls genügen schon kleine Mengen zur Herstellung des Likörs.

Pfefferminzlikör wird zum Großteil in grüner Farbe angeboten. Ob man nun weißen oder grünen Likör verwendet, spielt geschmacklich keine Rolle. Die Sorten der großen Produzenten sind in aller Regel »Crème de Menthe«, d. h., dass sie einen hohen Zuckergehalt haben. Ihre Süße verbindet sich jedoch äußerst angenehm mit dem kühlenden und erfrischenden Pfefferminzgeschmack.

Empfehlungen

Pfefferminzlikör schmeckt frisch und sehr intensiv nach Pfefferminze. Man trinkt ihn leicht gekühlt im Likörglas, on the rocks oder als »Frappé« auf gestoßenem Eis. Er verleiht beim Mixen auch in kleinen Dosierungen jedem Drink die Frische und den Geschmack der Pfefferminze. Pfefferminzlikör verträgt sich gut mit Spirituosen, Fruchtsäften, Sahne und anderen Likören.

Bekannte Marken

Bols Das niederländische Unternehmen stellt den Likör weiß (wasserklar) und grün gefärbt her. In Deutschland wird nur der Peppermint Green mit 24 %vol angeboten.

De Kuyper Im umfangreichen Sortiment von De Kuyper sind auch Crème de Menthe weiß und grün mit 24 %vol.

Get Get ist die berühmteste Marke und gilt als der feinste Pfefferminzlikör der Welt. Sie ist über 200 Jahre alt und geht zurück auf Jean Get. Dieser ließ sich aus allen Ecken der Welt Minze schicken, und 1796 begann er mit der Produktion seiner Crème de Menthe. Seitdem ist Revel, zwischen Toulouse und Carcassonne gelegen, die Hauptstadt des Pfefferminzlikörs. Das Rezept für den grünen und weißen Pippermint Get ist seither nicht mehr verändert worden. Für seine Marke kreierte Jean Get auch gleich den in vielen Sprachen verständlichen Namen Pippermint und die noch heute verwendete Flasche, deren Form er einer Petroleumlampe nachempfand.

Marie Brizard Das berühmte, in Bordeaux ansässige Unternehmen hat Crème de Menthe grün und weiß sowie den Hot Mint im Programm. Letzterer hat einen Hauch Chili und 25 %vol.

Minttu Der wasserklare Minttu stammt aus Finnland, und es gibt ihn mit 35, 40 und 50 %vol. Minttu wurde 1979 eingeführt, und die Firma gehört heute zum französischen Spirituosenmulti Pernod Ricard.

Pfefferminzliköre

Grasshopper

3 cl Crème de Menthe grün
3 cl Crème de Cacao weiß
4–6 cl Sahne

Die Zutaten mit Eiswürfeln im Shaker gut schütteln und in eine Cocktailschale abgießen. Mit frischer Minze dekorieren.

Jungle Grasshopper

4 cl Crème de Menthe grün
12 cl Ananassaft
2 cl Cream of Coconut

Im Elektromixer gut durchmixen und in ein mit Eiswürfeln gefülltes Longdrinkglas gießen. Mit einem Minzezweig garnieren.

Green Dragon

3 cl Crème de Menthe grün
3 cl Wodka

In einen mit Eiswürfeln gefüllten Tumbler geben und kurz umrühren.

Caruso

2 cl Crème de Menthe grün
2 cl Gin
2 cl Vermouth Dry

Mit Eiswürfeln im Rührglas gut rühren und in ein gekühltes Cocktailglas abgießen.

Stinger

4 cl Cognac
2 cl Crème de Menthe weiß

Mit Eiswürfeln im Rührglas gut rühren und in ein gekühltes Cocktailglas abgießen.

Summer Mint

2 cl Crème de Menthe grün
2 cl Galliano
2 cl Cointreau
4 cl Ananassaft
4 cl Zitronensaft
4 cl Grapefruitsaft

Die Zutaten mit Eiswürfeln im Shaker gut schütteln und in ein zur Hälfte mit Eiswürfeln gefülltes Longdrinkglas abgießen. Mit Zitronenscheibe, Cocktailkirsche und Minzezweig garnieren.

After Eight

1 cl Crème de Menthe grün
3 cl Crème de Cacao braun
1 Tasse heißer Kaffee
leicht geschlagene Sahne

Die Liköre und den Kaffee in ein vorgewärmtes Stielglas geben, umrühren und die Sahne als Haube daraufsetzen.

Menthe Frappé

5 cl Crème de Menthe grün

Ein Whiskyglas mit gestoßenem Eis füllen und den Likör darübergießen. Zwei kurze Trinkhalme dazugeben.

Green Jade

2 cl Crème de Menthe grün
3 cl Gin
6 cl Sahne

Die Zutaten mit Eiswürfeln im Shaker gut schütteln und in eine Cocktailschale abgießen. Mit einer grünen Cocktailkirsche und einem Minzezweig garnieren.

Green Hat

2 cl Crème de Menthe grün
2 cl Gin
kaltes Sodawasser

Likör und Gin auf einige Eiswürfel in ein Longdrinkglas geben und mit Sodawasser auffüllen, leicht umrühren.

Alexander's Sister

3 cl Crème de Menthe grün
3 cl Gin
4–6 cl Sahne

Die Zutaten mit Eiswürfeln im Shaker gut schütteln und in eine Cocktailschale abgießen. Ein Minzeblatt auf den Drink legen.

Coffee Grasshopper

3 cl Crème de Menthe weiß
3 cl Kaffeelikör
4–6 cl Sahne

Die Zutaten mit Eiswürfeln im Shaker gut schütteln und in eine Cocktailschale abgießen. Ein Minzeblatt auf den Drink legen.

Irish Dream

2 cl Crème de Menthe grün
2 cl Crème de Cacao weiß
2 cl Galliano
6 cl Sahne

Die Zutaten mit Eiswürfeln im Shaker gut schütteln und in eine Cocktailschale abgießen. Ein Minzeblatt auf den Drink legen.

Morning Delight

3 cl Crème de Menthe grün
3 cl Wodka
6 cl Ananassaft

Die Zutaten mit Eiswürfeln im Shaker gut schütteln und in eine Cocktailschale abgießen. Mit einem Minzezweig garnieren.

White Banana

3 cl Crème de Menthe weiß
3 cl Crème de Bananes
6 cl Sahne

Die Zutaten mit Eiswürfeln im Shaker gut schütteln und in eine Cocktailschale abgießen. Ein Minzeblatt auf den Drink legen.

Grasshopper >

Kräuter- & Gewürzliköre

Kräuter- & Gewürzliköre

Die Verbreitung der Destillation im 16. Jahrhundert bewog Mediziner und Alchimisten zur Suche nach Elixieren, die eine heilende Wirkung versprachen. Besonders die Mönche machten sich um die Entwicklung verdient, und noch heute weltbekannte Liköre wie Chartreuse (siehe Seite 170) und Bénédictine entstanden durch sie. Auch der erste industrielle Likörproduzent, Lucas Bols in Amsterdam, stellte mit einem Kümmel als Erstes einen Gewürzlikör her. Im Laufe der Zeit entdeckte man viele Wirkstoffe in Pflanzen und Gewürzen und entwickelte aus diesen unter Verwendung von Alkohol und Zucker aromatische Getränke. Nachdem diese Entwicklungsstufe erreicht war, war der Weg zum Genussmittel nicht mehr weit, und zu Beginn des 19. Jahrhunderts entstanden überall in Europa Herstellungsbetriebe.

Die Herstellung

Zur Bereitung von Kräuter- und Gewürzlikören benötigt man die Inhalts- und Wirkstoffe der verwendeten Substanzen. Dazu entwickelte man vier verschiedene Verfahrensweisen, die bis heute angewendet werden. Allen gemeinsam ist eine mehr oder weniger ausgeprägte Süße, da heute ein Liter Fertigerzeugnis mindestens 100 Gramm Zucker enthalten muss.

1. Die Mazeration: Ist das Ausziehen von getrockneten Pflanzenteilen mit Alkohol- oder Alkohol-Wasser-Gemischen (kalt und über einen längeren Zeitraum).

2. Die Digestion: Ist eine Mazeration mittels warmer Flüssigkeit – das geht schneller, wirkt intensiver und kann weitere erwünschte Stoffe herausholen.

3. Die Perkolation: Ist das Ausziehen im Durchlaufverfahren (ähnlich wie beim Kaffeefiltern).

4. Die Destillation: Ist das Erhitzen von Alkohol-Wasser-Gemischen mit Pflanzenteilen (auch mit den eben erwähnten Mazeraten, Digeraten oder Perkolaten). Die so gewonnenen Auszüge werden einzeln oder untereinander gemischt mit Alkohol, Zucker und Wasser zu Likör verarbeitet.

Bekannte Marken

Becherovka Die Heimat dieser goldgelben Kräuterlikörspezialität ist der bekannte Kurort Karlsbad in Böhmen. Für ihn werden Kräuterextrakte mit Alkohol gemischt und mehrere Monate in Eichenholzfässern zur Reifung gelagert. Becherovka wurde von Jan Becher 1805 erstmals hergestellt und hat 38 %vol.

Bénédictine DOM Der Kaufmann Alexandre Le Grand fand unter geerbten Papieren im Jahre 1863 die Formeln eines Elixiers des Mönchs Bernardo Vincelli, der im 16. Jahrhundert im Benediktinerkloster Fécamp in der Normandie lebte. Aus diesen Unterlagen entstand die heutige Rezeptur. Auch der Namenszusatz DOM stammt von Le Grand: Er steht für »deo optimo maximo« – dem besten und größten Gott geweiht. Alkoholgehalt 40 %vol.

Escorial Diese berühmte Wirtschaftswunderspirituose erlebt seit der Übernahme der Firma Riemerschmid durch die Underberg AG eine Renaissance. Mit seinen 56 %vol ist Escorial einer der außergewöhnlichsten Liköre deutscher Produktion. Er weist eine deutlich typische Kräuter- und Gewürznote auf und ist durch seinen Alkoholgehalt dem Geschmackscharakter nach trocken mit einer Spur Süße.

Ettaler Kloster-Liqueur Im bayerischen Vorgebirge bei Oberammergau liegt Ettal. Mittelpunkt des Ortes ist die bekannte Benediktinerabtei mit ihrer prächtigen Barockkirche. Die Herstellung der Ettaler Kloster-Liqueure wird bis heute ausschließlich von den Mönchen der Abtei vorgenommen. Die Klassiker Grün und Gelb haben 42 und 40 %vol.

Gilka Kaiser-Kümmel Dieses 1836 in Berlin gegründete Unternehmen stellt bis heute die mit großem Abstand führende Kümmellikörmarke her. Kümmel, Gewürze, Alkohol, Zucker und Wasser sind seine Zutaten. Alkoholgehalt 38 %vol.

Kräuter- & Gewürzliköre

Meukow Vanilla Cognac Liqueur Grundlagen dieses Likörs sind Meukow Cognac und Vanilleauszüge. Er schmeckt intensiv nach Vanille und hat 30 %vol.

Rutte Kaneel Liqueur Die niederländische Destillerie Rutte ist Hersteller dieses süßen, hocharomatischen Zimtlikörs aus Extrakten von Sri-Lanka-Zimt, mit hellem Goldton und einer deutlichen Zimtnote. Alkoholgehalt 32 %vol.

Túnel Hierbas Die bekannteste Marke der Hierbas Mallorquinas ist Túnel. Er wird seit 1898 auf Anisbasis mit Wildkräutern wie Rosmarin, Minze und Myrte hergestellt, und jeder Flasche werden Kräuter beigegeben. Der etwas herbere »Secas« hat 40, der mildere »Mezcladas« 30 und der süße »Dulces« 22 %vol.

Túnel Sunrise

4 cl Túnel Mezcladas
12 cl Orangensaft
1 Barlöffel Grenadine

Túnel und Orangensaft – ohne Grenadine – mit Eiswürfeln im Shaker kräftig schütteln und in ein Longdrinkglas auf Eiswürfel abgießen. Die Grenadine auf den fertigen Drink gießen. Mit einer halben Orangenscheibe garnieren.

Frisco Sour

2 cl Bénédictine DOM
3 cl Bourbon Whiskey
2 cl Zitronensaft
1 cl Zuckersirup

Im Shaker mit Eiswürfeln kräftig schütteln und in einen kleinen Tumbler auf einige Eiswürfel abgießen. Orangenscheibe und Cocktailkirsche dazugeben.

Troublemaker

4 cl Escorial
4 cl Grapefruitsaft
8 cl Orangensaft
1 cl Riemerschmid Limetten Syrup
1 cl Red Orange Liqueur

Die Zutaten – ohne Red Orange Liqueur – mit Eiswürfeln im Shaker kräftig schütteln und in ein Longdrinkglas auf Eiswürfel abgießen. Den Red Orange Liqueur auf den fertigen Drink gießen. Mit je einer halben Orangen- und Grapefruitscheibe und einer Cocktailkirsche garnieren.

Alice

2 cl Gilka Kaiser-Kümmel
2 cl Blended Scotch Whisky
2 cl Vermouth Rosso

Im Rührglas mit Eiswürfeln gut vermischen und in ein vorgekühltes Cocktailglas abgießen. Eine Cocktailkirsche dazugeben.

Meukow Vanilla Venus

6 cl Meukow Vanilla
12 cl frischer Ananassaft
1 cl Grenadine

Meukow Vanilla und den Ananassaft mit Eiswürfeln im Shaker kräftig schütteln und in ein Longdrinkglas auf einige Eiswürfel abgießen. Die Grenadine auf den fertigen Drink geben. Mit einem Ananasstück garnieren.

Asian's Wind

3 cl Rutte Kaneel
4 cl Cognac
2 cl Limettensaft
8 cl Apfelsaft

Die Säfte in einem kleinen Topf erhitzen und Likör und Cognac dazugeben. In ein geeignetes Glas abgießen und eine Orangenschalenspirale dazu geben.

Roman 57

4 cl Becherovka
1 cl frischer Zitronensaft
½ Barlöffel Absinthe
kaltes Ginger Beer

Die Zutaten in ein Longdrinkglas auf Eiswürfel geben und mit Ginger Beer auffüllen. Eine Gurkenscheibe dazugeben.

Frisco Sour >

Chartreuse

Chartreuse

Die wirklichen Klassiker unter den Likören sind die in den Klöstern entwickelten Rezepturen. Diese »Elixiere« sind oft schon seit Jahrhunderten bekannt und werden nach geheim gehaltenen Rezepturen bereitet. Dies trifft auf Chartreuse wie auf keinen anderen Likör zu. Die Chartreuseliköre sind auch die einzigen weltbekannten Liköre Frankreichs, die noch immer von Mönchen hergestellt werden. Aus dem einstigen Heilmittel entwickelten sich bei Chartreuse wohlschmeckende und aromatische Liköre, die heute in über 100 Ländern verkauft werden.

Die Marke

Die Geschichte der Chartreuseliköre beginnt 1605. In diesem Jahr erhielten Kartäusermönche in Paris ein Manuskript mit der Formel eines »Elixiers für ein langes Leben«. 1737 erreichte es nach vielen Umwegen das 1676 in der Dauphiné nahe Grenoble erbaute Kloster der Grande Chartreuse. Einem der Mönche, dem gelehrten Apotheker Jérôme Maubec, gelang es schließlich, ein Herstellungsverfahren auszuarbeiten. Zu Beginn, um 1755, wurde das Elixier Végétal hergestellt. 1764 entwickelte man ein zweites Produkt, den grünen Chartreuse. Diesem folgte 1835 der gelbe. 1860 verlegte man die Produktion in eine neu erbaute Destillerie im acht Kilometer entfernten Ort Fourvoirie.

Die Säkularisation in Frankreich führte 1803 zur Vertreibung der Kartäuser und zum Bau einer neuen Destillerie in Tarragona/Spanien. Erst im Jahre 1932 kehrten die Mönche zurück und produzierten wieder in Fourvoirie. Als die Gebäude nur drei Jahre später durch einen Erdrutsch zerstört wurden, verlegte man die Produktion an den heutigen Standort in das nahe gelegene Städtchen Voiron. Chartreuse besteht aus den Auszügen von 130 Kräutern und Gewürzen, aus Weindestillat, Honig und Zucker. Nachdem der Chartreuse in seiner endgültigen Zusammensetzung fertig gemischt ist, reift er rund fünf Jahre in zum Teil über 100-jährigen, bis zu 50 000 l fassenden Eichenholzfässern in den mit 164 Metern längsten Likörkellern der Welt. Die klassischen Hauptmarken sind Verte mit 55 %vol und Jaune mit 40 %vol. Außerdem werden die Liköre Cassis, Framboise, Mûre Sauvage, Myrtille, Eau de Noix, der Kräuterlikör du 9° Centenaire, V. E. P. Jaune und Verte, die Kräuterspirituose Genepi und ein Elixier Végétal mit 69 %vol angeboten.

Bijou

2 cl Chartreuse grün
2 cl Gin
2 cl Vermouth Dry
Mit Eiswürfeln im Rührglas gut vermischen und in ein gekühltes Cocktailglas abgießen.

Chartreuse Sour

4 cl Chartreuse gelb
3 cl Zitronensaft
2 cl Orangensaft
1 cl Zuckersirup
Im Shaker mit Eiswürfeln kräftig schütteln und in einen Tumbler abgießen. Mit einer halben Orangenscheibe und einer Cocktailkirsche garnieren.

Swamp Water

4 cl Chartreuse Grün
Ananassaft
Den Chartreuse in ein mit Eiswürfeln gefülltes Longdrinkglas geben und mit Ananassaft auffüllen. Mit einem Ananasstück garnieren.

Chartreuse Tonic

4 cl Chartreuse grün
1 cl Zitronensaft
kaltes Tonic Water
Chartreuse und Zitronensaft in ein mit Eiswürfeln gefülltes Longdrinkglas geben und mit Tonic Water auffüllen. Eine halbe Scheibe Zitrone dazugeben.

Chartreuse

Café Royal

4 cl Chartreuse gelb oder grün
1 Tasse heißer Kaffee
1 TL Zucker
leicht geschlagene Sahne

Chartreuse, Zucker und Kaffee in ein vorgewärmtes Stielglas geben, gut verrühren. Die Sahne als Haube daraufsetzen, einige Schokoladenraspel daraufstreuen.

Chartreuse Orange

4 cl Chartreuse gelb oder grün
Orangensaft

Den Chartreuse in ein mit Eiswürfeln gefülltes Longdrinkglas geben und mit Orangensaft auffüllen. Mit Orangenscheibe garnieren.

Chartreuse Cooler

4 cl Chartreuse gelb
6 cl Orangensaft
2 cl Zitronensaft
kaltes Bitter Lemon

Den Chartreuse, Orangen- und Zitronensaft im Shaker mit Eiswürfeln gut schütteln und in ein Fancyglas auf einige Eiswürfel abgießen. Mit Bitter Lemon auffüllen, leicht rühren und mit einer Limettenscheibe und einer Erdbeere garnieren.

Alaska

2 cl Chartreuse gelb
4 cl Gin

Mit Eiswürfeln im Rührglas gut vermischen und in ein gekühltes Cocktailglas abgießen.

Amber Dream

1 cl Chartreuse gelb
2 cl Vermouth Rosso
3 cl Gin

Zutaten mit Eiswürfeln im Rührglas gut vermischen und in ein gekühltes Cocktailglas abgießen.

Chartreuse Matinée

3 cl Chartreuse gelb
3 cl Kaffeelikör
3 cl Orangensaft
3 cl Sahne

Die Zutaten im Shaker mit Eiswürfeln gut schütteln und in eine Cocktailschale abgießen.

Chartreusito

¼ Limette
1 Barlöffel Rohrzucker
frische Minze
3 cl Chartreuse grün
kaltes Sodawasser

Das Limettenviertel zerteilen und im Glas mit dem Holzstößel ausdrücken. Den Zucker und Minzeblätter dazugeben und diese leicht andrücken. Das Glas mit Crushed Ice füllen und den Chartreuse dazugießen. Mit etwas Sodawasser auffüllen und mit dem Barlöffel umrühren.

Snowflake

2 cl Chartreuse gelb
4 cl Galliano
2 cl Cointreau
6 cl Sahne

Die Zutaten mit Eiswürfeln im Shaker gut schütteln und in eine Cocktailschale abgießen.

< Chartreusito und Chartreuse Cooler >

Galliano

Unter den internationalen (Mix-)Likören nimmt der Galliano – nicht nur wegen seiner überlangen Flasche – eine herausragende Stellung ein. Die extravagante Flasche ist in jeder Bar ein Blickfang und zwingt Hobby- und Profimixer zur Suche nach einem geeigneten Platz. Die Komposition des Galliano stammt von Arturo Vaccari, einem toskanischen Weinbrenner und Wegbereiter der modernen Destillationsverfahren. Er kreierte 1896 in Livorno den goldgelben Likör und benannte ihn nach Giuseppe Galliano, einem berühmten italienischen Kriegshelden. Der Erfolgsweg des Galliano führte nicht – was naheliegend gewesen wäre – von Italien nach Deutschland, sondern über den Umweg über die USA. Dort war Galliano bereits ein beliebter Mixlikör, als er bei uns noch völlig unbekannt war. Der große Erfolg in den USA schlug sich in vielen Mixrezepten nieder, und die in Deutschland in den 1980er-Jahren einsetzende Cocktailwelle schuf auch bei uns die Nachfrage.

Über mehrere Stationen kam Galliano im Jahr 2006 in den Besitz der neu gegründeten Lucas Bols B.V., und diese ersetzte den bisherigen Galliano durch den Galliano L´Autentico. Dieser entspricht der ursprünglichen Vaccari-Rezeptur. Ob dies nun zwingend nötig war oder ob man die zu erwartende Entrüstung geschickt dazu nutzte, um den Galliano wieder in die Erinnerung der Barkeeper zu bringen, bleibt dahingestellt. Jedenfalls sorgte diese Aktion für großes Aufsehen. Während der bis dahin bekannte Galliano stark nach Vanille schmeckt, kann man den L´Autentico eher den Kräuterlikören zuordnen. Er unterscheidet sich stark vom bisher angebotenen, und so sind heute beide auf dem Markt. Viele der bekannten Gallianoklassiker wie Golden Dream, Golden Cadillac oder Harvey Wallbanger wurden mit dem nun Smooth Vanilla genannten Galliano entwickelt und schmecken mit dem L´Autentico völlig anders. Seit dem Jahr 2010 sind drei Sorten erhältlich: der bekannte Smooth Vanilla mit 30 %vol, der neu eingeführte L´Autentico mit 42,3 %vol und der Kaffeelikör Galliano Ristretto mit 30 %vol.

Hot Shot

2 cl Galliano Vanilla
2 cl heißer Kaffee
2 cl leicht geschlagene Sahne
In ein kleines Glas den Galliano geben und darauf langsam und vorsichtig den Kaffee gießen. Die Sahne als Haube daraufsetzen.

Golden Dream

3 cl Galliano Vanilla
3 cl Cointreau
3 cl Orangensaft
3 cl Sahne
Die Zutaten mit Eiswürfeln im Shaker gut schütteln und in eine Cocktailschale abgießen.

Golden Torpedo

3 cl Galliano Vanilla
3 cl Amaretto
6 cl Sahne
Die Zutaten mit Eiswürfeln im Shaker gut schütteln und in eine Cocktailschale abgießen.

Apollo 8

2 cl Galliano Vanilla
2 cl Tequila
2 cl Blue Curaçao
6 cl Sahne
Die Zutaten mit Eiswürfeln im Shaker gut schütteln und in eine Cocktailschale abgießen.

Galliano

∧ *Hot Shot*

Golden Russian

2 cl Galliano Vanilla
4 cl Wodka
leicht geschlagene Sahne

Galliano und Wodka im Rührglas mit Eiswürfeln gut vermischen und in ein kleines Stielglas oder in einen mit Eiswürfeln gefüllten Tumbler abgießen. Auf den Drink eine Sahnehaube setzen.

Golden Cadillac

3 cl Galliano Vanilla
3 cl Crème de Cacao Weiß
4–6 cl Sahne

Die Zutaten mit Eiswürfeln im Shaker gut schütteln und in eine Cocktailschale abgießen.

Orange Cadillac

3 cl Galliano Vanilla
3 cl Crème de Cacao weiß
3 cl Orangensaft
3 cl Sahne

Die Zutaten mit Eiswürfeln im Shaker gut schütteln und in eine Cocktailschale abgießen.

Banana Italiano

3 cl Galliano Vanilla
3 cl Crème de Bananes
4–6 cl Sahne

Die Zutaten mit Eiswürfeln im Shaker gut schütteln und in eine Cocktailschale abgießen.

Harvey Wallbanger

1 cl Galliano Vanilla
4 cl Wodka
10 cl Orangensaft

Wodka und Orangensaft in ein mit Eiswürfeln gefülltes Longdrinkglas geben, kurz rühren, den Galliano langsam daraufgießen und nicht mehr rühren. Eine Orangenscheibe an den Glasrand stecken.

Northern Kiss

4 cl Galliano Vanilla
2 cl Crème de Menthe weiß
4 cl Sahne

Die Zutaten mit Eiswürfeln im Shaker gut schütteln und in eine Cocktailschale abgießen.

French and It

3 cl Galliano Vanilla
3 cl Cognac
6 cl Sahne

Im Shaker mit Eiswürfeln kräftig schütteln und durch das Barsieb in eine Cocktailschale abgießen. Mit Schokoladenraspel bestreuen.

Galliano Orange

4 cl Galliano Vanilla
Orangensaft

Den Galliano in ein Fancyglas mit Eiswürfeln geben und mit Orangensaft auffüllen. Mit einer Orangenscheibe garnieren.

Yellow Bird

2 cl Galliano Vanilla
4 cl brauner Rum
2 cl Crème de Bananes
6 cl Orangensaft
6 cl Ananassaft

Die Zutaten im Shaker mit Eiswürfeln gut schütteln und in ein Longdrinkglas auf einige Eiswürfel abgießen. Mit einem Stück Ananas und Cocktailkirschen garnieren.

Bossa Nova

3 cl Galliano Vanilla
3 cl weißer Rum
1 cl Apricot Brandy
8 cl Ananassaft
1 cl Zitronensaft

Die Zutaten mit Eiswürfeln im Shaker gut schütteln und in ein zur Hälfte mit Eiswürfeln gefülltes Longdrinkglas abgießen. Mit Früchten garnieren.

Galliano Margerita

4 cl Tequila
2 cl Galliano Vanilla
2 cl Zitronensaft

Den Rand einer Cocktailschale in einem Zitronenviertel drehen und in eine mit Salz gefüllte Schale tupfen. Das nicht haftende Salz durch leichtes Klopfen entfernen. Die Zutaten mit Eiswürfeln im Shaker kräftig schütteln und in das präparierte Glas abgießen.

Flying Cangaroo

1 cl Sahne
2 cl Kokosnusscreme
4 cl Ananassaft
2 cl Orangensaft
1 cl Galliano Vanilla
3 cl Wodka
3 cl weißer Rum

Im Shaker mit Eiswürfeln schütteln und in einen Tumbler auf Crushed Ice abseihen. Ein Ananasstück dazugeben.

Yellow Bird >

Amaretto

Zu den großen Aufsteigern der 1980er-Jahre gehört der Amaretto. Er war nach den Cream- und Kokoslikören die dritte Likörart, die sich schnell und dauerhaft durchsetzte. Obwohl Amaretto zu den ältesten Likörsorten in Italien zählt, wurde er erst Anfang 1980 bei uns richtig entdeckt. Die größte italienische Marke ist Disaronno, die jedoch seit einigen Jahren die Bezeichnung Amaretto nicht mehr auf dem Etikett führt.

Die im mediterranen Klima beheimateten Mandelbäume liefern in rauer Schale köstliche Nüsse. Sie stellen die Basis des Amaretto.

Neben den vielen italienischen Herstellern produzieren auch niederländische Likörfirmen Amaretto. Die populärsten niederländischen Marken sind De Kuyper und Bols. Italien bietet eine enorme Markenvielfalt, und die bekannten Likörproduzenten Luxardo, Toschi, Florio und Averna bieten ausgezeichnete Amaretti an. Weitere, auch auf den Exportmärkten erhältliche italienische Marken sind Ciemme, Casoni, Lazzaroni, Beneveti und Venice. Amaretti sind vollsüße Liköre auf der Basis von Mandelextrakten. Dazu kommen Alkohol, Zucker und Gewürzaromen. Je nach Kombination unterscheiden sich die Marken. Große Qualitätsunterschiede gibt es bei den einzelnen Sorten. Ob für einen Amaretto als Basis Mandelextrakte oder nur Aromastoffe verwendet werden, lässt sich am besten am Preis ersehen. Billige Marken sind nicht zu empfehlen, sie unterscheiden sich in der Qualität sehr von den Marken der großen Likörproduzenten. Der Alkoholgehalt beträgt meist 24 bis 28 %vol.

Empfehlungen

Amaretto trinkt man pur oder »on the rocks« und gern zum Kaffee oder als »coretto« im Kaffee. Viele Mixrezepte, in denen Amaretto mit Spirituosen, Sahne, Milch, Fruchtsäften und auch Eiscreme, Likören und Sirupe gemixt wird, beweisen die Flexibilität des Amarettos als Mixlikör.

Amaretto Sour

5 cl Amaretto
3 cl Zitronensaft
2 cl Orangensaft
Im Shaker mit Eiswürfeln kräftig schütteln und in ein Stielglas abgießen. Mit einer halben Orangenscheibe und einer Cocktailkirsche garnieren.

Yellow Nut

4 cl Amaretto
2 cl Wodka
6 cl Orangensaft
6 cl Ananassaft
Im Shaker mit Eiswürfeln kräftig schütteln und durch das Barsieb in ein Longdrinkglas auf einige Eiswürfel abgießen.

Baked Almonds

3 cl Amaretto
3 cl Crème de Cacao braun
4–6 cl Sahne
Die Zutaten mit Eiswürfeln im Shaker gut schütteln und in eine Cocktailschale abgießen.

Sweet Maria

3 cl Amaretto
3 cl Wodka
4–6 cl Sahne
Die Zutaten mit Eiswürfeln im Shaker gut schütteln und in eine Cocktailschale abgießen.

Amaretto

Julia

3 cl Amaretto
3 cl weißer Rum
6 cl Sahne
3 große Erdbeeren

Im Elektromixer gut durchmixen. Die Mischung mit Eiswürfeln im Shaker gut schütteln und in einen großen Sektkelch abgießen. Erdbeere an den Glasrand stecken.

Godmother

2 cl Amaretto
4 cl Wodka

Zutaten in einem Tumbler mit Eiswürfeln verrühren.

Godfather

2 cl Amaretto
4 cl Bourbon Whiskey

Zutaten in einem Tumbler mit Eiswürfeln verrühren.

Pancho's Punch

4 cl Amaretto
2 cl Tequila
4 cl Zitronensaft
2 cl Grenadine

Die Zutaten mit Eiswürfeln im Shaker gut schütteln und in eine Cocktailschale abgießen.

Italian Coffee

4 cl Amaretto
1 Tasse heißer Espresso
leicht geschlagene Sahne

Den Amaretto und den Espresso in ein vorgewärmtes Stielglas geben und eine Sahnehaube daraufsetzen.

French Connection

2 cl Amaretto
4 cl Cognac

Zutaten in einem Tumbler mit Eiswürfeln verrühren.

Amaretto Orange

4 cl Amaretto
Orangensaft

Amaretto in ein Longdrinkglas mit Eiswürfeln geben und mit Orangensaft auffüllen. Mit einer Orangenscheibe garnieren.

Amaretto Toddy

4 cl Amaretto
1 cl italienischer Brandy
1 Scheibe Zitrone
3 Gewürznelken
1 Zimtstange

Den Amaretto und den Brandy in ein vorgewärmtes Glas oder eine Tasse geben und mit heißem Wasser auffüllen. Die Zitronenscheibe, die Nelken und die Zimtstange dazugeben.

Amaretto Alexander

3 cl Amaretto
3 cl italienischer Brandy
4–6 cl Sahne

Die Zutaten mit Eiswürfeln im Shaker gut schütteln und in eine Cocktailschale abgießen. Mit Mandelsplittern bestreuen.

Lust

3 cl Amaretto
1 cl Blue Curaçao
2 cl Zitronensaft
4 cl Ananassaft

Im Shaker mit Eiswürfeln gut schütteln und in ein Cocktailglas abgießen. Eine Cocktailkirsche in das Glas geben.

Julia >

Lust >

Kokosliköre

Aus der weltweit verbreiteten tropischen Kokosnuss entstehen diese Liköre. Ihr Ursprung liegt im Coconut-Rum, für den Kokosextrakte und weißer Rum die Basis sind. Sie schmecken frisch, sind modern und haben sich allein durch den Piña Colada einen Platz auf jeder Barkarte erobert. Obwohl in Süd- und Mittelamerika die Kokosliköre seit Langem bekannt und in den USA große Marken wie beispielsweise Cocoribe erfolgreich waren, musste man sich in Deutschland bis 1978 mit der auch erst seit 1974 angebotenen Cocos Cream begnügen. Die erste flüssige Kokosnuss kam mit Batida de Côco 1978 zur Einführung, und 1980 folgte Malibu. Seither erweiterte sich ständig das Angebot, und viele der karibischen Rumproduzenten bieten auch Coconut-Rum an.

Bekannte Marken

Marie Brizard Coconut Der berühmte, in Bordeaux ansässige Likörhersteller Marie Brizard bietet auch einen wasserklaren Coconut Liqueur an. Seine alkoholische Basis ist weißer Karibikrum. Alkoholgehalt 20 %vol.

Coco D´Amour Lediglich auf den Seychellen wächst mit der Coco de Mer die größte Kokosnuss der Welt. Diese hat einen Durchmesser von bis zu 50 Zentimetern und wird bis zu 20 Kilogramm schwer. Man darf sie nur mit spezieller Genehmigung ausführen, und diese ist nur schwer erhältlich. Da die Coco de Mer auch eine Reise im Ozean nicht übersteht, konnte man die in früheren Jahren auf dem Festland angeschwemmten Nüsse auch nicht kultivieren. Mit der Aussage, dass der Coco D´Amour-Kokoslikör aus dieser Nuss gemacht wird, lässt sich zwar gut werben, ist aber bei der Seltenheit dieser Nuss nicht sehr glaubhaft. Coco D´Amour wird in einer der Coco de Mer nachempfundenen Flasche mit 17 %vol angeboten. Er ist sahnig, milchig-trüb und schmeckt wirklich gut. Die selten angebotenen Flaschen kosten aber auch ein Mehrfaches der vergleichbaren Marken.

De Kuyper Coconut Das niederländische Unternehmen De Kuyper bietet auch einen wasserklaren Coconut Liqueur an. Weißer Karibikrum und Kokosnussdestillate sind seine Basis. Dazu kommt ausschließlich Kokosnussextrakt. Alkoholgehalt 20 %vol.

Koko Kanu Coconut Rum Coconut Rum ist die beliebteste Spielart unter den aromatisierten Rums. Viele Produzenten bieten Rumvarianten mit Banane, Mango, Passionsfrucht, Pfirsich oder Spices (Gewürze) an. Doch die Verbindung von Rum und Cocos ist unschlagbar. Die J. Wray & Nephew Ltd. in Kingston/Jamaica ist einer der größten Rumproduzenten der Insel. Außer der Rummarke Appleton stellt das Unternehmen über eine Tochterfirma auch den Koko Kanu her. Diese legendäre Kombination aus Rum und Kokos wird als einzige große Marke in Deutschland angeboten. Von den Ureinwohnern der Insel, den Arawak, haben sich einige Worte der Sprache, darunter Hammock und Canoe, erhalten. Aus diesen entstand der Name Koko Kanu (Hammock steht für Kokos und Canoe für Kanu). Alkoholgehalt 37,5 %vol.

Malibu Eine der großen Erfolgsgeschichten hat der Malibu zu bieten. Seit seiner Markteinführung im Jahre 1980 hat dieser klare Kokosnusslikör alles überrundet, was nach Kokosnuss schmeckt. In seiner Gruppe ist er die unbestrittene Nummer eins und unter den Likören der Welt die drittgrößte Einzelmarke. Dem damaligen Spirituosenmulti International Distillers & Vintners gelang 1974 mit der Entwicklung des Baileys Irish Cream die große Überraschung auf dem Likörmarkt. Sechs Jahre später traf man mit dem Malibu nochmals ins Schwarze. Die Zeit war reif für einen klaren Kokoslikör auf der Basis von Rum und mit niedrigem Alkoholgehalt. Malibu vermittelte einen neuen Geschmack und lag genau im Trend. Alkoholgehalt 21 %vol. Auf den internationalen Märkten gibt

Neben Ananas und Mango ist die in den Tropen verbreitete Kokosnuss die wichtigste Frucht. Ihr köstlicher Inhalt ist in harter oder flüssiger Form immer ein Genuss.

es auch die Sorten Mango, Island Melon, Pineapple, Passion Fruit, Tropical Banana, Red mit Tequila und Winter mit Kokosflocken.

Passoã Bei Cointreau entschied man zu Beginn der 1980er-Jahre, dass ein neuer fruchtiger Likör mit geringem Alkoholgehalt entwickelt werden sollte. Als Basis wählte man die Passionsfrucht, und nach langen Testreihen wurde 1986 schließlich der Passoã vorgestellt. Eine weitere Marke ist der Passoã Coconut Liqueur, der mit 17 %vol angeboten wird.

Pitú Cocotida Die Cachaçamarke Pitú stellt die alkoholische Basis des Cocotida. Coconut Drinks sind beliebt, Cachaça als Mixspirituose ebenfalls. Da war der Weg zur Verbindung dieser beiden nicht mehr weit. Seit 2006 wird Pitú Cocotida angeboten. Alkoholgehalt 16 %vol.

Kokosliköre

Green Poison

2 cl Pitú Cocotida
2 cl Blue Curaçao
4 cl Tequila
2 cl Zitronensaft
10 cl Maracujanektar
Im Shaker mit Eiswürfeln kräftig schütteln und in ein Fancyglas auf Eiswürfel abgießen.

Cocotida Ananas

6 cl Pitú Cocotida
Ananassaft
Pitú Cocotida in ein mit Eiswürfeln gefülltes Longdrinkglas geben und mit Ananassaft auffüllen.

Fluffy Coconut

4 cl Koko Kanu Cocos Liqueur
1 cl Grenadine
2 cl Sahne
8 cl Orangensaft
8 cl Ananassaft
Im Shaker mit Eiswürfeln kräftig schütteln und in ein Longdrinkglas auf Eiswürfel abgießen. Mit einem Ananasstück und einer Cocktailkirsche garnieren.

Green Poison >

Kokosliköre

Cocotida Sunrise

4 cl Pitú Cocotida
12 cl Ananassaft
2 cl Kirschlikör

Ein Longdrinkglas mit Crushed Ice füllen, Pitú Cocotida und Ananassaft darübergießen und gut rühren, den Kirschlikör darübergeben.

Coco Amore

4 cl klarer Kokoslikör
2 cl Amaretto
2 cl Zitronensaft

Die Zutaten mit Eiswürfeln im Shaker gut schütteln und in eine Cocktailschale abgießen. Ein Minzeblatt auf den Drink legen.

Coco Brazil

5 cl Malibu
1 cl Zitronensaft
Maracujanektar

Malibu und Zitronensaft in ein Longdrinkglas auf einige Eiswürfel geben und mit Maracujanektar auffüllen. Mit einer Orangenscheibe garnieren.

Coco Screwdriver

5 cl Malibu
12 cl Orangensaft

Malibu und Orangensaft in ein mit Eiswürfeln gefülltes Longdrinkglas geben, kurz rühren. Eine Orangenscheibe an den Glasrand stecken.

Topolino

2 cl Malibu
2 cl weißer Rum
2 cl Crème de Bananes
12 cl Ananassaft

Mit Eiswürfeln im Shaker gut schütteln und in ein Longdrinkglas auf einige Eiswürfel abgießen. Einen Spieß mit Bananenstückchen und Cocktailkirschen über den Rand legen.

Gold Coconut

3 cl klarer Kokoslikör
3 cl Cognac
6 cl Orangensaft
einige Tropfen Grenadine

Die Zutaten mit Eiswürfeln im Shaker gut schütteln und in eine Cocktailschale abgießen.

Grass Skirt

4 cl Malibu
2 cl weißer Rum
4 cl Ananassaft
2 cl Zitronensaft

Die Zutaten mit Eiswürfeln im Shaker gut schütteln und in eine Cocktailschale abgießen.

Malibu Mint

4 cl Malibu
2 cl Crème de Menthe grün
4–6 cl Sahne

Die Zutaten mit Eiswürfeln im Shaker gut schütteln und in eine Cocktailschale abgießen. Ein Minzeblatt auf den Drink legen.

Malibu Hot Chocolate

4 cl Malibu
1 Tasse heiße Schokolade
leicht geschlagene Sahne

Malibu und Schokolade in ein vorgewärmtes Stielglas geben, die Sahne als Haube daraufsetzen und mit etwas Zimtpulver bestreuen.

< *Koko Kanu Colada und Cocotida Cereja*

Kokosliköre

Karibik, blaues Meer, Sonne und einen Kokosdrink. Die Heimat des Rums bietet alle Zutaten für köstliche Drinks.

Malibu Banana

4 cl Malibu
2 cl Crème de Bananes
4–6 cl Sahne

Die Zutaten mit Eiswürfeln im Shaker gut schütteln und in eine Cocktailschale abgießen. Einige Schokoladenraspel auf den Drink streuen.

Malibu Hot Coffee

4 cl Malibu
1 Tasse heißer Kaffee
leicht geschlagene Sahne

Malibu und Kaffee in ein vorgewärmtes Stielglas geben, die Sahne als Haube daraufsetzen und mit etwas Zimtpulver bestreuen.

Cocotida Cereja

4 cl Cocotida
2 cl Pitú Cachaça
10 cl Kirschnektar

Mit Eiswürfeln im Shaker kräftig schütteln und in ein Longdrinkglas auf einige Eiswürfel abgießen. Mit Kirschen garnieren.

Cocoskiss

4 cl Malibu
2 cl weißer Rum
1 cl Maracujasirup
6 cl Orangensaft
6 cl Ananassaft

Im Shaker mit Eiswürfeln kräftig schütteln und in ein Longdrinkglas auf Eiswürfel abgießen. Mit einem Ananasstück und einer Cocktailkirsche garnieren.

Koko Kanu Colada

4 cl Koko Kanu Cocos Liqueur
2 cl weißer Rum
2 cl Cream of Coconut
2 cl Sahne
10 cl Ananassaft

Im Shaker mit Eiswürfeln kräftig schütteln und in ein Longdrinkglas auf Crushed Ice abgießen. Mit einem Ananasstück und einer Cocktailkirsche garnieren.

Coco Sunrise

6 cl Malibu
1 cl Grenadine
10 cl Orangensaft

Malibu und Orangensaft mit Eiswürfeln im Shaker gut schütteln und in ein zur Hälfte mit Eiswürfeln gefülltes Longdrinkglas abgießen. Die Grenadine langsam darübergießen. Vor dem Trinken gut verrühren.

Crazy Coconut

4 cl klarer Kokoslikör
2 cl Crème de Banane
1 cl Blue Curaçao
6 cl Ananassaft
6 cl Grapefruitsaft

Im Shaker mit Eiswürfeln schütteln und in ein Longdrinkglas auf Eiswürfel abgießen. Einen Spieß mit Kiwi- und Bananenscheiben sowie Cocktailkirschen über den Glasrand legen.

Blue Cobra

4 cl klarer Kokoslikör
2 cl Blue Curaçao
4 cl Ananassaft
1 cl Zitronensaft
kaltes Tonic Water

Im Shaker – ohne Tonic Water – mit Eiswürfeln schütteln. In ein Longdrinkglas einige Eiswürfel und 1 Orangenschalenspirale geben. Die Mischung dazugießen und mit Tonic Water auffüllen. Leicht umrühren und einige Cocktailkirschen dazugeben.

Cool Caribbean

4 cl klarer Kokoslikör
2 cl Crème de Banane
kalte Orangenlimonade

In ein Longdrinkglas einige Eiswürfel geben und die Liköre dazugießen. Mit kalter Orangenlimonade auffüllen und leicht umrühren. Eine halbe Orangenscheibe und eine Cocktailkirsche dazugeben.

Cocoskiss >

Nussspirituosen & -liköre

In Mittel- und Südeuropa sind Nussliköre seit langer Zeit bekannt, und einige Marken haben Weltruf. Hauptsächlich in Italien wurde die Herstellung von Likören aus Mandeln, Hasel- und Walnüssen perfektioniert, und speziell der Mandellikör Amaretto hat sich international durchgesetzt. Ein Klassiker und auch heute noch sehr bekannt ist die französische Noisette. In Spanien ist der Avellana (Haselnuss-)Likör weit verbreitet. Auch in Deutschland, Österreich und der Schweiz waren schon früh Hasel- und Walnussliköre bekannt. Deutschland und Österreich sind auch führend bei den Spirituosen aus Walnüssen und Haselnüssen.

Der Ursprung

Alle Nussliköre werden aus Destillaten oder Extrakten der Nüsse hergestellt. Dazu kommen aromatische Auszüge von Beeren, Früchten, Kräutern und Gewürzen sowie Alkohol, Zucker und Wasser. Die Herstellung von Nussgeist ist aufwendig und schwierig. Für Haselnussgeist werden geröstete Haselnüsse ca. zwei Wochen in hochprozentigen Neutralalkohol eingelegt und dann zerkleinert. Dieser Mischung können Gewürze wie Vanille, Zimt oder Muskat, aber auch Kakao zugegeben werden. Dann wird destilliert und das Destillat auf Trinkstärke eingestellt. Die etwas unsinnigen Vorschriften besagen, dass Haselnussgeist bei der geringsten Zugabe von Gewürzen etc. nicht mehr als Geist, sondern als Spirituose gekennzeichnet werden muss. Dies erschwert die Unterscheidung von Billigprodukten, die aus Essenzen hergestellt werden, von den Marken, die mit Gewürzen ihren »Geist« abrunden. Das Verfahren zur Herstellung von Walnussgeist entspricht in den Grundzügen dem des Haselnussgeistes.

Bekannte Marken

Chartreuse Noix Der Aperitiflikör Eau de Noix wird in dem nahe Grenoble beheimateten Kloster Grande Chartreuse aus Walnüssen hergestellt. Alkoholgehalt 23 %vol.

Gansloser Haselnussgeist und Walnussgeist In Bad Ditzenbach auf der Schwäbischen Alb hat die Destillerie Gansloser ihren Sitz. Seit über 100 Jahren wird bei Gansloser destilliert, doch erst in den letzten Jahren begann man mit einer breiteren Vermarktung der Produkte. Gansloser bietet Brände und Liköre in höchster Qualität in den für Gansloser typischen Flaschen an. Im Sortiment sind Haselnussgeist und Walnussgeist mit 40 %vol.

Lantenhammer Die Destillerie Lantenhammer wurde 1928 gegründet. Sie liegt im Herzen der bayerischen Voralpen am Schliersee. Außer den Obstbränden werden Fruchtbrandliköre und seit 1999 mit dem »Slyrs« ein bayerischer Malt Whisky hergestellt. Die Lantenhammer Edelbrände zählen zu den absoluten Spitzenqualitäten und werden in einer klassischen Reihe sowie in edlen Glaskaraffen angeboten. Der Haselnussgeist hat 42, der Walnusslikör 30 %vol Alkoholgehalt.

Toschi Nocello und Nocino Menta Die italienische Firma Toschi ist Hersteller des Walnusslikörs Nocello. Er ist die größte Marke ihrer Art und wird in über 45 Länder exportiert. Toschi Nocello (24 %vol) ist kraftvoll und schmeckt deutlich nach Walnüssen. Ein nettes Anhängsel gibt es zusätzlich: An jeder Flasche hängt ein zweiter Verschluss, der aus

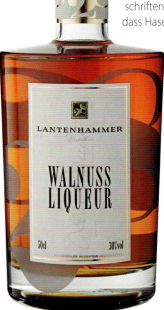

Nussspirituosen & -liköre

einer echten Walnuss und einem angeklebten Korken gefertigt wird. Außerdem gibt es den Nocino Menta, einen Nuss-Minz-Likör. Alkoholgehalt 24 und 35 %vol.
Roner Nusseler Der Name der weit über die Grenzen von Südtirol hinaus bekannten Obstbrennerei Roner steht seit mehr als 50 Jahren für höchste Qualität. Die am Ortsrand von Tramin liegende Destillerie produziert mit dem Nusseler (21 %vol) auch einen Walnusslikör.

< *Bayerische Kopfnuss*

Nocello Alexander

3 cl italienischer Brandy
3 cl Nocello
3 cl Sahne

Mit Eiswürfeln im Shaker kräftig schütteln und in ein Cocktailglas abgießen. Geriebene Walnuss daraufgeben.

Bayerische Kopfnuss

3 cl Bavarka Vodka
3 cl Lantenhammer Walnusslikör
2 cl leicht geschlagene, mit Vanille aromatisierte Sahne

Bavarka und Walnusslikör im Rührglas mit Eiswürfeln gut vermischen und in ein Cocktailglas abgießen. Die Sahne als Haube daraufsetzen.

Cherry Nut

3 cl Nocello
3 cl Kirschlikör
3 cl Sahne

Mit Eiswürfeln im Shaker kräftig schütteln und in ein Cocktailglas abgießen. Eine Cocktailkirsche mit Stiel an den Glasrand stecken.

Nocello Cream

2 cl Nocello
2 cl Irish Whiskey
2 cl Baileys
2 cl Sahne

Mit Eiswürfeln im Shaker kräftig schütteln und in ein Cocktailglas abgießen. Schokoladenflocken daraufgeben.

Nusskaffee

2 cl Haselnuss- oder Walnussgeist
2 cl Walnusslikör
1 Tasse heißer Kaffee
leicht geschlagene Sahne
Zucker nach Belieben

In ein vorgewärmtes Stielglas Geist und Likör und heißen Kaffee geben. Eine Sahnehaube daraufsetzen.

Hazelnut Martini

4 cl Haselnussgeist
1 cl Noilly Prat

Haselnussgeist und Noilly Prat im Rührglas mit Eiswürfeln gut vermischen und in ein gekühltes Cocktailglas abgießen. Eine Haselnuss dazugeben.

Nocello Colada

4 cl Nocello
2 cl Malibu Coconut Liqueur
12 cl Ananassaft
2 cl Sahne

Mit Eiswürfeln im Shaker kräftig schütteln und in ein Longdrinkglas auf Crushed Ice abgießen. Mit einem Ananasstück garnieren.

Nocello Sour

5 cl Nocello
3 cl Orangensaft
1 cl Zitronensaft

Im Shaker mit Eiswürfeln schütteln und in einen kleinen Tumbler auf einige Eiswürfel abgießen. Eine halbe Orangenscheibe dazugeben.

Nusshopper

4 cl Walnusslikör
2 cl Crème de Cacao weiß
4–6 cl Sahne

Im Shaker mit Eiswürfeln schütteln und in eine Cocktailschale abgießen.

Nocello Colada >

Mozart Chocolate

Die wunderschöne Stadt Salzburg und Mozarts geniale Musik bilden eine Symbiose, die immer bestehen wird. Fragt man nach einer weiteren Besonderheit der Stadt, wird man auf die Mozartkugeln und beim Thema Genuss unausweichlich auf die Mozart-Schokoladenspirituosen stoßen. Die Mozart-Destillerie ist weltweit Marktführer in diesem Segment und versteht ihren Namen als Verpflichtung zu höchster Qualität und als eine Hommage an den berühmten Komponisten und seine Geburtsstadt Salzburg.

Die Marke

In Steinhagen/Westfalen begründete im Jahre 1873 Heinrich Christoph König mit seinem Steinhäger die Spirituosentradition der Familie. Nachkommen gründeten 1954 das gleichnamige Salzburger Unternehmen. 1981 entwickelte man den Mozart Liqueur, der heute Österreichs Exportlikör Nummer eins ist und in über 60 Ländern angeboten wird. Mozart Liqueur wird direkt aus Schokolade und weiteren ausschließlich natürlichen Zutaten hergestellt.

Nach einigen Sortimentsänderungen gibt es heute vier Mozart-Produkte. Dem Original »Gold« folgte 1997 der »White« und im Jahr 2000 der »Black«. Dazu kam 2009 der »Mozart Dry«. Mozart »Gold« Chocolate Cream ist ein Sahne-Schokoladen-Liqueur mit 17 %vol. Der Mozart »White« Chocolate Cream besteht aus weißer Schokolade, dazu kommen Karamell und Vanille. Sein Alkoholgehalt beträgt 15 %vol. Diese beiden werden auf Seite 186 bei den Cream-Likören vorgestellt. Der »Black« Chocolate Pure 87 enthält Bitterschokolade aus einem auf 87 % erhöhten Kakaomazerat und hat 17 %vol. Alle drei haben einen Feinbrand aus Zuckerrohr als alkoholische Basis. Eine Novität war die 2009 eingeführte Sorte »Dry« Chocolate Spirit. Der kristallklare »Dry« wird zu 100 % aus Schokoladenmazerat destilliert und mit Kakao- und Vanilleextrakten verfeinert. Er hat 40 %vol Alkoholgehalt.

Monticelli Batida

6 cl Mozart Dry
3–4 Erdbeeren
4 cl Kondensmilch

Die Zutaten im Standmixer gut mixen und in einen Tumbler auf einige Eiswürfel abgießen. Eine Erdbeere an den Glasrand stecken.

Chocolate Julep

5 cl Mozart Dry
1 cl Zuckersirup
12 Minzeblätter

Die Minzeblätter in einen Tumbler geben und mit einem Holzstößel ausdrücken. Zuckersirup und Mozart Dry dazugeben und das Glas mit Crushed Ice füllen. Mit einem Barlöffel gut vermischen und mit einem Minzezweig garnieren.

Chocolate Mafia

4 cl Mozart Dry
2 cl Amaretto
1,5 cl frisch gepresster Limettensaft
2 Spritzer Lemon Bitters

In einen Tumbler Eiswürfel und die Zutaten geben. Mit einem Barlöffel gut vermischen und eine Zitronenschale darüber ausdrücken.

Mozart Chocolate

< *Chocolate Julep*

Chocolate Gimlet

4 cl Gin
1,5 cl Mozart Black
1,5 cl Rose´s Lime Juice

In einen Tumbler Eiswürfel geben und die Zutaten dazugießen. Mit einem Barlöffel gut vermischen und ein Limettenstück darüber ausdrücken.

Chocolate Sour

4 cl Mozart Black
2 cl frisch gepresster Limettensaft
4 cl Orangensaft
1 Barlöffel Zuckersirup

Mit Eiswürfeln im Shaker kräftig schütteln und in einen Tumbler auf einige Eiswürfel abgießen. Eine halbe Orangenscheibe und eine Cocktailkirsche dazugeben.

Tabula Rasa

3 cl Mozart Dry
2 cl italienischer Bitteraperitif
2 cl Carpano Antica Formula Vermouth

Mit Eiswürfeln im Rührglas gut vermischen und in einen Tumbler auf einige Eiswürfel abgießen. Mit einer Orangenschale abspritzen.

Mozart Dry & Cranberry

4 cl Mozart Dry
20 cl Cranberrynektar

In ein Longdrinkglas auf Eiswürfel geben und gut umrühren. Eine Limettenspalte darüber ausdrücken.

Black 'n' Sprite

3 cl Mozart Black
kaltes Sprite

In ein Longdrinkglas einige Eiswürfel und Mozart Black geben. Mit Sprite auffüllen und eine Limettenspalte dazugeben.

v *Monticelli Batida*

Chocolate Caipirinha

4 cl Cachaça
2 cl Mozart Black
¾–1 Limette
1–2 Barlöffel brauner Zucker

Die Limette in Stücke zerteilen und in einem Tumbler mit einem Holzstößel ausdrücken. Den Zucker, Cachaça und Mozart Black dazugeben und mit einem Barlöffel gut vermischen. Das Glas mit Crushed Ice füllen und nochmals umrühren.

Cocojito

4 cl Mozart Dry
2 cl frisch gepresster Limettensaft
2 Barlöffel Rohrzucker
12 Minzeblätter
kaltes Sodawasser

Mozart Dry, Limettensaft und Zucker in ein Longdrinkglas geben und mit einem Barlöffel vermischen. Minzeblätter dazugeben und mit einem Holzstößel leicht andrücken. Eiswürfel dazugeben und mit etwas Sodawasser auffüllen. Nochmals umrühren und mit Minze garnieren.

Cream-Liköre

Süßes in feinster Form, zusätzlich verbunden mit leichtem Alkoholgenuss, bieten die Cream-Liköre. Süße Liköre kennt man, seit es Zucker gibt, doch wenn man es auch noch cremig haben wollte, dann endet die Suche meist bei Eierlikör. Zu diesem gesellten sich um 1980 die neuartigen Cream-Liköre. Diese Sahneliköre waren auf Anhieb erfolgreich, und keiner anderen Likörgattung war jemals ein vergleichbarer Siegeszug gelungen. Als Cream-Likör bezeichnet man die mit Sahne hergestellten Liköre, und man sollte sie keinesfalls mit den altehrwürdigen Crème de …-Likören verwechseln. Bei diesen weist der Namenszusatz Crème de … (Cassis, Cacao, Bananes, Menthe etc.) auf einen hohen Zuckergehalt hin.

Der Ursprung

1979 erfolgte mit Baileys Irish Cream die Einführung des ersten Cream-Likörs auf dem deutschen Markt. Der unglaubliche Erfolg der ersten Marken führte zur Entwicklung von Cream-Likören auf der Grundlage von vielen Spirituosen, Likören und sonstigen Geschmacksgebern. Dem klassischen Irish Whiskey als Basis folgten Weinbrand, Cognac, Calvados, Rum, Apricot, Amaretto, Kirschlikör und viele weitere, zum Teil abenteuerliche Mischungen. Die Zeit war damals reif für niedrigprozentige Liköre und die Verbindung mit Sahne ein Volltreffer.

Die Herstellung

Die Frage, warum erst 1974 (Baileys) erstmals ein Creamlikör entwickelt wurde, wird mit der problematischen Herstellung beantwortet. Bei Baileys wurde vier Jahre experimentiert, bis ein verwertbares Ergebnis entstand. Das Problem dabei war die dauerhafte Verbindung der Sahne mit dem Alkohol. Generell sind alle Cream-Liköre eine Mischung aus der jeweils verwendeten Alkoholsorte mit Sahne. Dazu kommen Zucker, Wasser, Gewürzextrakte oder Aromastoffe. Allen gemeinsam ist die Auflage, dass der Sahneanteil mindestens 15 % betragen muss und diese nicht unter 10 % Fettgehalt haben darf. Produkttechnisch gehören die Cream- oder Sahneliköre in die Gruppe der Emulsionsliköre, sind also verwandt mit dem Schokoladen- oder Eierlikör. Als Mindestalkoholgehalt gilt auch hier 15 %vol.

Die Verwendung

Cream-Liköre sollten nach dem Öffnen gekühlt aufbewahrt werden. Man trinkt sie gekühlt, »on the rocks« und gern zum oder im Kaffee. Vielfach werden sie zur Verfeinerung von Eiscreme und Süßspeisen verwendet, und auch beim Mixen finden sie vielfach Verwendung.

Bekannte Marken

Amarula Wild Fruit Cream Die reifen Marulafrüchte sind jedes Jahr ein Festessen für die Tierwelt in Afrika. Die Auswirkungen, die die angegorenen Marulas auf allerlei Vierbeiner haben, konnte man auf höchst vergnügliche Weise in dem berühmten Film »Die lustige Welt der Tiere« beobachten. Nach den Hauptnutznießern, den Elefanten, wird der Marulabaum auch Elefantenbaum genannt. Dieses Symboltier Afrikas ziert auch die Etiketten. Der Wild Fruit Cream Liqueur Amarula wurde 1989 in Südafrika eingeführt und hat sich seither zur großen internationalen Markte entwickelt. Der Marulabaum ist ein für die südafrikanische Pflanzenwelt typischer wild wachsender Baum, der Zigtausende von Früchten trägt. Die tropischherbe hellgelbe, bei uns völlig unbekannte Marulafrucht ist pflaumengroß und hat den vierfachen Vitamin-C-Gehalt einer Orange. Zur Herstellung des Amarula wird aus den Früchten zunächst ein Obstbrand gewonnen. Dieser Marulabrand wird anschließend drei Jahre in Eichenholzfässern gelagert und dann mit Sahne verarbeitet. Aufgrund dieses Destillats ist der Amarula Wild Fruit Cream Liqueur absolut eigenständig. Während Baileys als Erster und viele nachfolgende Marken irischen Whiskey als Basis hatten, ist die Verarbeitung mit Obstbrand selten. Da Marulas in Deutschland nicht zu kaufen sind, ist es auch schwer, den Geschmack zu beschreiben. Den Herstellern von Amarula ist es jedenfalls gelungen, eine Verbindung vom Fruchtlikör zum Creamlikör zu schaffen und diesem eine eigenständige Note zu geben. Alkoholgehalt 17 %vol.

Arran Gold Die Insel Arran, an der Westküste neben der Halbinsel Kintyre gelegen, ist eine der schönsten Schottlands. Seit 1995 arbeitet auch wieder eine Destillerie auf der Insel, und diese ist auch Hersteller des Arran Gold Cream Liqueurs. Alkoholgehalt 17 %vol.

Baileys Original Irish Cream Eine Erfolgsgeschichte ohne Beispiel hat Baileys aufzuweisen. Ab 1970 tüftelte man bei einer zum damaligen Spirituosenmulti IDV (heute Diageo) gehörenden Dubliner Firma an der Rezeptur eines neuen Likörs. Seine Grundlage sollten irischer Whiskey und Sahne sein. Fast vier Jahre vergingen, bis das Problem der Vermischung und Stabilisierung gelöst war und mit der industriellen Herstellung begonnen werden konnte. Was noch fehlte, war der Name. Dieser sollte irisch klingen und in allen wichtigen Sprachen leicht auszusprechen sein. Man entdeckte im Dubliner Handelsregister die ruhende

Cream-Liköre

Firma Bailey und erwarb den Namen. 1974 erfolgte die Einführung in England und Skandinavien, und 1979 wurde Baileys gleichzeitig auf dem deutschen und dem US-Markt eingeführt. Seither weitete sich der Export in alle Winkel der Welt aus, und heute ist Baileys mit rund 80 Millionen Flaschen die meistverkaufte Likörmarke. Die zwei wichtigsten Komponenten von Baileys sind Irish Whiskey und irische Sahne. Dazu kommen Vanille, Schokolade und natürliche Aromastoffe. Seit dem Jahr 2005 kamen mit dem »Mint Chocolate«, »Crème Caramel«, »Coffee« und »Hazelnut« vier neue Geschmacksrichtungen dazu (alle 17 %vol). Sie sind auf der Basis des Originals und mit den Aromen der namensgebenden Zutaten verfeinert.

Crema de Alba Crema de Alba (17 %vol) kommt aus dem Hause Bodegas Williams & Humbert in Jerez de la Frontera und ist der einzige Cream-Likör, der aus spanischem Brandy »Gran Reserva« hergestellt wird. Aus den berühmten Soleras von Gran Duque d´Alba stammt der Brandy für diese exquisite Komposition, dazu kommen Sahne, Kakao und Vanille.

Café Bohême Der Café Bohême ist mehr Kaffee- als Cream-Likör. Er ist die Wiederentdeckung eines französischen Cocktail Liqueurs der 1920er-Jahre. Für seine neue Rezeptur werden französischer Wodka und Kaffeelikör mit Vanille aromatisiert und mit Sahne verfeinert. Er ist weniger süß als die bekannten Sahneliköre und hat feine Noten von Kakao, Nüssen und dunkler Schokolade. Alkoholgehalt 16 %vol.

Dooley´s Original Toffee Cream Liqueur Der einzige erfolgreiche Cream Liqueur deutscher Produktion ist der Dooley´s Toffee Cream. Nachdem sich der Markt zum Ende des letzten Jahrhunderts bereinigt hatte, begannen die findigen Likörspezialisten von Behn in Eckernförde mit der Entwicklung eines Cream Liqueurs. Dieser sollte anders sein als die bekannten Marken und eine völlig neue Geschmacksrichtung haben. Ein wichtiges Kriterium war auch, dass dieser Likör gemixt mit anderen Zutaten nicht ausflocken sollte. Man entwickelte den Dooley´s mit deutlich weniger Fett als üblich, verwendete Wodka als alkoholische Basis und als geschmacklichen Eckpfeiler das als Süßware bekannte und beliebte Toffeekaramell. Im Jahr 2000 wurde dieser in Geschmack und Zusammensetzung völlig neuartige Cream Liqueur vorgestellt, und damit begann eine sagenhafte Erfolgsgeschichte. Vor einigen Jahren stellte man dem Original Dooley´s den Espresso Cream zur Seite. Dieser ist viel mehr als eine Aromavariante. Er wird mit Espressokaffee hergestellt und überrascht mit gut ausbalancierter Herbheit. Beide haben 17 %vol Alkoholgehalt.

Gansloser Orangen- und Haselnuss Cream In Bad Ditzenbach auf der Schwäbischen Alb hat die Gansloser Destillerie ihren Sitz. Trotz der über 100-jährigen Tradition begann man erst in den letzten Jahren mit einer breiteren Vermarktung der Produkte. Gansloser bietet Obstbrände und Liköre in höchster Qualität in den Gansloser-typischen Flaschen an. Mehrere Gansloser-Spirituosen und Liköre werden auch in diesem Buch vorgestellt. Die beiden Cream Liqueure von Gansloser sind außergewöhnlich und die einzigen auf Basis von Orange und Haselnuss. Sie sind fruchtig-cremig, mittelsüß und schmecken deutlich nach ihren Hauptzutaten. Beide 21 %vol.

Eldorado Rum Cream Die renommierten Eldoradorums werden von der Demerara Distillers Limited in Guyana produziert. In Guyana werden seit 300 Jahren Zuckerrohrplantagen kultiviert und daraus der charakteristische Demerararum erzeugt. Neben den vielen Rumsorten wird auch ein Rum Cream Liqueur angeboten. Für diesen werden fünf Jahre gereifte Demerararums, Gewürzextrakte und Sahne verarbeitet. Er ist cremig-sahnig, hat eine feine Süße und das köstliche Aroma des

Cream-Liköre

Demerararums. Alkoholgehalt 16,5 %vol.

Mozart Gold und White Chocolate Cream Das Salzburger Unternehmen Mozart-Destillerie ist der weltweit größte Produzent von Schokoladelikören. 1981 wurde Mozart Gold vorgestellt, und weitere drei Sorten sind es heute (siehe Seite 182), darunter die beiden Cream-Liköre Gold und White. Mozart »Gold« Chocolate Cream ist ein Sahne-Schokolade-Likör mit 17 %vol. Der Mozart »White« Chocolate Cream besteht aus weißer Schokolade, dazu kommen Karamell und Vanille. Sein Alkoholgehalt beträgt 15 %vol.

Poli Moka 17 Crema al Caffè Poli in Bassano del Grappa ist einer der berühmtesten Grappadestillateure Italiens. Auch Obstbrände und Liköre werden produziert. Poli Crema al Caffè basiert auf Grappa, Kaffee und Sahne. Er ist köstlich cremig, elegant und harmonisch mit feinstem Kaffeearoma. Alkoholgehalt: 17 %vol.

Sangster's Jamaica Rum Cream Mit dem Sangster´s »Jamaica Rum Cream« gibt es auch einen Cream Liqueur, der Jamaikarum als Basis hat. In Zusammenarbeit mit der J. Wray & Nephew Ltd. in Kingston, die unter dem Markennamen Appleton Hersteller einer der berühmtesten Rummarken der Insel ist, entsteht der Sangster´s »Jamaica Rum Cream«. Gereifter Rum, Sahne, Blue Mountain Coffee und Gewürze des Landes sind die bekannten Zutaten dieses ausgezeichneten Cream Liqueurs. Alkoholgehalt 17 %vol.

Tequila Rose Strawberry Cream Mit dem Tequila Rose wird ein einzigartiger Cream Liqueur angeboten. Seine alkoholische Basis ist Tequila, dazu kommen Erdbeere, Sahne und Zucker. Hersteller ist die in Weston/Missouri ansässige McCormick Distilling Company. Der roséfarbige Tequila Rose ist cremig-sahnig und hat 15 %vol.

< *Sangster's Strawberry Cream*

Sangster's Strawberry Cream

4 cl Sangster´s Jamaica Rum Cream
2 cl Pêcher Mignon Pfirsich Liqueur
5 mittelgroße Erdbeeren
8 cl Erdbeernektar

Die Zutaten mit etwas Crushed Ice im Standmixer gut durchmixen und in ein Longdrinklas auf etwas Crushed Ice abgießen. Eine Erdbeere an den Glasrand stecken.

Tequila Rose Parfait

6 cl Tequila Rose
3 cl Créme de Banane
6 cl Sahne oder Milch
leicht geschlagene Sahne

Mit Eiswürfeln im Shaker – ohne die leicht geschlagene Sahne – kräftig schütteln und in ein Stielglas abgießen. Eine kleine Sahnehaube daraufsetzen und eine Erdbeere an den Glasrand stecken.

Cream-Liköre

Black Moon

2 cl El Dorado Rum Cream
2 cl Crème de Banane
1 cl Kahlúa
2 cl brauner Rum
1 kalter Espresso
Mit Eiswürfeln im Shaker kräftig schütteln und in eine Cocktailschale abgießen. Mit Schokoladenflocken bestreuen.

African Queen

4 cl Amarula Wild Fruit Cream
4 cl Kirschsaft
4 cl frische Milch
Zutaten mit Eiswürfeln im Shaker kräftig schütteln und durch das Barsieb in ein Stielglas abgießen.

Elefantenkaffee

4 cl Amarula Wild Fruit Cream
1 Tasse heißer Kaffee
steif geschlagene Sahne
Schokoladenraspel
Amarula in den vorgewärmten original Amarula-Elefantenbecher geben. Den Kaffee dazugießen und die Sahne als Haube daraufsetzen. Mit Schokoladenraspel bestreuen.

Chocolate Colada

3 cl Mozart White
3 cl weißer Rum
2 cl Kokossirup
10 cl Ananassaft
Mit einigen Eiswürfeln im Elektromixer oder Shaker gut durchmixen und in ein gut zur Hälfte mit Crushed Ice gefülltes Longdrinkglas abgießen. Mit Ananas und einer Cocktailkirsche garnieren.

Dooley's Doolicious

3 cl Dooley's Toffee Cream
1 cl brauner Rum
1 cl Amaretto
1 cl Crème de Banane
Mit Eiswürfeln im Shaker kräftig schütteln und in ein Cocktailglas abgießen. Einige Schokoflocken daraufgeben.

Kilimanjaro

4 cl Amarula
2 cl Wodka
2 cl Triple Sec Curaçao
12 cl Orangensaft
Mit Eiswürfeln im Shaker kräftig schütteln und in einen Amarulabecher oder ein Longdrinkglas auf Eiswürfel abgießen. Mit einer halben Orangenscheibe und einer Cocktailkirsche garnieren.

Crema-tini

3 cl Crema de Alba
3 cl Vanilla Vodka
Mit Eiswürfeln im Shaker kräftig schütteln und in ein Cocktailglas oder einen kleinen Tumbler auf Eiswürfel abgießen. Mit Kakaopulver bestreuen.

Choco Mint

2 cl Mozart Gold
2 cl Mozart White
2 cl Wodka
1 cl Crème de Menthe weiß
Mit Eiswürfeln im Shaker kräftig schütteln und in ein Cocktailglas abgießen. Ein Minzeblatt darauflegen.

Frozen Chocolate

3 cl Mozart White
2 cl Wodka
4 cl Sahne
Erdbeeren
Die Zutaten im Standmixer gut mixen und in ein Longdrinkglas auf Crushed Ice abgießen. Mit einem Barlöffel umrühren. Eine Erdbeere an den Glasrand stecken.

B 52

2 cl Baileys
2 cl Kahlúa
2 cl Grand Marnier
Die Liköre in einem kleinen Tumbler so in Schichten aufeinandersetzen, dass sie sich nicht vermischen.

Marula Paradise

4 cl Amarula Wild Fruit Cream
2 cl Triple Sec Curaçao
2 cl weißer Rum
2 cl Grenadine
Mit Eiswürfeln im Shaker kräftig schütteln und durch das Barsieb in ein Stielglas abgießen.

Dooley's Doolicious und Chocolate Colada >

Kaffeeliköre

Der Kaffee, das beliebteste Getränk in Deutschland, ist längst kein Luxusartikel mehr und jederzeit verfügbar. Der einstmals begehrte Kaffee ist heute Bestandteil des täglichen Lebens und außer in seiner hauptsächlichen Verwendung, dem direkten Trinkgenuss, eine wichtige Komponente bei der Süßwarenherstellung und zur Likörproduktion. Doch obwohl der Kaffee bei uns und auch in den meisten europäischen Ländern einen hohen Stellenwert einnimmt, kamen die Kaffeeliköre erst ab den späten 1960er-Jahren zu Ehren.

Der Ursprung

Grundlage des Kaffeelikörs sind die Kaffeebohnen, die in den rotfleischigen Früchten des Kaffeestrauchs wachsen. Kaffee wird heute hauptsächlich in Süd- und Mittelamerika, aber auch in Afrika, Indonesien und Vietnam angebaut. Seine Heimat liegt in Ostafrika, im heutigen Äthiopien. Von da gelangte er in den Orient und die Türkei und schließlich im 17. Jahrhundert auch nach Europa. Schon bald wurden in vielen Städten Kaffeehäuser eröffnet, und in Deutschland soll es 1679 das Erste in Hamburg gegeben haben. Bald konnte die Nachfrage nicht mehr gedeckt werden, und man suchte neue Anbaugebiete. Auf diese Weise gelangte der Kaffee nach Süd- und Mittelamerika, wo viele Regionen hervorragende klimatische Bedingungen boten.

Der Weg vom Kaffee zum Likör war nicht weit, und außer den großen Marken entwickelten sich viele Kaffeeliköre, die jedoch keine internationale Verbreitung fanden.

Die Herstellung

Frisch gerösteter und anschließend gemahlener Kaffee ist die Basis. Dieser wird perkoliert, das bedeutet, ständig mit Alkohol übergossen, um die Aromastoffe auszuziehen. Dazu kommen dann Gewürze wie Zimt und Vanille sowie weiterer Alkohol, Zucker und Wasser.

Bekannte Marken

Borghetti Liquore di Espresso Borghetti Espresso Liqueur wurde 1860 entwickelt und nach seinem Erfinder Ugo Borghetti benannt. Starker Kaffee wurde im 19. Jahrhundert in Italien nach arabischer Art oft kalt getrunken und mit einem Schuss Alkohol versehen. Signore Borghetti, ein Kaffeehändler aus Ancona, stellte für seine Kunden eine besondere, eigene Mischung her. Diese wurde zum Caffè Borghetti. Borghetti ist mit über 70 % Marktanteil in Italien die Nummer eins. Grundlage für den Borghetti »Liquore Caffè Espresso« sind frisch geröstete und gemahlene Arabica- und Robusta-Kaffeebohnen. Diese werden nach dem alten Borghetti-Rezept in einem seither modernisierten Verfahren weiterverarbeitet. Zu den Kaffeeextrakten kommen nur noch Alkohol und Zucker. Es werden keine Farbstoffe oder geschmacksverstärkenden Aromen verwendet. Alkoholgehalt 25 %vol.

Christiansen Der bekannte Hamburger Barbetreiber Uwe Christiansen lässt sich eine Likörreihe von einem Hamburger Unternehmen herstellen – darunter Kaffee, Pfirsich, Melone und Eierlikör. Der Kaffeelikör hat 20 %vol Alkoholgehalt.

De Kuyper Das niederländische Unternehmen De Kuyper ist der weltgrößte Likörsortimentsproduzent und bietet auch einen Crème de Café mit 24 %vol an.

Heering Die seit 1818 hergestellte dänische Kirschlikörmarke Heering ist die berühmteste der Welt. Dieser wurde im Jahr 2007 mit dem Heering Coffee Liqueur erstmals eine weitere Likörmarke zur Seite gestellt. Für ihn werden brasilianische Spitzenkaffeesorten verwendet, der Alkoholgehalt beträgt 35 %vol.

Kaffee aus Süd- und Mittelamerika war und ist die Grundlage des Erfolgs der weltberühmten Karibik-Kaffeeliköre.

Kahlúa Licor Delicioso Zwei trinkbare Spezialitäten aus Mexiko genießen Weltruf: Tequila und Kahlúa. Kahlúa ist die international größte Kaffeelikörmarke und mit über 20 Millionen jährlich verkauften Flaschen eine der größten Likörmarken der Welt. Der Aufstieg des Kahlúa begann nach dem Ende der Prohibition (1933) in den USA. Seit 1963 gibt es Kahlúa in Deutschland, und aus kleinen Anfängen wuchs er zu einer der wichtigsten Likörsorten des Barsortiments. Die Hauptzutaten des Kahlúa (20 %vol) sind Kaffeeextrakt und Neutralalkohol (kein Tequila!), dazu kommen Zucker, Wasser und Auszüge von Vanille und Gewürzen. Weitere, jedoch in Europa schwer erhältliche Sorten sind Kahlúa Especial, Vanilla, Hazelnut und Mocha.

Tia Maria Jamaican Coffee Liqueur Tia Maria ist neben dem mexikanischen Kahlúa der berühmteste Kaffeelikör. Seine Heimat ist Jamaika, und 1947 begann man mit der kommerziellen Vermarktung des schon über 200 Jahre bekannten Rezepts der »Tante Maria«. Wie auch das einzige internationale Konkurrenzprodukt – der mexikanische Kahlúa – ist die Marke im Besitz des französischen Spirituosenmultis Pernod Ricard. Der wichtigste Bestandteil ist der berühmte »Blue Mountain Coffee« der Insel. Aus diesem wird mit aus Zuckerrohr destilliertem Alkohol ein Extrakt gewonnen, das mit Pflanzenextrakten (Vanille, Kakao) abgerundet wird. Dazu kommen weiterer Alkohol, Zucker und Wasser. Alkoholgehalt 20 %vol.

Vantana Die Destillerie Vantana wurde 1904 in Patras/Griechenland gegründet und ist heute einer der größten Spirituosen- und Likörproduzenten des Landes. Im umfangreichen Likörsortiment findet sich auch der Vantana Café Liqueur mit 22 %vol.

Zuidam Baarle ist eine kleine Destillerie in Baarle/Nassau in den Niederlanden. Fred van Zuidam produziert in seiner Destillerie Spirituosen und Liköre in höchster Qualität. Für den Crème de Café verwendet man Cognac und Bourbonvanille. Alkoholgehalt 24 %vol.

Kaffeeliköre

< Tia Tropical

Tia Tropical

2 cl Tia Maria
2 cl Tequila
2 cl Strawberry Liqueur
1 cl Zitronensaft
6 cl Orangensaft
6 cl Maracujanektar

Im Shaker mit Eiswürfeln kräftig schütteln und durch das Barsieb in ein Fancyglas auf einige Eiswürfel abgießen. Ein Ananasstück mit einer Cocktailkirsche an den Glasrand stecken.

Sombrero

4 cl Kahlúa
leicht geschlagene Sahne

Kahlúa in ein kleines Stielglas geben, die Sahne als Haube daraufsetzen.

Italian Fascination

3 cl Kaffeelikör
2 cl Galliano
1 cl Triple Sec Curaçao
6 cl Sahne

Die Zutaten mit Eiswürfeln im Shaker gut schütteln und in eine Cocktailschale abgießen.

Jamaican Hop

3 cl Tia Maria
2 cl Crème de Cacao weiß
6 cl Sahne

Die Zutaten mit Eiswürfeln im Shaker gut schütteln und in eine Cocktailschale abgießen.

Coffee Grand

3 cl Kaffeelikör
3 cl Grand Marnier
6 cl Orangensaft

Die Zutaten mit Eiswürfeln im Shaker gut schütteln und in eine Cocktailschale abgießen.

Jamaica Coffee

2 cl Tia Maria
3 cl Jamaica Rum
1 Tasse heißer Kaffee
1–2 TL brauner Zucker
leicht geschlagene Sahne

Tia Maria, Rum, Kaffee und Zucker in ein vorgewärmtes Stielglas geben und gut verrühren. Die Sahne als Haube daraufsetzen.

Caribbean Coffee

4 cl Tia Maria/Kahlúa
1 Tasse heißer Kaffee
leicht geschlagene Sahne

Tia Maria/Kahlúa und den Kaffee in ein vorgewärmtes Stielglas geben, kurz rühren und die Sahne als Haube daraufsetzen.

Kahlúa Colada

4 cl Kahlúa
2 cl weißer Rum
1–2 cl Kokossirup
2 cl Sahne
10 cl Ananassaft

Die Zutaten mit Eiswürfeln im Shaker gut schütteln und in ein zur Hälfte mit Eiswürfeln gefülltes großes Longdrinkglas abgießen. Mit einem Ananasstück und einer Cocktailkirsche garnieren.

Kahlúa Alexander

4 cl Kahlúa
2 cl Cognac
4–6 cl Sahne

Die Zutaten mit Eiswürfeln im Shaker gut schütteln und in eine Cocktailschale abgießen.

Coco Sun

3 cl Kahlúa
3 cl Malibu
14 cl Ananassaft

Im Shaker mit Eiswürfeln kräftig schütteln und durch das Barsieb in ein Longdrinkglas auf einige Eiswürfel abgießen. Mit einem Ananasstück garnieren.

Tia Banana

3 cl Tia Maria
1 cl Cognac
1 cl Crème de Banane
4 cl Orangensaft
8 cl Bananennektar

Im Shaker mit Eiswürfeln kräftig schütteln und in ein Longdrinkglas auf Eiswürfel abgießen.

Rum Barrel Coffee Cooler

3 cl Pampero Ron Añejo Especial
3 cl Captain Morgan Rum
3 cl Cristiansen´s Kaffeelikör
3 cl Limettensaft
3 cl Maracujanektar
1 Spritzer Angostura

Im Shaker mit Eiswürfeln schütteln und in einen Tumbler auf einige Eiswürfel abgießen. Ein Limettenstück dazugeben und Muskatnuss darüberreiben.

Kaffeeliköre

Borghetti Alexander

4 cl Borghetti
2 cl Golden Rum
4 cl Sahne

Mit Eiswürfeln im Shaker kräftig schütteln und in eine Cocktailschale abgießen. Mit etwas Schokoladenpulver bestreuen.

Black Russian

2 cl Kahlúa
4 cl Wodka

Im Rührglas mit Eiswürfeln gut vermischen und in ein gekühltes Cocktailglas abgießen.

Coffee Flip

4 cl Kaffeelikör
1 cl brauner Rum
4 cl kalter Kaffee
1 Eigelb
2 cl Sahne

Im Shaker mit Eiswürfeln schütteln und in ein mittelgroßes Stielglas abgießen. Mit etwas Kaffeepulver bestreuen.

White Russian

2 cl Kahlúa
4 cl Wodka
leicht geschlagene Sahne

Wodka und Kahlúa im Rührglas mit Eiswürfeln gut verrühren und in ein kleines Stielglas abgießen. Etwas leicht geschlagene Sahne als Haube daraufsetzen.

Sweet Life

3 cl Kaffeelikör
2 cl Galliano Vanilla
1 cl Cointreau
4 cl Sahne

Im Shaker mit Eiswürfeln schütteln und in eine Cocktailschale abgießen. Mit etwas Kaffeepulver bestreuen.

Borghetti Alexander, White Russian und Tia Banana >

Bitterspirituosen & -liköre

Für viele Bittermarken zeichneten Ärzte und Apotheker verantwortlich. Während manche Klassiker bereits im Mittelalter von heilkundigen Klosterbrüdern entwickelt wurden, sind die meisten Bitterliköre und -spirituosen neueren Datums. Besonders in Italien und Deutschland wurden ab Mitte des 19. Jahrhunderts viele Marken entwickelt. In alter Zeit war hauptsächlich die Suche nach Heilgetränken der Anlass ihrer Entstehung, und bis heute ist der gesundheitliche Aspekt einer der Gründe, warum die süß-würzigen bis herb-bitteren Getränke so beliebt sind. Etwas verwirrend sind die vielfältigen Bezeichnungen als Bitterspirituose, Bitterlikör, Alpenbitter, Magenbitter, Kräuterspezialität, Kräuterbitter, Kräuterlikör oder Kräuterhalbbitter. Einen Anhaltspunkt gibt jedoch der Zuckergehalt. Im Unterschied zu einer Bitterspirituose muss ein Bitterlikör mindestens 100 Gramm Zucker pro Liter aufweisen. Neben Anzahl und Menge der verwendeten Kräuter, Früchte, Beeren, Blüten, Samen, Wurzeln, Rinden usw. ist für die »Bitteren« vor allem auch das Herstellungsverfahren entscheidend.

Die Herstellung

Die meisten Bitteren werden heute auf dem Weg der Mazeration (Kaltauszug) hergestellt. Dazu werden die Bestandteile mit Neutralalkohol angesetzt und einer mehrwöchigen Extraktion überlassen. Der Alkohol sättigt sich dabei mit Aroma- und Extraktstoffen. Bei der Digestion wird ein Heißauszug der Aromastoffe mit Neutralalkohol vorgenommen. Man erreicht dabei schneller ein ähnliches Ergebnis als bei der Mazeration. Auch bei der Perkulation werden die zerkleinerten Rohstoffe mit Neutralalkohol angesetzt. In einem speziellen Behälter (Perkulator) wird ständig von oben Alkohol zugegeben, der langsam nach unten fließt, sodass sich der Alkohol allmählich mit den Extraktstoffen sättigt.
Ein weiteres Verfahren ist die Destillation. Dabei gehen durch das Erhitzen von Alkohol-Wasser-Gemischen mit Pflanzenteilen die Aromastoffe in das Destillat über. Diese in den vier möglichen Verfahrensweisen gewonnenen Extrakte werden dann mit Alkohol, Wasser, Zucker und Zuckerkulör (für die Farbe) zum Endprodukt verarbeitet.

Bekannte Marken

Angostura Der in jeder Bar unentbehrliche Aromatic-Bitter wird aus rund 40 Kräuterextrakten hergestellt. Ein deutscher Arzt, Dr. J. G. B. Siegert, entwickelte 1824 diesen würzigen Bitter, als er in Angostura, dem heutigen Ciudad Bolivar/Venezuela arbeitete. Der einst als Heilmittel gedachte Bitter erfuhr seine Verbreitung jedoch weniger über die Apotheken, sondern über die Bars. Seit 1875 wird Angostura im vor Venezuela liegenden Inselstaat Trinidad hergestellt. Alkoholgehalt 44 %vol.
Averna Amaro Siciliano Der große Averna aus Sizilien ist zugleich eine der größten Bitterlikörmarken Italiens und eine der wenigen, die seit Anbeginn in Familienbesitz ist. 1868 ist das Gründungsjahr von Fratelli Averna. Seit dieser Zeit wird in Caltanissetta im Herzen Siziliens Averna produziert. Die ihm zugrunde liegende Kräutermischung besteht aus 60 verschiedenen Kräutern und Pflanzen. Alkoholgehalt 29 %vol.
Borgmann Ende des vorletzten Jahrhunderts entstand das Rezept des heutigen Borgmann-Kräuterlikörs, das unverändert bis heute beibehalten wurde. Seit 2006 ist der nur in 0,5 Liter-Aluminiumflaschen angebotenen Borgmann auf dem Markt. 2011 erschien die sechste Edition der jährlich neuen Borgmann-Flaschen. Alkoholgehalt 39 %vol.
Cocchi Barolo Chinato Das seit 1891 in Cocconato d´Asti ansässige Unternehmen ist bekannt für Spumante und Aperitifs. Barolo Chinato ist ein gleichermaßen besonderer und sehr speziell verfeinerter Wein. Die Herstellung bei Cocchi erfolgt nach dem alten Originalrezept. Dabei wird ein Barolowein höchster Qualitätsstufe mit Chinarinde, roter Chinawurzel, Rhabarber, Enzian, Kardamom und einer geheimen Mischung weiterer Gewürze und Kräuter verfeinert. Alkoholgehalt 16,5 %vol.
Els In der Edition The Secret Treasures werden außergewöhnliche Spirituosen angeboten. Das für den Els Kräuterbitter verwendete Elskraut ist für seine wohltuende Wirkung seit Jahrhun-

Bitterspirituosen & -liköre

derten bekannt. Der in den Niederlanden hergestellte Els wird seit dem Jahr 2007 in dieser Edition angeboten. Alkoholgehalt 34 %vol.

Fernet-Branca ist der Original-Fernet und Italiens größte Bittermarke. Zahlreiche andere Firmen bieten ebenfalls Fernet an, doch die Bekanntheit dieser Erzeugnisse beschränkt sich meist auf Italien. Der »echte« Fernet-Branca wurde 1845 von einem italienischen Arzt, Dottore Fernet, entwickelt. Auch er war auf der Suche nach einem gesunden Getränk, das Leiden lindern konnte. Der Fernet vom Dottore war äußerst erfolgreich und wurde bald im großen Stil hergestellt. 1885 trat die Familie Branca als Teilhaber ein, man nannte die Marke nun Fernet-Branca. Ein jüngeres Produkt ist der Branca Menta. Dieser hat zusätzlich zur Originalkräuterbasis einen großen Minzeanteil und außerdem einen geringeren Alkoholgehalt. Beide Marken sind international sehr erfolgreich und in über 100 Ländern der Erde zu finden. Der größte Markt außerhalb Italiens ist Deutschland. Alkoholgehalt 39 und 30 %vol.

Gammel Dansk Bitter Dram Dieser Bitter wird seit 1965 von Danish Distillers in Roskilde auf der dänischen Insel Seeland hergestellt. Wörtlich übersetzt bedeutet der Name »alter dänischer Bittertrunk«. Seine 29 Zutaten kommen von allen Kontinenten mit Ausnahme Australiens. Alkoholgehalt 38 %vol.

Gurktaler Alpenkräuter Das Gurktal im österreichischen Bundesland Kärnten ist eines der schönsten Hochtäler Österreichs. Im Zentrum des Gurktals liegt die Gemeinde Gurk, deren Wahrzeichen der Dom ist. Bekannt wurde der Ort aber auch durch einen der beliebtesten Kräuterliköre Österreichs, den Halbbitter Gurktaler (27 %vol). Ein Großteil der verwendeten Kräuter stammt aus den Alpentälern der Region um Gurk, und insgesamt 59 Kräuter werden in einem ersten Schritt im Kloster verarbeitet. Diese Gewürzkombination zeichnet den Gurktaler aus und machte ihn zu einer der größten Bittermarken des Landes.

Hemmeter Die alte Münchner Spirituosenfirma Hemmeter kam über Riemerschmid zur Underberg AG. Unter dem Namen Hemmeter werden auch die beiden Aromatic-Bitter Angostura (48 %vol) und der Bitterlyne Orange (40 %vol) angeboten.

Jägermeister Der Kräuterlikör Jägermeister ist eine der bekanntesten deutschen Markenspirituosen. Er wird seit 1935 in Wolfenbüttel/Niedersachsen hergestellt und hat 35 %vol.

Lantenhammer Spezialkräuter Die in Schliersee ansässige Destillerie Lantenhammer ist berühmt für ihre Edelobstbrände und Fruchtbrandliköre. Eine Besonderheit des im Jahr 2000 vorgestellten Halbbitters ist, dass außer Neutralalkohol auch ein rarer Vogelbeerbrand eingesetzt wird. Er ist sehr ausgewogen und trotz seiner 38 %vol erstaunlich mild.

Nonino Amaro Quintessentia Nonino in Percoto nahe Udine im Friaul steht für unglaubliche Grappaqualitäten und zahlreiche Innovationen rund um die Grappadestillation. Gegründet wurde das Unternehmen 1897, und der Enkel des Firmengründers bereitete erstmals um 1933 einen Amaro auf der Grundlage von Grappa. Der heutige Quintessentia wurde 1992 geschaffen. Für ihn wird außer Neutralalkohol auch der legendäre Traubenbrand ÙE eingesetzt. Nonino Quintessentia ist mit seiner interessanten Kräuterkomposition und nicht zuletzt durch ÙE einer der interessantesten Amaros. Alkoholgehalt 35 %vol.

Peychaud´s Aromatic Cocktail Bitters Peychaud´s basiert auf einem Rezept des Apothekers Antoine Peychaud. Dieser kam 1795 von Haiti nach New Orleans und vermarktete seine Rezeptur ursprünglich als Medizin. Heute kommt Peychaud´s von der Destillerie Buffalo Trace. Eines der ältesten Cocktailrezepte, der Sazerac, hat Peychaud´s als Zutat. Peychaud´s ist von leuchtend roter Farbe und hat feine Anisaromen. Alkoholgehalt 35 %vol.

Bitterspirituosen & -liköre

Radeberger Bitterlikör Gegründet wurde das Unternehmen in Radeberg/Sachsen 1877, und die Erben konnten die kleine Likörmanufaktur nicht nur durch die Wirren der Kriege leiten, sondern auch noch in DDR-Zeiten als Privatunternehmen weiterführen. Der in Eckernförde/Schleswig-Holstein ansässige Spirituosenhersteller Behn übernahm vor einigen Jahren das Unternehmen und stellt den »Radeberger« weiterhin nach dem Originalrezept her. Alkoholgehalt 35 %vol.

Ramazzotti Amaro In Italien, dem klassischen Herkunftsland zahlreicher Bitterliköre, ist Ramazzotti (30 %vol) eine der führenden Marken. Die Erfolgsgeschichte des Amaro Ramazzotti beginnt mit Ausano Ramazzotti, der 1815 seinen Amaro vorstellte. Der heutige Betrieb befindet sich vor den Toren Mailands und ist einer der modernsten und leistungsfähigsten seiner Art in Europa. Seit einigen Jahren wird auch der Ramazzotti Menta (32 %vol) in Deutschland angeboten.

Rossbacher Kräuterlikör Im Jahr 1897 gründete Adolf Wunderlich in Wien eine Likörfabrik und stellte den Halbbitter Rossbacher vor. Die Marke ist ein echter Österreicher und bis heute unverändert. In seiner Heimat rangiert Rossbacher unter den beliebtesten Kräuterlikören mit rund 10 % Marktanteil. Alkoholgehalt 32 %vol.

The Bitter Truth Hinter der Marke Bitter Truth stehen die Barprofis Stephan Berg und Alexander Hauck. Sie begannen 2006 mit der Produktion von Aromatic Bitters und erweckten einige längst vergessene Aromageber wieder zum Leben. Der große Erfolg der ersten Sorten führte zu einer ansehnlichen Vielfalt. Heute werden neben dem klassischen Aromatic Bitter auch Liköre und der Kräuterlikör Elixier (30 %vol) angeboten.

Underberg In Rheinberg am Niederrhein brachte der Firmengründer Hubert Underberg 1846 diesen weltberühmten Bitter auf den Markt. Dessen wohltuende Eigenschaften und die beständige Qualität verhalfen dem Kräuterdigestif Underberg zu seinem großen Erfolg. Underberg wird bis heute aus Kräutern aus 43 Ländern nach der nur der Familie bekannten Originalrezeptur hergestellt. Über 100 Jahre wurde Underberg in verschiedenen Flaschengrößen abgefüllt. Nach dem Zweiten Weltkrieg führte Emil Underberg, Enkel des Firmengründers, bedingt durch den Mangel an allem, am 1. September 1949 die 20-Milliliter-Underberg-Portionsflasche ein, die seither die einzige Underberg-Flaschengröße ist. Rund eine Million der mit Strohpapier umwickelten Portionsfläschchen werden täglich hergestellt und in über 100 Länder exportiert. Emil Underberg II. baute ab den 1960er-Jahren das Unternehmen zu einem internationalen Spirituosen-, Wein- und Sekthaus aus. Das Herz des Unternehmens ist jedoch nach wie vor der Underberg. Alkoholgehalt 44 %vol.

Zwack Unicum Die 1840 in Budapest gegründete Firma Zwack war zu Zeiten der Donaumonarchie der bedeutendste Spirituosenhersteller Mittel- und Osteuropas. Joseph Zwack entwickelte 1790 den Unicum. 1945 kam das Ende für das einstmals so stolze Unternehmen. Die Familie floh unter teilweise abenteuerlichen Umständen nach Italien, jedoch wurde das Unicum-Rezept mitgenommen. Die Machthaber in Ungarn nahmen die Produktion wieder auf, erreichten aber nie die Qualität des Originals. 1958 kehrte der heutige Inhaber, Peter Zwack, aus den USA nach Italien zurück und begann in Genua mit der Produktion des Original-Unicum. Der von der ungarischen Regierung angestrengte Prozess um die Namensrechte wurde von Zwack gewonnen – so entstand die Situation, dass es zwei Unicum gab: Ost-Unicum für den Osten, West-Unicum (der bessere!) für den Westen. 1989, nach Öffnung der Grenzen, erledigte sich das Problem von allein, und heute produziert Zwack wieder in Budapest nach dem Originalrezept. Alkoholgehalt 40 %vol.

Bitterspirituosen & -liköre

Fruit Drive

Branca & Cola

2 cl Fernet-Branca
kaltes Cola

In ein Longdrinkglas einige Eiswürfel geben, den Fernet-Branca dazugießen und mit kaltem Cola auffüllen.

Apotheke

2 cl Fernet-Branca
2 cl Carpano Punt e Mes
2 cl Crème de Menthe weiß

Die Zutaten mit Eiswürfeln in ein Mixglas geben, gut vermischen und kühlen. Dann in ein gekühltes Cocktailglas abgießen.

Dolce Amaro

3 cl Averna
2 cl kalter Espresso
2 cl Cointreau
1 Spritzer Zuckersirup

Alle Zutaten mit Eiswürfeln im Shaker kräftig schütteln und durch ein Barsieb in ein gekühltes Cocktailglas abgießen. Ein Orangenschalenstück darüber auspressen.

Averna Sour

5 cl Averna
3 cl Zitronensaft
2 cl Zuckersirup

Im Shaker mit Eiswürfeln kräftig schütteln und in ein Stielglas abgießen. Mit einer halben Orangenscheibe garnieren.

Fruit Drive

3 cl Zwack Unicum
2 cl Riemerschmid Maracuja Syrup
4 cl Orangensaft
4 cl Ananassaft
1 cl Limettensaft

Mit Eiswürfeln im Shaker kräftig schütteln und durch ein Barsieb in ein Becherglas auf einige Eiswürfel abgießen. Eine halbe Orangenscheibe und eine Cocktailkirsche dazugeben.

Kräuter Fizz

3 cl Lantenhammer Spezialkräuter
2 cl Lantenhammer Williams Liqueur
4 cl frischer Zitronensaft
2 cl frischer Orangensaft
1 cl Zuckersirup
kaltes Sodawasser

Die Zutaten – ohne Sodawasser – im Shaker mit Eiswürfeln schütteln und in ein Longdrinkglas auf Eiswürfel abgießen. Mit Sodawasser auffüllen, eine halbe Zitronenscheibe und eine Cocktailkirsche dazugeben.

Ramazzotti Tonic

4 cl Ramazzotti
kaltes Tonic Water

Ramazzotti in ein mit Eiswürfeln gefülltes Longdrinkglas gießen, mit Tonic Water auffüllen. Eine halbe Zitronenscheibe dazugeben.

Ramazzotti Italian Buck

4 cl Amaro Ramazzotti
2 cl frischer Limettensaft
8 cl Cranberrynektar
1 Spritzer Mandelsirup
kaltes Ginger Beer

Mit Eiswürfeln im Shaker kräftig schütteln und durch ein Barsieb in ein Longdrinkglas auf einige Eiswürfel abgießen. Mit Ginger Beer auffüllen und mit einer Limettenspirale garnieren.

Iced Tea Friuli

3 cl Nonino Amaro Quitinessentia
2 cl frisch gepresster Zitronensaft
2 cl Zuckersirup
8 cl Schlumberger Sparkling Sekt

Nonino Amaro, Zitronensaft und Zuckersirup in einem Tumbler verrühren. Eiswürfel dazugeben und mit Sekt aufgießen. Mit einer Zitronenschalenspirale garnieren.

Rossbacher Sour

5 cl Rossbacher
2 cl Orangensaft
3 cl Zitronensaft
2 cl Zuckersirup

Mit Eiswürfeln im Shaker kräftig schütteln und in ein mittelgroßes Becherglas auf einige Eiswürfel abgießen. Eine halbe Orangenscheibe dazugeben.

Manira

2 cl Underberg
4 cl Mangonektar
1 TL Pflaumenmarmelade
1,5 cl Zitronensaft

Mit Eiswürfeln im Shaker kräftig schütteln und in ein Cocktailglas abgießen. Mit Orangenschale abspritzen und diese dazugeben.

Apotheke >

Heiße Drinks

Von den klassischen Heißgetränken Kaffee, Tee, Kakao, Glühwein und Grog sind viele Varianten bekannt. Moderne Liköre, früher nicht erhältliche Früchte und Fruchtsäfte, aber auch alkoholfreier Wein bieten heute viele Möglichkeiten zur Entwicklung neuer Rezeptideen.

Hot Drinks

Die Bezeichnung Hot Drinks steht als Oberbegriff für heiße Getränke. Vielerlei Spirituosen und Liköre eignen sich zum Genuss in Verbindung mit Kaffee, Tee, Schokolade, Milch oder heißem Wasser. Des Weiteren Wein, mit oder ohne Alkohol, der außer als Glühwein viele Möglichkeiten zur Bereitung heißer Getränke bietet. Schon immer versuchte man, sich in der Kälte des Winters mit heißen Getränken zu wärmen, und so reichen die ersten Rezepte auch Jahrhunderte zurück. Dabei bürgerten sich Begriffe und Namen ein, die heute als Gruppe für eine bestimmte Zubereitungsart oder die verwendeten Zutaten stehen.

Eggnogs

In alten amerikanischen Schriftstücken wird bereits 1775 der Eggnog erwähnt. Das englische Wort »noggin« war die Bezeichnung für ein kleines Trinkgefäß bzw. Getränk. Als alkoholische Basis wurden hauptsächlich Rum, Brandy, Whisky und Sherry verwendet, die mit Ei, Milch und Zucker vermischt und kalt oder warm getrunken wurden. Für einen kalten Eggnog wurden die Zutaten einfach im Glas verrührt. Beim heißen Eggnog erhitzte man die Milch und gab sie zu den anderen, bereits verrührten Zutaten. Die Rezepte sind sehr wandelbar. Man kann z. B. Brandy, Whisky oder Rum mit etwas Sherry, Port oder Madeira abrunden.

Grog

Auch der Grog hat eine lange Geschichte. 315 Jahre, genau von 1655 bis 1970, erhielten die Matrosen der Royal Navy täglich eine Portion Rum. Um das Jahr 1750 verfügte der englische Vizeadmiral Edward Vernon, dass der Rum nur noch verdünnt abgegeben werden sollte. Dieser wurde in kalten Zeiten dann auch warm getrunken. Vernons Spitzname war »Old Grog«, da er meist einen warmen Umhang aus Grogram, (einem rauen Stoff aus Seide mit Mohair oder Wolle, der auch oft mit Gummi versteift wurde) trug. Bis heute steht »Grog« für Rum mit heißem Wasser und auch für viele Varianten davon.

Punsch

Der Punsch geht zurück auf Matrosen der Ostindischen Company, die im 17. Jahrhundert aus Indien Punschrezepte mitbrachten. Das Wort Punsch leitet sich aus der Hindisprache von »Panscht« ab und bedeutet fünf. Diese Zahl stand auch für die damals kostbaren fünf Zutaten im Panscht, für Arrak, Zitrone, Gewürze, Zucker und Tee. Bereits im 18. Jahrhundert war der Punsch in der gehobenen Gesellschaft weitverbreitet und vielfach der Mittelpunkt geselliger Anlässe. Bis heute erfreuen sich die Punsche großer Beliebtheit und verbreiten immer ein Gefühl wohliger Wärme in der kalten Winterszeit. Viele der heutigen Rezepte basieren auf der alten Regel, es wird aber meist Rum anstelle von Arrak und oft Rotwein anstelle von Tee verwendet.

Bowle

Bowlen sind Kaltgetränke mit Wein, Sekt und Früchten. Die bekannte Feuerzangenbowle wurde historisch irrtümlich als Bowle bezeichnet und ist den Punschen zuzuordnen.

Toddy

Der Name Toddy ist seit dem 17. Jahrhundert bekannt und war und ist in Indonesien, Sri Lanka, Südindien und Thailand die Bezeichnung für Palmwein. Dieser wird durch Anzapfen von verschiedenen Palmenarten gewonnen. Der zuckerreiche Saft ist ein wichtiger Bestandteil bei der Herstellung von Arrak, und durch ihn entsteht bei diesem auch die geschmackliche Nähe zum Rum. Dieser Arrak, gesüßt und mit heißem Wasser verlängert, war der Ursprung der Hot Toddies. Die klassischen Toddyrezepte haben Whisky, Rum oder Cognac als Basis, dazu kommen heißes Wasser, Zucker und eine mit Nelken gespickte Zitronenscheibe. Sie sind an kalten Tagen hervorragende Wärmequellen.

Empfehlungen

Heiße Getränke sind mit Vorsicht zu genießen. Besonders Metallgefäße erhitzen sich sehr. Am besten sollte man feuerfeste Gläser mit Henkel, dicke Gläser mit Stiel oder dicke Porzellantassen verwenden. Zudem empfiehlt es sich, vor dem ersten Schluck mit einem Teelöffel oder durch vorsichtiges Verkosten zu überprüfen, wie heiß das Getränk ist.

Weitere Heiße Drinks finden sich in folgenden Kapiteln

Gin	*Hot Toddy*
Cachaça	*Hot Caipi*
Cachaça	*Hot Morango Caipi*
Cachaça	*Hot Exotic Caipirinha*
Weinbrand	*Rüdesheimer Kaffee*
Brandy	*Hot Milk Punch*
Brandy	*Brandy Eggnog*
Brandy	*Venetian Coffee*
Irish Whiskey	*Irish Coffee*
Irish Whiskey	*Ledwidge Irish Coffee*
Cointreau	*Café Cointreau*
Pfefferminzlikör	*After Eight*
Chartreuse	*Café Royal*
Amaretto	*Italian Coffee*
Amaretto	*Amaretto Toddy*
Nussliköre	*Nusskaffee*
Cream-Liköre	*Elefantenkaffee*
Kaffeeliköre	*Jamaica Coffee*
Kaffeeliköre	*Caribbean Coffee*

Heiße Drinks

Jagertee

1 Tasse heißer starker
 schwarzer Tee
3 TL Zucker
20 cl kräftiger Rotwein
1 Stange Zimt
2 Gewürznelken
4 cl brauner Rum 40 %vol
4 cl Obstler
½ Orangenscheibe (unbehandelt)

Den Tee heiß halten. Den Rotwein mit Zucker, Zimt und den Gewürznelken in einen kleinen Topf geben und erhitzen, aber nicht kochen. Dann den Rum und den Obstler dazugeben. Die heiße Mischung mit den Gewürzen in ein feuerfestes Henkelglas oder dickwandiges Glas geben und mit dem heißen Tee auffüllen. Die halbe Orangenscheibe dazugeben.

Grog

4–6 cl Rum-Verschnitt oder
 brauner Rum mit beliebigem
 Alkoholgehalt
1–2 TL weißen oder braunen
 Kandiszucker oder -sticks
heißes Wasser

Ein feuerfestes Henkelglas zu zwei Dritteln mit heißem Wasser füllen und den Rum dazugeben. In den somit schon fertigen Grog Kandiszucker oder -sticks geben. Die Menge des Rums und dessen Stärke beeinflusst natürlich den Geschmack, und je mehr Rum man dazugibt, umso »steifer« wird der Grog.
Tipp Da sich der Kandiszucker nur langsam auflöst, dauert es eine Weile, bis sich die gewünschte Süße einstellt. Hier ist der persönliche Geschmack gefragt – ebenso wie bei der Frage, wann der heiße Grog trinkbar ist.

Rotwein-Grog

4 cl Orangensaft
16 cl Rotwein
3 TL brauner Zucker
1 Zimtstange
2 Gewürznelken
1 Orangenschalenspirale
 (unbehandelt)
4 cl brauner Rum mit etwa
 40 %vol

Alle Zutaten – ohne den Rum – in einen kleinen Topf geben und erhitzen, aber nicht kochen, und dabei gut umrühren. Dann den Rum dazugeben. Die heiße Mischung mit den Gewürzen und der Orangenschalenspirale in ein großes feuerfestes oder dickwandiges Glas abgießen.

Glühwein

20 cl Rotwein
1 TL Zitronensaft
1 Zimtstange
2 Gewürznelken
1 Zitronenscheibe (unbehandelt)
2–3 TL Kristallzucker

Den Rotwein mit dem Zitronensaft, der Zimtstange, den Gewürznelken und der Zitronenscheibe in einem kleinen Topf erhitzen, aber nicht kochen. Dann in ein hitzebeständiges Glas geben und nach Belieben mit Zucker süßen.
Tipp Anstelle der Zimtstange und der Gewürznelken kann man natürlich auch einen Glühweingewürzbeutel verwenden.

Whisky-Apple-Toddy

16 cl Apfelsaft
1 Zimtstange
4 cl Scotch Whisky
2 TL Zucker
1 Zitronenscheibe (unbehandelt)
4 Gewürznelken

Den Apfelsaft und die Zimtstange in einen kleinen Topf geben und erhitzen. Dann den Whisky dazugeben. In einen großen Whiskybecher abgießen und nach Belieben mit Zucker süßen. Die Zitronenscheibe mit den Gewürznelken spicken und in das Glas geben.

Eiermilchpunsch
für 6 Drinks

1 l Vollmilch
½ l Sahne
1 cl Vanillesirup
1 TL abgeriebene Orangenschale
 (unbehandelt) oder ½ Tütchen
 (2,5 g) Orange Back (Fertigprodukt)
10 cl Cointreau (Orangenlikör)
10 cl Weinbrand oder Cognac
4 Eigelbe
150 g Kristallzucker
Schokoladenraspel

Die Milch, die Sahne, den Vanillesirup und die abgeriebene Orangenschale in einem kleinen Topf erwärmen. In einem zweiten Topf mit einem Schneebesen die Eigelbe mit dem Zucker verrühren. Die Milchmischung erhitzen und zu der Eigelb-Zucker-Mischung geben. Mit dem Schneebesen gut verrühren. Den Cointreau und den Weinbrand oder Cognac dazugeben, kurz rühren und in große Tassen abgießen. Dann mit Schokoladenraspel bestreuen.
Tipp Das Rezept ist einfacher, als es sich liest. Wenn alle Zutaten bereitstehen, benötigt man etwa zehn Minuten für diesen feinen Punsch.

Citrus-Punsch
für 4 Drinks

4 mittelgroße Orangen (unbehandelt)
2 Grapefruits (unbehandelt)
1 Zitrone (unbehandelt)
1 Flasche (0,75 l) Weißwein
40 cl brauner Rum 40 %vol
ca. 100 g Zucker
1 Zimtstange
2 Gewürznelken

Von den Orangen lange Spiralen schälen und diese in vier geeignete Gläser legen. Dann die Orangen, Grapefruits und die Zitrone auspressen und die Säfte in einen Topf geben. Zum Fruchtsaft den Zucker, die Gewürze und den Wein geben. Diese Mischung erhitzen (aber nicht kochen) und etwas ziehen lassen. Dann den Rum dazugeben und nochmals erhitzen. Die Zimtstange und die Nelken herausnehmen und den Punsch in die vorbereiteten Gläser abgießen.

Eiermilchpunsch >

Heiße Drinks

Hot Sangria
für 8 Drinks

3 Orangen (unbehandelt)
1 Zitrone (unbehandelt)
4 große feste rote Pfirsiche
2 Flaschen (je 0,75 l) trockener spanischer Rotwein
20 cl Orangensaft
4 Zimtstangen
15 cl Pfirsichlikör
15 cl Tawny oder Ruby Port
10 cl spanischer Brandy

Die Orangen und die Zitrone spiralförmig schälen, das Fruchtfleisch der Orangen in Scheiben schneiden und diese vierteln. Die Pfirsiche schälen und in längliche Stücke zerteilen. In einem Topf den Rotwein, den Orangensaft, die zerteilten Früchte, die Orangen- und Zitronenschalen und die Zimtstangen geben. Erhitzen, aber nicht kochen, und einige Zeit heiß halten, damit die Früchte im Rotwein ziehen können. Pfirsichlikör, Portwein und Brandy dazugeben und alles nochmals erhitzen. Die Zimtstangen und die Zitronen- und Orangenschalen herausnehmen und die Hot Sangria mit einem Schöpflöffel in passende Gläser füllen. Teelöffel oder kleine Spieße für die Früchte dazugeben.

Coffee Rhapsody v

Toasted Almond

1–2 EL leicht geschlagene Sahne
3 cl Amaretto
3 cl Crème de Cacao braun
10 cl Vollmilch
Mandelblättchen

In einem kleinen Topf die Milch erwärmen, aber nicht kochen. Den Amaretto und die Crème de Cacao dazugeben, verrühren und nochmals erwärmen. Dann in ein geeignetes Glas oder in eine Tasse abgießen. Die leicht geschlagene Sahne darübergeben und mit Mandelblättchen bestreuen.

Feuerzangenbowle
für etwa 15 Gläser

3 Flaschen roter Bordeauxwein (je 0,75 l)
3 Orangen (unbehandelt)
2 Zitronen (unbehandelt)
2–3 Zimtstangen
6–8 Gewürznelken
1 Zuckerhut
1 Flasche (0,75 l) braunen Rum mit etwa 70 %vol

In einen Kupferkessel den Rotwein, den Saft von zwei Orangen und einer Zitrone, die Schalen von je einer Orange und Zitrone, die Zimtstangen und Gewürznelken geben. Die Weinmischung erhitzen, aber nicht kochen, und auf einem Rechaud heiß halten. Eine Feuerzange über den Kessel legen, den Zuckerhut darauflegen und mit Rum tränken. Den mit Rum durchtränkten Zuckerhut anzünden. Dann ständig Rum auf den Zuckerhut nachgießen (Achtung: nur mithilfe einer Kelle, nicht direkt aus der Flasche), bis der Zucker abgeschmolzen und in die Weinmischung getropft ist. Orangen- und Zitronenschalen und Gewürze herausnehmen. Mit einer Kelle in Henkelgläser füllen.

Orangenpunsch

1 Tasse heißer starker schwarzer Tee
6 cl Orangensaft
4 cl brauner Rum beliebiger Stärke
2 cl Cointreau (Orangenlikör)
2 cl Zimtsirup
1 Orangenscheibe (unbehandelt)
6 Gewürznelken

Den Tee heiß halten. In einem kleinen Topf Orangensaft, Rum, Cointreau und Zimtsirup erhitzen, aber nicht kochen. Die Mischung in ein feuerfestes Henkelglas geben und mit dem heißen Tee auffüllen. Die Orangenscheibe mit den Nelken spicken und in den Punsch geben.

Hot Amarula Milk

4 cl Amarula Fruit Cream Liqueur
1 ½ cl Amaretto
2 cl Scotch Whisky
2 cl Sahne
10 cl Vollmilch
Kakaopulver

In einem kleinen Topf die Milch erwärmen, aber nicht kochen. Die Sahne, die Liköre und den Whisky dazugeben, verrühren und nochmals erwärmen. Dann in einen vorgewärmten Amarula-Elefantenbecher oder in eine Tasse abgießen und mit Kakaopulver bestreuen.

Hot Brandy Chocolate

leicht geschlagene Sahne
Vanillezucker
2 cl Schokoladensirup
4 cl Weinbrand oder Cognac
1 Tasse heiße Schokolade
Schokoladenraspel

Zur Sahne Vanillezucker geben und diese leicht flüssig schlagen. In einem kleinen Topf aus Schokoladenpulver und Milch eine Tasse heiße Schokolade zubereiten. Dazu den Schokoladensirup und den Weinbrand/Cognac geben und noch einmal erwärmen, aber nicht kochen. Die Mischung in eine vorgewärmte Tasse gießen. Einen langen Löffel mit der Wölbung nach unten unmittelbar über die Tasse halten und über diesen die leicht geschlagene Sahne einlaufen lassen. Mit Schokoraspel bestreuen.
Tipp Hot Chocolate ist in vielen Varianten bekannt. Außer Brandy eignet sich brauner Rum und als süßer Anteil Maraschino, Eierlikör, Orangenlikör, Amaretto, Kokos- und Schokoladenlikör. Auch Sirupe der Sorten Vanille, Karamell, Mandel, Haselnuss und Amaretto passen ausgezeichnet.

Mozart-Coco-Choco

leicht geschlagene Sahne
Vanillezucker
1 Tasse heiße Schokolade
4 cl Mozart Gold Liqueur
2 cl Malibu Coconut Liqueur
Schokoladenraspel
Kokosraspel

Zur Sahne Vanillezucker geben und diese leicht flüssig schlagen. In einem kleinen Topf aus Schokoladenpulver und Milch eine Tasse heiße Schokolade zubereiten. Dazu den Mozart Gold Liqueur und den Malibu Coconut Liqueur geben und noch einmal erhitzen, aber nicht kochen. Die Mischung in eine vorgewärmte Tasse gießen. Einen langen Löffel mit der Wölbung nach unten unmittelbar über die Tasse halten und über diesen die leicht geschlagene Sahne einlaufen lassen. Mit Schokoladen- und Kokosraspel bestreuen.

Coffee Rhapsody

leicht geschlagene Sahne
Vanillezucker
3 cl Kahlúa Coffee Liqueur
3 cl Amaretto
1 Tasse starker, heißer Kaffee
Schokoladenflocken oder
   3 Kaffeebohnen

Zur Sahne Vanillezucker geben und diese leicht flüssig schlagen. Den Coffee Liqueur und den Amaretto in ein vorgewärmtes Stielglas oder eine Tasse geben und den Kaffee dazugießen. Mit einem langen Löffel verrühren. Den Löffel mit der Wölbung nach unten unmittelbar über den Kaffee halten und über diesen die leicht geschlagene Sahne einlaufen lassen. Schokoladenflocken oder Kaffeebohnen auf die Sahnehaube geben.

Fürstenmilch

leicht geschlagene Sahne
Vanillezucker
1 große Tasse heiße Vollmilch
4 cl Mozart Gold Liqueur
2 cl brauner Rum 40 %vol
Zucker nach Belieben
Muskatpulver

Zur Sahne Vanillezucker geben und diese leicht flüssig schlagen. In einem kleinen Topf die Milch erhitzen, den Mozart Liqueur und den Rum dazugeben. In eine große vorgewärmte Tasse abgießen. Nach Belieben mit etwas Zucker süßen. Einen langen Löffel mit der Wölbung nach unten unmittelbar über die Tasse halten und über diesen die leicht geschlagene Sahne einlaufen lassen. Mit Muskatpulver bestreuen.
Tipp Auch hier sind viele Varianten möglich. Man kann andere Mozart-Liqueur-Sorten verwenden, anstelle von Rum Weinbrand oder Kirschwasser und zusätzlich Cointreau, Maraschino oder Eierlikör.

Glühwein alkoholfrei

20 cl alkoholfreier Rotwein
2 Gewürznelken
1 Zimtstange
2–3 TL Zucker
½ Zitronenscheibe

In einem kleinen Topf den alkoholfreien Rotwein mit den Nelken und der Zimtstange erhitzen, aber nicht kochen. Dann in ein hitzebeständiges Henkelglas abgießen. Nach Belieben süßen und die halbe Zitronenscheibe dazugeben.
Tipp Anstatt der Zitronenscheibe kann man auch eine Orangenscheibe verwenden und anstelle von Nelken und Zimt einen Beutel Glühweingewürz.

Weihnachtspunsch alkoholfrei
für 4 Drinks

0,4 l heißer Früchtetee
1 Orange (unbehandelt)
16 Gewürznelken
20 cl alkoholfreier Rotwein
20 cl Sauerkirschnektar
10 cl Orangensaft
4 cl Karamellsirup
2 cl Zimtsirup oder 4 Zimtstangen

Aus 2 Früchteteebeuteln ca. zwei Tassen Früchtetee zubereiten und warm halten. Die Orange in Scheiben schneiden und vier Scheiben mit je vier Gewürznelken spicken. Diese in vier feuerfeste oder dickwandige Gläser legen. In einem Topf den alkoholfreien Rotwein, den Sauerkirschnektar und den Orangensaft erhitzen, aber nicht kochen. Den Karamell- und den Zimtsirup bzw. die vier Zimtstangen dazugeben. Nimmt man Zimtstangen, den Punsch noch einige Zeit heiß halten, damit diese durchziehen. Dann den heißen Früchtetee dazugießen und den Punsch in die vorbereiteten Gläser gießen. Je eine Zimtstange kann man in die Gläser geben.

Fruchtpunsch alkoholfrei
für 4 Drinks

½ l roter Früchtetee
10 cl Orangensaft
20 cl Kirschnektar
1 EL Honig
1 Orange (unbehandelt)
1 Zimtstange

Aus Früchteteebeuteln einen halben Liter Früchtetee zubereiten und warm halten. Die Orange schälen und vier Scheiben abschneiden. Diese in vier feuerfeste oder dickwandige Gläser legen. In einem Topf den Kirschnektar, den Orangensaft, den Honig und die Zimtstange geben und erhitzen, aber nicht kochen. Dann den heißen Früchtetee dazugießen und den Punsch in die vorbereiteten Gläser geben.

Paulas Punsch alkoholfrei
für 4 Drinks

40 cl roter Traubensaft
40 cl Apfelsaft
4 cl Zitronensaft
8 cl Orangensaft
1 Zimtstange
1 Vanillestange
4 Gewürznelken
4 längliche Stücke Orangenschalen (unbehandelt)

Die Zutaten – ohne Orangenschalen – in einen Topf geben und erhitzen, aber nicht kochen. Die Mischung einige Zeit heiß halten, damit die Gewürze ziehen können. Anschließend die Gewürze entfernen, den Punsch eventuell nochmals erhitzen. Dann in feuerfeste oder dickwandige Gläser abgießen und je ein längliches Stück Orangenschale dazugeben.

Amarettokaffee alkoholfrei

leicht geschlagene Sahne
1 Tasse starker heißer Kaffee
½ TL Schokoladenpulver
4 cl Amarettosirup
Mandelblättchen

Die Sahne leicht flüssig schlagen. Den heißen Kaffee in einen kleinen Topf gießen, das Schokoladenpulver dazugeben und gut verrühren. Amarettosirup einrühren. Die Mischung in ein Glas oder eine Tasse gießen. Den Löffel mit der Wölbung nach unten unmittelbar darüber halten und die Sahne einlaufen lassen. Mit Mandelblättchen bestreuen.

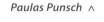

Paulas Punsch ∧

Bowlen

Die heute besonders im Sommer beliebten Bowlen haben ihre Vorläufer in den Kräuter- und Gewürzweinen des späten Mittelalters. Ihren Namen verdankt die Bowle der englischen Bezeichnung für Schüssel – bowl.

Bowlen eignen sich hervorragend als leichtes Sommergetränk in den Nachmittags- und Abendstunden. Sie bieten dem Gastgeber die Möglichkeit, viele Personen gleichzeitig und ohne Hektik mit einem ansprechenden Getränk zu versorgen.

Das benötigt man für eine Bowle

1. Ein Bowlengefäß mit einem Eiseinsatz oder eine Glasschüssel, die man in ein größeres Gefäß stellt. Der Zwischenraum wird dann mit Eisstücken ausgefüllt.
2. Bowlentassen (mit Henkel) oder Gläser
3. Obst (frisch, aus der Dose oder tiefgefroren)
4. Eiswürfel oder Eisstücke
5. Wein und Sekt bzw. Champagner

Einen großen Teil ihrer Beliebtheit verdankt die Bowle sicherlich dem Umstand, dass sich unsere einheimischen spritzigen Mosel- und lieblichen Rheinweine ausgezeichnet dazu eignen. Es ist nicht nötig, Spitzenweine in die Bowle zu geben, aber naturreine Weine der Mittelklasse sollten schon verwendet werden.

Dass Bowlen ihre Hochsaison im Sommer haben, liegt nicht nur daran, dass sommerliche Temperaturen leichtere Getränke erfordern und man die Terrasse oder den Garten zur Bowlenparty benutzen kann, sondern auch an der Haupterntezeit der einheimischen Obstsorten. Da aber jetzt auch hervorragende exotische Obstkonserven und Tiefkühlprodukte zu haben sind und man jederzeit frische Kiwis, Ananas usw. zur Verfügung hat, ist es kein Problem, zu jeder Jahreszeit eine Bowle anzusetzen.

Tipps für die Zubereitung

1. Früchte möglichst mit Wein ansetzen und nicht mit destilliertem Alkohol.
2. Nur wenig Zucker, am besten gar keinen verwenden. Wenn jemand nachsüßen will, dann nur mit Zuckersirup, damit zu heftiges Umrühren vermieden wird.
3. Keine Eiswürfel oder Eisstücke in die Bowle geben, sondern ein Gefäß mit Eiseinsatz verwenden.
4. Die Bowle im Kühlschrank ziehen lassen, jedoch darauf achten, dass sie keine fremden Gerüche annimmt.
5. Wein und Sekt bzw. Champagner erst vor dem Servieren zugeben. Nach der Weinzugabe etwas umrühren. Ist mit Sekt aufgefüllt, empfiehlt sich nur noch ein leichtes Aufrühren.
6. Bei der Bowle ist das Früchtearoma ausschlaggebend. Aus diesem Grund sollte sie nicht zu alkoholhaltig sein.
7. Hat man zu wenig Bowle vorbereitet, dann nie verlängern, da die eventuell noch vorhandenen Früchte bereits ausgelaugt sind und der Geschmack dem der frischen Bowle nicht mehr entsprechen kann.

Lycheebowle

2 Dosen Lychees
8 cl Kwai Feh Lychee Liqueur
4 cl Cognac
1 Zitrone
1 Flasche trockener Weißwein
2 Flaschen trockener Sekt

Die Lychees im Sieb abtropfen lassen, dann mit Lychee Liqueur, Cognac und dem Saft der Zitrone in ein Bowlengefäß geben. Mit Wein und Sekt aufgießen.

Gurkenbowle

1 grüne Salatgurke
12 cl Cointreau
12 cl roter Portwein
1 Flasche trockener Weißwein
2 Flaschen trockener Sekt

Die Gurke schälen, in Scheiben schneiden und ins Bowlengefäß geben. Dazu den Cointreau und den Portwein gießen. Dann den Wein dazugeben und mit Sekt auffüllen.

Erdbeerbowle

500 g Erdbeeren
1 Zitronenschalenspirale (unbehandelt)
1 Flasche trockener Weißwein
2 Flaschen trockener Sekt

Die Erdbeeren waschen, halbieren und mit der Zitronenschalenspirale in ein Bowlengefäß geben. Dann den Wein dazugeben und mit Sekt auffüllen.

Erdbeer-Kiwi-Himbeer-Bowle

500 g Erdbeeren
250 g Himbeeren
3 Kiwis
12 cl Erdbeer-, Himbeer- oder Kiwilikör/-sirup
1 Flasche trockener Weißwein
2 Flaschen trockener Sekt

Gewaschene Erdbeeren, Himbeeren und geschälte und zerteilte Kiwis mit einem Likör/Sirup und etwas Wein in das Bowlengefäß geben. Gekühlt etwas ziehen lassen. Dann den restlichen Wein und den Sekt dazugeben.

Himbeerbowle

500 g Himbeeren
12 cl Liqueur de Framboise (Himbeerlikör)
1 Zitronenschalenspirale (unbehandelt)
1 Flasche trockener Weißwein
2 Flaschen trockener Sekt

Gewaschene Himbeeren, den Likör und die Zitronenschalenspirale mit etwas Wein in das Bowlengefäß geben. Gekühlt etwas ziehen lassen. Dann mit dem restlichen Wein und dem Sekt auffüllen.

Bowlen

Kiwibowle

8 Kiwis
8 cl Kiwilikör
4 cl brauner Rum
1 Zitronenschalenspirale
   (unbehandelt)
1 Flasche trockener Weißwein
2 Flaschen trockener Sekt

Die Kiwis schälen, in Scheiben schneiden und mit der Zitronenschalenspirale ins Bowlengefäß geben. Dazu den Kiwilikör und den Rum geben. Dann mit Wein und Sekt aufgießen.

Sangria

5 Pfirsiche
3 Orangen
2 Zitronen
2 Zimtstangen
8 cl Orangenlikör
8 cl spanischer Brandy
3 Flaschen trockener spanischer
   Rotwein

In den Bowlenkrug gibt man in längliche Stücke geschnittene Pfirsichspalten, den Saft von einer Orange und einer Zitrone, eine Zitronenschalenspirale, die Zimtstangen, das Fruchtfleisch von zwei in Stückchen geschnittenen Orangen, den Orangenlikör und den Brandy. Dann gibt man den Rotwein dazu.

Kirschbowle

500 g frische Kirschen
10 cl Kirschlikör
1 l Sauerkirschnektar
2 Flaschen trockener Sekt

Gewaschene Kirschen entkernen und mit dem Likör und dem Sauerkirschnektar in ein Bowlengefäß geben. Kurz umrühren und mit Sekt aufgießen.

Pfirsichbowle

8 Pfirsiche
12 cl Pfirsichlikör
1 Zitronenschalenspirale
   (unbehandelt)
1 Flasche trockener Weißwein
2 Flaschen trockener Sekt

Gewaschene Pfirsiche entkernen und zerteilen. Mit dem Likör und der Zitronenschalenspirale in das Bowlengefäß geben und etwas Wein dazugießen. Gekühlt etwas ziehen lassen. Dann mit dem restlichen Wein und dem Sekt auffüllen.

Ananasbowle

1 Ananas
4 cl brauner Rum
10 cl Cointreau
1 Flasche trockener Weißwein
2 Flaschen trockener Sekt

Die Ananas der Länge nach in acht Stücke schneiden. Die harten Innenteile und die Schalen abschneiden. Das Fruchtfleisch würfeln. Die Ananasstückchen mit Rum und Cointreau in das Bowlengefäß geben. Dann den Wein dazugeben und mit Sekt auffüllen.

Waldmeisterbowle

1 Büschel Waldmeister
2 Flaschen trockener Weißwein
1 Flasche trockener Sekt

1 Büschel unaufgeblühten Waldmeister waschen, den Wein in den Bowlenkrug geben und den Waldmeister an einem Bindfaden hineinhängen, ohne dass die Stiele in den Wein eintauchen. Vor dem Servieren eine halbe Stunde im Kühlschrank ziehen lassen, den Waldmeister entfernen und den Sekt dazugeben.

Melonen-Basilikum-Bowle

4 Bund Basilikum
1 Netz- oder Kantalupmelone
1 Flasche trockener Weißwein
2 Flaschen trockener Sekt

Die Melone halbieren, entkernen, mit einem Kugelausstecher das Fruchtfleisch herausstechen und in das Bowlengefäß geben. Drei Bund Basilikum zusammenbinden und waschen, in das Gefäß hängen, den Wein dazugießen und etwa eine Stunde gekühlt ziehen lassen. Vor dem Servieren Basilikum herausnehmen. Die Blätter des verbliebenen Bundes Basilikum dazugeben und die Bowle mit dem Sekt aufgießen.

Kalte Ente

1 Zitronenschalenspirale
   (unbehandelt)
1 Flasche trockener Weißwein
2 Flaschen trockener Sekt

In einen Glaskrug mit Eiseinsatz die Zitronenspirale hängen und den kalten Wein und Sekt darübergießen. Die Zitronenspirale nach einiger Zeit herausnehmen. Je nach Geschmack kann man auch gleiche Teile Wein und Sekt nehmen.

Kirschbowle >

Bowlen

Limetten-Tee-Bowle

1 Liter kräftiger schwarzer Tee
50 g Zucker
20 cl Cointreau
2 Limetten
2 Flaschen trockener Sekt

Den Tee in der Tiefkühltruhe zu Eiswürfeln gefrieren lassen. Die gefrorenen Teeeiswürfel in das Bowlengefäß geben, die Limetten in Scheiben schneiden und dazugeben. Den Cointreau und den Zucker dazugeben und umrühren. Dann den Sekt dazugießen.

Trauben-Melonen-Bowle

500 g blaue Trauben
1 Honigmelone
4 cl Melonenlikör
2 cl Zitronensaft
1 Flasche trockener Weißwein
2 Flaschen trockener Sekt

Die Trauben halbieren und entkernen. Die Melone vierteln und die Kerne entfernen. Die Stücke schälen und das Fruchtfleisch in Würfel schneiden. Die Melonenstücke mit den halbierten Trauben in das Bowlengefäß geben. Melonenlikör und Zitronensaft dazugießen. Mit Wein und Sekt auffüllen.

Haiti-Punch

1 Zitrone
1 Orange
2 Zimtstangen
3 Scheiben frische Ananas
20 cl Grand Marnier
20 cl Cognac
2 Flaschen trockener Weißwein

In ein Bowlengefäß Zimtstangen, Zitronen- und Orangenscheiben geben. Die Schalen von den Ananasscheiben entfernen und die Scheiben zerteilen. Mit Grand Marnier und Cognac übergießen und gekühlt etwas ziehen lassen. Dann mit kaltem Weißwein aufgießen.

Karibikbowle

½ Ananas
1 Mango
1 Papaya
8 cl Maracujalikör
1 Flasche trockener Weißwein
2 Flaschen trockener Sekt

Die Mango schälen und das Fruchtfleisch in kleine Stücke schneiden. Die Papaya schälen, halbieren und die Kerne herausnehmen. Das Fruchtfleisch in kleine Stücke schneiden. Die Ananas zerteilen, die Schalen abschneiden und das Fruchtfleisch würfeln. Die Früchte und den Maracujalikör in ein Bowlengefäß geben, mit dem Wein übergießen und mit Sekt auffüllen.

Aprikosenbowle

12 Aprikosen
100 g Zucker
1 Zitronenschalenspirale (unbehandelt)
8 cl brauner Jamaikarum
1 Flasche trockener Weißwein
2 Flaschen trockener Sekt

Die entsteinten Aprikosen in kleine Stücke schneiden und in ein Bowlengefäß geben. Mit Zucker bestreuen, die Zitronenschalenspirale und den Rum dazugeben. Etwas Wein dazugeben und gekühlt etwas ziehen lassen. Dann den restlichen Wein darübergießen und den Sekt dazugeben.

Bananen-Beeren-Bowle

300 g Beeren (Brombeeren, Himbeeren, Erdbeeren)
50 g Zucker
2 Bananen
1 Flasche trockener Weißwein
1 Flasche trockener Sekt

Saubere Beeren in das Bowlengefäß geben, den Zucker dazugeben und mit etwas Wein übergießen. Gekühlt etwas ziehen lassen und danach die in Scheiben geschnittenen Bananen dazugeben. Dann den restlichen Wein dazugeben und mit Sekt aufgießen.

Melonenbowle

1 Honig- oder Netzmelone
8 cl Rose's Lime Juice
8 cl Melonenlikör
2 Flaschen trockener Sekt

Die Melone vierteln und die Kerne entfernen. Dann schälen und das

< Trauben-Melonen-Bowle und Bananen-Beeren-Bowle

Bowlen

Fruchtfleisch in Würfel schneiden. Die Melonenstücke in das Bowlengefäß geben und Lime Juice und Melonenlikör dazugießen. Mit dem Sekt auffüllen.

Ananas-Erdbeer-Bowle

1 Ananas
250 g Erdbeeren
1 Flasche trockener Weißwein
2 Flaschen trockener Sekt

Die Ananas der Länge nach in acht Stücke schneiden. Dann die harten Innenteile und die Schalen abschneiden. Das Fruchtfleisch würfeln. Die Ananasstücke mit halbierten gewaschenen Erdbeeren in das Bowlengefäß geben. Den Wein und den Sekt dazugießen.

Caipirinha-Bowle

8 Limetten
10 Minzezweige
4 EL Rohrzucker
8 cl Rose´s Lime Juice (Limettensirup)
1 Flasche Cachaça (0,7 l)
3 Flaschen kaltes Ginger Ale (je 0,7 l)

Die Limetten in je acht Stücke zerteilen und zusammen mit der Minze in einem geeigneten Gefäß mit einem Holzstößel ausdrücken. Die Limettenstücke mit dem Saft und der Minze in ein Bowlengefäß geben. Den Rohrzucker darüberstreuen und den Lime Juice dazugießen. Den Cachaça dazugeben und etwas umrühren. Mit dem Ginger Ale auffüllen. Zum Servieren die Caipirinha-Bowle mit Eiswürfeln in die Gläser geben.

Coconut-Peach-Bowle

2 große Dosen Pfirsiche
1 Flasche (0,7 l) kalter Pfirsichnektar
1 Flasche (0,7 l) kalter Maracujanektar
½ Flasche (0,35 l) Pfirsichlikör
½ Flasche (0,35 l) klarer Kokoslikör
3 Flaschen kalter Sekt

Die Pfirsiche in Stücke schneiden und zusammen mit dem Saft in ein Bowlengefäß geben. Die Nektare und Liköre dazugießen und umrühren. Erst vor dem Servieren den Sekt dazugeben und mit Eiswürfeln in die Gläser geben.

Sauerkirsch-Amaretto-Bowle

2 Gläser Sauerkirschen
3 Äpfel
2 Bananen
1 l Kirschnektar
0,5 l Apfelsaft
½ Flasche Amaretto (0,35 l)
2 Flaschen kalter Sekt

Die Äpfel schälen, entkernen und in Stücke zerteilen. Die Bananen schälen und in Scheiben schneiden. Die zwei Gläser Sauerkirschen zusammen mit ihrem Saft und den Früchten in ein Bowlengefäß geben. Den Kirschnektar, den Apfelsaft und den Amaretto dazugießen und leicht umrühren. Erst vor dem Servieren den Sekt dazugeben und mit Eiswürfeln in die Gläser geben.

Hugos Sommerbowle

10 Limettenachtel
Blätter von 5 Minzestängeln
20 frische Melonenkugeln
10 cl Zitronenmelissesirup
10 cl Holunderblütenlikör
2 Flaschen kalter Sekt

Die Limettenachtel über einem Bowlengefäß ausdrücken und dazugeben Die Minzeblätter etwas brechen und in das Gefäß geben. Die Melonenkugeln einlegen und Sirup und Likör dazugeben. Leicht umrühren. Erst vor dem Servieren den Sekt dazugeben und Eiswürfel in die Gläser geben. Darauf achten, dass in jedem Glas etwas Minze, ein Limettenachtel und zwei Melonenkugeln sind.

Pfirsich-Mandarinen-Bowle

250 g Weintrauben
1 große Dose Pfirsiche
1 kleine Dose Mandarinen
1 l kalter roter Traubensaft
1 Flasche kaltes Bitter Lemon (0,7 l)
2 Flaschen kalter Sekt

Die Weintrauben waschen, abzupfen und in das Bowlengefäß geben. Die Pfirsiche zerteilen und mit dem Saft dazugeben. Die Mandarinen mit Saft ebenfalls in das Bowlengefäß geben. Leicht umrühren, Traubensaft und Bitter Lemon dazugießen. Erst vor dem Servieren den Sekt dazugeben und mit Eiswürfeln in die Gläser geben.

Ananas-Erdbeer-Bowle >

Alkoholfreie Mixgetränke

Auf den nachfolgenden Seiten werden alkoholfreie Mixgetränke vorgestellt. In Kapitel gegliedert finden sich Rezepte von alkoholfreiem Wein bis hin zu Eiscreme und Milch.

Alkoholfreier Wein

Alkoholfreier Wein

Wer Wein oder Sekt liebt, aber aus mancherlei Gründen auf den Alkohol verzichten möchte oder muss, hat seit einiger Zeit eine Alternative. Nachdem alkoholfreie Weine schon seit Längerem angeboten werden, bietet sich Sektliebhabern nun auch die Chance auf alkoholfreien Konsum ohne Verzicht auf prickelnden Genuss.

Bereits vor 3000 Jahren hatten die Ägypter eine Methode entwickelt, um dem Wein Alkohol zu entziehen. Auch der römischen Armee wurde seinerzeit entalkoholisierter Wein gereicht. Der Wein wurde stark erhitzt, bis sich der Alkohol verflüchtigte. Diese Methode wurde auch bei dem ersten deutschen Patent im Jahre 1908 angewandt.

Heute werden die alkoholfreien Weine nach den traditionellen Weinanbaumethoden hergestellt. Nach der Reifung und Gärung wird den ausgewählten Weinen der Alkohol auf schonende Weise im Vakuum entzogen. Im Vakuum wird der Wein auf nur 28 °C erwärmt. Bereits bei dieser niedrigen Temperatur entweicht der Alkohol als Gas, wird abgekühlt und tropft als farb- und geruchlose Flüssigkeit in einen Auffangbehälter. Die Kunst besteht darin, den Prozess rechtzeitig zu stoppen, bevor auch die ätherischen Öle und anderen Inhaltsstoffe, die das Aroma und die Qualität des Weins bestimmen, sich dem Alkohol anschließen und sich verflüchtigen. So entsteht in groben Zügen beschrieben der entalkoholisierte Wein und – nach Zusatz natürlicher Kohlensäure – auch der spritzige Sekt, der offiziell noch nicht so heißen darf und daher »schäumender entalkoholisierter Wein« genannt wird. Der so bearbeitete Rot- oder Weißwein muss weniger als 0,5 % Alkohol enthalten und deutlich als entalkoholisierter Wein gekennzeichnet sein. Der Weincharakter des Originalweins bleibt durch die schonende Entziehung erhalten.

Im Geschmack sind die entalkoholisierten Weine nur recht schwer vom alkoholischen Wein zu unterscheiden. Im Durchschnitt liegen die entalkoholisierten Weine mit einem Restalkohol von 0,1 bis 0,2 % deutlich unter den erlaubten Werten und weisen auch einen deutlich geringeren Kaloriengehalt aus. Solche Spuren von Alkohol finden sich beispielsweise auch in einigen unvergorenen Säften. Alkoholfreier Wein wird als Rot- oder Weißwein in verschiedenen Geschmacksrichtungen angeboten. Alle Genussmittel, die einer Extraktgehaltreduzierung unterworfen wurden, sind im Geschmack leichter als das Ausgangsprodukt. Dies gilt für Kaffee ohne Koffein ebenso wie für Leichtzigaretten und Wein. Da durch die Entalkoholisierung Aromastoffe verloren gehen, verwendet man als Ausgangsprodukt besonders bukettreiche Weine. Entalkoholisierte Weine eignen sich zum unbeschwerten Genuss. Man trinkt sie ohne Angst vor den Folgen des Alkohols oder Führerscheinentzug. Sie sind Getränke für gesundheitsbewusste Menschen, denen Mineralwasser zu wenig Geschmack hat und Fruchtsaft zu viele Kalorien enthält. Beim Mixen lassen sich durch Verwendung von schäumendem entalkoholisiertem Wein vielerlei fruchtige Mischungen aller Geschmacksrichtungen herstellen. Oftmals lässt sich durch den Austausch nur einer alkoholischen Zutat der früher alkoholische Drink deutlich entschärfen. Des Weiteren bieten sich viele Möglichkeiten für die Zubereitung von Bowlen.

Alkoholfreier Wein

Die Herstellung
Bei der Entalkoholisierung werden die Weine im Vakuum auf nur 28 °C erwärmt. Bereits bei dieser geringen Erwärmung entweicht der Alkohol als Gas, wird abgekühlt und in Auffangbehältern gesammelt. Die leicht flüchtigen Aromastoffe, die ansonsten bei der Destillation den Alkohol begleiten, bleiben dabei dem entalkoholisierten Wein erhalten. Sie werden aufgefangen und in einem speziellen Verfahren, der sogenannten Aromarückgewinnung, dem entalkoholisierten Wein wieder zugeführt. Das gesamte Verfahren benötigt nur wenige Minuten und ist auch dadurch äußerst effektiv.

Der so entstandene alkoholfreie Wein bleibt mit einem Alkoholgehalt von bis zu 0,2 %vol deutlich unter der vorgeschriebenen Obergrenze von 0,5 für alkoholfreie Produkte.

Die Verwendung
Nicht nur für Bowlen bieten sich die alkoholfreien Weine und schäumenden Weine an. Mit ihnen lassen sich auch Heißgetränke wie Glühweine und Punsche und Wein- und Sektdrinks wie Kir oder Kir Royal und viele weitere spritzig-fruchtige Mischungen herstellen.

Weinkönig
Die in Koblenz ansässige Weinkellerei Weinkönig, von der die abgebildeten Weine stammen, produziert seit 1988 alkoholfreie Weine. Vor einigen Jahren erweiterte man das Sortiment mit Weinen aus kontrolliert biologischem Anbau. Des Weiteren werden schäumende entalkoholisierte Weine hergestellt.

Das Sortiment
Romance en blanc Ein weißer, äußerst fruchtiger Biowein aus je 50 % Sauvignon blanc und Sémillon aus dem Bergerac/Frankreich. Dieser frische, trockene Wein eignet sich gut als Aperitif.
Romance en rouge Ein geschmeidiger, bouquetreicher Biowein aus dem Bordeauxgebiet mit 40 % Merlot und je 30 % Cabernet Sauvignon und Cabernet Franc.
Romance en rosé Dieser frische und trockene Bioroséwein aus Bergerac/Frankreich besteht aus je 40 % Sauvignon blanc und Sémillon sowie zu je 10 % aus Merlot und Cabernet Sauvignon.
Bacchus aus Baden Bacchus ist eine Kreuzung von Silvaner, Riesling und Müller-Thurgau. Ein trockener und bekömmlicher Biowein mit niedrigem Säureanteil.
Scheurebe Ein bukettreicher, lieblicher Wein mit frischer und fruchtiger Note aus 100 % Scheurebe aus dem Anbaugebiet Pfalz.
Weißgold Aus Kerner und Müller-Thurgau. Ein halbtrockener frischer Wein mit wenig Säure und viel Frucht.
Riesling Ein trockener sortenreiner Riesling aus Rheinhessen mit typischen mineralischen Aromen. Dank seiner Säure hat er auch ohne Alkohol viel Kraft und Eleganz.
Rosé Ein fruchtiger, frischer, halbtrockener Rosé aus Carignan- und Syrah-Trauben.

Rotes Gold Ein halbtrockener Rotwein aus Grenache-, Carignan- und Merlot-Trauben. Der elegante halbtrockene Rotwein entwickelt ein schönes Johannisbeeraroma.
Merlot Dieser sortenreine, trockene Rotwein weist die Merlot-typischen Aromen von schwarzen Beeren auf und besitzt ein vollmundiges und kräftiges Bouquet.
Cabernet Sauvignon Ein tiefroter Wein aus 100 % Cabernet Sauvignon mit charakteristischem Trauben- und Johannisbeerbouquet.
Pearl blanc Dieser trocken ausgebaute schäumende Wein besteht aus denselben Weinen wie der Weißwein Romance en blanc.
Pearl rosé Dieser trockene perlende Wein besteht wie der Romance en rosé aus 40 % Sauvignon blanc und Sémillon sowie zu je 10 % aus Merlot und Cabernet Sauvignon. Die Weine stammen aus dem Bergerac/Frankreich. Pearl rosé präsentiert sich spritzig und ist ein idealer Aperitif.
Lady in White Ein halbtrockener schäumender Rosé aus Müller-Thurgau und Kerner mit einer Zugabe von Airen.
Lady Blue Dieser halbtrockene schäumender Rosé aus Carignan- und Syrah-Weinen besitzt eine frische und fruchtige Art. Ein feiner alternativer Aperitif.

Melonen-Basilikum-Bowle (Rezept auf Seite 201) >

Alkoholfreier Wein

Melonen-Basilikum-Bowle

1 Netz- oder Kantalupmelone
4 Bund Basilikum
1 Flasche trockener entalkoholisierter Weißwein
2 Flaschen schäumender entalkoholisierter Wein

Die Melone halbieren, entkernen, mit einem Kugelausstecher das Fruchtfleisch herausstechen und in das Bowlengefäß geben. Drei Bund Basilikum zusammenbinden und in das Gefäß hängen. Den entalkoholisierten Wein dazugießen und gekühlt ziehen lassen. Vor dem Servieren Basilikum herausnehmen. Die Blätter des verbliebenen Bundes Basilikum dazugeben und mit dem schäumenden entalkoholisierten Wein auffüllen.

Karibikbowle

½ Ananas
1 Mango
1 Papaya
8 cl Maracujasirup
1 Flasche trockener entalkoholisierter Wein
2 Flaschen schäumender entalkoholisierter Wein

Die Mango schälen und das Fruchtfleisch in kleine Stücke schneiden. Die Papaya schälen, halbieren und die Kerne herausnehmen. Das Fruchtfleisch in kleine Stücke schneiden. Die Ananas zerteilen, die Schalen abschneiden und das Fruchtfleisch würfeln. Die Früchte und den Sirup in ein Bowlengefäß geben, mit dem entalkoholisierten Wein übergießen und mit schäumendem entalkoholisiertem Wein auffüllen.

< Pfirsichbowle

Pfirsichbowle

8 Pfirsiche
12 cl Pfirsichsirup
1 Zitronenschalenspirale (unbehandelt)
1 Flasche trockener entalkoholisierter Weißwein
2 Flaschen schäumender entalkoholisierter Wein

Gewaschene Pfirsiche entkernen und zerteilen. Mit dem Sirup und der Zitronenschalenspirale in das Bowlengefäß geben. Den entalkoholisierten Wein und den schäumenden entalkoholisierten Wein dazugeben.

Kirschbowle

500 g frische Kirschen
10 cl Kirschsirup
1 l Sauerkirschnektar
2 Flaschen schäumender entalkoholisierter Wein

Gewaschene Kirschen entkernen und mit dem Sirup und dem Sauerkirschnektar in ein Bowlengefäß geben. Kurz umrühren und mit dem schäumenden entalkoholisierten Wein auffüllen.

Melonenbowle

1 Honig- oder Netzmelone
8 cl Rose's Lime Juice
8 cl Melonensirup
2 Flaschen schäumender entalkoholisierter Wein

Die Melone vierteln und die Kerne entfernen. Dann schälen und das Fruchtfleisch in Würfel schneiden. Die Melonenstücke in das Bowlengefäß geben, Rose's Lime Juice und Melonensirup dazugießen. Mit dem schäumenden entalkoholisierten Wein auffüllen.

Ananas-Erdbeer-Bowle

1 Ananas
250 g Erdbeeren
1 Flasche trockener entalkoholisierter Weißwein
2 Flaschen schäumender entalkoholisierter Wein

Die Ananas der Länge nach in acht Stücke schneiden. Dann die harten Innenteile und die Schalen abschneiden. Das Fruchtfleisch würfeln. Die Ananasstücke mit gewaschenen und halbierten Erdbeeren in das Bowlengefäß geben. Den entalkoholisierten Wein dazugießen, mit dem schäumenden entalkoholisierten Wein auffüllen.

Williams-Christ-Bowle

4 Williams-Christ-Birnen
1 l Birnensaft
2 cl Zitronensaft
2 Flaschen schäumender entalkoholisierter Wein

Die Birnen schälen, das Kerngehäuse entfernen und das Fruchtfleisch in Würfel schneiden. In Bowlengefäß geben und Zitronen- und Birnensaft dazugeben. Mit dem schäumenden entalkoholisierten Wein auffüllen.

Erdbeerbowle

500 g Erdbeeren
1 Zitronenschalenspirale (unbehandelt)
1 Flasche trockener entalkoholisierter Weißwein
2 Flaschen schäumender entalkoholisierter Wein

Die Erdbeeren waschen, halbieren und mit der Zitronenschalenspirale

Alkoholfreier Wein

in das Bowlengefäß geben. Mit dem entalkoholisierten Wein übergießen und kühl etwas ziehen lassen. Dann mit dem schäumenden entalkoholisierten Wein auffüllen.

Aprikosenbowle

12 Aprikosen
100 g Zucker
1 Zitronenschalenspirale (unbehandelt)
½ Fläschchen Rumaroma
1 Flasche trockener entalkoholisierter Weißwein
2 Flaschen schäumender entalkoholisierter Wein

Die entsteinten Aprikosen in kleine Stücke schneiden und in ein Bowlengefäß geben. Mit dem Zucker bestreuen, die Zitronenschalenspirale und das Rumaroma dazugeben. Etwas Wein dazugeben und gekühlt etwas ziehen lassen. Dann den restlichen entalkoholisierten Wein und den schäumenden entalkoholisierten Wein dazugeben.

Ananasbowle

1 Ananas
¼ l Ananassaft
6 cl Curaçao Triple Sec Sirup
1 Flasche trockener entalkoholisierter Weißwein
2 Flaschen schäumender entalkoholisierter Wein

Die Ananas der Länge nach in acht Stücke schneiden. Dann die harten Innenteile und die Schalen abschneiden. Das Fruchtfleisch würfeln. Die Ananasstücke mit dem Saft und dem Sirup in das Bowlengefäß geben. Den entalkoholisierten Wein und schäumenden entalkoholisierten Wein dazugeben.

Kiwi-Bananen-Bowle und Sangria >

Mimosa

⅓ Orangensaft
⅔ kalter entalkoholisierter schäumender Wein

Kalten entalkoholisierten schäumenden Wein in ein Stielglas geben und mit Orangensaft auffüllen. Eine halbe Orangenscheibe dazugeben.

Kiwi-Bananen-Bowle

6 Kiwis
3 Bananen
4 cl Kiwisirup
4 cl Bananensirup
1 Flasche trockener entalkoholisierter Weißwein
2 Flaschen schäumender entalkoholisierter Wein

Bananen und Kiwis schälen, in Scheiben schneiden und in ein Bowlengefäß geben. Die Sirupe dazugeben und entalkoholisierten Wein und schäumenden entalkoholisierten Wein dazugießen.

Bananen-Beeren Bowle

300 g Beeren (Brombeeren, Himbeeren, Erdbeeren)
50 g Zucker
2 Bananen
1 Flasche trockener entalkoholisierter Weißwein
1 Flasche schäumender entalkoholisierter Wein

Saubere Beeren in das Bowlengefäß geben, zuckern und mit etwas entalkoholisiertem Wein übergießen. Gekühlt etwas ziehen lassen und die in Scheiben geschnittenen Bananen dazugeben. Vor dem Servieren mit entalkoholisiertem Wein und schäumendem entalkoholisiertem Wein aufgießen.

Sangria

5 Pfirsiche
3 Orangen
2 Zitronen
2 Zimtstangen
8 cl Curaçao Triple Sec Sirup
3 Flaschen entalkoholisierter Rotwein

In den Bowlenkrug gibt man in längliche Stücke geschnittene Pfirsichspalten, den Saft von einer Orange und einer Zitrone, eine Zitronenschalenspirale, die Zimtstangen, das Fruchtfleisch von zwei in Stückchen geschnittenen Orangen und den Sirup. Dann gibt man den Rotwein dazu.

Alkoholfreier Wein

Peach Velvet

2 cl Pfirsichsirup
1 cl Grenadine
4 cl Orangensaft
kalter entalkoholisierter schäumender Wein

Pfirsichsirup, Grenadine und Orangensaft im Shaker mit Eiswürfeln schütteln. In ein Stielglas abgießen und mit entalkoholisiertem schäumendem Wein aufgießen.

Red Banana

2 cl Grenadine
4 cl Bananennektar
kalter entalkoholisierter schäumender Wein

Grenadine, Bananennektar und einige Eiswürfel in ein Stielglas geben. Mit einem Barlöffel gut vermischen. Mit entalkoholisiertem schäumendem Wein auffüllen und nochmals leicht umrühren. Mit einer Physalis garnieren.

Summerdream

1 cl Holunderblütensirup
1 cl Limettensirup
4 cl Orangensaft
kalter entalkoholisierter schäumender Wein

Sirupe und Orangensaft in ein Longdrinkglas mit Eiswürfeln geben und mit kaltem entalkoholisiertem schäumendem Wein aufgießen.

Südsee-Trip

2 cl Pfirsichsirup
4 cl Orangensaft
kalter entalkoholisierter schäumender Wein

Sirup und Saft in ein Longdrinkglas mit Eiswürfeln geben und mit kaltem entalkoholisiertem schäumendem Wein aufgießen.

v *Tizian*

Tizian

10 cl roter Traubensaft
10 cl kalter entalkoholisierter schäumender Wein

Den Traubensaft in ein Longdrinkglas auf Eiswürfel gießen und mit entalkoholisiertem schäumendem Wein auffüllen.

Bellini alkoholfrei

6 cl Pfirsichnektar
kalter entalkoholisierter schäumender Wein

Pfirsichnektar in ein Kelchglas geben und langsam mit entalkoholisiertem schäumendem Wein auffüllen.

Kir alkoholfrei

1 cl Cassissirup
10 cl kalter entalkoholisierter Weißwein

Den Cassis in ein Stielglas geben und mit entalkoholisiertem Weißwein auffüllen.

Pepino

1 cl Grenadine
4 cl Orangensaft
4 cl Ananassaft
kalter entalkoholisierter schäumender Wein

Sirup und Säfte mit Eiswürfeln im Shaker schütteln und in ein Longdrinkglas auf einige Eiswürfel abgießen. Mit kaltem entalkoholisiertem schäumendem Wein aufgießen. Ein Ananasstück und eine Cocktailkirsche dazugeben.

Red Kiss

4 cl Amarenakirschsirup
8 cl Ananassaft
kalter entalkoholisierter schäumender Wein

Sirup und Saft mit Eiswürfeln im Shaker schütteln und in ein Stielglas abgießen. Mit entalkoholisiertem schäumendem Wein auffüllen.

Petite Fleur

1 cl Mandelsirup
2 cl Kirschsirup
4 cl Grapefruitsaft
kalter entalkoholisierter schäumender Wein

Sirupe und Saft mit Eiswürfeln im Shaker schütteln und in ein Stielglas abgießen. Mit kaltem entalkoholisiertem schäumendem Wein aufgießen.

Kir Royal alkoholfrei

1 cl Cassissirup
10 cl kalter entalkoholisierter schäumender Wein

Den Cassis in ein Stielglas geben und mit kaltem entalkoholisiertem schäumendem Wein auffüllen.

Paradiso

1 cl Grenadine
1 cl Zitronensaft
4 cl Orangensaft
kalter entalkoholisierter schäumender Wein

Sirup und Säfte mit Eiswürfeln im Shaker schütteln, in ein Stielglas abgießen. Mit kaltem entalkoholisiertem schäumendem Wein aufgießen.

Alkoholfreier Wein

Red Star

2 cl Kokossirup
8 cl Sauerkirschnektar
kalter entalkoholisierter schäumender Wein

Kokossirup und Sauerkirschnektar mit Eiswürfeln im Shaker gut schütteln und in ein Stielglas auf einige Eiswürfel abgießen. Mit entalkoholisiertem schäumendem Wein aufgießen.

Kir Pêche

1 cl Pfirsichsirup
kalter entalkoholisierter schäumender Wein

Den Pfirsichsirup und einen Eiswürfel in ein Kelchglas geben und mit kaltem entalkoholisiertem schäumendem Wein aufgießen.

Strawberry Cup

2 cl Erdbeersirup
2 Erdbeeren
10 cl kalter entalkoholisierter schäumender Wein

Erdbeeren in Scheiben schneiden und mit Eiswürfeln in einen Tumbler geben. Den Erdbeersirup dazugießen und mit entalkoholisiertem schäumendem Wein auffüllen. Mit Zitronenmelisse und einer Erdbeere garnieren.

Strawberry Cup und Mimosa (Rezept auf Seite 209) >

Blue Devil

1 cl Blue Curaçao Sirup
1 cl Zitronensaft
kalter entalkoholisierter schäumender Wein

Sirup, Zitronensaft und einen Eiswürfel in ein Kelchglas geben und mit kaltem entalkoholisiertem schäumendem Wein aufgießen. Eine Cocktailkirsche dazugeben.

Blue Pear

2 cl Blue Curaçao Sirup
8 cl Birnennektar
kalter entalkoholisierter schäumender Wein

In ein Longdrinkglas Eiswürfel geben und Sirup und Birnennektar dazugießen. Mit einem Barlöffel umrühren und mit kaltem entalkoholisiertem schäumendem Wein aufgießen. Mit einem Fruchtspieß garnieren.

Little Sin

2 cl Grenadine
4 cl Kirschnektar
4 cl Pfirsichnektar
kalter entalkoholisierter schäumender Wein

Sirup und Nektare mit Eiswürfeln im Shaker schütteln und in ein Longdrinkglas auf einige Eiswürfel abgießen. Mit kaltem entalkoholisiertem schäumendem Wein aufgießen. Mit Orangenscheibe und Cocktailkirsche garnieren.

Sirupe

Sirupe erfüllen seit jeher eine wichtige Funktion beim Mixen. Sie süßen und aromatisieren, und manchen Sorten verdankt man interessante Farben.
Sirupe sind konzentrierte, dickflüssige Lösungen von Zucker in Wasser (Zuckersirup) oder von Zucker in Fruchtsäften oder Pflanzenauszügen. Ihre Verwendungsmöglichkeit beim Mixen ist fast uneingeschränkt. Sie harmonieren mit Fruchtsäften, Limonaden und Milch in unzähligen Rezepten.

Der Ursprung

Bis in die 1970er-Jahre wurden zum Mixen der klassischen Rezepturen lediglich Zuckersirup, Grenadine und Rose's Lime Juice (Limonensirup) verwendet. Da Sirupe in der heutigen Sortenvielfalt nicht vorhanden waren, blieb auch das Mixgetränkeangebot auf die Klassiker beschränkt. Erst die Einführung der neuartigen Sirupe führte zum derzeitigen Angebot an tropischen Drinks und auch alkoholfreien Mixgetränken. Deutsche und französische Produzenten bieten heute ein umfangreiches Sortiment an. Eine herausragende Stellung nimmt dabei die Firma Riemerschmid ein.
Die 1835 in München gegründete und heute in Erding bei München produzierende Likörmanufaktur Anton Riemerschmid ist der bekannteste Sirupproduzent Deutschlands. Anfang der 1980er-Jahre begann man mit der Produktion der ersten Sirupsorten. In den folgenden Jahren wurde das Sortiment ständig erweitert, und Mitte der 1990er-Jahre führte man mit der Trennung in Frucht- und Barsirupe eine zweite Produktionslinie ein.
Der im Vergleich zu den Fruchtsirupen geringere Fruchtanteil wird bei den Barsirupen durch eine zusätzliche, natürliche Aromatisierung ausgeglichen, die sie außerdem besonders ergiebig macht. Diese leichtflüssigen Barsirupe wurden entwickelt, um den Profimixern ein zügiges Arbeiten zu ermöglichen. Seit 2006 haben die Bar-Syrup-Flaschen ein neues Design und sind seither auch mit einem integrierten Ausgießer ausgestattet. Riemerschmid bietet alle klassischen und wichtigen Sirupe an und ergänzt das Sortiment laufend mit neuen Entwicklungen.

Wissenswertes

Neben dem Zuckersirup und dem Grenadine sind Kokos, Mandel, Maracuja, Banane, Erdbeere, Limette und Blue Curaçao die wichtigsten Sorten. Etwas Verwirrung schafft die international gebräuchliche Bezeichnung für Mandelsirup. Dieser wird in Frankreich und den USA mit dem Namen Orgeat, in Italien als Orzata (Latte di Mandorla) angeboten.

Empfehlungen

Den einfachen Zuckersirup kann man auch selbst herstellen. Dazu gibt man ein Kilogramm Streuzucker in einen Liter kochendes Wasser und rührt, bis sich der Zucker vollständig aufgelöst hat. Nach dem Erkalten füllt man ihn auf Flaschen ab. Angebrochene Sirupe sind aufgrund ihres hohen Zuckergehalts monatelang haltbar. Man sollte sie jedoch gut verschlossen und kühl aufbewahren.

Bekannte Marken

Riemerschmid ist der größte deutsche Sirupproduzent und bietet etwa 40 Sirupsorten als Fruchtsirup oder Barsirup in Groß- und Kleinflaschen an – darunter alle klassischen Obstsorten, aber auch Spezialitäten. Relativ neu sind die Sorten Rhabarber, Schwarze Johannisbeere, Schwarzer Holunder, Zitrone-Ingwer-Lemongras und Sanddorn-Orange.
Bols Grenadine Das niederländische Haus Bols war der erste und bis zu Beginn der 1980er-Jahre auch einzige Anbieter von Grenadine. Die Fruchtbasis des Bols Grenadine ist Himbeer-, Erdbeer- und Kirschsaft. Neu im Sortiment ist Bols Cranberry.

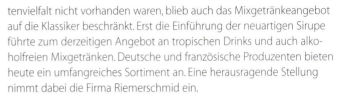

Sirupe

Die köstlichen Erdbeeren bieten vielseitige Verwendungsmöglichkeiten und verfeinern auch als Sirup viele Mixdrinks.

Combier Sirop de Gomme Sirop de Gomme ist ein Zuckersirup auf Orangenblütenbasis, dem Gummi arabicum zugesetzt ist. Er war früher sehr bekannt, wird heute aber nur noch von wenigen Firmen hergestellt. Gummi arabicum stammt von einer in Nordafrika wachsenden Akazie und wird auch bei der Lebensmittelproduktion eingesetzt. Sirop de Gomme hat eine feine unaufdringliche Süße und einen dezenten Eigengeschmack.

De Kuyper Grenadine Der weltgrößte Likörsortimentsproduzent, das niederländische Unternehmen De Kuyper, bietet auch Grenadine an.

Monin Der in Bourges/Frankreich ansässige Likörproduzent Monin ist auch einer der größten Sirupproduzenten. Weit über 80 Sorten, darunter auch Sorten, die nur von Monin produziert werden, sind in verschiedenen Flaschengrößen im Angebot. Monin ist heute der weltweit größte Sirupproduzent und auf vielen Exportmärkten zu finden. Mitte der 1980er-Jahre begann Monin mit dem Export nach Deutschland, und heute ist das Unternehmen neben Riemerschmid der größte Anbieter. Neben den klassischen Sirupe produziert Monin auch außergewöhnliche Sorten. So finden sich im Sortiment Sorten wie Hibiskus, Hot Spicy, Lebkuchen, Mojito Mint, Tiramisù und der abgebildete Basilikum.

Saint James Sucre de Cane Die Saint-James-Rumdestillerie auf der französischen Karibikinsel Martinique ist Hersteller dieses Zuckerrohrsirupe.

Rose's Lime Juice ist kein Saft, sondern ein spezieller Limettensirup. Er wurde 1865 entwickelt und war der erste konservierte Fruit Drink seiner Zeit. Ein weiteres Rose's Produkt ist das »Lemon-Squash«, ein Zitronensirup, der noch Fruchtbestandteile enthält. Neu auf dem Markt ist der Rose's »Cranberry Mixer«, der aus konzentriertem Cranberrysaft hergestellt wird.

Coco Tara »Cream of Coconut« wurde erstmals 1948 hergestellt und seit Mitte der 1970er-Jahre auch in Deutschland angeboten. Coco Tara ist die bekannteste und größte Marke.

Sirupe

Baby Piña Colada

4 cl Kokossirup
2 cl Sahne
16 cl Ananassaft

Mit Eiswürfeln im Shaker kräftig schütteln und in ein Longdrinkglas auf einige Eiswürfel oder zerstoßenes Eis abgießen. Ein Ananasstück mit einer Cocktailkirsche an den Glasrand stecken.

Florida

2 cl Maracujasirup
2 cl Zitronensaft
5 cl Ananassaft
5 cl Orangensaft
5 cl Grapefruitsaft

Mit Eiswürfeln im Shaker gut schütteln, in ein großes Longdrinkglas auf einige Eiswürfel abgießen und mit Früchten garnieren. Trinkhalme dazugeben.

Fiesta

2 cl Himbeersirup
8 cl Orangensaft
8 cl Maracujanektar
2 cl Sahne

Mit Eiswürfeln im Shaker gut schütteln, in ein großes Longdrinkglas auf einige Eiswürfel abgießen und mit Früchten garnieren. Trinkhalme dazugeben.

Virgin Colada

2 cl Kokossirup
8 cl Ananassaft
8 cl Orangensaft

Mit Eiswürfeln im Shaker kräftig schütteln und durch das Barsieb in ein Longdrinkglas auf einige Eiswürfel abgießen. Ein Ananasstück mit einer Cocktailkirsche an den Glasrand stecken.

Virgin Cherry

2 cl Vanillesirup
2 cl Amarenakirschsirup
2 cl Sahne
8 cl Ananassaft
8 cl Orangensaft

Mit Eiswürfeln im Shaker kräftig schütteln und durch das Barsieb in ein Longdrinkglas auf einige Eiswürfel abgießen. Mit Ananasstück, Orangenscheibe und Cocktailkirsche garnieren.

Trauben Flip

2 cl Himbeersirup
1 Eigelb
10 cl kalte Milch
10 cl kalter roter Traubensaft

Mit Eiswürfeln im Shaker gut schütteln und in ein Longdrinkglas abgießen.

Franz III.

2 cl Creme of Coconut
1 cl Blue Curaçao Sirup
12 cl Ananassaft

Im Elektromixer gut durchmixen und in ein mit Eiswürfeln gefülltes Longdrinkglas gießen. Mit einem Ananasstück und Cocktailkirschen garnieren.

Fruit Punch

2 cl Mangosirup
4 cl Maracujanektar
4 cl Ananassaft
4 cl Orangensaft
4 cl Grapefruitsaft

Mit Eiswürfeln im Shaker gut schütteln, in ein großes Longdrinkglas auf einige Eiswürfel abgießen und mit Früchten garnieren. Trinkhalme dazugeben.

Sirupe

Pussy Cat

2 cl Cassissirup
6 cl Ananassaft
6 cl Orangensaft
6 cl Grapefruitsaft

Mit Eiswürfeln im Shaker gut schütteln, in ein großes Longdrinkglas auf einige Eiswürfel abgießen und mit Früchten garnieren. Trinkhalme dazugeben.

Tropical

2 cl Mandelsirup
2 cl Pfefferminzsirup
kalte Milch

Mandelextrakt und Pfefferminzsirup in ein Longdrinkglas geben und mit kalter Milch auffüllen.

Florida Flip und Cocoloco (Rezepte auf Seite 216) >

< *Alice*

Alice

1–2 cl Grenadine
2 cl Sahne
8 cl Orangensaft
8 cl Ananassaft

Mit Eiswürfeln im Shaker gut schütteln, in ein großes Fancyglas auf einige Eiswürfel abgießen und mit Früchten garnieren. Trinkhalme dazugeben.

Orange Velvet

1–2 cl Mandelsirup
8 cl Maracujanektar
8 cl Orangensaft
2 cl Sahne

Mit Eiswürfeln im Shaker gut schütteln, in ein großes Longdrinkglas auf einige Eiswürfel abgießen und mit Früchten garnieren. Trinkhalme dazugeben.

Pussy Foot

2 cl Grenadine
6 cl Ananassaft
6 cl Orangensaft
6 cl Grapefruitsaft

Mit Eiswürfeln im Shaker gut schütteln, in ein großes Longdrinkglas auf einige Eiswürfel abgießen und mit Früchten garnieren. Trinkhalme dazugeben.

Kokos-schokolade

2–4 cl Kokossirup
1 Tasse heiße Schokolade
leicht geschlagene Sahne

In ein Stielglas oder eine Tasse die heiße Schokolade geben und den Kokossirup dazugießen. Umrühren und leicht geschlagene Sahne darübergeben. Mit Schokoladenraspel bestreuen.

Mint Cooler

2 cl Pfefferminzsirup
1 cl Zitronensaft
8 cl Orangensaft
8 cl Maracujanektar

Mit Eiswürfeln im Shaker kräftig schütteln und durch das Barsieb in ein Fancyglas auf einige Eiswürfel abgießen. Mit einem Minzezweig verzieren.

Sirupe

Cherry Love

2 cl Pfefferminzsirup
2 cl Kokossirup
16 cl Kirschnektar

Mit Eiswürfeln im Shaker kräftig schütteln und durch das Barsieb in ein Longdrinkglas auf einige Eiswürfel abgießen. Mit frischen Kirschen und einem Minzezweig garnieren.

Exotic Punch

2 cl Mangosirup
4 cl Maracujanektar
4 cl Ananassaft
4 cl Orangensaft
4 cl Grapefruitsaft

Mit Eiswürfeln im Shaker kräftig schütteln und durch das Barsieb in ein Longdrinkglas auf einige Eiswürfel abgießen. Mit Fruchtspieß garnieren.

Summer Feeling

2 cl Cranberrysirup
8 cl Pfirsichnektar
8 cl Ananassaft

Mit Eiswürfeln im Shaker kräftig schütteln und durch das Barsieb in ein großes Glas auf einige Eiswürfel abgießen. Ein Pfirsichstück an den Glasrand stecken.

Cocoloco

2 cl Kokossirup
2 cl Sahne
6 cl Ananassaft
6 cl Orangensaft
6 cl Maracujanektar

Mit Eiswürfeln im Shaker kräftig schütteln und durch das Barsieb in ein Stielglas auf einige Eiswürfel abgießen. Ein Ananasstück mit einer Cocktailkirsche an den Glasrand stecken.

Florida Flip

2 cl Mangosirup
1 Eigelb
einige Tropfen Grenadine
10 cl Orangensaft

Mit Eiswürfeln im Shaker kräftig schütteln und durch das Barsieb in ein Stielglas abgießen. Eine Erdbeere an den Glasrand stecken.

Red Risk

2 cl Erdbeersirup
2 cl Karamellsirup
3 cl Zitronensaft
6 cl Ananassaft
11 cl Orangensaft

Mit Eiswürfeln im Shaker kräftig schütteln und durch das Barsieb in ein großes Stielglas auf einige Eiswürfel abgießen. Mit einem Melonenstück und einer Erdbeere garnieren.

Yellow Boxer

2 cl Mandarinensirup
2 cl Zitronensaft
10 cl Orangensaft
10 cl kaltes Tonic Water

Die Zutaten – ohne Tonic Water – mit Eiswürfeln im Shaker kräftig schütteln und durch das Barsieb in ein Longdrinkglas auf einige Eiswürfel abgießen. Mit Tonic Water auffüllen. Mit Mandarinenspalten und Cocktailkirschen garnieren.

Ambra's Spezial

3 cl Vanillesirup
3 cl Karamellsirup
3 cl Sahne
8 cl Pfirsichnektar
5 cl Orangensaft

Mit Eiswürfeln im Shaker kräftig schütteln und durch das Barsieb in ein großes Stielglas auf einige Eiswürfel abgießen. Mit einem Ananasstück und einer Cocktailkirsche garnieren.

Pink Banana

2 cl Bananensirup
4 cl Sahne
2 cl Grenadine
12 cl Maracujanektar

Im Shaker mit einigen Eiswürfeln gut schütteln und in ein Longdrinkglas auf einige Eiswürfel abgießen. Mit Früchten garnieren.

Red Risk >

Sirupe

Tutti Frutti

4 cl Maracujasirup
6 cl Orangensaft
6 cl Ananassaft
2 cl Sahne

Mit Eiswürfeln im Shaker kräftig schütteln und durch das Barsieb in ein Longdrinkglas auf einige Eiswürfel abgießen. Ein Aprikosenstück mit einer Traube an den Glasrand stecken.

Mango Lady

2 cl Mangosirup
8 cl Orangensaft
10 cl kaltes Bitter Lemon

Den Sirup und den Saft in ein Longdrinkglas mit Eiswürfeln geben. Mit einem Barlöffel gut vermischen und mit kaltem Bitter Lemon auffüllen. Mit einem Mangostück dekorieren.

Flamingo

2 cl Kokossirup
2 cl Erdbeersirup
8 cl Grapefruitsaft
8 cl Orangensaft

Mit Eiswürfeln im Shaker kräftig schütteln und durch das Barsieb in ein großes Stielglas auf einige Eiswürfel abgießen. Mit einer Erdbeere dekorieren.

Red Fruits

2 cl Grenadine
6 cl roter Traubensaft
6 cl Kirschnektar
6 cl Preiselbeernektar

Mit Eiswürfeln im Shaker kräftig schütteln und durch das Barsieb in eine Cocktailschale mit Eiswürfeln abgießen. Einen Spieß mit Trauben und frischen Kirschen über den Glasrand legen.

Red Fruits, Golden Nugget und Cinderella >

Golden Nugget

2 cl Limettensirup
2 cl Zitronensaft
12 cl Maracujanektar

Mit Eiswürfeln im Shaker kräftig schütteln und durch das Barsieb in ein Fancyglas auf einige Eiswürfel abgießen. Eine Limettenscheibe mit einer Kumquat an den Glasrand stecken.

Cinderella

2 cl Kokossirup
1 cl Grenadine
2 cl Sahne
8 cl Ananassaft
8 cl Orangensaft

Mit Eiswürfeln im Shaker kräftig schütteln und durch das Barsieb in ein Fancyglas auf einige Eiswürfel abgießen. Einen Spieß mit Bananenscheiben und Cocktailkirschen über den Glasrand legen.

Summer Cooler

2 cl Limettensirup
8 cl Kirschnektar
kaltes Ginger Ale

Den Limettensirup und den Kirschnektar in ein Longdrinkglas mit Eiswürfeln geben. Mit einem Barlöffel gut vermischen und mit Ginger Ale auffüllen.

Tom und Cherry

2 cl Maracujasirup
4 cl Pfirsichnektar
4 cl Ananassaft
4 cl Kirschnektar
4 cl Sahne

Im Shaker mit Eiswürfeln gut schütteln und in ein Longdrinkglas auf einige Eiswürfel abgießen. Mit Früchten garnieren.

Cocomint

2 cl Pfefferminzsirup
2 cl Kokossirup
1 cl Zitronensaft
8 cl Orangensaft
8 cl Ananassaft

Mit Eiswürfeln im Shaker kräftig schütteln und durch das Barsieb in ein Fancyglas auf einige Eiswürfel abgießen. Mit Minzezweig und Cocktailkirschen garnieren.

Tropicana

2 cl Limettensirup
2 cl Kokossirup
8 cl Kirschnektar
8 cl Bananennektar

Mit Eiswürfeln im Shaker kräftig schütteln und durch das Barsieb in ein Longdrinkglas auf einige Eiswürfel abgießen. Mit einem Spieß aus Bananenscheiben und Cocktailkirschen dekorieren.

Sirupe

Karamell Dream

2 cl Karamellsirup
2 cl Mangosirup
2 cl Zitronensaft
9 cl Maracujanektar
9 cl Tropicalmehrfruchtsaft

Mit Eiswürfeln im Shaker kräftig schütteln und durch das Barsieb in ein Longdrinkglas auf einige Eiswürfel abgießen. Ein Ananasstück mit einer Cocktailkirsche an den Glasrand stecken.

Chiquita Punch

2 cl Bananensirup
2 cl Grenadine
2 cl Sahne
14 cl Orangensaft

Mit Eiswürfeln im Shaker kräftig schütteln und durch das Barsieb in ein Longdrinkglas auf einige Eiswürfel abgießen. Eine Orangenscheibe mit einer Cocktailkirsche an den Glasrand stecken.

Drivers Special

2 cl Mandelsirup
2 cl Blutorangensirup
6 cl Maracujanektar
6 cl Orangensaft
6 cl Ananassaft

Die Zutaten – ohne Blutorangensirup – mit Eiswürfeln im Shaker kräftig schütteln und durch das Barsieb in ein Longdrinkglas auf einige Eiswürfel abgießen. Den Blutorangensirup langsam darübergeben. Mit einem Melonenstück und einer Physalis garnieren.

Californian

2 cl Mangosirup
2 cl Limettensirup
8 cl Orangensaft
8 cl Grapefruitsaft

Mit Eiswürfeln im Shaker kräftig schütteln und durch das Barsieb in ein Longdrinkglas auf einige Eiswürfel abgießen. Mit Limettenscheibe und Cocktailkirsche am Glasrand verzieren.

Rubino

1 cl Grenadine
10 cl roter Traubensaft
10 cl schwarzer Johannisbeernektar

Mit Eiswürfeln im Shaker kräftig schütteln und durch das Barsieb in ein großes Stielglas auf einige Eiswürfel abgießen. Mit einigen roten Trauben dekorieren.

Anita's Love

4 cl Bananensirup
8 cl Maracujanektar
6 cl Ananassaft
2 cl Sahne

Mit Eiswürfeln im Shaker kräftig schütteln und durch das Barsieb in ein Longdrinkglas auf einige Eiswürfel abgießen. Einen Fruchtspieß mit Bananenscheiben und einer Erdbeere über den Glasrand legen.

Cherry Dream

1 cl Grenadine
1 cl Mandelsirup
2 cl Sahne
8 cl Kirschnektar
8 cl Orangensaft

Mit Eiswürfeln im Shaker kräftig schütteln und durch das Barsieb in ein Fancyglas auf einige Eiswürfel abgießen. Mit frischen Kirschen und einem Minzezweig garnieren.

Tropic Love

2 cl Maracujasirup
1 cl Mangosirup
2 cl Erdbeersirup
1 cl Zitronensaft
12 cl Grapefruitsaft

Mit Eiswürfeln im Shaker kräftig schütteln und durch das Barsieb in ein Longdrinkglas auf einige Eiswürfel abgießen. Mit Melone, Aprikose und einer Cocktailkirsche garnieren.

< *Cocomint (Rezept auf Seite 217)*
Rubino, Anita's Love und Cherry Dream >

Sirupe

Mango-Maracuja-Milch

2 cl Mangosirup
10 cl Maracujanektar
8 cl kalte Milch

Mit Eiswürfeln im Shaker kräftig schütteln und durch das Barsieb in ein Longdrinkglas auf einige Eiswürfel abgießen. Mit Mangostücken und einer Erdbeere dekorieren.

Strawberry Kiss

2 cl Erdbeersirup
2 cl Sahne
6 cl Maracujanektar
6 cl Mangonektar
6 cl Orangensaft

Mit Eiswürfeln im Shaker kräftig schütteln und durch das Barsieb in ein Longdrinkglas auf einige Eiswürfel abgießen. Mit einer Erdbeere dekorieren.

Red Weaver

4 cl Amarenakirschsirup
2 cl Limettensirup
4 cl Sahne
7 cl Kirschnektar
7 cl Ananassaft

Mit Eiswürfeln im Shaker kräftig schütteln und durch das Barsieb in ein Fancyglas auf einige Eiswürfel abgießen. Mit einem Melonenstück und einer Physalis garnieren.

Pink Dream

2 cl Cranberrysirup
8 cl Orangensaft
10 cl kaltes Bitter Lemon

Sirup und Saft in ein Longdrinkglas mit Eiswürfeln geben. Mit einem Barlöffel vermischen und mit dem Bitter Lemon auffüllen. Mit einer Orangenscheibe und zwei Cocktailkirschen verzieren.

Brasil Tropical

4 cl Cream of Coconut
2 cl Erdbeersirup
8 cl Grapefruitsaft
6 cl Orangensaft

Im Elektromixer gut durchmixen und in ein mit Eiswürfeln gefülltes Longdrinkglas gießen.

Erdbeercup

einige Erdbeeren
1 cl Erdbeersirup
2 cl Kokossirup
2 cl Sahne
15 cl Ananassaft

Den Rand eines großen Glases mit einem Zitronenviertel befeuchten und in Kokosraspel tupfen. Die Zutaten im Elektromixer mit etwas gestoßenem Eis gut durchmixen und in das Glas gießen. Eine Erdbeere an den Glasrand stecken.

Paulchen

4 cl Maracujasirup
6 cl Grapefruitsaft
10 cl Sauerkirschnektar

In ein Longdrinkglas auf einige Eiswürfel geben und gut rühren. Mit Orangenscheibe und Cocktailkirschen garnieren.

Sirupe

Cocos Mint

1 cl Pfefferminzsirup
4 cl Cream of Coconut
½ Banane
einige Erdbeeren
8 cl kalte Milch
8 cl Orangensaft

Im Elektromixer gut durchmixen und in ein mit Eiswürfeln gefülltes Longdrinkglas gießen. Mit einem Fruchtspieß garnieren. Trinkhalme dazugeben.

Red Weaver ∨

Highway Patrol

2 cl Guavesirup
8 cl Orangensaft
8 cl Ananassaft

Mit Eiswürfeln im Shaker kräftig schütteln und durch das Barsieb in ein Fancyglas auf einige Eiswürfel abgießen.

Green Banana

2 cl Blue Curaçao Sirup
2 cl Bananensirup
16 cl Orangensaft

Mit Eiswürfeln im Shaker kräftig schütteln und durch das Barsieb in eine Cocktailschale abgießen. Mit einem Fruchtspieß aus Bananenscheiben und Cocktailkirschen garnieren.

Red Cat

2 cl Mangosirup
2 cl Blutorangensirup
6 cl Grapefruitsaft
6 cl Ananassaft
6 cl Preiselbeernektar

Mit Eiswürfeln im Shaker kräftig schütteln und durch das Barsieb in ein Fancyglas auf einige Eiswürfel abgießen. Mit einer Scheibe Karambole und einer Physalis garnieren.

Blue Passion

2 cl Blue Curaçao Sirup
2 cl Maracujasirup
16 cl Grapefruitsaft

Mit Eiswürfeln im Shaker kräftig schütteln und durch das Barsieb in ein Longdrinkglas auf einige Eiswürfel abgießen. Mit Grapefruit und grüner Cocktailkirsche verzieren.

Strawberry Kiss (Rezept auf Seite 219) und Highway Patrol ∧

Swimming Pool

2 cl Blue Curaçao Sirup
2 cl Kokossirup
2 cl Sahne
14 cl Ananassaft

Mit Eiswürfeln im Shaker kräftig schütteln und durch das Barsieb in ein Fancyglas auf einige Eiswürfel abgießen. Ein Ananasstück mit einer Cocktailkirsche an den Glasrand stecken.

Mockjito

3 cl Riemerschmid Zitrone-Ingwer-Lemongras-Sirup
2 cl frisch gepresster Limettensaft
2 Barlöffel Rohrzucker
10 cl Mineralwasser
Minzeblätter

Etwa zehn Minzeblätter in einem Longdrinkglas mit einem Holzstößel andrücken und den Rohrzucker dazugeben. Das Glas mit zerstoßenem Eis füllen, Sirup und Limettensaft dazugeben und mit kaltem Mineralwasser auffüllen. Mit einem Minzezweig garnieren.

Sirupe

< Green Banana

Red Cat >

Hanoi

2 cl Riemerschmid Zitrone-
Ingwer-Lemongras-Sirup
1 cl Riemerschmid Mangosirup
2 cl Zitronensaft
10 cl Orangensaft
6 cl kaltes Tonic Water

Alle Zutaten – ohne Tonic Water – im Shaker mit Eiswürfeln schütteln und in ein Longdrinkglas auf einige Eiswürfel abgießen. Mit Tonic Water auffüllen und eine Orangenschalenspirale dazugeben.

Chelsea

3 cl Riemerschmid Sanddorn-
Orange-Sirup
4 cl Rhabarbersaft
4 cl Orangensaft
4 cl Apfelsaft
kaltes Tonic Water

Alle Zutaten – ohne Tonic Water – im Shaker mit Eiswürfeln schütteln und in ein Longdrinkglas auf einige Eiswürfel abgießen. Mit Tonic Water auffüllen und eine Physalis an den Glasrand stecken.

Sprinter

3 cl Riemerschmid Schwarzer-
Holunder-Sirup
2 cl Zitronensaft
6 cl naturtrüber Apfelsaft
4 cl Cranberrynektar

Mit Eiswürfeln im Shaker kräftig schütteln und in ein Longdrinkglas auf zerstoßenes Eis abgießen. Mit Apfelspalten garnieren.

Fruchttraum

½ Limette
2 cl Riemerschmid Sanddorn-
Orange-Sirup
8 cl Apfelsaft
4 cl Cranberrynektar

Die Limette stückeln und in einem Longdrinkglas mit einem Holzstößel ausdrücken. Sirup und Apfelsaft dazugeben und verrühren. Das Glas mit zerstoßenem Eis füllen und den Cranberrynektar dazugießen. Mit einer Apfelspalte garnieren.

Costilla

2 cl Maracujasirup
6 cl Orangensaft
6 cl Maracuja-
nektar
2 cl Sahne
4 cl Himbeermark

Mit Eiswürfeln im Shaker gut schütteln, in ein großes Longdrinkglas auf einige Eiswürfel abgießen. Mit Himbeeren garnieren.

Black Apple

2 cl Riemerschmid Schwarze-
Johannisbeere-Sirup
1 cl Riemerschmid Limettensirup
6 cl naturtrüber Apfelsaft
4 cl Rhabarbersaft

Mit Eiswürfeln im Shaker kräftig schütteln und in ein Longdrinkglas auf zerstoßenes Eis abgießen. Mit Minze und Apfelspalten garnieren.

Italian Summer

1 cl Erdbeersirup
1 cl Mangosirup
1 cl Karamellsirup
2 cl Zitronensaft
12 cl Maracujanektar

Mit Eiswürfeln im Shaker kräftig schütteln und in ein Longdrinkglas auf zerstoßenes Eis abgießen. Mit einer Erdbeere garnieren.

Fruchtsaft

Es ist nicht alles Fruchtsaft, was auf den ersten Blick so aussieht oder schmeckt. Als Fruchtsaft dürfen nur Getränke bezeichnet werden, die Saft aus frischen oder tiefgefrorenen Früchten enthalten. Sie sind stets unverdünnt und bestehen daher zu 100 % aus gepresstem Obst. Hierbei unterscheidet man zwischen naturreinem Fruchtsaft, der erntefrisch gepresst und unmittelbar in die Flasche gefüllt wird, und Fruchtsaft aus Fruchtsaftkonzentrat. Bei Letzterem muss dies auf dem Etikett entsprechend deklariert sein.

Fruchtsaftkonzentraten wird gleich nach dem Pressen im Ursprungsland 50 bis 80 % des natürlichen Fruchtwassers unter Hitze entzogen. Es wird für den Transport tiefgefroren, beim Abfüllen aufgetaut und in der ursprünglichen Menge wieder zugefügt. Hierbei ist eine Zuckerung bis zu 15 Gramm je Liter erlaubt, um eventuellen Fruchtzuckermangel auszugleichen. Naturreine Fruchtsäfte dürfen nicht gezuckert werden.

Die Säfte aus manchen Früchten und Beeren haben von Natur aus ein unausgeglichenes Zucker-Säure-Verhältnis und sind deshalb so nicht genießbar. Sie werden darum zu Fruchtnektar verarbeitet, d. h. in gewissem Umfang mit Zucker und Wasser versetzt. Nektare müssen einen bestimmten Fruchtanteil enthalten. Dieser beträgt zwischen mindestens 25 % wie im schwarzen Johannisbeernektar und 50 % wie in Nektaren aus Äpfeln, Birnen oder Zitrusfrüchten. Fruchtsaftgetränke werden aus kohlensäurehaltigem oder stillem Tafelwasser und Zucker unter Hinzufügung von Fruchtsäften, Fruchtsaftgemischen oder Dicksäften hergestellt. Beim Einkauf von Fruchtsäften lohnt sich also ein Studium der Etiketten. Beim heutigen Stand der Haltbarmachung rückt auch die Frage Frisch- oder Fertigprodukt in den Hintergrund, ganz abgesehen davon, dass sich diese nur bei Zitronen-, Orangen- und Grapefruitsaft stellt. Bei Tomaten-, Trauben- und Apfelsaft sowie exotischen Säften aus Ananas, Maracuja, Mango usw. musste man schon immer auf Fertigprodukte zurückgreifen, und trotzdem – oder gerade deswegen – haben sich weltbekannte Drinks durchgesetzt.

Beim Mixen von alkoholfreien Mixgetränken sind durch das heutige Angebot an Fruchtsäften und -nektaren der Fantasie keine Grenzen gesetzt. In Verbindung mit dem großen Sirupangebot lassen sich Kreationen in allen Geschmacksrichtungen und Farben herstellen. Doch auch hier gilt: nicht nur süße oder säuerliche Säfte verwenden, sondern auf Ausgewogenheit achten. Nicht vergessen sollte man Diät- und Lightprodukte sowie von Reformhäusern angebotene, besonders aufbereitete Säfte und Sirupe. Mit diesen Produkten lassen sich genauso farbenprächtige und wohlschmeckende Mixgetränke herstellen. Mit Früchten wie Orangen, Ananas, Erdbeeren und Cocktailkirschen kann man leckere Garnituren zubereiten. Weitere Früchte wie Kiwi, Maracuja, Mango etc., die ganzjährig angeboten werden, eignen sich zum Pürieren, und ein zurückbehaltener Rest kann zum Garnieren verwendet werden. Die besten Partner der Fruchtsäfte sind Milch, Speiseeis und Sirup. Auch in Verbindung mit entalkoholisierten schäumenden Weinen, mit Mineralwasser und in Bowlen finden Fruchtsäfte vielseitige Verwendung. Die Rezepte auf den folgenden Seiten lassen sich je nach persönlichem Geschmack verändern.

Fruchtsaft

Moon Walker

5 cl Orangensaft
5 cl roter Traubensaft
5 cl Preiselbeernektar
5 cl schwarzer Johannisbeernektar

Mit Eiswürfeln im Shaker kräftig schütteln und durch das Barsieb in ein Longdrinkglas auf einige Eiswürfel abgießen. Mit einer Orangenscheibe und zwei Trauben garnieren.

Florida Sun

2 cl Zitronensaft
5 cl Orangensaft
5 cl Ananassaft
5 cl Grapefruitsaft
2 cl Maracujasirup

Mit Eiswürfeln im Shaker kräftig schütteln und durch das Barsieb in ein Longdrinkglas auf einige Eiswürfel abgießen. Ein Ananasstück mit einer Cocktailkirsche an den Glasrand stecken.

Dream of Granada

2 cl Kokossirup
2 cl Grenadine
4 cl Sahne
12 cl Ananassaft

Im Shaker mit einigen Eiswürfeln gut schütteln und in ein Longdrinkglas auf einige Eiswürfel abgießen. Mit einem Fruchtspieß garnieren.

Sweety

2 cl Bananensirup
12 cl Ananassaft
2 cl Kokossirup

Im Shaker mit einigen Eiswürfeln gut schütteln und in ein Longdrinkglas auf einige Eiswürfel abgießen. Mit einem Fruchtspieß garnieren.

Speedy Gonzales

2 cl Blue Curaçao Sirup
6 cl Maracujanektar
6 cl Grapefruitsaft
6 cl Bananennektar

Im Shaker mit einigen Eiswürfeln gut schütteln und in ein Longdrinkglas auf einige Eiswürfel abgießen. Mit einem Fruchtspieß garnieren.

Tahiti

2 cl Kokossirup
4 cl Maracujanektar
6 cl Bananennektar
6 cl Ananassaft

Im Shaker mit Eiswürfeln gut schütteln und in ein Longdrinkglas auf einige Eiswürfel abgießen. Mit einem Fruchtspieß garnieren.

Green Dreams

2 cl Pfefferminzsirup
6 cl Orangensaft
6 cl Ananassaft
6 cl Maracujanektar

Im Shaker mit Eiswürfeln gut schütteln und in ein Longdrinkglas auf einige Eiswürfel abgießen. Mit einem Fruchtspieß garnieren.

Mish Mash

2 cl Kokossirup
6 cl Orangensaft
6 cl Ananassaft
6 cl Grapefruitsaft

Im Shaker mit Eiswürfeln gut schütteln und in ein Longdrinkglas auf einige Eiswürfel abgießen. Mit einer Orangenscheibe und Cocktailkirschen garnieren.

Blaue Nuss

1 cl Blue Curaçao Sirup
2 cl Kokossirup
2 cl Zitronensaft
12 cl Ananassaft

Im Shaker mit einigen Eiswürfeln gut schütteln und in ein Longdrinkglas auf einige Eiswürfel abgießen oder direkt im Glas anrichten. Mit einem Fruchtspieß aus Ananasstücken, Zitronenscheiben und Cocktailkirschen garnieren.

Summertime

4 cl Maracujasirup
4 cl Zitronensaft
6 cl Ananassaft
6 cl Orangensaft

Im Shaker mit einigen Eiswürfeln gut schütteln und in ein Longdrinkglas auf einige Eiswürfel abgießen.

Trinidad

1 cl Grenadine
8 cl Orangensaft
8 cl Ananassaft
4 cl Cream of Coconut

Im Elektromixer gut durchmixen und in ein mit Eiswürfeln gefülltes Longdrinkglas gießen. Mit Früchten garnieren.

Green Almond
(Rezept auf Seite 224) >

Fruchtsaft

< Blue River

Red Devil

2 cl Kokossirup
2 cl Mandelsirup
12 cl Sauerkirschnektar
Im Shaker mit Eiswürfeln gut schütteln und in ein Longdrinkglas auf einige Eiswürfel abgießen. Mit einem Fruchtspieß garnieren.

Banana-Orange

2 cl Bananensirup
Orangensaft
Den Bananensirup auf einige Eiswürfel in ein Longdrinkglas geben und mit Orangensaft auffüllen. Mit Bananenscheiben und Cocktailkirschen garnieren.

Green Almond

2 cl Blue Curaçao Sirup
2 cl Mandelsirup
8 cl Orangensaft
8 cl Ananassaft
Im Shaker mit Eiswürfeln gut schütteln und in ein Longdrinkglas auf einige Eiswürfel abgießen. Mit einem Karambolestern und einer Cocktailkirsche garnieren.

Blue River

2 cl Blue Curaçao Sirup
8 cl Ananassaft
8 cl Maracujanektar
Im Shaker mit einigen Eiswürfeln gut schütteln und in ein Longdrinkglas auf einige Eiswürfel abgießen. Mit Orangenscheibe und Cocktailkirsche garnieren.

Dolores

2 cl Maracujasirup
2 cl Kokossirup
2 cl Erdbeersirup
kaltes Sodawasser
Die Sirupe in ein Longdrinkglas auf Eiswürfel geben und mit Sodawasser auffüllen. Gut umrühren und mit einem Fruchtspieß garnieren.

Cherry Tea

2 cl Kirschsirup
8 cl Sauerkirschnektar
schwarzer Tee
Den Sirup und den Saft in ein großes Longdrinkglas mit Eiswürfeln geben, mit dem kalten Tee auffüllen und gut rühren.

Green Peach

2 cl Blue Curaçao Sirup
2 cl Orangensirup
2 cl Zitronensaft
10 cl Pfirsichnektar
Im Shaker mit einigen Eiswürfeln gut schütteln und in ein Longdrinkglas auf einige Eiswürfel abgießen.

Crazy Coconut

2 cl Cream of Coconut
1 cl Zitronensaft
6 cl Pfirsichnektar
6 cl Orangensaft
6 cl Ananassaft
Im Elektromixer gut durchmixen und in ein mit Eiswürfeln gefülltes Longdrinkglas gießen. Mit einem Fruchtspieß garnieren.

Fruchtsaft

Drachenblut

8 cl Kirschnektar
8 cl Maracujanektar
2 cl Grenadine
2 cl Zitronensaft

Im Shaker mit einigen Eiswürfeln gut schütteln und in ein Longdrinkglas auf einige Eiswürfel abgießen. Mit Zitronenscheibe sowie Cocktailkirschen garnieren.

Fantasy Island

2 cl Grenadine
8 cl Maracujanektar
kaltes Tonic Water

Sirup und Maracujanektar in ein Longdrinkglas mit Eiswürfeln geben, gut rühren und mit Tonic Water auffüllen.

Athletic

2 cl Cranberrysirup
2 cl Zitronensaft
2 cl Sahne
8 cl roter Traubensaft

Mit einigen Eiswürfeln im Shaker gut schütteln, in ein großes Stielglas abgießen. Mit frischen Trauben garnieren.

Banana-Boat

2 cl Bananensirup
8 cl Grapefruitsaft
8 cl Ananassaft

Im Shaker mit einigen Eiswürfeln gut schütteln und in ein Fancyglas auf einige Eiswürfel abgießen. Mit einem Fruchtspieß garnieren.

Green Widow

16 cl Orangensaft
1 cl Bananensirup
2 cl Blue Curaçao Sirup

Mit Eiswürfeln im Shaker kräftig schütteln und durch das Barsieb in einen großen Tumbler auf einige Eiswürfel abgießen. Eine halbe Orangenscheibe dazugeben.

Virgin Mary

1 cl Zitronensaft
frisch gemahlener Pfeffer
Selleriesalz
2 Spritzer Tabasco
3–5 Spritzer Worcestershiresauce
20 cl Tomatensaft

In ein Longdrinkglas auf einige Eiswürfel die Gewürze und den Zitronensaft geben, mit dem Tomatensaft auffüllen und gut rühren.

Calimero

8 cl Orangensaft
8 cl Grapefruitsaft
2 cl Kokossirup
1 cl Blue Curaçao Sirup

Mit Eiswürfeln im Shaker schütteln und in einen Tumbler abgießen.

Yellow Coconut

2 cl Bananensirup
2 cl Cream of Coconut
12 cl Ananassaft

Im Elektromixer gut durchmixen und in ein mit Eiswürfeln gefülltes Longdrinkglas gießen. Mit einem Fruchtspieß aus Bananenscheiben und Cocktailkirschen garnieren.

< Athletic
Banana-Boat, Virgin Mary und Green Widow >

Fruchtsaft

Blue Coconut

1 cl Blue Curaçao Sirup
1 cl Cream of Coconut
1 cl Bananensirup
12 cl Orangensaft

Im Elektromixer gut durchmixen und in ein mit Eiswürfeln gefülltes Longdrinkglas gießen. Mit Früchten garnieren.

Sweet Bear

2 cl Maracujasirup
2 cl Cream of Coconut
2 cl Zitronensaft
10 cl Orangensaft

Im Elektromixer gut durchmixen und in ein mit Eiswürfeln gefülltes Longdrinkglas gießen.

Banana Jack

8 cl Bananennektar
8 cl Orangensaft
2 cl Zitronensaft
1 cl Grenadine

Im Shaker mit einigen Eiswürfeln kräftig schütteln und in ein großes Longdrinkglas auf einige Eiswürfel abgießen. Mit einem Fruchtspieß aus Bananenstücken und Cocktailkirschen garnieren.

Caribbean Dream

1 cl Pfefferminzsirup
2 cl Zitronensaft
8 cl Orangensaft
8 cl Maracujanektar

Im Shaker mit einigen Eiswürfeln gut schütteln und in ein Longdrinkglas auf einige Eiswürfel abgießen. Mit einem Fruchtspieß garnieren.

Bora Bora

2 cl Cream of Coconut
4 cl Bananennektar
6 cl Ananassaft
4 cl Maracujanektar

Im Elektromixer gut durchmixen und in ein mit Eiswürfeln gefülltes Fancyglas gießen. Mit einem Fruchtspieß garnieren.

Smoothie

2 cl Cream of Coconut
8 cl Kirschnektar
8 cl Aprikosennektar

Im Elektromixer gut durchmixen und in ein mit Eiswürfeln gefülltes Fancyglas gießen. Mit Früchten garnieren.

Minznuss

2 cl Cream of Coconut
2 cl Pfefferminzsirup
6 cl Orangensaft
6 cl Ananassaft

Im Elektromixer gut durchmixen und in ein mit Eiswürfeln gefülltes Longdrinkglas gießen.

< Bora Bora und Smoothie

Car Driver

½ Banane
4 cl Sahne
8 cl Pfirsichnektar
8 cl Maracujanektar

Im Elektromixer gut durchmixen und in ein mit Eiswürfeln gefülltes Longdrinkglas gießen. Mit einem Fruchtspieß garnieren.

Cherry Mary

4 cl Amarenakirschsirup
4 cl Zitronensaft
10 cl Orangensaft

Im Shaker mit Eiswürfeln gut schütteln und in ein großes Stielglas abgießen. Mit Orangenscheibe und Cocktailkirsche garnieren.

Smooth Pineapple

½ Scheibe Ananas
4 cl Sahne
8 cl Ananassaft
8 cl Pfirsichnektar

Im Elektromixer gut durchmixen und in ein mit Eiswürfeln gefülltes Longdrinkglas gießen.

Glacier Express

4 cl Rose's Lime Juice
2 cl Zitronensaft
12 cl Grapefruitsaft

Im Shaker mit einigen Eiswürfeln gut schütteln und in ein Longdrinkglas auf einige Eiswürfel abgießen. Eine Zitronenscheibe an den Glasrand stecken.

Fruchtsaft

San Juan Punch

½ Scheibe Ananas
einige Erdbeeren
4 cl Zitronensaft
8 cl Orangensaft

Im Elektromixer gut durchmixen und in ein mit Eiswürfeln gefülltes Longdrinkglas gießen.

Grüne Orange

1 cl Blue Curaçao Sirup
1 cl Bananensirup
4 cl Sahne
8 cl Orangensaft

Im Shaker mit einigen Eiswürfeln gut schütteln und in ein Longdrinkglas auf einige Eiswürfel abgießen. Mit Früchten garnieren.

Happy Strawberry

2 cl Kokossirup
8 cl Orangensaft
3 Erdbeeren

Den Rand einer Cocktailschale in einem Zitronenviertel drehen und in eine mit Kokosraspel gefüllte Schale tupfen. Die Zutaten im Elektromixer mit Eis gut durchmixen und in das vorbereitete Glas gießen. Eine Erdbeere an den Glasrand stecken.

Cherry Moon

8 cl Kirschnektar
4 cl Aprikosennektar
kaltes Tonic Water

In ein Longdrinkglas auf Eiswürfel die Säfte geben und mit Tonic Water auffüllen. Mit einem Aprikosenstück und einer Cocktailkirsche garnieren.

Flamingo Cooler

2 cl Kokossirup
2 cl Erdbeersirup
12 cl Grapefruitsaft

Im Shaker mit einigen Eiswürfeln gut schütteln und in ein Longdrinkglas auf einige Eiswürfel abgießen. Mit Erdbeeren garnieren.

Sunrise

2 cl Kokossirup
10 cl Ananassaft
2 cl Zitronensaft
2 cl Kirschsirup

Ein Longdrinkglas mit gestoßenem Eis füllen. Kokossirup, Ananassaft und Zitronensaft im Shaker mit Eiswürfeln gut schütteln und abgießen. Den Kirschsirup langsam dazugießen. Mit einem Trinkhalm servieren.

Yellow Bear

4 cl Rose's Lime Juice
2 cl Zitronensaft
12 cl Maracujanektar

Im Shaker mit einigen Eiswürfeln gut schütteln und in ein Fancyglas auf einige Eiswürfel abgießen. Mit einer Pfirsichscheibe und einer grünen Cocktailkirsche garnieren.

Almond Colada

2 cl Mandelsirup
2 cl Kokossirup
1 cl Zitronensaft
14 cl Ananassaft

Im Shaker mit einigen Eiswürfeln gut schütteln und in ein Longdrinkglas auf einige Eiswürfel abgießen. Mit Früchten garnieren.

Pink Colada

2 cl Grenadine
2 cl Cream of Coconut
2 cl Sahne
10 cl Ananassaft

Im Elektromixer gut durchmixen und in ein mit gestoßenem Eis halb gefülltes Longdrinkglas gießen. Mit einem Pfefferminzzweig garnieren.

Red Sky

4 cl Rose's Lime Juice
6 cl Ananassaft
10 cl Kirschnektar

In ein Longdrinkglas auf einige Eiswürfel geben und gut rühren.

Summernight

4 cl Rose's Lime Juice
4 cl Zitronensaft
4 cl Johannisbeernektar
12 cl Ananassaft

In ein Longdrinkglas auf einige Eiswürfel geben und gut rühren. Mit einer Zitronenscheibe und Johannisbeeren garnieren.

Miami Vice

½ Banane
½ Scheibe Ananas
1 TL Traubenzucker
2 cl Zitronensaft
10 cl Ananassaft

Im Elektromixer gut durchmixen und in ein mit Eiswürfeln gefülltes Longdrinkglas gießen. Mit Früchten garnieren.

Yellow Bear >

Fruchtsaft

< Daisy

Grasshopper

2 cl Pfefferminzsirup
2 cl Cream of Coconut
12 cl Ananassaft

Im Elektromixer gut durchmixen und in ein mit Eiswürfeln gefülltes Longdrinkglas gießen. Mit einem Minzezweig garnieren.

Düsentrieb

2 cl Erdbeersirup
6 cl Pfirsichnektar
2 cl Zitronensaft
6 cl Orangensaft
6 cl Ananassaft

Im Shaker mit einigen Eiswürfeln gut schütteln und in ein Longdrinkglas auf einige Eiswürfel abgießen. Mit einem Fruchtspieß garnieren.

Daisy

8 cl Pfirsichnektar
4 cl Maracujanektar
4 cl Orangensaft
4 cl Birnennektar

Im Shaker mit einigen Eiswürfeln gut schütteln und in ein Fancyglas auf einige Eiswürfel abgießen. Mit einem Fruchtspieß garnieren.

Banana Lips

4 cl Bananensirup
8 cl Bananennektar
8 cl Grapefruitsaft

Im Shaker mit einigen Eiswürfeln gut schütteln und in ein Longdrinkglas auf einige Eiswürfel abgießen. Mit einem Fruchtspieß garnieren.

Orient Express

2 cl Zitronensaft
8 cl Bananennektar
10 cl Mangonektar

Im Shaker mit einigen Eiswürfeln gut schütteln und in ein Longdrinkglas auf einige Eiswürfel abgießen. Mit Früchten garnieren.

Banana Baby

6 cl Bananennektar
6 cl Maracujanektar
6 cl Ananassaft
2 cl Sahne

Im Shaker mit einigen Eiswürfeln gut schütteln und in ein Longdrinkglas auf einige Eiswürfel abgießen.

Orange Sunrise

2 cl Rose's Lime Juice
10 cl Orangensaft
1 cl Grenadine

Im Shaker mit Eiswürfeln gut schütteln und in ein Longdrinkglas auf einige Eiswürfel abgießen. Grenadine langsam dazugießen.

Cherry Bliss

10 cl Sauerkirschnektar
4 cl Orangensaft
kaltes Mineralwasser

Säfte in ein Longdrinkglas mit Eiswürfeln geben, gut rühren und mit Mineralwasser auffüllen.

Rosenrot

2 cl Erdbeersirup
6 cl Grapefruitsaft
12 cl Kirschnektar

In ein Longdrinkglas auf einige Eiswürfel geben und gut rühren. Einen Fruchtspieß über das Glas legen.

Balu Bear

2 cl Grenadine
2 cl Zitronensaft
8 cl Maracujanektar
8 cl roter Traubensaft

Im Shaker mit einigen Eiswürfeln gut schütteln und in ein Fancyglas auf einige Eiswürfel abgießen.

Banana Girl

2 cl Bananensirup
2 cl Cream of Coconut
8 cl Orangensaft
kaltes Bitter Lemon

Cream of Coconut, Sirup und Saft im Elektromixer gut durchmixen und in ein mit Eiswürfeln gefülltes Longdrinkglas gießen. Mit Bitter Lemon auffüllen und leicht umrühren. Mit einem Fruchtspieß garnieren.

Fruchtsaft

Mint Garden

1 cl Pfefferminzsirup
2 cl Zitronensaft
6 cl Ananassaft
6 cl Maracujanektar
6 cl Mangonektar

Im Shaker mit einigen Eiswürfeln gut schütteln und in ein Longdrinkglas auf einige Eiswürfel abgießen. Mit einem Fruchtspieß garnieren.

Orange Sunrise und Cherry Bliss ∨

China Velvet

3 Litschis (Dosenfrüchte) und etwas Saft
8 cl Apfelsaft
8 cl Preiselbeernektar
2 cl Cranberrysirup

Die Zutaten mit etwas Crushed Ice im Elektromixer mixen. Dann in ein großes Glas auf Crushed Ice abgießen und mit einem Barlöffel umrühren. Eine frische Litschi an den Glasrand stecken. Zwei dicke Trinkhalme dazugeben.

Yogi Bear

1 cl Blue Curaçao Sirup
6 cl Grapefruitsaft
6 cl Birnennektar
6 cl Bananennektar

Im Shaker mit einigen Eiswürfeln gut schütteln und in ein Longdrinkglas auf einige Eiswürfel abgießen. Mit Früchten garnieren.

Salve Salvia

½ Limette
2 Scheiben Ingwer
4 Salbeiblätter
2 Erdbeeren
2 Barlöffel brauner Zucker
4 cl Ananassaft
4 cl Orangensaft
4 cl Mangonektar

Die Limette zerteilen und mit den Ingwerscheiben, Salbeiblättern und dem Zucker in einen Tumbler geben. Mit einem Holzstößel zerdrücken, zerstoßenes Eis, die Säfte und eine zerteilte Erdbeere dazugeben und mit einem Barlöffel gut vermischen. Mit einer Erdbeere garnieren.

Apple Cooler

½ Banane
5 Erdbeeren
15 cl Apfelsaft

Die Banane schälen. Die Erdbeeren waschen und die Stiele auszupfen. Zusammen mit dem Saft und etwas Crushed Ice im Elektromixer gut durchmixen. In ein großes Glas auf Crushed Ice abgießen und mit einem Barlöffel umrühren. Eine Erdbeere an den Glasrand stecken. Zwei dicke Trinkhalme dazugeben.

Balu Bear ∧

Tiptop

½ Banane
5 Erdbeeren
2 cl Bananensirup
14 cl Pink-Grapefruit-Saft

Die Banane schälen. Die Erdbeeren waschen und die Stiele auszupfen. Zusammen mit Sirup und Saft mit etwas Crushed Ice im Elektromixer gut durchmixen. In ein großes Glas auf Crushed Ice abgießen und mit einem Barlöffel umrühren. Einen Spieß mit Bananenscheiben und eine Erdbeere über den Glasrand legen. Zwei dicke Trinkhalme dazugeben.

Mineralwässer & Limonaden

Die Vielzahl der Mineralwässer und Limonaden mit ihren unterschiedlichen Zusammensetzungen bereichern das Angebot an alkoholfreien Longdrinks um viele reizvolle Möglichkeiten. Ob Mineralwasser nun mit einem Sirup »parfümiert« oder eine gelungene Mischung von Sirup und Säften mit Mineralwasser verlängert wird – es sind auf alle Fälle leichte, fruchtige Getränke, die dem Körper Mineralstoffe und Vitamine zuführen und nicht nur an heißen Sommertagen äußerst beliebt sind. Das Angebot an Mineralwässern und Limonaden ist so groß, dass man auf deren Unterschiede eingehen sollte.

Mineralwasser

Mineralwasser sprudelt in Deutschland aus über 400 natürlichen und künstlich erschlossenen Quellen. Ständig sickert Wasser von oben durch die Gesteinsschichten, wird dabei auf natürliche Weise gefiltert, gereinigt und zugleich mit Mineralstoffen, Spurenelementen und Kohlensäure angereichert.

Neben der Herkunft bestimmen noch andere Faktoren den Geschmack, die Zusammensetzung und die Heilwirkung des Wassers. Es kommt darauf an, ab es naturbelassen oder bearbeitet worden ist. Außerdem gibt es noch Quell- und Tafelwasser, dessen Herkunft nicht auf eine Quelle oder eine Wasserart beschränkt ist. Natürliches Mineralwasser ist Wasser, das aus einer einzigen unterirdischen Quelle stammt. Grundsätzlich muss es seine ursprüngliche Reinheit und die für diese Quelle typischen Merkmale behalten. Aufgrund seines Gehalts an Mineralien und Spurenelementen hat es günstige ernährungsphysiologische Wirkungen. Mit Ausnahme von Kohlensäure darf ihm nichts zugesetzt und nur aus geschmacklichen Gründen und der Bekömmlichkeit wegen Kohlensäure, Eisen sowie Schwefel entzogen werden. Dies muss auf dem Etikett vermerkt sein.

Enteisent bedeutet: Stark eisenhaltigem Wasser wurde ein Teil des Eisens entzogen. Das Wasser wird so wieder klar.

Entschwefelt muss das Mineralwasser werden, wenn es stark schwefelhaltige Verbindungen enthält.

Ohne Kohlensäurezusatz bedeutet einfach »natürliches Mineralwasser«. Manche sind kohlensäurearm oder fast kohlensäurefrei.

Kohlensäure entzogen: Entzieht man dem Mineralwasser die Kohlensäure, so muss dies vermerkt sein.

Mit Kohlensäure versetzt wird Mineralwasser, da bei der Gewinnung natürliche Kohlensäure entweicht.

Heilwasser ist ebenfalls natürliches Mineralwasser aus natürlichen Quellen, dem bestimmte Heilwirkungen nachgewiesen wurden. Es darf nichts entzogen und nichts hinzugefügt werden. Heilwässer unterliegen dem Arzneimittelgesetz.

Tafelwasser ist ein künstlich hergestelltes Gemisch aus verschiedenen Wasserqualitäten: Trinkwasser, Mineralwasser und Quellwasser werden gemischt.

Mineralwässer & Limonaden

Sodawasser bezeichnet ein Tafelwasser, das mindestens 570 Milligramm Natriumhydrogencarbonat (Natron) und Kohlensäure enthalten muss.

Limonaden

Der Name Limonade stammt von der Limone. Früher verstand man darunter nichts anderes als Zitronensaft mit Wasser und Zucker. Im Allgemeinen werden Limonaden aus natürlichen Aromastoffen, Fruchtauszügen, Zucker, Genusssäuren, Trink- oder Mineralwasser hergestellt. Der Zuckergehalt beträgt mindestens 7 %. Wenn natürliche Farbstoffe zugesetzt werden, muss auf dem Flaschenetikett der Hinweis »gefärbt« stehen.

Tonic Water gehört zu den Limonaden, und zwar zu den klaren Limonaden mit natürlichen Zitrusauszügen und einem Zusatz von höchstens 0,085 Gramm Chinin pro Liter. Die Chininbeigabe muss auf dem Etikett deklariert werden.

Bitter Lemon und andere Bittergetränke sind Limonaden, die mit den entsprechenden Fruchtauszügen und immer mit einem Bitteraroma hergestellt werden, das meist von einem Chininzusatz oder von bestimmten Kräutern stammt.

Koffeinhaltige Limonaden enthalten 65 bis 250 Milligramm Koffein pro Liter neben sonstigen Frucht- oder Pflanzenauszügen, meist von der Kolanuss. Ihre bräunliche Färbung stammt vom Zuckerkulör. »Koffeinhaltig« muss angegeben sein.

Brausen gelten als »nachgemachte Limonaden« und enthalten statt natürlichen künstliche Essenzen und Farbstoffe.

Limonaden gibt es auch kalorienreduziert: Die Bezeichnung »light« ist von den Verordnungen nicht näher definiert. Sie darf bei Erfrischungsgetränken nur zusammen mit der Angabe »kalorienarm« bzw. »kalorienreduziert« verwendet werden. Diese Limonaden haben mindestens 40 % weniger Kalorien.

Bei diätetischen Erfrischungsgetränken sind nur ganz bestimmte Süßstoffe zugelassen. Sie sind eine eigenständige Getränkegattung.

Cranberry Cooler >

Summer Collins

3 cl Ginsirup
1 cl Cranberrysirup
2 cl Zitronensaft
4 cl Orangensaft
10 cl Bitter Lemon

Die Sirupe und Zitronen- und Orangensaft in ein großes Glas auf einige Eiswürfel geben. Mit einem Barlöffel gut vermischen, mit kaltem Bitter Lemon auffüllen. Eine halbe Orangenscheibe und zwei Cocktailkirschen dazugeben.

Apricot Lady

2 cl Aprikosensirup
8 cl Orangensaft
10 cl Bitter Lemon

Den Aprikosensirup und den Orangensaft in ein Longdrinkglas auf einige Eiswürfel geben. Mit einem Barlöffel gut vermischen und mit kaltem Bitter Lemon auffüllen. Eine Aprikosen- oder Orangenscheibe an den Glasrand stecken.

Cranberry Cooler

10 cl Preiselbeernektar
5 cl Apfelsaft
einige Tropfen Zitronensaft
Mineralwasser mit Kohlensäure
Zitronenschalenspirale (unbehandelt)

In ein Longdrinkglas einige Eiswürfel und die Zitronenschalenspirale geben. Die Säfte dazugießen und mit kaltem Mineralwasser auffüllen. Mit einem Barlöffel gut vermischen.

Cool Strawberry

2 cl Erdbeersirup
1 cl Zitronensaft
8 cl Maracujanektar
10 cl Bitter Lemon

Den Sirup und die Säfte mit Eiswürfeln im Shaker schütteln und in ein großes Glas auf Crushed Ice abgießen. Mit kaltem Bitter Lemon auffüllen und mit einem Barlöffel umrühren. Eine Erdbeere an den Glasrand stecken.

Mineralwässer & Limonaden

Blue Boat

4 cl Blue Curaçao Sirup
2 cl Zitronensaft
4 cl Orangensaft
kaltes Mineralwasser

Sirup und Säfte in ein Longdrinkglas mit Eiswürfeln geben, gut rühren und mit Mineralwasser auffüllen. Mit Früchten garnieren.

Red Angel

2 cl Rose's Lime Juice
8 cl roter Traubensaft
kaltes Bitter Lemon

Sirup und Saft in ein Longdrinkglas mit Eiswürfeln geben, gut rühren und mit Bitter Lemon auffüllen. Mit blauen Trauben garnieren.

Mickey Mouse

kaltes Cola
1 Kugel Vanilleeis
steif geschlagene Sahne

In ein Longdrinkglas auf Eiswürfel das Cola gießen und das Vanilleeis dazugeben. Die Sahne als Haube daraufsetzen, mit einem langstieligen Löffel und Trinkhalm servieren.

Full House

2 cl Grenadine
4 cl Grapefruitsaft
4 cl Bananennektar
4 cl Pfirsichnektar
kaltes Tonic Water

Grenadine und Säfte im Shaker mit einigen Eiswürfeln gut schütteln und in ein Longdrinkglas auf Eiswürfel abgießen. Mit Tonic Water auffüllen und mit Früchten garnieren.

Azzurro Notte

2 cl Mandelsirup
2 cl Blue Curaçao Sirup
4 cl Zitronensaft
kaltes Mineralwasser

Sirupe und Saft in ein Fancyglas mit Eiswürfeln geben, gut rühren und mit Mineralwasser auffüllen. Mit einer Zitronenschalenspirale garnieren.

Mint und Maunz

2 cl Pfefferminzsirup
4 cl Grapefruitsaft
kaltes Ginger Ale

Sirup und Saft in ein Longdrinkglas mit Eiswürfeln geben, gut rühren und mit Ginger Ale auffüllen.

Snake River

2 cl Maracujasirup
6 cl Grapefruitsaft
kaltes Bitter Lemon

Sirup und Saft in ein Longdrinkglas mit Eiswürfeln geben, gut rühren und mit Bitter Lemon auffüllen.

Muddy River

2 cl Ananassirup
2 cl Zitronensaft
kaltes Ginger Ale

Sirup und Saft in ein Longdrinkglas mit Eiswürfeln geben, gut rühren und mit Ginger Ale auffüllen.

Curaçao Tonic

4 cl Blue Curaçao Sirup
kaltes Tonic Water

Sirup in ein Longdrinkglas auf Eiswürfel geben und mit Tonic Water auffüllen. Leicht umrühren.

Softie

4 cl Zitronensaft
4 cl Orangensaft
4 cl Maracujasirup
kaltes Mineralwasser

Sirup und Säfte in ein Longdrinkglas mit Eiswürfeln geben, rühren und mit Mineralwasser auffüllen.

Grenadine Soda

4 cl Grenadine
kaltes Sodawasser

Grenadine in ein Longdrinkglas mit Eiswürfeln geben, mit Sodawasser auffüllen und gut aufrühren.

Azzurro Notte >

Mineralwässer & Limonaden

Limettenspritzer

4 cl Limettensirup
kaltes Mineralwasser mit Kohlensäure

Den Limettensirup in ein Longdrinkglas auf Eiswürfel geben und mit dem Mineralwasser auffüllen. Eine Limettenscheibe dazugeben.

Strawberry Cooler

2 cl Erdbeersirup
1 cl Zitronensaft
8 cl Tropicalmehrfruchtsaft
kaltes Bitter Lemon

Die Zutaten – ohne Bitter Lemon – mit Eiswürfeln im Shaker schütteln und durch das Barsieb in ein Longdrinkglas auf Eiswürfel abgießen. Mit Bitter Lemon auffüllen.

Yellow Fox

2 cl Maracujasirup
2 cl Zitronensaft
6 cl Ananassaft
kaltes Mineralwasser

Sirup und Säfte in ein Longdrinkglas mit Eiswürfeln geben, gut rühren und mit Mineralwasser auffüllen.

Fruit Highball

1 cl Grenadine
2 cl Rose's Lime Juice
4 cl Grapefruitsaft
6 cl Orangensaft
kaltes Mineralwasser

Sirup und Säfte in ein Longdrinkglas mit Eiswürfeln geben, gut rühren und mit Mineralwasser auffüllen. Mit einer Zitronenschalenspirale garnieren.

Ipanema

1 Limette
2–3 Barlöffel brauner Rohrzucker
kaltes Ginger Ale

Die Limette in acht Teile schneiden und in einen großen Tumbler geben. Mit einem Holzstößel ausdrücken, den Rohrzucker dazugeben und mit einem Barlöffel gut vermischen. Das Glas zur Hälfte mit Crushed Ice füllen und mit kaltem Ginger Ale aufgießen. Mit dem Barlöffel nochmals umrühren.

Kirsch Tonic

2 cl Limettensirup
10 cl kalter Kirschnektar
kaltes Tonic Water

Den Sirup und den Kirschnektar in ein Longdrinkglas mit Eiswürfeln geben. Mit einem Barlöffel gut vermischen und mit Tonic Water auffüllen. Mit einer Limettenscheibe und frischen Kirschen garnieren.

Sparkling Mango

2 cl Mangosirup
8 cl Maracujanektar
12 cl Orangenlimonade

Den Mangosirup und den Maracujanektar in ein Longdrinkglas auf einige Eiswürfel geben. Mit einem Barlöffel gut vermischen und mit kalter Orangenlimonade auffüllen. Eine halbe Orangenscheibe dazugeben.

Tommy Collins

6 cl Ginsirup
4 cl Zitronensaft
10 cl kaltes Sodawasser

Den Sirup und den Zitronensaft mit Eiswürfeln im Shaker schütteln und in ein Longdrinkglas auf einige Eiswürfel abgießen. Mit kaltem Sodawasser auffüllen und mit einem Barlöffel umrühren. Eine halbe Zitronenscheibe und zwei Cocktailkirschen dazugeben.

v *Kirsch Tonic, Limettenspritzer und Grenadine Soda*

Eiscreme

Mit Eiscreme lassen sich besonders raffinierte Mixgetränke herstellen, die vor allem im Sommer äußerst erfrischend sind. Das bei Jung und Alt beliebte Speiseeis ist mehr als nur eine süße Nascherei. Es gilt als wertvolles Nahrungsmittel, weil viele Vitamine darin enthalten sind. Der Eiweißgehalt liegt außerdem noch höher als bei der vergleichbaren Menge frischer Trinkmilch.

Das Speiseeis hat eine lange Geschichte. Die Kunst der Zubereitung sollen bereits die Chinesen 3000 v. Chr. beherrscht haben. Im alten Rom ließ Kaiser Nero per Stafette Gipfelschnee kommen und reichte ihn vermischt mit Rosenwasser, Honig und Früchten seinen Gästen als besondere Erfrischung.

Als 1533 Katharina Medici in Florenz den späteren französischen Thronfolger Heinrich II. heiratete, gab es zum Hochzeitsschmaus zartes, dickflüssiges Gefrorenes aus Himbeeren, Orangen und Zitronen. Den größten Einfluss auf dem Weg zum heutigen Speiseeis hatte die fortschreitende Entwicklung der Kühltechnik. Diese bediente sich der Verflüssigung von Ammoniak und ermöglichte schon in der ersten Hälfte des vorigen Jahrhunderts die Herstellung und Lagerung großer Eismengen. Die erste Eiscremefabrik entstand 1851 in Nordamerika. 80 Jahre später konnte man auch in Deutschland das erste industriell hergestellte Speiseeis kaufen. Der Durchbruch beim Verbraucher kam aber erst in den 1950er-Jahren.

Grundlage für die Speiseeisherstellung sind frische Milch, Sahne und andere Molkereiprodukte sowie Zucker. Die Vielfalt des Speiseeises macht eine Einteilung in Gruppen und Sorten schwierig. Die deutsche Speiseeisverordnung unterscheidet sieben Sorten. Innerhalb dieser werden zahlreiche Varianten angeboten, vom Eis am Stiel bis zum Sorbet: Eiscreme ist ein Speiseeis, das durch Homogenisieren, Pasteurisieren und den Gefriervorgang bei niedriger Temperatur hergestellt wird. Es besteht aus Zucker, Milch, Sahne oder Butterreinfett, natürlichen Aromastoffen und Zutaten wie z. B. Nussmark, Kaffee, Kakao und Karamellcreme. Der Milchfettanteil beträgt mindestens 10 %. Die Fruchteiscreme unterliegt dem gleichen Herstellungsverfahren, sie muss jedoch eine geschmacklich ausreichende Menge Fruchtbestandteile und mindestens 8 % Milchfett aufweisen.

Einfacheiscreme unterscheidet sich von Eiscreme nur durch einen deutlich geringeren Gehalt an Milchfett (mindestens 3 %).

Fruchteis besteht aus Zucker, Wasser, frischem Obst, Fruchtfleisch, Obstmark oder -saft sowie aus natürlichen Geschmacks- und Geruchsstoffen. Der Obstanteil muss mindestens 20 % betragen (bei Zitroneneis werden mindestens 10 % Zitronenmark oder -saft verwendet).

Milchspeiseeis zeichnet sich durch einen Milchanteil von mindestens 70 % aus. Es wird aus Zucker, Milch, natürlichen Geschmacks- und Geruchsstoffen hergestellt.

Rahmeis (Sahneeis) enthält mindestens 60 % Schlagsahne, außerdem noch Zucker sowie natürliche Geschmacks- und Geruchsstoffe.

Cremeeis (Eiercremeeis) wird aus Eiern, Zucker, Milch und natürlichen Geschmacks- und Geruchsstoffen hergestellt. Bei Cremeeis werden mindestens 270 Gramm Vollei oder 100 Gramm Eidotter auf 1 Liter Milch verwendet.

Kunstspeiseeis braucht keine der bei den anderen Sorten genannten Mindestanforderungen bezüglich des Gehalts an Ei, Obsterzeugnissen, Schlagsahne oder Milch zu erfüllen.

Eiscreme

Eisengel

1 Kugel Vanilleeis
8 cl Orangensaft
10 cl kalter entalkoholisierter
   schäumender Wein

In eine Schale das Eis und den Orangensaft geben. Mit entalkoholisiertem schäumendem Wein auffüllen. Mit einem langstieligen Löffel und Trinkhalm servieren.

Pfirsich-Eismilch

1 große Kugel Walnusseis
10 cl Pfirsichnektar
10 cl kalte Milch
steif geschlagene Sahne

In einem großen Glas den Saft und die Milch mischen. Die Eiskugel dazugeben und die Sahne als Haube daraufsetzen. Mit einem langstieligen Löffel und Trinkhalm servieren.

Pistazien-Eismilch

1 große Kugel Pistazieneis
20 cl kalte Milch
steif geschlagene Sahne

In ein großes Glas die Milch und die Pistazieneiskugel geben. Die Sahne als Haube daraufsetzen. Mit einem langstieligen Löffel und Trinkhalm servieren.

Birnen-Eismilch

1 Kugel Zitroneneis
10 cl Birnennektar
10 cl kalte Milch
steif geschlagene Sahne

In einem großen Glas den Nektar und die Milch mischen. Die Eisku- geln dazugeben und die Sahne als Haube daraufsetzen. Mit einem langstieligen Löffel und Trinkhalm servieren.

Black Forest Cup

2 EL Sauerkirschen mit etwas Saft
1 Kugel Kirscheis
10 cl kalte Milch
1 cl Kirschsirup
etwas Vanillezucker
steif geschlagene Sahne

Alle Zutaten außer der Sahne im Elektromixer gut durchmixen und in ein großes Glas abgießen. Die Sahne als Haube daraufsetzen und mit Schokoladenraspel bestreuen.

Bananen-Milkshake

½ Banane
20 cl kalte Milch
1 Kugel Vanilleeis
1 EL Honig

Zutaten im Elektromixer gut durchmixen und in ein großes Longdrinkglas gießen.

Schoko-Milkshake

½ Banane
20 cl kalte Milch
4 cl Schokoladensauce
1 Kugel Schokoladeneis

Zutaten im Elektromixer gut durchmixen und in ein großes Longdrinkglas gießen.

Eisengel >

Ananas-Milkshake

1 Scheibe Ananas
20 cl kalte Milch
1 Kugel Ananaseis
2 cl Ananassirup

Zutaten im Elektromixer gut durchmixen und in ein Longdrinkglas gießen.

Mango-Milkshake

einige Mangostücke
20 cl kalte Milch
2 BL Cream of Coconut
1 Kugel Vanilleeis

Zutaten im Elektromixer gut durchmixen und in ein Longdrinkglas gießen.

Coco Dream

1 Kugel Vanilleeis
4 cl Cream of Coconut
20 cl kalte Milch

Zutaten im Elektromixer gut durchmixen und in ein großes Longdrinkglas gießen. Mit Ananas und Cocktailkirsche garnieren.

Erdbeer-Milkshake

5 Erdbeeren
20 cl kalte Milch
4 cl Erdbeersirup
1 Kugel Erdbeereis

Zutaten im Elektromixer gut durchmixen und in ein großes Longdrinkglas gießen. Eine Erdbeere an den Glasrand stecken.

Eiscreme

Sanfter Engel

1 Kugel Vanilleeis
Orangensaft
steif geschlagene Sahne

In ein großes Longdrinkglas das Eis geben, mit dem Orangensaft auffüllen und die Sahne als Haube daraufsetzen. Mit einem langstieligen Löffel und Trinkhalm servieren.

Birnen-Milkshake

½ Williams-Christ-Birne mit etwas Saft (aus der Dose)
20 cl kalte Milch
1 Kugel Vanilleeis

Zutaten im Elektromixer gut durchmixen und in ein Longdrinkglas gießen.

Sweet Rose

1 Kugel Vanilleeis
2 cl Preiselbeersirup
10 cl Kirschnektar

Zutaten im Elektromixer gut durchmixen und in ein großes Longdrinkglas gießen.

Maracujaeis-Cocktail

2 Kugeln Fruchteis nach Wahl (Zitrone, Banane)
Maracujanektar
steif geschlagene Sahne

In ein großes Longdrinkglas das Eis geben, mit dem Maracujanektar auffüllen und die Sahne als Haube daraufsetzen. Mit einem langstieligen Löffel und Trinkhalm servieren.

Eiscocktail Italia

1 Kugel Aprikoseneis
1 Kugel Bananeneis
Pfirsichnektar
steif geschlagene Sahne

In ein großes Longdrinkglas das Eis geben, mit dem Pfirsichnektar auffüllen und die Sahne als Haube daraufsetzen. Mit einem langstieligen Löffel und Trinkhalm servieren.

Mangoeis-Cocktail

2 Kugeln Vanilleeis
Mangonektar
steif geschlagene Sahne

In ein großes Longdrinkglas das Eis geben, mit dem Mangonektar auffüllen und die Sahne als Haube daraufsetzen. Mit einem langstieligen Löffel und Trinkhalm servieren.

Kirscheis-Cocktail

2 Kugeln Vanilleeis
Sauerkirschnektar
steif geschlagene Sahne

In ein großes Longdrinkglas das Eis geben, mit dem Sauerkirschnektar auffüllen und die Sahne als Haube daraufsetzen.

Bananencream

½ Banane
1 Ei
12 cl kalte Milch
1 Kugel Vanilleeis

Zutaten im Elektromixer durchmixen, in ein Longdrinkglas abgießen, mit Schokoladenraspel bestreuen.

Erdbeer Flip

1 Kugel Erdbeereis
4 cl Sahne
4 cl Erdbeersirup
1 Eigelb

Zutaten im Elektromixer gut durchmixen und in ein Stielglas füllen. Eine Erdbeere an den Glasrand stecken.

Eistee

1 große Kugel Vanilleeis
1 Tasse starker kalter Tee
steif geschlagene Sahne
Schokoladenraspel

In ein hohes Glas das Eis geben, mit dem Tee übergießen und die Sahne als Haube daraufsetzen. Mit Schokoladenraspel bestreuen. Mit einem langstieligen Löffel und Trinkhalm servieren.

< *Coco Dream und Erdbeer-Milkshake (Rezepte auf Seite 235)*

Eiscreme

< *Erdbeer Flip und Domino*

Bananas

4 cl Bananensirup
20 cl kalte Milch
1 Kugel Ananaseis
Zutaten im Elektromixer gut durchmixen und in ein Longdrinkglas gießen.

Aprikosen-Shake

1 Kugel Aprikoseneis
4 cl Aprikosensirup
20 cl kalte Milch
Zutaten im Elektromixer gut durchmixen und in ein Longdrinkglas gießen.

Domino

1 Kugel Vanilleeis
2 cl Bananensirup
10 cl Maracujanektar
2 cl Sahne
Zutaten im Elektromixer gut durchmixen und in ein Stielglas gießen. Mit einem Pfirsichstück und einer Cocktailkirsche garnieren.

Ananas-Eismilch

10 cl Ananassaft
10 cl kalte Milch
1 Kugel Vanilleeis
1 Kugel Ananaseis
steif geschlagene Sahne
In einem großen Glas den Saft und die Milch mischen. Die Eiskugeln dazugeben und die Sahne als Haube daraufsetzen. Mit einem langstieligen Löffel und Trinkhalm servieren.

Melonen-Milkshake

einige Melonenbällchen mit etwas Saft (aus der Dose)
20 cl kalte Milch
1 Kugel Vanilleeis
Zutaten im Elektromixer gut durchmixen und in ein Longdrinkglas gießen.

Kirsch Flip

1 Kugel Vanilleeis
4 cl Sahne
4 cl Kirschnektar
1 Eigelb
Zutaten im Elektromixer gut durchmixen und in ein Stielglas füllen.

Trauben-Eismilch

10 cl roter Traubensaft
10 cl kalte Milch
1 große Kugel Vanilleeis
steif geschlagene Sahne
In einem großen Glas den Saft und die Milch mischen. Die Eiskugel dazugeben und die Sahne als Haube daraufsetzen. Mit einem langstieligen Löffel und Trinkhalm servieren.

Maracuja-Milkshake

einige Maracujastücke
20 cl kalte Milch
1 Kugel Maracujaeis
Zutaten im Elektromixer gut durchmixen und in ein Longdrinkglas gießen.

Mandarinen-Milkshake

einige Mandarinenstücke mit etwas Saft (aus der Dose)
20 cl kalte Milch
1 Kugel Orangeneis
Zutaten im Elektromixer gut durchmixen und in ein Longdrinkglas gießen.

Blueberry Hill

1 Kugel Vanilleeis
10 cl Heidelbeernektar
kaltes Sodawasser
Das Eis mit dem Heidelbeernektar in ein großes Longdrinkglas geben und mit Sodawasser auffüllen. Mit einem langstieligen Löffel und Trinkhalm servieren.

Eiscreme

Grenadine-Shake

1 Kugel Vanilleeis
2 cl Grenadine
20 cl kalte Milch
Zutaten im Elektromixer gut durchmixen und in ein großes Longdrinkglas gießen. Mit einem Pfefferminzzweig garnieren.

Pfirsich-Shake

1 Kugel Pfirsicheis
4 cl Pfirsichnektar
20 cl kalte Milch
Zutaten im Elektromixer gut durchmixen und in ein großes Longdrinkglas gießen.

Kirsch-Soda

4 cl Kirschsauce
8 cl Sahne
1 Kugel Vanilleeis
kaltes Sodawasser
Kirschsauce mit Sahne und Vanilleeis im Elektromixer gut durchmixen. In ein großes Glas abgießen, mit Sodawasser auffüllen und leicht umrühren.

Blue Moon

2 cl Blue Curaçao Sirup
1 Kugel Vanilleeis
2 cl Sahne
10 cl kalte Milch
Zutaten im Elektromixer gut durchmixen und in ein großes Glas gießen.

< *Kirsch Flip (Rezept auf Seite 237)*

Mocca Flip

1 Kugel Schokoladeneis
4 cl Sahne
4 cl Schokoladensauce
1 Eigelb
Zutaten im Elektromixer gut durchmixen und in ein großes Stielglas füllen.

Eiskaffee Orange

1 große Kugel Orangeneis
1 Tasse starker schwarzer Kaffee
steif geschlagene Sahne
2 cl Orangensirup
Schokoladenraspel
In ein großes Glas das Eis geben, mit dem Kaffee übergießen und die Sahne als Haube daraufsetzen. Den Sirup über das fertige Getränk gießen und mit Schokoladenraspel bestreuen. Mit einem langstieligen Löffel und Trinkhalm servieren.

Stracciatellamilch

2 Kugeln Stracciatellaeis
kalte Milch
steif geschlagene Sahne
Schokoladenraspel
In ein großes Glas die Eiskugeln geben, mit der kalten Milch auffüllen, die Sahne als Haube daraufsetzen und Schokoladenraspel darüberstreuen. Mit einem langstieligen Löffel und Trinkhalm servieren.

Bianca Neve

1 Kugel Vanilleeis
2 cl Mandelsirup
10 cl Ananassaft
Zutaten im Elektromixer gut durchmixen und in ein großes Longdrinkglas gießen.

Mint Leaf

1 Kugel Vanilleeis
2 cl Pfefferminzsirup
20 cl kalte Milch
Zutaten im Elektromixer gut durchmixen und in eine große Cocktailschale gießen. Einige Pfefferminzblätter auf das Getränk geben.

Eiskaffee Cassis

1 große Kugel Johannisbeereis
1 Tasse starker schwarzer Kaffee
steif geschlagene Sahne
2 cl Johannisbeersirup
Schokoladenraspel
In ein großes Glas das Eis geben, mit dem Kaffee übergießen und die Sahne als Haube daraufsetzen. Den Sirup über das fertige Getränk gießen und mit Schokoladenraspel bestreuen. Mit einem langstieligen Löffel und Trinkhalm servieren.

Heidelbeer Shake

200 g tiefgefrorene Heidelbeeren
½ l Buttermilch
2 Kugeln Vanilleeis
2 EL Honig
Die Heidelbeeren nach dem Auftauen mit den anderen Zutaten im Elektromixer gut durchmixen, in zwei Gläser abgießen und mit gehackten Mandeln bestreuen.

Grenadine Flip

1 Kugel Vanilleeis
4 cl Sahne
1 cl Grenadine
1 Eigelb
Zutaten im Elektromixer gut durchmixen und in eine Schale füllen.

Eiscreme

Maracuja-Eismilch

10 cl Maracujanektar
10 cl kalte Milch
1 Kugel Maracujaeis
1 Kugel Vanilleeis
steif geschlagene Sahne

In einem großen Glas den Nektar und die Milch mischen. Die Eiskugeln dazugeben und die Sahne als Haube daraufsetzen. Mit einem Fruchtspieß garnieren. Mit einem langstieligen Löffel und Trinkhalm servieren.

Bananen-Eismilch

20 cl Bananenmilch
1 Kugel Bananeneis
1 Kugel Zitroneneis
steif geschlagene Sahne

Die Milch in ein großes Glas gießen. Die Eiskugeln dazugeben und die Sahne als Haube daraufsetzen. Mit einem Fruchtspieß garnieren. Mit einem langstieligen Löffel und Trinkhalm servieren.

Eiskaffee

1 große Kugel Vanilleeis
1 Tasse kalter schwarzer Kaffee
steif geschlagene Sahne
Schokoladenraspel

In ein hohes Stielglas das Vanilleeis geben, mit dem Kaffee übergießen und die Sahne als Haube daraufsetzen. Schokoladenraspel darüberstreuen. Mit einem langstieligen Löffel und Trinkhalm servieren.

Kokos Flip

1 Kugel Ananaseis
4 cl Sahne
4 cl Kokossirup
1 Eigelb

Zutaten im Elektromixer gut durchmixen und in ein großes Stielglas füllen.

Waldmeister Flip

1 Kugel Vanilleeis
4 cl Sahne
4 cl Waldmeistersirup
1 Eigelb

Zutaten im Elektromixer gut durchmixen und in ein großes Stielglas füllen.

Zitronen Flip

1 Kugel Vanilleeis
4 cl Sahne
2 cl Zitronensaft
1 Eigelb

Zutaten im Elektromixer gut durchmixen und in ein großes Stielglas füllen.

Orangen Flip

1 Kugel Vanilleeis
4 cl Sahne
4 cl Orangensaft
1 Eigelb

Zutaten im Elektromixer gut durchmixen und in ein großes Stielglas füllen.

Ananas Flip

1 Kugel Ananaseis
4 cl Sahne
4 cl Ananassirup
1 Eigelb

Zutaten im Elektromixer gut durchmixen und in ein großes Stielglas füllen.

Cherry Soda

1 Kugel Vanilleeis
10 cl Kirschsaft
kaltes Sodawasser

Das Eis mit dem Kirschsaft in ein großes Longdrinkglas geben und mit Sodawasser auffüllen.

Mandel-Eiskaffee

2 Kugeln Nusseis
1 Tasse kalter schwarzer Kaffee
steif geschlagene Sahne
2 cl Mandelsirup
Mandelsplitter

In ein großes Glas das Nusseis geben, mit dem Kaffee übergießen und die Sahne als Haube daraufsetzen. Den Mandelsirup über das fertige Getränk gießen. Mit Mandelsplittern bestreuen. Mit einem langstieligen Löffel und Trinkhalm servieren.

< *Grenadine Flip und Bananen-Eismilch*

Milch

Seit Urzeiten gilt die Milch als wichtiges Grundnahrungsmittel des Menschen. Heute ist dieser ganz besondere Saft so aktuell wie nie zuvor. Umfragen haben ergeben, dass nahezu 90 % unserer Bevölkerung positiv zur Milch stehen und sie für unentbehrlich in der menschlichen Ernährung halten.

Die Erkenntnis, dass gerade in unserer modernen Industriegesellschaft mit ihren vielfältigen Belastungen das Naturprodukt Milch von großem Wert ist, mag die Ursache dafür sein, dass der Verbrauch an Milch und Milcherzeugnissen stetig ansteigt.

Milch ist nicht nur der erste »Drink« in unserem Leben, sie ist auch Grundlage vieler origineller und raffinierter Mixgetränke.
Mixen mit Milch bringt Abwechslung in den Speisezettel und bietet eine attraktive Möglichkeit, die für unsere Gesundheit so wichtige und wertvolle Milch in den täglichen Ernährungsplan einzubauen.
Wenn Milch »pur« einmal auf Ablehnung stößt, lässt sich dem mit einem Mixbecher und etwas Fantasie schnell abhelfen. So kann man Kindern die Milch schmackhaft machen oder einem verantwortungsbewussten Autofahrer ein Milchmixgetränk anbieten. Anlässe gibt es viele, und dem Einfallsreichtum sind keine Grenzen gesetzt.
Ernährungswissenschaftler weisen darauf hin, dass der Genuss von Milch die körperliche und geistige Leistungsfähigkeit fördert. Energielücken werden durch den hohen Eiweißanteil geschlossen, Vitamin-, Milchzucker- und Milchfettgehalt machen schnell wieder topfit.
In den letzten Jahren haben alkoholfreie Mixgetränke auf Milchbasis einen immer größer werdenden Freundeskreis gefunden. Durch die Vielzahl der neu auf dem Markt erschienenen exotischen Säfte und Sirupe sind die Möglichkeiten, interessant schmeckende Mixgetränke herzustellen, um ein Vielfaches gestiegen. So lässt sich außer den bisher bekannten Milchshakes, die aus Milch, Eiscreme und pürierten Früchten bestehen, in Verbindung mit Gemüsesäften, Fruchtsaucen oder Ei eine große Anzahl an Geschmacksrichtungen mixen. Die Möglichkeiten reichen von einfachen Mischungen – Milch mit Sirup – bis zum vitaminreichen Gesundheitsdrink mit entsaftetem Gemüse.
Milchmixgetränke lassen sich am einfachsten mit Sirup oder Säften zubereiten. Die Verwendung von frischen Früchten, pürierten Gemüsen oder gehackten Kräutern ist etwas arbeitsaufwendiger.
Milchmixgetränke mit Eiscreme bieten besonders an heißen Tagen beliebte Varianten. Grundsätzlich gilt, dass jede verwendete Milch, ob frisch oder haltbar gemacht, sich zum Mixen eignet. Jedoch: Je fetthaltiger die Milch ist, desto besser schmeckt das daraus gemixte Getränk. Da die meisten Milchmixgetränke kalt serviert werden, empfiehlt es sich, vorgekühlte Zutaten zu verwenden.
Milchdrinks mit Fruchtsäften oder Obst müssen sehr kräftig gemixt werden, denn dadurch gerinnt die Fruchtsäure besonders feinflockig. Für alle Milchdrinks gilt sofortiges Servieren nach der Zubereitung, da sie sich durch längeres Stehen farblich und geschmacklich verändern können.
Bei süßen Milchmixgetränken empfiehlt sich eine Sahnehaube, Schokoladen- oder Kokosraspel, Mandelblättchen oder auch ein Zuckerrand als Garnitur. Solche hübsch dekorierten Gläser sind auch bei Kindergeburtstagen willkommen.
Ein Milchmixgetränk mit Gemüsesaft ist ein idealer Durstlöscher nach sportlicher Betätigung oder eine gesunde Erfrischung zwischendurch. Zu pikanten Getränken passen Zitronenscheibe, Oliven und Radieschen.
Fruchtspieße aus frischen oder Dosenfrüchten eignen sich bei vielen Frucht-Milch-Mixgetränken, sie zieren jedes Getränk und werden von Kindern begeistert aufgenommen.

Milch

Snoopy

2 cl Mandelsirup
2 cl Kokossirup
2 cl Zitronensaft
14 cl kalte Milch
Im Shaker mit einigen Eiswürfeln gut schütteln und in ein Longdrinkglas auf einige Eiswürfel abgießen.

Cherry Banana

2 cl Kirschsirup
2 cl Bananensirup
4 cl Orangensaft
12 cl kalte Milch
Im Shaker mit einigen Eiswürfeln gut schütteln und in ein Longdrinkglas auf einige Eiswürfel abgießen. Mit einem Fruchtspieß garnieren.

Pfefferminz-Bananen-Milch

2 cl Pfefferminzsirup
2 cl Bananensirup
10 cl kalte Milch
4 cl Orangensaft
Im Shaker mit einigen Eiswürfeln gut schütteln und in ein Longdrinkglas auf einige Eiswürfel abgießen. Mit einer Orangenscheibe, einer Cocktailkirsche und einem Pfefferminzzweig garnieren.

Cranberry-Mix

¼ l Vollmilch (heiß oder kalt)
2 TL Nescafé
2 TL Instantkakao
1 EL Cranberrysirup
1 EL Honig
Alle Zutaten im Glas gut verquirlen. Heiß oder kalt servieren.

Cassismilch

15 cl kalte Milch
2 cl Cassissirup
1 cl Zitronensaft
Die Milch in ein Longdrinkglas geben, den Cassis und den Zitronensaft einrühren.

Latte di Mandorla

16 cl kalte Milch
2–4 cl Mandelsirup
Die Milch in ein Longdrinkglas geben und den Sirup einrühren. Mit Mandelsplittern bestreuen.

Tropische Milch

12 cl kalte Milch
2 cl Ananassirup
2 cl Pfefferminzsirup
Die Milch in ein Longdrinkglas geben, den Ananas- und den Pfefferminzsirup einrühren.

Sweet Dreams

16 cl kalte Milch
1 cl Mandelsirup
1 cl Erdbeersirup
Die Milch in ein Longdrinkglas geben, Mandel- und Erdbeersirup einrühren.

Fix-Mix

10 cl Erdbeermilch
6 cl Orangensaft
2 cl Himbeersirup
Alle Zutaten in ein Longdrinkglas geben und gut verrühren. Eine Erdbeere an den Glasrand stecken.

Fruchtmilch

2 cl Maracujasirup
10 cl Ananassaft
10 cl kalte Milch
Im Shaker mit einigen Eiswürfeln gut schütteln und in ein Longdrinkglas auf einige Eiswürfel abgießen. Mit Früchten garnieren.

Frühstückstrunk

4 EL Haferflocken
4 EL Honig
2 EL Sanddornsirup
¾ l kalte Vollmilch
Alle Zutaten im Elektromixer gut durchmixen. Kalt servieren.

Tomato Velvet

¼ l Tomatensaft
¼ l kalte Vollmilch
1 Eigelb
1 TL geriebener Meerrettich
Salz und Pfeffer nach Geschmack
Alles in den Elektromixer geben und gut durchmixen. Gut gekühlt servieren.

Gemüse-Milch-Mix

je 250 g Gurken, Möhren, Paprikaschoten, Tomaten und Spinat
¼ l kalte Vollmilch
Tabasco
Zitronensaft
Salz und Zucker nach Geschmack
Das Gemüse waschen, putzen und entsaften. Den Saft mit der gekühlten Milch vermengen und abschmecken. Es kann auch 1/2 l fertig gekaufter Gemüsesaft verwendet werden.

Milch-Prärieauster

¼ l kalte Vollmilch
¼ l Sahne
4 EL Ketchup
4 Eigelbe
4 Spritzer Worcestershiresauce
4 Prisen Muskatnuss
Alle Zutaten im Elektromixer gut durchmixen. Kalt servieren.

Vanillemilch

2 Eier, getrennt
2 Päckchen Vanillezucker
1 EL Zucker
1 EL Puderzucker
½ l kalte Vollmilch
Eigelbe mit Vanillezucker, Zucker und Milch im Elektromixer gut durchmixen. Eiweiß steif schlagen, den Puderzucker zuletzt untermengen. Die Hälfte davon unter die Vanillemilch geben, mit dem Rest die Drinks garnieren.

Monkey Milk

2 cl Kokossirup
2 cl Bananensirup
12 cl kalte Milch
Im Shaker mit einigen Eiswürfeln gut schütteln und in ein Longdrinkglas auf einige Eiswürfel abgießen. Mit Früchten garnieren.

Cherry Velvet

1 cl Bananensirup
2 cl Amarenakirschsirup
16 cl kalte Milch
Im Shaker mit einigen Eiswürfeln gut schütteln und in ein Longdrinkglas auf einige Eiswürfel abgießen. Mit Früchten garnieren.

Milch

Banana Mix

2 cl Bananensirup
1 Eigelb
1 cl Grenadine
20 cl kalte Milch
Im Elektromixer gut durchmixen und in ein großes Glas gießen.

Pick me up in the Morning

4 cl Tomatensaft
1 Eigelb
15 cl kalte Milch
Salz, Pfeffer
Worcestershiresauce
Tabasco
Im Elektromixer gut durchmixen und in ein großes Glas gießen.

Melonentraum

500 g Zuckermelone
4 EL Sahne
½ l fettarme kalte Milch
Saft von 1 Limette
1 Päckchen Vanillezucker
Honig nach Geschmack
Das gut gekühlte Melonenfleisch mit Sahne im Elektromixer pürieren, dann Milch und Limettensaft darunter mixen und mit Vanillezucker und Honig abschmecken.

Erdbeer-Bananen-Milch

12 cl kalte Milch
5 Erdbeeren
½ Banane
2 cl Erdbeersirup
Vanillezucker
Im Elektromixer gut durchmixen und in ein großes Longdrinkglas gießen. Mit Fruchtspieß garnieren.

Café Oriental

4 cl Maracujasirup
12 cl Orangensaft
2 cl Zitronensaft
2 Eigelbe
4 TL Nescafé
½ l kalte Vollmilch
brauner Zucker nach Geschmack
etwas Muskatnuss
Alle Zutaten im Elektromixer gut durchmixen und in Longdrinkgläser gießen.

Tropical Banana

½ Banane
4 cl Ananassaft
10 cl kalte Milch
1 EL Honig
2 cl Cream of Coconut
Im Elektromixer gut durchmixen und in ein großes Glas gießen. Mit einem Fruchtspieß garnieren.

Sportlermilch

1 Eigelb
1 TL Honig
2 TL Ovomaltine
20 cl kalte Milch
Im Elektromixer gut durchmixen und in ein großes Glas gießen. Mit Schokoladenraspel bestreuen.

Coco Mystery

2 cl Kokossirup
2 EL Schokoladensauce
4 cl Sahne
10 cl kalte Milch
Im Elektromixer gut durchmixen und in ein großes Glas gießen. Mit Kokosraspel bestreuen.

Bananino

1 Banane
100 g Joghurt
1 TL Honig
1 Ei
10 cl kalte Milch
Im Elektromixer gut durchmixen und in ein großes Glas gießen.

Bananen-Ananas-Milch

2 cl Bananensirup
1 cl Kokossirup
8 cl Ananassaft
10 cl kalte Milch
Mit Eiswürfeln im Shaker kräftig schütteln und durch das Barsieb in ein Fancyglas auf einige Eiswürfel abgießen.

Pink Cloud

2 cl Cranberrysirup
1 Kugel Vanilleeis
2 cl Sahne
10 cl kalte Milch
Im Elektromixer gut durchmixen und in ein großes Glas gießen.

Feige Milch

2 Feigen aus der Dose
4 cl Sahne
10 cl kalte Milch
Im Elektromixer gut durchmixen und in ein großes Glas gießen.

Pink Coconut

2 cl Cream of Coconut
2 cl Kirschsirup
4 cl Ananassaft
10 cl kalte Milch
Im Elektromixer gut durchmixen und in ein großes Glas gießen.

< Bananen-Ananas-Milch

Milch

Möhrenmix

¼ l kalte Vollmilch
¼ l Möhrensaft
1 Prise Ingwerpulver
4 EL Sahne
4 TL gemahlene Haselnüsse
Honig nach Geschmack
Die gekühlte Milch im Elektromixer mit dem Möhrensaft verquirlen, mit Honig und Ingwerpulver abschmecken und mit Sahne und Haselnüssen verfeinern. Je nach Geschmack mit Honig süßen.

Honigmandel

2 cl Mandelsirup
1 EL Honig
10 cl Orangensaft
10 cl kalte Milch
Im Elektromixer gut durchmixen und in ein großes Glas gießen.

Erdbeermilch

50 g Erdbeeren
10 cl kalte Milch
1 cl Grenadine
1 Kugel Erdbeereis
4 cl Sahne
Im Elektromixer gut durchmixen und in ein großes Glas gießen.

Honig-Eggnog

1 Ei
2 EL Honig
4 cl Sahne
20 cl kalte Milch
Im Shaker mit einigen Eiswürfeln gut schütteln und in ein Longdrinkglas abgießen. Oder die gekühlten Zutaten im Elektromixer gut durchmixen und in ein großes Glas gießen. Mit Muskat bestreuen.

Pinocchio

2 cl Kokossirup
2 cl Erdbeersirup
8 cl Ananassaft
10 cl kalte Milch
Die Milch in eine große Cocktailschale geben, den Sirup und den Saft einrühren. Einen Fruchtspieß mit Erdbeeren und Ananasstücken über den Glasrand legen.

Orangenmilch

1 mittelgroße geschälte Orange
10 cl kalte Milch
4 cl Sahne
2 cl Orangensirup
Im Elektromixer gut durchmixen und in ein großes Glas gießen.

Jogging-Mix

2 cl Mandarinensirup
10 cl roter Traubensaft
10 cl kalte Milch
Mit Eiswürfeln im Shaker kräftig schütteln und durch das Barsieb in ein Fancyglas auf einige Eiswürfel abgießen. Einen Spieß mit Mandarinenspalten und Trauben über den Glasrand legen.

Kiwi-Ananas-Mix

1 Scheibe Ananas
einige Scheiben Kiwi aus der Dose mit etwas Saft
20 cl kalte Milch
Im Elektromixer gut durchmixen und in ein großes Glas gießen.

Mandarinenmilch

2 EL Mandarinenstücke aus der Dose mit etwas Saft
1 cl Zitronensaft
1 Kugel Vanilleeis
10 cl kalte Milch
Im Elektromixer gut durchmixen und in ein großes Glas gießen.

Pfirsichmilch

½ Pfirsich aus der Dose mit etwas Saft
4 cl Sahne
1 Kugel Vanilleeis
10 cl kalte Milch
Im Elektromixer gut durchmixen und in ein großes Glas gießen.

Schoko-Bananen-Mix

2 EL Schokoladensauce
20 cl kalte Milch
1 Eigelb
½ Banane
Die gekühlten Zutaten im Elektromixer gut durchmixen und in ein großes Glas gießen.

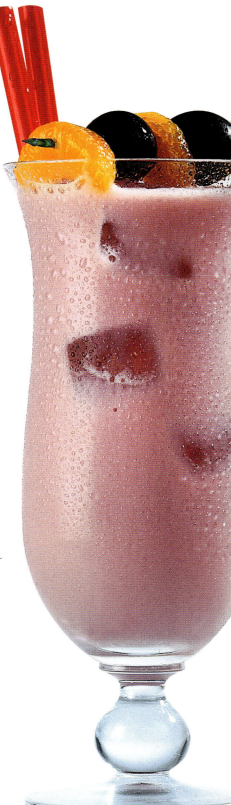

Jogging-Mix >

243

Milch

Eggnog

1 Ei
2 cl Zuckersirup
4 cl Sahne
20 cl kalte Milch

Im Elektromixer mit einigen Eiswürfeln gut durchmixen und in ein großes Glas gießen. Mit Muskat bestreuen.

Kokos-Eggnog

1 Ei
2 cl Cream of Coconut
4 cl Sahne
10 cl Ananassaft
10 cl kalte Milch

Im Elektromixer mit einigen Eiswürfeln gut durchmixen und in ein großes Glas gießen. Mit Kokosraspel bestreuen.

Maracuja-Eggnog

1 Ei
2 cl Maracujasirup
4 cl Sahne
10 cl Maracujanektar
10 cl kalte Milch

Im Elektromixer mit einigen Eiswürfeln gut durchmixen und in ein großes Glas gießen.

Bananen-Eggnog

1 Ei
2 cl Bananensirup
4 cl Sahne
10 cl Bananennektar
10 cl kalte Milch

Im Elektromixer mit einigen Eiswürfeln gut durchmixen und in ein großes Glas gießen.

Pfefferminz-Eggnog

1 Ei
2 cl Pfefferminzsirup
4 cl Sahne
20 cl kalte Milch

Im Shaker mit einigen Eiswürfeln gut schütteln und in ein Longdrinkglas abgießen. Oder die gekühlten Zutaten im Elektromixer gut durchmixen und in ein großes Glas gießen. Mit Minzezweigen garnieren.

Kirsch-Eggnog

1 Ei
2 cl Kirschsirup
4 cl Sahne
10 cl Sauerkirschnektar
10 cl kalte Milch

Im Elektromixer mit einigen Eiswürfeln gut durchmixen und in ein großes Glas gießen.

Grenadine Milk

1 Kugel Vanilleeis
2 cl Grenadine
15 cl kalte Milch

Im Elektromixer gut durchmixen und in ein großes Glas abgießen. Eine Erdbeere an den Glasrand stecken.

Orange-Eggnog

1 Ei
2 cl Zuckersirup
4 cl Sahne
10 cl Orangensaft
10 cl kalte Milch

Im Elektromixer mit einigen Eiswürfeln gut durchmixen und in ein großes Glas gießen.

Erdbeer-Eggnog

1 Ei
2 cl Erdbeersirup
4 cl Sahne
20 cl kalte Milch

Im Elektromixer mit einigen Eiswürfeln gut durchmixen und in ein großes Glas gießen. Eine Erdbeere an den Glasrand stecken.

Grenadine Milk >

Milch

Aztec King

2 cl Bananensirup
6 cl Orangensaft
10 cl kalte Milch
1 Eigelb
Im Shaker mit einigen Eiswürfeln gut schütteln und in ein großes Stielglas abgießen. Einen Fruchtspieß mit Orangen- und Bananenstücken über den Glasrand legen.

Vanille-Schoko-Mix

4 cl Vanillesauce
4 cl Schokoladensauce
4 cl Sahne
10 cl kalte Milch
Im Elektromixer gut durchmixen und in ein großes Glas gießen. Mit Schokoblättchen bestreuen.

Erdbeer-Vanille-Mix

4 cl Erdbeersauce
4 cl Vanillesauce
4 cl Sahne
10 cl kalte Milch
Im Elektromixer gut durchmixen und in ein großes Glas gießen. Eine Erdbeere an den Glasrand stecken.

White Dream
1 cl Mandelsirup
1 cl Orangensirup
16 cl kalte Milch
Im Elektromixer gut durchmixen und in ein großes Glas gießen. Eine Orangenscheibe an den Glasrand stecken. Mit Mandelsplittern bestreuen.

Weiße Wolke

1 cl Mandelsirup
1 cl Cream of Coconut
4 cl Sahne
12 cl kalte Milch
Im Elektromixer gut durchmixen und in ein großes Glas gießen. Mit Muskat bestreuen.

Kirsch-Shake

10 cl Sauerkirschnektar
10 cl kalte Milch
1 EL Honig
steif geschlagene Sahne
Schokoladenraspel
Sauerkirschnektar, Milch und Honig im Elektromixer gut durchmixen und in ein großes Glas abgießen. Die Sahne als Haube daraufsetzen und mit Schokoladenraspel bestreuen.

Bananen-Mandel-Milch

1 cl Bananensirup
1 cl Mandelsirup
16 cl kalte Milch
Im Elektromixer gut durchmixen und in ein großes Glas gießen. Einen Fruchtspieß mit Bananen und Kirschen über den Glasrand legen.

Blaue Ananasmilch

2 cl Blue Curaçao Sirup
10 cl Ananassaft
10 cl kalte Milch
Im Shaker mit einigen Eiswürfeln gut schütteln und in ein Longdrinkglas auf einige Eiswürfel abgießen. Mit Früchten garnieren. Trinkhalme dazugeben.

Johannisbeermilch

50 g Johannisbeeren
2 cl Cassissirup
10 cl Johannisbeernektar
10 cl kalte Milch
Im Elektromixer gut durchmixen und in ein großes Glas gießen. Mit Johannisbeeren garnieren.

Brombeermilch

2 cl Brombeersirup
1 Kugel Zitroneneis
16 cl kalte Milch
Sirup und Milch im Elektromixer gut durchmixen, in ein großes Glas abgießen und die Eiskugel dazugeben. Mit einem langstieligen Löffel und Trinkhalm servieren.

Banana Flip

1 Eigelb
2 cl Sahne
2 cl Bananensirup
8 cl Bananennektar
8 cl kalte Milch
Im Shaker mit einigen Eiswürfeln gut schütteln und in ein großes Stielglas abgießen. Mit Muskat bestreuen.

Blauer Engel

2 EL Heidelbeeren
½ Banane
2 EL Zucker
20 cl kalte Milch
Im Elektromixer gut durchmixen und in ein großes Glas gießen.

Lolly Pop

1 cl Bananensirup
1 cl Maracujasirup
4 cl Orangensaft
10 cl kalte Milch
1 Eigelb
Im Shaker mit einigen Eiswürfeln gut schütteln und in ein großes Stielglas abgießen. Mit Muskat bestreuen.

Kirschmilch

2 EL Kirschsauce
10 cl Sauerkirschnektar
10 cl kalte Milch
Im Elektromixer gut durchmixen und in ein großes Glas gießen.

Milch-Frucht-Mix

100 g frische oder tiefgefrorene Früchte bzw. Dosenware (Beeren, Mandarinen, Aprikosen, Pfirsiche, Bananen)
¼ l kalte Vollmilch
Zitronensaft
Zucker oder Honig
Zimt oder Vanillezucker
Die Früchte im Elektromixer pürieren. Milch, Zitronensaft und Zucker oder Honig dazugeben und den Mixer laufen lassen, bis die Mischung schaumig ist. Nach Geschmack mit Zimt oder Vanillezucker verfeinern. Mit einem Fruchtspieß garnieren.

Milchprodukte

Wer Gesundheit und Fitness in besonders angenehmer Form zu sich nehmen will, sollte zu Milcherzeugnissen greifen. Sie sind durch ihre fein säuerliche Geschmacksnote vor allem an heißen Tagen sehr erfrischend, äußerst bekömmlich, ernährungsphysiologisch wertvoll und werden in einer so breiten Palette angeboten, dass für jeden Geschmack und für jeden Anlass das Richtige zu finden ist.

Mit Milcherzeugnissen lassen sich aber auch durch die Zugaben von Eiscreme, Saft, Sirup, Gemüse oder Früchten vielerlei Mixgetränke in vielen Geschmacksrichtungen zubereiten. Die gesäuerten Milcherzeugnisse werden aus pasteurisierter Milch hergestellt, der man je nach Sorte noch spezielle Bakterienkulturen, Gewürze und sonstige Geschmackskomponenten beigibt. Je nach Konsistenz unterscheidet man trinkbare, löffel- oder stichfeste Sauermilcherzeugnisse.

Mixgetränke mit Milchprodukten wie Kefir, Joghurt, Buttermilch oder Dickmilch (Sauermilch) haben immer Saison und schmecken auch zu jeder Stunde des Tages. Als Bargetränk und im Angebot der gastronomischen Betriebe – im Gegensatz zu Mixgetränken mit Milch – noch etwas vernachlässigt, haben sich diese gesunden und bekömmlichen Drinks im Privathaushalt längst durchgesetzt.

Besonders Kinder genießen diese »verschönerten« Milchprodukte mit ihren abwechslungsreichen Farben, Geschmacksrichtungen und Garnierungen. Außerdem macht das Zubereiten Spaß, und ein selbst gemixter Drink schmeckt besser als ein Glas Buttermilch oder Joghurt. Es finden sich unter den Rezepten auch »Katerkiller« für den strapazierten Magen am Tag danach oder für eine kleine Mahlzeit zwischendurch.

Beim Mixen vom Milchprodukten gelten in der Regel die Tipps, die auch beim Mixen mit Milch beachtet werden sollten. Um Ihnen die Entscheidung, welches Milchprodukt Sie verwenden wollen, etwas zu erleichtern, finden Sie hier eine kleine Beschreibung der bekanntesten Milcherzeugnisse.

Buttermilch entsteht bei der Verarbeitung von Rahm zu Butter. Durch diese Art der Herstellung unterscheidet sie sich von allen anderen gesäuerten Milcherzeugnissen, die unmittelbar aus der Milch bereitet werden. Ihr Fettgehalt liegt mit 0,3 bis 1,0 % extrem niedrig. »Reine Buttermilch« enthält keinerlei Fremdwasser.

Sauermilch oder Dickmilch wird durch Dicklegung von Milch erzeugt, indem ihr Milchsäurebakterien zugeführt werden. Es entstehen dabei mild säuerliche, trinkflüssige oder dickgelegte (stichfeste) Sauermilchsorten mit denselben Fettstufen wie ihre Ausgangsmilch. Durch den Abbau des Milchzuckers sind die Sauermilchsorten noch bekömmlicher als ihre jeweilige Ausgangsmilch bei einem nur wenig geringeren Nährstoffgehalt.

Joghurt in jeder möglichen Form wurde vor allem als leichte Zwischenmahlzeit in den letzten Jahren bei uns zum großen Hit. Seit die Bulgaren ihn im 8. Jahrhundert n. Chr. zu uns brachten, ist die Herstellung zwar modernisiert, aber im Wesentlichen nicht verändert worden. Er entsteht in der Molkerei durch Zusatz von Reinkulturen zur pasteurisierten Milch. Es gibt neben der löffelfesten auch eine trinkbare Form des Joghurts. Joghurterzeugnisse werden in den Fettgehaltsstufen 0,3 % (Magermilchjoghurt), 1,5 bis 1,8 % (fettarmer Joghurt), 3,5 % (Joghurt) und 10 % (Sahne- oder Rahmjoghurt) angeboten.

Kefir, ein ursprünglich türkisch-tatarisches Getränk, das erst seit 1880 bei uns bekannt ist, gilt in seiner Heimat als »Lebensverlängerer«. Kefir wurde mittlerweile unseren Geschmacks- und Verbrauchergewohnheiten angepasst und hat auch bei uns viele Freunde gefunden. Kefir kann neben Kohlensäure geringe Mengen von Alkohol (0,1 bis 0,6 %) enthalten. Das pikant süß-sauer schmeckende Getränk wird aus pasteurisierter Milch unter Zusatz von Kefirkulturen hergestellt. Wie Joghurterzeugnisse wird der Kefir in vier Fettgehaltsstufen angeboten. Neben dem sämigen Trinkkefir, der Sauermilch ähnelt, gibt es eine löffelfeste Sorte und auch fertige Mischgetränke mit Kefir.

Biomilch stammt von Bauern, die traditionell und nach streng kontrollierten Vorgaben wirtschaften. Dazu gehören der Verzicht auf chemisch-synthetische Düngemittel und Pestizide, eine natürlich artgerechte Tierhaltung und die schonende Weiterverarbeitung der Milch.

Bergbauernmilch stammt von staatlich anerkannten Bergbauern, die in von der EU festgelegten Gebieten naturnah wirtschaften.

Milchprodukte

Kirsch-Joghurt

0,2 l kalte Milch
150 g Joghurt
10 cl Kirschsauce
Im Elektromixer gut durchmixen und in zwei Gläser gießen. Mit Muskat bestreuen.

Trimm-dich-Cocktail

500 g fettarmer Kefir
Saft von ½ Zitrone
Salz, weißer Pfeffer
Knoblauchsalz
1 Bund Kerbel
Den Kefir mit Zitronensaft, Salz und Gewürzen gut verrühren, den fein gehackten Kerbel dazugeben.

Apfel-Karotten-Drink

500 g Karotten
500 g fettarmer Kefir
1 geraspelter Apfel
Saft von ½ Zitrone
Salz, Pfeffer, 1 Prise Zucker
Karotten im Mixer fein pürieren und mit Kefir und geraspeltem Apfel verquirlen. Salz, Zucker und etwas Pfeffer zugeben und mit Zitronensaft abschmecken.

Sanddorn Flip

1 Eigelb
2 TL Traubenzucker
2 EL Sanddornsaft
0,1 l Orangensaft
0,1 l fettarmer Kefir
Das Eigelb mit Traubenzucker gut verrühren, dann Sanddorn- und Orangensaft unterrühren. Mit Kefir auffüllen und gekühlt servieren.

Nuss Flip

150 g Joghurt
1 TL Nescafé
1 EL gehackte Haselnüsse
2 EL Sahne
Zucker
1 Eigelb
Im Elektromixer gut durchmixen und in ein großes Glas gießen.

Schoko-Bananen-Joghurt

150 g Joghurt
0,2 l kalte Milch
1 Banane
2 EL Schokoladensauce
Vanillezucker
Im Elektromixer gut durchmixen und in zwei Longdrinkgläser gießen. Mit Schokoladenraspel bestreuen.

Kiwi-Frappé

1 Kiwi
150 g Joghurt
1 EL Zucker
1 Kugel Vanilleeis
Die geschälte Kiwi mit Joghurt und Zucker im Mixer pürieren. Die Vanilleeiskugel in ein großes Glas geben und den Kiwijoghurt darübergießen.

Erdbeer-Soda

8 cl Sahne
2 cl Erdbeersirup
1 Kugel Erdbeereis
kaltes Sodawasser
Sahne, Erdbeersirup und -eis im Elektromixer gut durchmixen. In ein großes Glas gießen, mit Sodawasser auffüllen und leicht rühren.

Vitamindrink

6 geschälte Tomaten
1 kleine Zwiebel
1 Bund Dill
150 g Joghurt
500 g Buttermilch
Selleriesalz, weißer Pfeffer
Zucker nach Geschmack
Die Tomaten im Mixer pürieren, abgezogene Zwiebel und Dill fein hacken. Joghurt, Buttermilch, Gewürze und eventuell Zucker damit vermischen, alles nochmals kurz durchmixen und gut gekühlt in Gläser abgießen. Mit Selleriegrün garnieren.

Pink Cherry

2 cl Sahne
2 cl Amarenakirschsirup
1 Kugel Vanilleeis
10 cl kalte Milch
Im Elektromixer gut durchmixen und in ein Fancyglas gießen.

Kokos-Trauben-Traum

2 cl Sahne
2 cl Kokossirup
8 cl kalte Vollmilch
12 cl roter Traubensaft
Mit Eiswürfeln im Shaker kräftig schütteln und durch das Barsieb in ein Fancyglas auf einige Eiswürfel abgießen. Mit frischen Trauben garnieren.

Jogger

500 g Buttermilch
½ l Tomatensaft
50 g Magerquark
2 EL Schlagrahm
2 EL Zucker
1 Prise Salz
Alle Zutaten im Elektromixer cremig rühren und gut gekühlt servieren.

Grapefruit-Joghurt-Drink

20 cl Grapefruitsaft
150 g Joghurt
2 cl Grenadine
Im Elektromixer gut durchmixen und in zwei Gläser gießen. Mit Schokoladenraspel bestreuen.

Kokos-Trauben-Traum >

Milchprodukte

Bananen-Quark-Drink

200 g Quark
20 cl Sahne
½ l kalte Milch
2 Bananen
1 Päckchen Vanillezucker
Zitronensaft nach Geschmack

Im Elektromixer gut durchmixen und auf vier Gläser verteilen.

Aprikosen-Orangen-Drink

300 g Aprikosen
 (oder 1 kleine Dose Aprikosenhälften)
500 g fettarmer Kefir
10 cl Orangensaft
1 Päckchen Vanillezucker
Zucker oder Süßstoff
 nach Geschmack

Aprikosen waschen und entsteinen, Früchte aus der Dose abtropfen lassen. Dann im Mixer pürieren und gut mit Kefir, Vanillezucker, Zucker bzw. Süßstoff und Orangensaft verquirlen. Gut gekühlt servieren.

Pink Power

4 cl Cranberrysirup
15 cl kalte Buttermilch

Buttermilch in ein Glas geben und den Cranberrysirup einrühren.

Apfel-Karotten-Mix

500 g Karotten
1 Apfel
Saft von ½ Zitrone
500 g fettarmer Kefir
Salz, weißer Pfeffer
1 Prise Zucker

Die Karotten im Mixer fein pürieren oder im Entsafter entsaften. Den geschälten Apfel raspeln und mit Zitronensaft vermengen. Mit dem Kefir verrühren und mit Salz, Pfeffer und Zucker abschmecken.

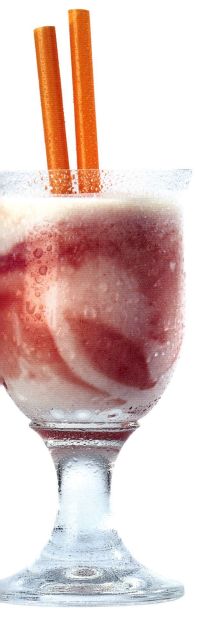

< Pink Power

Minzecocktail

8 Blätter frische Minze
250 g Salatgurke
2 EL Zitronensaft
500 g fettarmer Kefir
1 Prise Zucker

Die gewaschene Minze und die geschälte, entkernte Salatgurke im Mixer zerkleinern und mit gekühltem Kefir vermischen. Mit Zitronensaft und Zucker abschmecken.

Greeny

300 g tiefgefrorener Spinat
1 Apfel
500 g fettarmer Kefir
2 EL fein gehackte Petersilie
2 Spritzer Worcestershiresauce
2 cl Zitronensaft
Knoblauchsalz
Muskatnuss
Pfeffer

Spinat auftauen lassen, Apfel schälen und entkernen, dann zusammen im Mixer pürieren. Kefir langsam zugeben, Petersilie unterrühren. Mit Zitronensaft, Worcestershiresauce und den Gewürzen pikant abschmecken.

Fenchelkefir

1 Apfel
1 Banane
1 große Fenchelknolle
500 g fettarmer Kefir
2 EL Honig

Apfel schälen, Kerngehäuse entfernen. Banane schälen, Fenchelknolle putzen, Strunk entfernen und grob zerkleinern. Alles im Mixer pürieren, den Kefir zufügen, mit Honig abschmecken. Mit etwas Fenchelgrün bestreut servieren.

Tomatenkefir

250 g fettarmer Kefir
1 geriebene Zwiebel
1 Spritzer Tabasco
Knoblauchpulver
Salz
schwarzer Pfeffer
edelsüßes Paprikapulver
¼ l Tomatensaft

Alle Zutaten gut vermischen und pikant abschmecken.

Kiwi-Joghurt-Drink

1 Kiwi
150 g Joghurt
2 EL Zucker
1 Kugel Vanilleeis

Kiwi mit Joghurt und Zucker im Elektromixer gut durchmixen. Das Vanilleeis in ein Longdrinkglas geben und die Kiwimischung darübergießen. Kiwischeiben an den Glasrand stecken und mit Löffel und Trinkhalm servieren.

Kressie

250 g fettarmer Kefir
2 EL frische Kräuter (Petersilie, Schnittlauch, Kerbel, Dill, Kresse)
1 EL Zitronensaft
1 Spritzer Worcestershiresauce
Salz, Pfeffer

Kräuter fein hacken, zum Kefir geben und gut verquirlen. Mit Zitronensaft abrunden und mit den Gewürzen pikant abschmecken.

Milchprodukte

Fettarmer Kräuterkefir

500 g fettarmer Kefir
2 EL Zitronensaft
je 2 EL Dill, Petersilie, Schnittlauch (frisch, fein gehackt)
1 TL fein gehackte Zitronenmelisse
einige Blättchen frischer Estragon oder 1 Messerspitze getrockneter, fein zerriebener Estragon
1 kleine gepresste Knoblauchzehe
1 Spritzer Worcestershiresauce
weißer Pfeffer
Salz

Den fettarmen Kefir mit Zitronensaft verquirlen, die gehackten Kräuter und den Knoblauch zugeben und durchmixen. Dann mit Worcestershiresauce, Pfeffer und Salz abschmecken.

Erdbeertraum

1 Eigelb
einige Erdbeeren
2 cl Erdbeersirup
4 cl Sahne
10 cl kalte Milch

Die gut gekühlten Zutaten im Elektromixer gut durchmixen und in ein großes Glas gießen. Eine Erdbeere an den Glasrand stecken.

Bananentraum

1 Eigelb
½ Banane
2 cl Bananensirup
4 cl Sahne
10 cl kalte Milch

Die gut gekühlten Zutaten im Elektromixer gut durchmixen und in ein großes Glas gießen. Mit einem Fruchtspieß mit Bananenstücken und Cocktailkirschen garnieren.

Orangentraum

1 Eigelb
½ geschälte Orange
2 cl Orangensirup
4 cl Sahne
10 cl kalte Milch

Die gut gekühlten Zutaten im Elektromixer gut durchmixen und in ein großes Glas gießen. Eine Orangenscheibe an den Glasrand stecken.

Orangensahne

¼ l Sahne
¼ l kalte Vollmilch
¼ l Orangensaft
abgeriebene Schale von ½ unbehandelten Orange
Zucker nach Geschmack

Zutaten im Elektromixer gut durchmixen und in vier mit Eiswürfeln gefüllte Longdrinkgläser gießen. Mit etwas Muskat bestreuen.

Exotic Cream

2 cl Sahne
1 cl Kokossirup
1 cl Erdbeersirup
8 cl Ananassaft
8 cl kalte Milch

Mit Eiswürfeln im Shaker kräftig schütteln und durch das Barsieb in ein Stielglas auf einige Eiswürfel abgießen. Eine Erdbeere an den Glasrand stecken.

Fresh Panther

2 EL Kefir
2,5 cl Riemerschmid Zitrone-Ingwer-Lemongras-Sirup
2 cl Riemerschmid White Chocolate Sirup
1,5 cl frischer Zitronensaft
6 cl Rhabarbersaft
4 cl Erdbeernektar

Im Shaker mit einigen Eiswürfeln gut schütteln und in ein Longdrinkglas abgießen. Eine Erdbeere an den Glasrand stecken.

Primavera

2 EL Joghurt
3 cl Riemerschmid Sanddorn-Orange-Sirup
1 cl Riemerschmid Blood-Orange-Sirup
2 cl Grapefruitsaft
4 cl Ananassaft
6 cl Cranberrynektar
Mark von 1 Vanilleschote

Im Elektromixer gut durchmixen und in ein großes Glas auf zerstoßenes Eis gießen.

Kefirium

2 EL Kefir
5 cl Maracujanektar
2 cl Zitronensaft
2 cl Holundersirup

Im Shaker mit einigen Eiswürfeln gut schütteln und in einen Tumbler abgießen. Mit einem Minzezweig garnieren.

Cassisjoghurt

150 g Joghurt
4 cl Sahne
2 cl Cassissirup
4 cl schwarzer Johannisbeernektar

Im Elektromixer gut durchmixen und in ein Glas gießen. Mit einer Rispe Johannisbeeren garnieren.

Exotic Cream >

Register

Cocktailregister

A & A Ginger Ale	23	Apricot Fizz	142	Bananentraum	249	Blueberry Bridge	159	Californian	218
Adonis	34	Apricot Lady	231	Bananino	242	Blueberry Hill	237	Calimero	225
Adria Look	47	Apricot Secco	25	B and B	87	Blue Boat	232	Calvados Cocktail	98
African Queen	187	Apricot Sour	143	Banshee	142	Blue Breeze	159	Calvados Sour	98
After All	99	Aprikosenbowle	202	Barbados Killer	148	Blue Cobra	179	Canadian Cherry	125
After Dinner	132	Aprikosenbowle alkoholfrei	209	Barbara	65	Blue Coconut	226	Canadian Flip	125
After Eight	167	Aprikosen-Orangen-Drink	248	Batida de Abacaxi	82	Blue Devil	142	Canarian	31
Alaska	171	Aprikosen-Shake	237	Batida de Maracuja con Limão	81	Blue Devil alkoholfrei	211	Car Driver	226
Alexander	86	Arranco	81	Batida de Mel	81	Blue Dream	66	Caribbean	47
Alexander's Sister	167	Asbach Cola	89	Bayerische Kopfnuss	181	Blue Hawaii	74	Caribbean Champagne	42
Alfonso	42	Asbach Sour	89	Beach Beauty	66	Blue Lady	57	Caribbean Coffee	190
Alice	169	Asian´s Wind	169	Be Berry	161	Blue Lagoon	65	Caribbean Dream	226
Alice alkoholfrei	215	Athletic	225	Bel Ami	142	Blue Moon	238	Caruso	167
Alligator	31	Averna Sour	195	Bellini	51	Blue Passion	220	Cassisjoghurt	249
Almond Colada	227	Aviation	142	Bellini alkoholfrei	210	Blue Pear alkoholfrei	211	Cassis Lady	103
Amanda Exotic	132	Aztec King	245	Berries Cream	159	Blue River	224	Cassis Lady II	154
Amaretto Alexander	175	Azzurro Bacio	47	Berry 51	83	Blue Wind	31	Cassismilch	241
Amarettokaffee alkoholfrei	199	Azzurro Notte	232	Berry Rosso	25	Bobby Burns	113	Cassis-Vermouth-Sparkling	154
Amaretto Orange	175			Betsy Ross	93	Bombay Crushed	58	Champagner Cocktail	43
Amaretto Sour	174	**B** 52	187	Between the Sheets	86	Bonn 2000	103	Champagner Cocktail II	43
Amaretto Toddy	175	Baby Piña Colada	214	Bianca Neve	238	Bora Bora	226	Champagner Flip	43
Amber Dream	171	Baccara	99	Big Apple	98	Borghetti Alexander	191	Chapeau blanc	137
Ambra's Spezial	216	Bahama Mama	74	Big Ben	58	Bossa Nova	173	Chartreuse Cooler	171
American Beauty	87	Baked Almonds	174	Bijou	170	Bourbon & Peach	123	Chartreuse Matinée	171
Americano	27	Balu Bear	228	Bird of Paradise	155	Bowle	209	Chartreuse Orange	171
Ananasbowle	201	Bamboo	34	Birnen-Eismilch	235	Branca & Cola	195	Chartreuse Sour	170
Ananasbowle alkoholfrei	209	Banana Baby	228	Birnen-Milkshake	236	Brandy Collins	93	Chartreuse Tonic	170
Ananas-Eismilch	237	Banana Bird	122	Bitter Cup	27	Brandy Eggnog	93	Chartreusito	171
Ananas-Erdbeer-Bowle	203	Banana Bliss	143	Bitter-Orange	27	Brandy Fino	34	Chase Champagne	159
Ananas-Erdbeer-Bowle alkoholfrei	208	Banana Boat	59	Bitter Pernod	31	Brandy Fizz	86	Chelsea	221
Ananas Flip	239	Banana-Boat alkoholfrei	225	Black Apple	221	Brandy Flip	87	Cherry Banana	165
Ananas-Milkshake	235	Banana Daiquiri	73	Black Death	133	Brandy Soda	86	Cherry Banana alkoholfrei	241
Andalö Sour	161	Banana Flip	245	Black Forest Cup	235	Brandy Sour	86	Cherry Bliss	228
Andalusia Cooler	34	Banana Girl	228	Black Magic	51	Brasil Tropical	219	Cherry Blossom	165
Angelic	122	Banana Italiano	173	Black Moon	187	Brass Horse	123	Cherry Butt	113
Anita's Love	218	Banana Jack	226	Black'n'Sprite	183	Brombeermilch	245	Cherry Dream	218
Apfel-Karotten-Drink	247	Banana Kid	123	Black Russian	191	Bronx	25	Cherry Love	216
Apfel-Karotten-Mix	248	Banana Lips	228	Black Sun	129	Bull Shot	67	Cherry Mary	226
Apollo 8	172	Banana Mix	242	Black Velvet	41	Butterfly Flip	143	Cherry Moon	227
Apotheke	195	Banana-Orange	224	Blando Mexican	142			Cherry Nut	181
Apple Bang	99	Banana Royal	74	Blaue Ananasmilch	245	**C**achaça Laranja	82	Cherry Rum Fizz	165
Applecart	99	Bananas	237	Blaue Maus	142	Cachaça Maracuja	81	Cherry Soda	239
Apple Cooler	229	Bananen-Ananas-Milch	242	Blaue Nuss	223	Café Cointreau	128	Cherry Sour	165
Applejack	98	Bananen-Beeren-Bowle alkoholfrei	202	Blauer Engel	245	Café Oriental	242	Cherry Tea	224
Applejack Flip	98	Bananencream	236	Blind Passenger	148	Café Royal	171	Cherry Velvet	241
Applejack Highball	99	Bananen-Eggnog	244	Blood Red Orange	135	Caipirinha	82	Chi-Chi	65
Applejack Punch	98	Bananen-Eismilch	239	Bloody Bull	67	Caipirinha Bowle	203	China Velvet	229
Applejack Rabbit	161	Bananen Flip	143	Bloody Mary	67	Caipirinha Limão	82	Chinese Wallbanger	147
Apple Scotch	99	Bananen-Mandel-Milch	245	Blow up	47	Caipirovka	66	Chiquita Punch	143
Apps with Pears	99	Bananen-Milkshake	235	Blue Angel	132	Caldera	75	Chiquita Punch alkoholfrei	218
		Bananen-Quark-Drink	248	Blue Bay	132	Caledonian Mist	113	Chocolate Caipirinha	183

Register

Chocolate Colada	187	Daisy	228	Feuerzangenbowle	198	Gin Tonic	58	Heidelbeer Shake	238
Chocolate Gimlet	183	Dark´n´ Stormy	75	Fiesta	214	Glacier Express	226	Hemingway	47
Chocolate Julep	182	Diana	148	Fiesta Trinidad	47	Glühwein	197	Hercules	92
Chocolate Mafia	182	Dizzy Izzy	35	Fifth Avenue	143	Glühwein alkoholfrei	199	Highland Dream	139
Chocolate Sour	183	Dolce Amaro	195	Figenza Figtini	161	Gluttony	142	Highlander	113
Choco Mint	187	Dolce Vita	155	Figenza Martini	161	Godfather	175	Himbeerbowle	200
Cinderella	217	Dolores	92	Fino Martini	35	Godmother	175	Holiday	78
Citrus-Punsch	197	Dolores alkoholfrei	224	Fireball	135	Gold Coconut	178	Honey Dew	139
Citrus Rum Cooler	75	Domino	237	Fire on Ice	129	Golden Cadillac	173	Honig-Eggnog	243
City Life	79	Doña Dolores	34	Fix-Mix	241	Golden Dream	172	Honigmandel	243
Claridge	57	Dooley´s Doolicious	187	Flamingo	57	Golden Girl	143	Horse's Neck	122
Cocarinha	148	Drachenblut	225	Flamingo alkoholfrei	217	Golden Nugget	217	Hot Amarula Milk	198
Coco Amore	178	Drambuie Sour	139	Flamingo Cooler	227	Golden Retriever	155	Hot Brandy Chocolate	198
Coco Brazil	178	Dream of Granada	223	Florida	214	Golden Russian	173	Hot Caipi	82
Coco Chérie	210	Dream's Cocktail	41	Florida Flip	216	Golden Torpedo	172	Hot Exotic Caipirinha	83
Coco Dream	235	Drei-Drei-Drei (333)	98	Florida Sling	58	Granada	35	Hot Milk Punch	92
Cocojito	183	Drivers Special	218	Florida Sun	223	Granada Top	35	Hot Morango Caipi	82
Cocoloco	216	Duchess	25	Fluffy Coconut	177	Grand Margarita	137	Hot Sangria	198
Cocomint	217	Duke of Marlbourough	35	Flying	46	Grand Marnier Champagne	137	Hot Shot	172
Coco Mystery	242	Düsentrieb	228	Flying Cangaroo	173	Grand Marnier Grapefruit	137	Hot Toddy	59
Coconut-Peach-Bowle	203			Franz III.	214	Grapefruit-Joghurt-Drink	247	Hugo	159
Coco Screwdriver	178	**E**ggnog	244	French 75	42	Grasshopper	167	Hugo´s Sommerbowle	203
Cocoskiss	179	Eiermilchpunsch	197	French and It	173	Grasshopper alkoholfrei	228		
Cocos Mint	220	Eiscocktail Italia	236	French Connection	175	Grass Skirt	178	**I**.B.U.	42
Coco Sun	190	Eisengel	235	French Elefant	147	Greed	154	Iced Tea Friuli	195
Coco Sunrise	179	Eiskaffee	239	French Fizz	99	Greek Dream	105	Imperial	103
Cocotida Ananas	177	Eiskaffee Cassis	238	French Sour	31	Green Almond	132	Imperial II	154
Cocotida Cereja	179	Eiskaffee Orange	238	Frenchy	87	Green Almond alkoholfrei	224	Incognito	23
Cocotida Sunrise	178	Eistee	236	Fresh Panther	249	Green Banana	220	In the Sack	35
Coffee Flip	191	El Diabolo	78	Frisco Sour	169	Green Dragon	167	Ipanema	233
Coffee Grand	190	Eldorado	79	Frozen Chocolate	187	Green Dreams	223	Irish Almond	117
Coffee Grasshopper	167	Elefantenkaffee	187	Frozen Daiquiri	73	Green Ghost	47	Irish Coffee	117
Coffee Rhapsody	199	Elegant Mel	139	Frozen Strawberry Daiquiri	73	Green Hat	167	Irish Dream	167
Cointreau Caipirinha	129	El Presidente	74	Fruchtmilch	241	Green Jade	167	Irish Sour	117
Cointreau Fiesta	128	Engin	123	Fruchtpunsch alkoholfrei	199	Green Orange	149	Italian Blossom	27
Cointreaupolitan	129	Erdbeer-Bananen-Milch	242	Fruchttraum	221	Green Peach	224	Italian Coffee	175
Cointreau Tonic	128	Erdbeerbowle	200	Frühstückstrunk	241	Green Poison	177	Italian Fascination	190
Cointreauversial	129	Erdbeerbowle alkoholfrei	208	Fruit Drive	195	Green Sex Machine	148	Italian Summer	221
Colonel Collins	122	Erdbeercup	219	Fruit Highball	233	Green Star	132		
Cool Caribbean	179	Erdbeer-Eggnog	244	Fruit Punch	214	Green Widow	225	**J**ack Dempsey	99
Cool Strawberry	231	Erdbeer Flip	236	Full House	232	Green Wonder	143	Jack Rose	98
Corcovado	139	Erdbeer-Kiwi-Himbeer-Bowle	200	Fürstenmilch	199	Greeny	248	Jagertee	197
Cosmopolitan	64	Erdbeermilch	243			Grenadine Flip	238	Jamaica Coffee	190
Costilla	221	Erdbeer-Milkshake	235	**G**abriela	42	Grenadine Milk	244	Jamaican Hop	190
Cranberry Cooler	58	Erdbeer-Soda	247	Gaby Spezial	42	Grenadine-Shake	238	Jogger	247
Cranberry Cooler alkoholfrei	231	Erdbeertraum	249	Galliano Margerita	173	Grenadine Soda	232	Jogging-Mix	243
Cranberry-Mix	241	Erdbeer-Vanille-Mix	245	Galliano Orange	173	Grog	197	Johannisbeermilch	245
Crazy Coconut	179	Ernest's Ladykiller	161	Gefährliche Liebschaften	129	Grüne Orange	227	Julia	175
Crazy Coconut alkoholfrei	224	Evergreen	143	Gelber Vogel	31	Guadeloupe	137	Jungle Grasshopper	167
Creamy Orange	34	Exotic Cream	249	Gemüse-Milch-Mix	241	Gurkenbowle	200	Jungle Juice	155
Crema-tini	187	Exotic Dream	154	Gentle Bull	78				
Crystal Waters	67	Exotic Punch	216	Gimlet	56	**H**aiti-Punch	202	**K**ahlúa Alexander	190
Cuba Libre	75			Gin Alexander	57	Hanoi	221	Kahlúa Colada	190
Curaçao Tonic	132	**F**antasy Island	225	Gin Fizz	58	Happy Strawberry	227	Kalte Ente	201
Curaçao Tonic alkoholfrei	232	Feige Milch	242	Ginger Daiquiri	75	Harvey Wallbanger	173	Kamikaze	129
		Fenchelkefir	248	Ginger Rogers	37	Hazelnut Martini	181	Karamell Dream	218
Daiquiri	73	Fettarmer Kräuterkefir	249	Gin Orange	58	Heart of Peking	67	Karibikbowle	202
				Gin Sour	57			Karibikbowle alkoholfrei	208

Register

Kefirium	249	Kirschmilch	245	Kressie	248	Melonen-Milkshake	237	Nocello Sour	181
Kentucky Derby	122	Kirsch-Shake	245			Melonentraum	242	Nordlicht	161
Kilimanjaro	187	Kirsch-Soda	238	**L**ady Ginger	159	Melon Punch	149	Normandy Spring	98
King Ping Meh	149	Kirsch Tonic	233	Latte di Mandorla	241	Melon Sour	149	Northern Kiss	173
Kingston Town	132	Kiwi-Ananas-Mix	243	Ledwidge Irish Coffee	117	Melon Sun	149	Nuss Flip	247
Kir	154	Kiwi-Bananen-Bowle		Lemondori	67	Menthe Frappé	167	Nusshopper	181
Kir alkoholfrei	210	alkoholfrei	209	Lemonez	59	Mer du Sud	129	Nusskaffee	181
Kir Pêche alkoholfrei	211	Kiwibowle	201	Lillet Berry	23	Metaxa Fun	105	N. Y. Surprise	123
Kir Royal	154	Kiwi-Frappé	247	Limettenspritzer	233	Meukow Vanilla Venus	169		
Kir Royal alkoholfrei	210	Kiwi-Joghurt-Drink	248	Limetten-Tee-Bowle	202	Mexican Midnight	132	**O**hio	42
Kirschbowle	201	Koko Kanu Colada	179	Little Sin alkoholfrei	211	Mexican Sunset	79	Old Fashioned	122
Kirschbowle alkoholfrei	208	Kokos-Eggnog	244	Lolly Pop	245	Miami Vice	227	Orange Cadillac	173
Kirsch-Eggnog	244	Kokos Flip	239	Long Island Ice Tea	65	Mickey Mouse	232	Orange-Eggnog	244
Kirscheis-Cocktail	236	Kokosschokolade	215	Louisiana Sour	122	Midnight in Moscow	66	Orangen Fizz	58
Kirsch Flip	237	Kokos-Trauben-Traum	247	Lumumba	93	Milch-Frucht-Mix	245	Orangen Flip	132
Kirsch-Joghurt	247	Kräuter Fizz	195	Lust	175	Milch-Prärieauster	241	Orangen Flip alkoholfrei	239
				Lycheebowle	200	Mimosa	47	Orangenmilch	243
						Mimosa alkoholfrei	209	Orangenpunsch	198
				Mai Tai	74	Mint Cooler	215	Orangensahne	249
				Malibu Banana	179	Mint Garden	229	Orangentraum	249
				Malibu Hot Chocolate	178	Mint Julep	122	Orange Oasis	59
				Malibu Hot Coffee	179	Mint Leaf	238	Orangerie	135
				Malibu Mint	178	Mint und Maunz	232	Orange Sunrise	228
				Mandarinenmilch	243	Minzecocktail	248	Orange Velvet	215
				Mandarinen-Milkshake	237	Minznuss	226	Orient Express	228
				Mandarine Old Fashioned	149	Miracle	159		
				Mandarine Piscine	148	Mish Mash	223	**P**ama Margarita	155
				Mandarine & Tonic	149	Mocca Flip	238	Pancho's Punch	175
				Mandel-Eiskaffee	239	Mockjito	220	Panther	98
				Mango Cooler	65	Möhrenmix	243	Paradise	57
				Mangoeis-Cocktail	236	Mojito	75	Paradiso alkoholfrei	210
				Mango Lady	217	Monkey Milk	241	Parisien	154
				Mango-Maracuja-Milch	219	Montana	92	Passion Bellini	51
				Mango-Milkshake	235	Mont Blanc	87	Passoã Exclusita	147
				Mango Sour	148	Monticelli Batida	182	Passoã Moorea	148
				Manhattan	125	Moon Walker	223	Paulas Punsch alkoholfrei	199
				Manira	195	Morning Delight	167	Paulchen	220
				Manolis	105	Morning Dew	117	Peach Blossom	163
				Maracuja-Eggnog	244	Moscow Mule	65	Peach Bunny	163
				Maracujaeis-Cocktail	236	Moscow Mule		Peach Cocktail	163
				Maracuja-Eismilch	239	Modern Style	65	Peach Lady	64
				Maracuja-Milkshake	237	Moskalinka	163	Peach Sling	163
				Margarita	78	Moulin Rouge	43	Peach Velvet	163
				Margie	137	Mozart-Coco-Choco	198	Peach Velvet alkoholfrei	210
				Marnier Orange	137	Mozart Dry & Cranberry	183	Pear Julep	155
				Marnier Tonic	137	Mrs. Cherry	51	Pepe's Afternoon	79
				Martini Cocktail	56	Muddy River	232	Pepino alkoholfrei	210
				Marula Paradise	187	My Way	79	Pepper Eater	79
				Mauresque	31			Perfect Cocktail	25
				Max Joseph	41	**N**apoleon Sour	148	Pernod Blanc	31
				Méditerranée	59	Negroni	27	Pernod Riviera	31
				Melonball	149	Negroni Bunga Bunga	37	Perroquet	30
				Melon Daiquiri	149	Nektaris	46	Petite Fleur alkoholfrei	210
				Melonen-Basilikum-Bowle	201	Night and Day	47	Petrifier	87
				Melonen-Basilikum-Bowle		Noble Coffee	139	Pfefferminz-Bananen-	
				alkoholfrei	208	Nocello Alexander	181	Milch	241
				Melonenbowle	202	Nocello Colada	181	Pfefferminz-Eggnog	244
				Melonenbowle alkoholfrei	208	Nocello Cream	181	Pfirsichbowle	201

Register

Pfirsichbowle alkoholfrei	208	Red Risk	216	Sevilla	35	Sweet Girl	142	Vermouth Cassis Royal	42
Pfirsich-Eismilch	235	Red Robin	117	Sex on the Beach	163	Sweet Harmony	83	Vermouth Cassis Royal II	51
Pfirsich-Mandarinen-Bowle	203	Red Sky	227	Shanghai Express	147	Sweet Life	191	Versteckte Liebe	67
Pfirsichmilch	243	Red Snapper	59	Sheep's Head	122	Sweet Maria	174	Via Veneto	93
Pfirsich-Shake	238	Red Star alkoholfrei	211	Sherry Flip	35	Sweet Rose	236	Violetta	148
Pick me up	43	Red Summer	67	Sidecar	87	Sweety	223	Virgin Cherry	214
Pick me up in the Morning	242	Red Weaver	219	Silver Jubilee	142	Swimming Pool	66	Virgin Colada	214
Pierre Collins	86	Rémy Cup	87	Silver Moon	59	Swimming Pool alkoholfrei	220	Virgin Mary	225
Pierrot	137	Rêve d'Or	137	Silvia	57	Swiss Shake	103	Vitamindrink	247
Pimm´s No I Cup	105	Rêve Tropical	137	Singapore Sling	165			Vulcano	46
Piña Colada	75	Rhubarb Martini	159	Sir Henry	99	**T**abula Rasa	183	VW	103
Pink Banana	216	Rich Oak Roy	113	Sloe Gin Fizz	105	Tahiti	223		
Pink Cherry	247	Rigi Sun	155	Smoothie	226	Tallyman's Drink	74	**W**aldmeisterbowle	201
Pink Cloud	242	Ritz	47	Smooth Pineapple	226	Tequila Rose Parfait	186	Waldmeister Flip	239
Pink Coconut	242	Rob Roy	113	Snake River	232	Tequila Sour	78	Waldorf Astoria Eggnog	123
Pink Colada	227	Rolls Royce	86	Snoopy	241	Tequila Sunrise	79	Ward Eight	125
Pink Dream	219	Roman 57	169	Snowflake	171	Tequila Vanilla	79	Wave Dancer	133
Pink Lady	57	Roman Candle	30	Softie	232	The Abbey	23	Wedding Bells	23
Pink Power	248	Roman Creme	30	Softy	92	The Lovely Mix	103	Weihnachtspunsch alkoholfrei	199
Pink Sling	155	Rose	103	Sombrero	190	Tia Banana	190	Weiße Wolke	245
Pinky	103	Rosenrot	228	Sommertraum	103	Tia Tropical	190	Whisky-Apple-Toddy	197
Pinocchio	243	Rose of Skye	139	Spanish Milkmaid	35	Tiptop	229	Whisky Flip	122
Pisang Cooler	147	Rossbacher Sour	195	Sparkling Blue Bison	66	Tizian alkoholfrei	210	Whisky Sour	122
Pisang Pistacha	147	Rotwein-Grog	197	Sparkling Mango	233	Toasted Almond	198	White Banana	167
Pisco Sour	95	Royal Strawberry	154	Sparkling Strawberry	43	Tomate	30	White Cloud	65
Pistazien-Eismilch	235	Rubino	218	Speedy Gonzales	223	Tomatenkefir	248	White Dream	245
Pitú Morango	83	Rüdesheimer Kaffee	89	Sportlermilch	242	Tomato Velvet	241	White Lady	57
Pitú Samba	82	Rum Alexander	75	Springtime	129	Tom Collins	57	White Russian	191
Planter´s Punch	74	Rum Barrel Coffee Cooler	190	Springtime Cooler	65	Tommy Collins	233	Wild Strawberry	46
Polarwind	155	Rum Sour	73	Sprinter	221	Tom und Cherry	217	Williams-Christ-Bowle alkoholfrei	208
Pomme d'Amour	42	Russian Rose	27	Star Clipper	92	Top Banana	143	Williams Lady	154
Pompeii	86	Rusty Nail	139	Sternstunde	41	Topolino	178	Williams Sour	154
Poolside Tropical	79			Stinger	167	Trauben-Eismilch	237	Wodka Collins	64
Porto Flip	37	**S**ailor Jo Mojito	105	Stracciatellamilch	238	Trauben Flip	214	Wodka Feigling	66
Porto Flip Normand	98	Salty Dog	66	St. Raphaël Cooler	23	Trauben-Melonen-Bowle	202	Wodka Fizz	64
Primavera	249	Salve Salvia	229	Strawberry Chi-Chi	65	Trimm-dich-Cocktail	247	Wodka Gimlet	64
Prince of Wales	42	Sanddorn Flip	247	Strawberry Colada	74	Trinidad	223	Wodka Martini	64
Princetown	37	Sandy Collins	113	Strawberry Cooler	233	Tropical	215	Wodka Sling	64
Puppet	163	Sanfter Engel	236	Strawberry Cup alkoholfrei	211	Tropical Banana	242	Wodka Sour	64
Pussy Cat	215	Sangria	201	Strawberry Kiss	219	Tropical Red	135	Wodka Tonic	64
Pussy Foot	215	Sangria alkoholfrei	209	Strawberry Margarita	78	Tropicana	82	Wrath	155
		Sangster's Strawberry Cream	186	Südsee	132	Tropicana alkoholfrei	217		
Rabbit's Foot	98	San Juan Punch	227	Südsee-Trip alkoholfrei	210	Tropic Love	218	**Y**ellow Bear	227
Ramazzotti Italian Buck	195	Sauerkirsch-Amaretto-Bowle	203	Summer Collins	231	Tropische Milch	241	Yellow Bird	173
Ramazzotti Tonic	195	Sazerac	123	Summer Cooler	217	Troublemaker	169	Yellow Boxer	216
Red Angel	232	Scarlet Bellini	51	Summer Delight	46	Tujadini	161	Yellow Coconut	225
Red Apricot	155	Schlumberger Fizz	51	Summer Feeling	216	Tujador Cancun	161	Yellow Fox	233
Red Banana alkoholfrei	210	Schoko-Bananen-Joghurt	247	Summer Fun	92	Tujador Club	161	Yellow Nut	174
Red Cat	220	Schoko-Bananen-Mix	243	Summer Mint	167	Túnel Sunrise	169	Yellow Star	31
Red Devil	224	Schoko-Milkshake	235	Summerdream alkoholfrei	210	Tutti Frutti	217	Yogi Bear	229
Red Finish	155	Scorpion	74	Summernight	227			Young, Fresh and Beautiful	133
Red Fruits	217	Scotch Old Fashioned	113	Summertime	223	**V**anillemilch	241		
Red Honey	139	Scotch Sour	113	Sun Dance	103	Vanille-Schoko-Mix	245	**Z**itronen Flip	133
Red Kiss	43	Screwdriver	64	Sunrise	227	Vanity	57	Zitronen Flip alkoholfrei	239
Red Kiss alkoholfrei	210	Semo	161	Swamp Water	170	Vellini	51	Zombie	74
Red Lion	137	Sepp Spezial	59	Sweet Bear	226	Velvet Hammer	128	Zorro	78
Red Orange Sparkling	135			Sweet Dream	143	Venetian Coffee	93		
				Sweet Dreams	241	Vermouth Cassis	25		

Hersteller & Importeure

Weinaperitif
A & A – Asbach & Auslese	Team Spirit
Cocchi Americano	DTS & W
Dubonnet	Haromex
Kina L´Avion D´Or	Lion Spirits
Lillet	Pernod Ricard
Noix de la Saint-Jean	Haromex
Orange Colombo	Haromex
Rinquinquin	Haromex
St. Raphaël	Haromex

Vermouth
Carpano Punt e Mes	Borco
Carpano Antica Formula	Borco
Canasta Rosso	Williams-Humbert
Cocchi	DTS & W
Dolin	Haromex
Martini	Bacardi
Matter	Lion Spirits
Noilly Prat	Bacardi

Bitteraperitifs
Aperol	Campari
Campari	Campari
Gran Classico	Lion Spirits
Luxardo	Berliner Kaffeerösterei
Martini	nicht bekannt
Rossi d´Angera	Drinkology
Suze	Haromex
Vincent	Schladerer
Picon Amer	Drinkology

Anisées
Absinthe Duplais	Lion Spirits
Liqueur d´Absinthe Pierre Guy	Lion Spirits
Anisette Marie Brizard	Reidemeister
Anisette Vieux Pontarlier	Lion Spirits
Duval Pastis	Borco
Efe Raki	Borco
Ouzo Plomari	Beam
Ouzo Tsantali	Borco
Sambuca Molinari	Bacardi
Sambuca Vaccari	Beam
Pastis 51	Pernod Ricard
Pernod	Pernod Ricard
Ricard	Pernod Ricard

Sherry
Fernando de Castilla	Haromex
Harveys	Beam
Lustau	Schlumberger
Bodegas Tradición	Irisch Lifestyle
Dry Sack	Borco
Sandeman	Pernod Ricard
Williams & Humbert Coll.	Borco

Port
Delaforce	Borco
Niepoort Max und Moritz	Haromex
Ramos-Pinto	Schlumberger
Royal Oporto	Borco
Sandeman	Pernod Ricard
Souza	Kammer-Kirsch

Champagner
Armand de Brignac	Sélection Prestige
Bollinger	Grand Cru Select
Charles Heidsieck	TeamSpirit
Piper-Heidsieck	TeamSpirit
Krug	Moët Hennessy
Lanson	Borco
Moët & Chandon	Moët Hennessy
Joseph Perrier	Bernard-Massard
Perrier-Jouët	Pernod Ricard
Roederer	Schlumberger
Taittinger	Wein Wolf Import
Veuve Clicquot	Moët Hennessy

Deutscher Sekt
Breuer	Schlumberger
Fürst von Metternich	Henkell
Geldermann	Geldermann
Henkell	Henkell
Kesselstadt	Schlumberger
Kessler	Kessler
Mumm	Rotkäppchen
Rotkäppchen	Rotkäppchen

Internationaler Sekt
Blanc Foussy	TeamSpirit
Carpene Malvotti	Schlumberger
Castaldi	Schlumberger
Cocchi	DTS & W
Colvendra	Vini-Gastro
Endrizzi	Sabitzer
Freixenet	Freixenet
Hillinger	Sabitzer
Krimskoye	TeamSpirit
Kriter	Borco
Perelada	Schlumberger
Roederer Quartet	Schlumberger
Schlumberger	Schlumberger

Gin
Beefeater	Pernod Ricard
Black Gin	Gansloser
Blackwood´s	Haromex
Bombay	Bacardi
Both´s	Haromex
Boudier	Schwarze & Schlichte
Broker´s	Schlumberger
Bulldog	Haromex
Caorunn	Haromex
Finsbury	Borco
Geranium	Lion Spirits
Gordon´s	Diageo
Hendrick´s	TeamSpirit
Larios	Beam
Lebensstern	Haromex
Martin Miller´s	Haromex
Monkey 47	Black Forest
N°. 3 Gin	Haromex
Tanqueray	Diageo
The Secret Treasure	Haromex

Wodka
Absolut	Pernod Ricard
Adler	Haromex
Alpha Noble	Borco
Bavarka	Lantenhammer
Ciroc	Diageo
Crystal	Sélection Prestige
Grand Khaan	Haromex
Green Mark	Borco
Grasovka	TeamSpirit
Grey Goose	Bacardi
Kauffman	Haromex
Ketel One	Diageo
Moskovskaya	TeamSpirit
Parliament	Borco
Puriste	Sabitzer
Smirnoff	Diageo
Stolichnaya	TeamSpirit
Three Sixty	Schwarze & Schlichte
Vox	Beam
Wyborowa	Pernod Ricard

Rum
Abuelo	Borco
Appleton	Schlumberger
Bacardi	Bacardi
Barcelo	Schwarze & Schlichte
Belmont	Haromex
Brugal	Beam
Captain Morgan	Diageo
Cockspur	Borco
Dos Maderas	Haromex
Eldorado	Haromex
Gossling	Lion Spirits
Havana Club	Pernod Ricard
Lemon Hart	Kammer-Kirsch
Mathusalem	Behn
Millonario	DTS & W
Mount Gay	TeamSpirit
Myers´s	Diageo
Old Pascas	Borco
Opthimus	Haromex
Pampero	Diageo
Pusser´s	Haromex
Pyrat	Haromex
Rhum J.M.	Kammer-Kirsch
Robinson	TeamSpirit
St. James	Borco
Varadero	Borco
Wray & Nephew	Schlumberger
Zacapa	Diageo

Tequila
Cuervo	Diageo
Don Julio	Diageo
Milagro	TeamSpirit
Olmeca	Pernod Ricard
Porfidio	Haromex
Sauza	Beam
Sierra	Borco
Silla	TeamSpirit

Cachaça
Armazem	Haromex
Cachaça 51	Schlumberger
Canario	Borco
Janeiro	Pernod Ricard
Nêga Fulô	Borco
Pitú	TeamSpirit
Velho de Barreiro	Haromex
Ypioca	Haromex

Cognac
Courvoisier	Borco
Delamain	Schlumberger
Fussigny	Kammer-Kirsch
Hennessy	Moët Hennessy
Meukow	Haromex
Polignac	Borco
Rémy Martin	TeamSpirit

Weinbrand
Asbach	Team Spirit

Brandy
Carlos I.	Reidemeister
Fernando de Castilla	Haromex
Gran Duque d´ Alba	Borco
Lustau	Schlumberger
Osborne	Reidemeister
Terry	Beam

Bodegas Tradición	Irisch Lifestyle
Vecchia Romagna	Berentzen

Pisco
Control	Borco
Ocucaje	Pisco Peru

Calvados
Boulard	Schlumberger
Château du Breuil	TeamSpirit
Dauphin	Reidemeister
Roger Groult	Cardyco
Papidoux	Borco
Père Magloire	Bernard-Massard

Obstbrand
Bailoni	Borco
Bon Père	TeamSpirit
Dettling	TeamSpirit
Gansloser	Gansloser
Kammer	Kammer-Kirsch
Lantenhammer	Lantenhammer
Nonino	Schlumberger
Nusbaumer	Schlumberger
Pascall	Borco
Pfanner	Sabitzer
Schladerer	Schladerer

Spirituosenspezialitäten
Captain Morgan Spiced	Diageo
Gansloser Ingwergeist	Gansloser
Helbing Kümmel	Borco
Laird´s Applejack	Haromex
Lebensstern Pink Gin	Haromex
Metaxa	TeamSpirit
Pimm´s N°. I Cup	Diageo
Sailor Jerry	TeamSpirit
TBT Sloe Gin	Haromex

Scotch Whisky – Blended
The Antiquary	Irisch Lifestyle
Ballantine´s	Pernod Ricard
Chivas Regal	Pernod Ricard
Dimple	Diageo
Famous Grouse	Beam
Grant´s	TeamSpirit
J & B	Diageo
Johnnie Walker	Diageo
Pig´s Nose	Haromex
Whyte & Mackay	Borco

Scotch Wkisky – Malt
Aberlour	Pernod Ricard
Ardbeg	Moët Hennessy
The Balvenie	TeamSpirit
Dalmore	Borco
The Glendronach	Kammer-Kirsch
Glengoyne	Irisch Lifestyle
Glenfiddich	TeamSpirit
The Glenlivet	Pernod Ricard
Glenmorangie	Moët Hennessy
Highland Park	Beam
Isle of Jura	Borco
Lagavulin	Diageo
Laphroaig	Beam
Loch Lomond	Borco
Macallan	Beam
Oban	Diageo
Old Pulteney	Haromex
Scapa	Pernod Ricard
Sheep Dip	Haromex
Singleton	Diageo

Hersteller & Importeure

Talisker	Diageo
Tomatin	Irisch Lifestyle

Irish Whiskey
Bushmills	TeamSpirit
Connemara	Beam
Greenore	Beam
Green Spot	Irisch Lifestyle
Irish Man	Schlumberger
Jameson	Pernod Ricard
Jameson Gold	Irisch Lifestyle
Kilbeggan	Beam
Locke's	Beam
Midleton	Pernod Ricard
Midleton Barry Crockett	Irisch Lifestyle
Paddy	Pernod Ricard
Powers John's Lane	Irisch Lifestyle
Redbreast	Irisch Lifestyle
Tullamore Dew	Campari
The Tyrconnell	Beam

American Whiskey
Jim Beam	Beam
Blanton's	Schlumberger
Buffalo Trace	Kammer-Kirsch
Bulleit	Diageo
Charter 101	Kammer-Kirsch
Elijah Craig	Borco
George Dickel	nicht bekannt
Four Roses	Pernod Ricard
Knob Creek	Beam
Maker's Mark	Beam
Michter's	Mikes-Whiskeyhandel
Jack Daniel's	Brown-Forman
Old Grand Dad	Beam
Old Overholt	Lion Spirits
John Stetson	Schwarze & Schlichte
Wild Turkey	Campari
Willett	Haromex

Canadian Whisky
Canadian Club	Beam
Black Velvet	nicht bekannt
Crown Royal	Diageo
Glen Breton	Haromex
Old Canada	Borco
Royal Canadian	Kammer-Kirsch
Seagram's	nicht bekannt

Internationale Whiskys
Black Forest	Kammer-Kirsch
DYC	nicht bekannt
Mackmyra	nicht bekannt
Nikka	Haromex
Penderyn	Schlumberger
Pfanner	Sabitzer
Slyrs	Slyrs

Cointreau
	TeamSpirit

Curaçao
Amanda	TeamSpirit
Bols	Beam
Combier	Lion Spirits
De Kuyper	Borco
Luxardo	Berliner Kaffeerösterei
Merlet	Haromex

Orangenliköre
Angel d'Or	Schwarze & Schlichte
Aurum	Berliner Kaffeerösterei
Bols	Beam
Marie Brizard	Reidemeister
Caballero	Borco
De Kuyper	Borco
Zuidam	Haromex

Grand Marnier
	Diageo

Whiskyliköre
Drambuie	TeamSpirit
Fireball	Kammer-Kirsch
Glayva	Borco

Old Pulteney	Haromex
Slyrs	Slyrs
Why & Mel	Williams-Humbert
Zuidam	Haromex

Likörklassiker
Amanda	TeamSpirit
Bärenjäger	Schwarze & Schlichte
Bols	Beam
De Kuyper	Borco
Luxardo	Berliner Kaffeerösterei
TBT Violet	Haromex

Likörspezialitäten
Agwa	Behn
Coeur de Breuil	TeamSpirit
Royal Combier	Lion Spirits
TBT Falernum	Haromex
Fleur de Thym	Lion Spirits
De Kuyper	Borco
Kwai Feh	Borco
Licor 43	Campari
Limonce	Borco
Mandarine Napoléon	Borco
Merlet	Haromex
Passoã	TeamSpirit
TBT Pimento Dram	Haromex
Pisang Ambon	Beam
Sheridan's	Diageo
Southern Comfort	Brown-Forman
Védrenne	Schlumberger

Fruchtliköre
Bailoni	Borco
Bols	Beam
Dolfi	Schlumberger
De Kuyper	Borco
Etter	Segnitz
Gansloser	Gansloser
Godet	nicht bekannt
Lantenhammer	Lantenhammer
Lakka	nicht bekannt
Morand	nicht bekannt
Pama	Borco
Toschi	Bernard-Massard
Xanté	Behn

Fruchtliköre – Cassis/Framboise
Bols	Beam
Boudier	Schwarze & Schlichte
Guyot	Borco
Merlet	Haromex
Védrenne	Schlumberger

Trendliköre
After Shock	Beam
Alicé	Haromex
Bols	Beam
Domaine de Canton	Haromex
Chase Rhubarb	Haromex
Gansloser	Gansloser
St. Germain	Borco
Hpnotic	Haromex
King's Ginger	Haromex
De Kuyper	Borco
TBT Elderflower	Haromex
Triibe	Haromex

Moderne Likörkreationen
Andalö	Behn
Tujador	Behn
Figenza	Behn

Pfirsichliköre
Boudier	Schwarze & Schlichte
Christiansens	Christiansens
Merlet	Haromex
Monin	Bernard-Massard
Peachtree	Borco
Pêcher Mignon	Schlumberger
Pepino	Pernod Ricard
Zuidam	Haromex

Kirschliköre
Bols	Beam
De Kuyper	Borco
Eckes	Rotkäppchen-Mumm
Heering	Behn
Lantenhammer	Lantenhammer
Schladerer	Schladerer

Pfefferminzliköre
Bols	Beam
Marie Brizard	Reidemeister
Get	nicht bekannt
De Kuyper	Borco
Mintuu	nicht bekannt

Kräuter- und Gewürzliköre
Becherovka	Pernod Ricard
Bénédictine	Bacardi
Escorial	TeamSpirit
Ettaler	TeamSpirit
Gilka	TeamSpirit
Meukow	Haromex
Rutte	Haromex
Tunel	TeamSpirit

Chartreuse
	Borco

Galliano
	Beam

Amaretto
De Kuyper	Borco

Kokosliköre
Marie Brizard	Reidemeister
Coco D'Amour	nicht bekannt
De Kuyper	Borco
Koko Kanu	Schlumberger
Malibu	Pernod Ricard
Passoã	nicht bekannt
Pitú	TeamSpirit

Nussspirituosen und -liköre
Chartreuse Noix	Haromex
Gansloser	Gansloser
Lantenhammer	Lantenhammer
Nocello	Bernard-Massard
Nocino Menta	Bernard-Massard
Roner Nusseler	Reidemeister

Mozart Chocolate
	Mozart

Cream-Liköre
Amarula	TeamSpirit
Arran	Kammer-Kirsch
Baileys	Diageo
Crema de Alba	Haromex
Café Boheme	Haromex
Dooley's	Behn
Gansloser	Gansloser
Eldorado	Haromex
Mozart	Schwarze & Schlichte
Poli Moka	Wein Wolf
Sangster's	Schlumberger
Tequila Rose	Schlumberger

Kaffeeliköre
Borghetti	Borco
Christiansens	Christiansens
Heering	Behn
De Kuyper	Borco
Kahlúa	Pernod Ricard
Tia Maria	Kammer-Kirsch
Vantana	nicht bekannt
Zuidam	Haromex

Bitterspirituosen und -liköre
Angostura	nicht bekannt
Averna	TeamSpirit
Becherovka	Pernod Ricard
Borgmann	Borgmann
Cocchi Barolo	DTS & W
Fernet Branca	Borco
Gammel Dansk	Pernod Ricard
Gurktaler	TeamSpirit

Hemmeter Angostura	TeamSpirit
Hemmeter Orangen-Bitter	TeamSpirit
Jägermeister	Jägermeister
Lantenhammer	Lantenhammer
Nonino	Schlumberger
Peychaud	Lion Spirit
Radeberger	Behn
Ramazzotti	Pernod Ricard
Rossbacher	Schlumberger
The Bitter Truth	Haromex
TST Els	Haromex
Underberg	TeamSpirit
Zwack Unicum	TeamSpirit

Weine ohne Alkohol
	Weinkönig

Sirup
Bols	Beam
Coco Tara	Schlumberger
Combier	Lion Spirits
De Kuyper	Borco
Monin	Bernard-Massard
Riemerschmid	TeamSpirit
Rose's	nicht bekannt
Saint James	Borco

Gläser
	Zwiesel-Kristallglas

Web-Adressen der Hersteller und Importeure

www.bacardi.com
www.beamdeutschland.de
www.behn.de
www.berliner-kaffeeroesterei.de
www.blackforestdistillers.com
www.berentzen-gruppe.de
www.bernard-massard.de
www.borco.com
www.borgmann1772.com
www.brown-forman.com
www.camparigroup.com
www.wein-cardyco.de
www.christiansens-likoer.de
www.diageo.com
www.drinkology.de
www.dts-w.de
www.freixenet.de
www.gansloser-destillerie.de
www.geldermann.de
www.grand-cru-select.de
www.haromex.com
www.henkell-sektkellerei.de
www.irisch-lifestyle.de
www.jaegermeister.de
www.kammer-kirsch.de
www.kessler-sekt.de
www.lantenhammer.de
www.lion-spirits.de
www.mikes-whiskeyhandel.de
www.moet-hennessy.de
www.pernodricard.com
www.pisco-peru.de
www.ruu.de (Reidemeister)
www.rotkaeppchen.de
www.sabitzer.de
www.schladerer.de
www.Schlumberger-OnWine.de
www.schwarze-schlichte.de
www.segnitz.de
www.selection-prestige.de
www.slyrs.de
www.teamspirit.de
www.vini-gastro.de
www.weinkoenig.de
www.weinwolf.de
www.williams-humbert.com
www.zwiesel-kristallglas.com

Über dieses Buch

Impressum

Bildnachweis
alamy, UK: 204/205 (Lorraine kourafas); digialstock: 109 (N. N.); iStockphoto: 2 (Raphael Daniaud), 9 (Nikada), 97 (Lietuvis1), 112 (Daniel Eitzen), 121 (enviromantic), 127 (hsvrs), 174 (David Gomez), 177 (Igor Ostapchuk), 179 (Steven Allan); Pernod Ricard Deutschland, Köln: 55; panthermedia: 63 (Inacio Pires); Photodisc: 111, 189; Shutterstock: 4 (Jim Barber), 5 (Lev Dolgachov), 6 (Dallas Events Inc.), 213 (LilKar), 252 (Andresr); Stockfood, München; U1 (Bodo Schieren); Team Spirit, Rheinberg: 7, 17, 19, 20
Die Flaschenabbildungen stammen von den jeweiligen Firmen oder von Reinhard Rohner Fotodesign, München.
Die Cocktail- und Drinkabbildungen sowie die übrigen Abbildungen stammen von Reinhard Rohner Fotodesign, München.

Rezeptnachweis
Nachfolgend genannten Kolleginnen und Kollegen danke ich für die zur Verfügung gestellten Rezepte:
Fatih Akerdem, *Westin Grand Hotel, Frankfurt:* Canarian 31
Franziska Altenberger, *Berlin:* Tujadini 161
Thomas Altenberger, *Lebensstern Bar, Berlin:* Sepp Spezial 59, Manolis 105, Rich Oak Roy 113, Cherry Butt 113
Cihan Anadologlu, *Schumanns Bar, München:* Pear Julep 155
Uwe Christiansen, *Cristiansen´s Bar, Hamburg:* Lemondori 67, City Life 79, King Ping Meh 149, Puppet 163, Moskalinka 163, Rum Barrel Coffee Cooler 190
Heidi Donelon, *Ireland Whiskey Trail:* Red Robin 117, Ledwidge Irish Coffee 117
Florian Fischer, *Kempinski Hotel Vier Jahreszeiten, München:* Lady Ginger 159
Daniela Hartwich, *Maritim Hotel, München:* Nordlicht 161
Jörg Krause, *Kempinski Hotel Vier Jahreszeiten, München:* Mrs. Cherry 51, Schlumberger Fizz 51, Ginger Daiquiri 75, Berry 51 83, Apps With Pears 99, French Fizz 99, Brass Horse 123, Gefährliche Liebschaften 129, Rigi Sun 155, Roman 57 169, Iced Tea Friuli 195
Andreas Lanninger, *Lanninger´s Bar, Berlin:* Sailor Jo Mojito 105, Rhubarb Martini 159
Lebensstern Bar, Berlin: Moscow Mule Modern Style 65
Mauro Mahjoub, *Mauro´s Negroni Club, München:* Negroni Bunga Bunga 37, Gaby Spezial 42, Heart of Peking 67, My Way 79, Banana Kid 123, Dolce Vita 155, Asian´s Wind 169, Black Moon 187, Salve Salvia 229, Kefirium 249
Niko Pavlidis, *Kempinski Hotel Taschenberg Palais, Dresden:* Caldera 75, Wave Dancer 133, Blind Passenger 148
Wolfgang Reitbauer, *Kempinski Hotel Vier Jahreszeiten, München:* Lemonez 59
Ramona Ripp, *Berlin:* Engin 123, Manira 195
Jan Schäfer, *Hotel Bayerischer Hof, München:* Blueberry Bridge 159
Charles Schumann, *Schumanns Bar, München:* Flying Cangaroo 173
Torsten Spuhn, *Modern Masters, Erfurt:* Red Summer 67, Crystal Waters 67, Tequila Vanilla 79, Sweet Harmony 83
Rezepte des Autors: Max Joseph 41, Gabriela 42, Vanity 57, Florida Sling 58, Springtime Cooler 65, Zorro 78, Eldorado 79, Caledonian Mist 113, Highlander 113, Corcovado 139, Gluttony 142, Violetta 148, Pink Sling 58, Greed 154, Troublemaker 169, Yellow Bird 173, Green Poison 177, Fluffy Coconut 177, Blue Cobra 179, Sangster´s Strawberry Cream 187, Tia Banana 190

Hinweis
Die Ratschläge/Informationen in diesem Buch sind von Autor und Verlag sorgfältig erwogen und geprüft, dennoch kann eine Garantie nicht übernommen werden. Eine Haftung des Autors bzw. des Verlags und seiner Beauftragten für Personen-, Sach- und Vermögensschäden ist ausgeschlossen.

Über den Autor
Franz Brandl war in den 1970er-Jahren der jüngste unter den damals wenigen deutschen Barmeistern und einer der Wegbereiter des Wiedererstehens der Bar- und Cocktailkultur. Seit dem Erscheinen seines ersten Buches, dem »Mixguide« im Jahr 1982 – der in neuester Überarbeitung im Jahr 2006 in diesem Verlag erschienen ist –, folgten weitere rund 25 Bücher zu den Themen Cocktails und Getränke.

Dank
Ich danke den Spirituosenfirmen für die zur Verfügung gestellten Informationen. Mein Dank gilt auch Susanne Kirstein, die dieses Projekt im Verlag betreut hat, und Jan-Dirk Hansen für die Gestaltung und grafische Umsetzung. Ein besonderer Dank an Reinhard Rohner, an seine Frau Babsi und an Gigi, für die wie immer angenehme Zusammenarbeit im Fotostudio. Zahlreiche Kollegen wiesen mich auf Trends hin und stellten mir von ihnen entwickelte Rezepte zur Verfügung. Besonderen Dank an die vier Barmusketiere Florian Fischer, Wolfgang Reitbauer, Jörg Krause und Toni Di Scala aus dem Kempinski Hotel »Vier Jahreszeiten« in München, die dort auf unschlagbare Weise Klassik und Moderne verbinden. Meinem Freund Jörg Krause möchte ich außerdem für die Unterstützung im Studio und für die Überarbeitung vieler Rezepte danken. Dank auch an das Dream-Team Mauro Mahjoub und Giorgio Michailidis, die im Münchner »Mauro´s Negroni Club« die Hohe Schule des Mixens zelebrieren, an Cihan Anadologlu aus dem »Schumanns« in München, an Jan Schäfer im »Bayerischen Hof« in München, an Niko Pavlidis im Kempinski »Taschenbergpalais« Hotel in Dresden, an Pino Trisolino im »Maritim Hotel« in München, an Torsten Spuhn im »Modern Masters« in Erfurt, an Andreas Lanninger, »Lanninger Bar« in Berlin, an Uwe Christiansen, »Christiansens Bar« in Hamburg, und an Thomas Altenberger in der »Lebensstern Bar« in Berlin. Auch Dr. Jean-Pierre Ebert, dem Inhaber der »Riva Bar« in Berlin, gilt mein Dank. Ein besonderer Dank auch an Heidi Donelon vom »Ireland Whiskey Trail« und an Claudius Elsenberger von »Irish Lifestyle«. Ebenfalls bedanken möchte ich mich bei meiner Frau Gabriele dafür, dass sie wiederum klaglos manche Einschränkung des Zusammenlebens hingenommen hat.

© 2012 by Südwest Verlag, einem Unternehmen der Verlagsgruppe Random House GmbH, 81673 München

Die Verwertung der Texte und Bilder, auch auszugsweise, ist ohne Zustimmung des Verlags urheberrechtswidrig und strafbar. Dies gilt auch für Vervielfältigungen, Übersetzungen, Mikroverfilmung und für die Verarbeitung mit elektronischen Systemen.

Projektleitung Susanne Kirstein
Umschlaggestaltung Reinhard Soll
Umschlagfoto Reinhard Rohner Fotodesign, München
Layout und Gestaltung, DTP/Satz v*büro – Jan-Dirk Hansen, München
Redaktion Text & Form, Nicola von Otto, München
Bildredaktion Annette Mayer
Korrektorat Susanne Langer
Litho Artilitho snc, Lavis (Trento)
Druck und Verarbeitung Neografia, Martin

Printed in Slovakia
Verlagsgruppe Random House FSC-DEU-0100
Das für dieses Buch verwendete FSC®-zertifizierte Papier *Novatech* satin wurde produziert von UPM Dörpen.
ISBN 978-3-517-08784-9
817 2635 4453 6271